谨以此书献给那些在这个恐慌时代上演的疯狂闹剧中保持清醒并为昭示真相而战斗的科学家和社会活动家们

Scared To Death

谁在制造世界恐慌

Christopher Booker / Richard North
〔英〕克里斯托弗·布克 / 理查德·诺斯◎著
许亮◎译

北京理工大学出版社
BEIJING INSTITUTE OF TECHNOLOGY PRESS

图书在版编目（CIP）数据

谁在制造世界恐慌 /（英）布克，（英）诺斯著；许亮译. —北京：北京理工大学出版社，2013.3

ISBN 978-7-5640-7324-4

Ⅰ. ①谁… Ⅱ. ①布… ②诺… ③许… Ⅲ. ①全球问题 - 社会问题 Ⅳ. ① C913

中国版本图书馆 CIP 数据核字（2013）第 014683 号

北京市版权局著作权合同登记号 图字 01-2012-6183 号

出版发行 / 北京理工大学出版社
社　　址 / 北京市海淀区中关村南大街 5 号
邮　　编 / 100081
电　　话 /（010）68914775（办公室） 68944990（批销中心） 68911084（读者服务部）
网　　址 / http://www.bitpress.com.cn
经　　销 / 全国各地新华书店
印　　刷 / 北京泽宇印刷有限公司
开　　本 / 710 毫米 ×1000 毫米 1/16
印　　张 / 25
字　　数 / 365 千字
版　　次 / 2013 年 3 月第 1 版 2013 年 3 月第 1 次印刷
定　　价 / 49.80 元

责任校对 / 周瑞红
责任印制 / 边心超

图书出现印装质量问题，本社负责调换

前言

夜间恐惧的念头，

容易使灌木丛变成一头熊。

——《仲夏夜之梦》，第五幕，第一场。

在过去的二十年里，整个西方社会，尤其是英国，都被一种奇异并且非常危险的心理现象所控制。自20世纪80年代开始，我们一次又一次地加深自己的恐惧，为一种神秘新奇的、危及人类健康安乐的威胁所担心。结果，我们被告知：许多人将会遭受折磨，或者死去。

鸡蛋中的沙门氏菌、奶酪中的李氏杆菌、疯牛病牛肉、家禽中的二噁英、“千年虫”、DDT农药、水中的硝酸盐、维他命B6、凶残的虐待儿童、汽油和电脑中含铅、二手烟、石棉、“非典”、亚洲禽流感——这是一张无穷无尽的列表。

当下控制我们的最大的恐惧是：官方所谓的全球气候变暖问题将毁灭大部分文明生物。

为这种恐慌所付出的代价是巨大的，最为显著的是人类社会为避免这些威胁所付出的经济代价。然而，最终结果一次又一次地证明，这些恐惧在很大程度上甚至完全没有必要。灾难的威胁最终不过都是“虚惊一场”。

本书的目的在于向世人昭示这一次次“虚惊一场”背后所隐藏的一种模式——这种模式一再发挥作用，着实令人震惊。

每一次都始于当时已经普遍为大众所接受的科学证据。每一次都会激发媒体疯狂的报道。每一次都引起政客官员们的广泛回应，实施造成巨大经济和社会创伤的法律规定。然而，催生恐慌情绪的这些科学推论最终都被证明是彻底的错误。有些出于对真实威胁的担心被疯狂地夸大，有些所谓的危险则根本不存在。

然而，如今损害已然成形。一些案例已经耗费高达几十亿甚至数千亿英镑，造成巨额经济损失。所有花费的钱财结果都成为无端的浪费。

这样荒谬的事情竟然可以不止一次地发生，是否说明当下的社会心态出了问题?

在研究这些恐慌背后的模式时，我们发现它们具备一些共有元素：

· 危险的源头必然事关普遍地影响社会大众的事物，比如鸡蛋、牛肉、石棉或气候变化。

· 危险的性质必然极其新颖，这样的威胁必然从未以类似的形式出现过。

· 关于恐惧心态的科学依据乍一看来必然令人信服，所谓的威胁也须具备强大的不确定元素，同时具有模糊的定义，这样也就为杞人忧天的警示家们提供了预言灾难的最大可能。

· 对于灾难的社会反响必定极不相称。定义“恐慌”的方式莫过于此；即使最初的威胁论调并非完全出于臆造，大众的积极回应在后来看也必定超出了事实的限度。

在对这些恐慌进行抽丝剥茧的过程中，我们发现了两股相互竞争的势力在起作用。一方面，有“推手”的存在：这些人的利益在于推销恐慌情绪，比如科学家可以借此获得公众的注意和研究经费。另一方面，也存在“挡手”的力量：他们的利益则在于淡化事态的影响，例如面临损失的企业或迫于压力需要采取措施的政府。

在我们研究的每一个恐慌案例中，都能看到这两个群体针锋相对的阵势。一次恐慌能否开始蔓延，取决于“推手”军团的进攻能否胜过来自“挡手”势力的防守。

有两种人在引发一场恐慌中扮演着尤为关键的角色：政客与媒体。政客们可能是“挡手”，也有可能是“推手”。当初英国发生疯牛病事件后，淡化或否认威胁的存在就符合政府的利益。但是，在恐慌的潮流中以公共利益捍卫者的姿态出现同样可以令一些政客达到目的，比如我们所见到的埃德温娜·库里在沙门氏菌事件中的形象。当然，在任何一场恐慌事件中，当推手们得势，政客官员们制定法规以应对局势时，最危险的时刻才算来临，因为此时真正的灾难才刚刚开始。

媒体阵营中同样有两种角色。一方面，对于报纸或电视编辑们来讲，没什么事情能比参加一场全民恐慌的闹剧更为有趣，他们会连篇累牍地撰写报道或制作长达数小时的电视节目，鼓吹造成大量人类死亡的灾难正要降临的可能性。此间，媒体最为亲密的合作伙伴要数那些所谓的科学家，因为名声的诱惑或者申请经费的欲望已经吞噬了他们客观的科学精神。

另一方面，也当然有一些少数科学家与评论家，因为了解更多信息或只是自然地本着怀疑的态度，急于指出那些推销恐慌的人们误解或歪曲了证据。他们试图指出整个局势都被严重地夸大，以至于远远地偏离了真相。

然而，当下正是那些散布谣言、引起恐慌的人们占据了上风。在这场歇斯底里之前，怀疑论者们在对抗恐惧方面几乎无能为力。并且通常情况下，当证据浮出水面，显示这歇斯底里来得毫无根据时，人们对此的重视程度比恐慌肆虐时的焦虑要小得多。

本书内容分为两个部分。第一部分主要是关于二十世纪八九十年代英国发生的类似“鸡蛋沙门氏菌”的食品恐慌和疯牛病。之所以从这些事例开始，不仅因为这些事件让英国人接触到现代社会的“恐慌现象”，更因为通过它们可以很好地介绍形成恐慌的那种模式，本书也会对这模式进行详述。

第二部分介绍了一些更为显著、更为普遍的恐慌事件，它们所造成的经济和社会代价要远远超过食品恐慌。其中一些最为严重的案例起源于美国，并已经恶化为最具破坏力的恐慌：对“全球变暖”的恐惧。

作为本书的作者，我们最初认识到这种现象背后的模式，是我们亲身经历了一些书中提到的恐慌事件。例如，1988 年那次与库里夫人和理查德·莱西教授有关的沙门氏菌恐慌事件，当时诺斯博士正作为食品安全顾问与莱西共事。那时他作为鸡蛋供应商的专家顾问卷入了这场危机的旋涡中，而那些供应商才是随后政府出台强制法规的最大受害者。*

* 如果理查德·诺斯是这些事件直接参与者，关于他的叙述将使用第三人称。

我们的合作始于1992年，在一年多时间里，我们一直在《星期日电讯报》和《每日电讯报》上曝光20世纪80年代末的食品恐慌造成的最具破坏性的后果。1992年和1993年，环境卫生事务官员（EHO）发起了针对英国食品行业的“卫生闪电战”。诺斯本人作为前EHO官员，他的经历在揭露这次过度恐慌事件不过是一帮官员滥用职权、丧失理智的后果方面显得尤为珍贵。

在其他一些食品恐慌事件中，诺斯同样扮演了重要的角色。例如，在英国最为持久的、与拉纳克干酪感染李氏杆菌相关的食品中毒案件审理过程中，他为被告辩护献计，并取得成功。此后，他又献身于另外两次更为严重的、关于肉类与奶酪感染大肠杆菌的事件中，而这些闹剧也深刻地表明对于食品中毒的持续恐慌会造成多么持久的损害。

尽管与1996年泛滥的疯牛病恐慌并没有直接联系，我们在《星期日电讯报》以及其他报纸上对这次事件不遗余力的描述也说明，即使当时几乎是孤军奋战，我们仍然坚持对引起那场恐慌的主流科学论断抱有怀疑。而之后的历史也证明了我们的怀疑是正确的。但是，我们已经为自己的无端恐慌付出了数百亿英镑的代价，这比其他任何一次食品恐慌造成的损失都要多。

第一部分描述的最后一场食品恐慌是1999年爆发于比利时的家禽“致命二噁英”事件。在此，我们首次将这场大型恐慌闹剧离奇爆发的内幕公诸于众。这次恐慌造成了比利时十几亿英镑的经济损失，导致比利时政府垮台，并引发了欧盟食品法变革。

在篇幅更长的第二部分里，我们展开了更大一幅画卷，向各位介绍近年来发生的一些更为著名的、破坏力更大的恐慌事件。这一部分以一段序言开始，简单介绍了一个大家都能记得的案例：爆发于20世纪90年代的那次造成惨重损失的“千年虫”恐慌事件。

第二部分以四个个案开幕。第一章介绍了可能是首次真正意义上的现代恐慌：DDT农药事件。当时人们认为DDT农药不仅威胁到野生动物，而且可以导致人类患癌。后来这种观点被证明不过是一次误解，不仅没有挽救生命，反而致使数百万人丧命。

接下来的一章所提及的模式与往常稍有不同，是关于20世纪80年代末90年代初从美洲蔓延到英国的一场恐慌。当时人们担心许多儿童正频繁遭受“恶魔般的”性侵犯。这样的故事已经被大量报道，比如发生在诺丁汉、洛奇代儿、奥克尼群岛的那些事件，本章以一个同样深刻的事例结束，在这个案例发生时，只有我们在全国媒体进行报道。

恐慌形成的模式在下一章再一次发生变化，本章内容主要介绍了 20 世纪 90 年代英国政府是如何失去理智的，它们竟然认为超速驾驶是造成公路事故的主要原因，并且相信通过限速可以降低事故发生率。基于错误的分析和数据，英国政府进行了政策调整。证据显示，因英国政府的政策调整所失去的生命比他们能够挽救的要多。

接下来我们回到更为熟悉的那种模式，以四章的篇幅分析那些最有影响力的恐慌事件，每一次都对我们的现代社会具有深远而持续的影响。

第一个案例起源于美国一系列并不精确的科学研究，结果导致铅的各种用途遭到禁止，起初是汽油，后来扩大至各种电子设备以及电器。这些禁令造成的代价高达数千亿英镑。

第二个案例我们分析了禁止“二手烟”或“被动吸烟”运动背后对科学的操纵。

第三个案例是关于石棉危害的、代价昂贵的恐慌事件。这次事件同样是起源于美国和欧洲不严谨的科学，只是后来被各种利益群体大肆渲染，例如补偿律师以及石棉清除企业，他们通过延长这样的恐慌而坐享丰厚利润，而沉重的代价再一次落在了社会大众的肩上。

最后一个案例，也是我们本书的高潮部分。在本章中我们分析了极有可能成为史上最为严重、代价最巨大的一次恐慌事件：各国政府对全球变暖的恐惧。与本书先前提到的那些事件不同，这次恐慌方兴未艾，它渗透得如此彻底，以至于很多读者朋友可能对我们将之称为“恐慌”并不满意甚至怀有敌意。然而，至少有一点不可否认：人类社会已经开始为自己的恐惧付出巨额代价；从极端地限制经济活动的政策，到以森林般的大型风轮机覆盖那些还未遭受破坏的土地。并且，即使是那些对所谓全球变暖论调深信不疑的人们也会发现，这部针对全部恐慌事件进行全面分析的作品其实大有益处。这样看来，太多用来推销气候变化恐慌情绪的科学推论以及政府的回应都变得如此熟悉，甚至令人难受。

在结语之前还有一章内容，这一章节在这本书里出现似乎有点格格不入，因为我们所讲的并不是一次恐慌事件。但是，正因为这样，它才能够更清楚地揭示“恐慌现象”。这个案例是关于有机磷化学物质对成千上万人的身体健康造成的伤害。与本书中的其他例子不同，这是一次真正的公众健康灾难，却从来没有得到曝光，因为政客官员们竭尽所能地掩盖了事实真相。他们不想让这件事演化为一场“恐慌”，因为是政府系统在保护公众不受有毒化学物侵害方面出现重大失职才导致这样的后果。

本书以一篇结语作为完结，反思了从恐慌现象肆虐现代社会中得到的教训。我们认为，恐慌蔓延背后的心理因素古来已有。在历史长河中，我们也曾见到过类似失去理智的狂热侵袭人类社会事件，从千禧年对世界末日将要降临的恐惧，到某些特殊社会团体煽动的恐慌事件，例如：16—17 世纪蔓延整个欧洲的“女巫大恐慌”。

回头看来，我们的祖先竟然如此轻信那些对威胁或灾难过度紧张的幻想，他们的行为特点没有比这更令现代人困惑的了。我们不禁要问，过去的人们怎么这样容易上当？然而，正如本书所解释的，事实是如此明显：历史上任何一个时代都不比现代人更容易受幻想中的“恐慌”所影响。

我们一次次地成为集体恐慌的受害者，这是否向我们揭示了现代社会的普遍心态。有什么办法能让我们学会更好地保护自己免受一次次恐慌之后带来的伤害？

当然，自我保护的前提条件是我们应试着认清恐慌现象的本来面目——人类不理智的一种表现形式，几乎每次都以同样的模式上演。我们应该明白，恐慌的形成遵循着某种特定的规律，因此也就提供了对于恐慌本身进行科学研究的空间。而本书的目的就在于，为这样的科学研究奠定基础。

Contents

目 录

第一部分 **食品恐慌**

第二部分 **普遍恐慌**

北极圈
法罗群岛(丹)
亚速尔群岛(葡)
马德拉群岛(葡)
加那利群岛(西班)
北回归线
利比亚
沙特阿拉伯
哈萨克斯坦
中华人民共和国
印度
伊朗
查戈斯群岛(英)
毛里求斯
留尼汪(法)
阿森松岛(英)
圣赫勒拿(英)
特林达迪岛(巴西)
南回归线
特里斯坦－达库尼亚群岛(英)
克罗泽群岛(法)
凯尔盖朗岛(法)
赫德岛(英)
南极圈

第一部分

食品恐慌

第一部分序言

2005 年，世界媒体都为一种新奇而神秘的疾病所惊愕——“亚洲禽流感”。

一些特别种类的流行性感冒能够导致人类死亡，这是我们已经熟知的事实。例如，1918—1919 年的“西班牙流感”暴发夺去两千万到四千万生命，这比第一次世界大战的死亡人数都要多。

在亚洲地区，已经有人因为感染病毒死亡，媒体称这种病毒为“H5N1 型致命禽流感病毒”。据估计，已经有超过十亿的亚洲地区家禽受到感染。如今，这种通过候鸟迁徙传播的病毒似乎已经在全球范围蔓延开来。

世界卫生组织（WHO）称其为人类面临的“最严重的健康挑战”，甚至比艾滋病或疟疾都要可怕。据估计，一次恶劣的流感暴发可能吞噬百分之二的全球经济。在英国，政府首席医务官员利亚姆·唐纳森断言，流感暴发已经具备了“生物必然性”——问题已经不是“能否发生”，而是“何时发生”。[1]

那年夏末，随着野鸭、天鹅这些候鸟迁徙的秋季日渐来临，尤其是欧洲边境首次发现 H5N1 型流感病毒之后，媒体的狂热也达到了顶点。每天晚上，记者们穿着白色的衣服蹒跚地走在土耳其和罗马尼亚不知名的小村落里的画面就会在电视上出现，因为在这些地方发现的鸟类尸体上检测出 H5N1 型病毒，并且确认这种病毒正是死因。

9 月 30 日，负责协调 WHO 禽流感全球工作的高级官员大卫·纳巴罗登上了报纸头条，他警告人们，流感随时可能暴发，并且可能导致至少“1.5 亿人”死亡。"这几乎是全球变暖与艾滋病相加之和"，他在BBC说道。尽管一位WHO媒体发言人很快澄清这不是WHO的官方说法，但纳巴罗先生仍然坚持自己的观点。

一些有见地的观察家发现，在这些冲动的报道背后有一堆科学谜团。首先，H5N1型病毒并非单一流感病毒，而是一个病毒群体，或者由各种亚型组成，只有三种亚型病毒与人类死亡有关。近十年来，与H5N1型病毒相关的死亡案例总数为67例，全部发生在东亚地区，并且这些受害者都曾与家禽有过身体接触。

此外，别说是这种疾病的大暴发，单是在人类之间传播都需要经过复杂的转化过程。人类接触鸟类偶尔可能会感染禽流感病毒。但是这种病毒在人与人之间的传播则完全是另外一回事。这种传播要经过家禽体内携带的病原体与人类流感病毒之间的成分转换才能完成，这样才能使一方的病原体与另一方的传染性病毒相结合。

即使确定哪种H5N1亚型对于人类是病原体，也需要更加精细的DNA分析，以辨别它们属于哪个分化枝（或基因群）。一种可以引发人类流行疾病的禽流感产生的几率小到可以忽略不计，几乎是几十亿分之一。

2005年10月22日，英国环境、食品和农村事务部（DEFRA）宣布英国发现首例H5N1禽流感病毒感染。一批从苏里南托运来的货物中的一只南美鹦鹉在埃塞克斯郡隔离间内死亡（似乎是上天安排，这个地方碰巧就在2001年首次发现泛亚型口蹄疫病毒的屠宰场附近）。

三天后，也就是在10月25日，英国下院农业委员会国会议员在DEFRA总部召开了一次紧急会议。由政府首席兽医黛比·雷纳德领导的DEFRA高级官员小组悉数到场，情况显得十分危急。除了雷纳德女士的副手，参加会议的还有DEFRA首席科学顾问霍华德·达尔顿教授以及该部高级公务员代理常务秘书长。

会议开始首先承认，在两只鹦鹉身上发现H5N1型病毒，而不是一只，并且它们与台湾运来的一批八哥在一起隔离。但是，由于从这些鸟儿身上抽取的样品被混在一起，DEFRA官员们不清楚到底哪只是感染源。*

在这个并不令人满意的开场之后，保守党前座（议会下院中内阁和影子内阁

* 这件事被曝光后，我国台湾卫生部门大为震怒。它们对出口八哥的农场进行了检查，没有发现一丝感染的痕迹。随着DEFRA最终承认病毒感染源不是八哥，而是另一批台湾来的雀科银耳相思鸟，这场"死亡鹦鹉事件"也演化成一场闹剧。

的座位）发言人欧文·帕特森试图了解一些基本的事实。他想知道，在这些鸟儿身上发现了 H5N1 病毒种群中的哪种类型。这个问题尤为关键，因为目前只有三种类型的病毒与人类死亡有关（而这三种病毒都没有在台湾出现）。[2]

尽管帕特森问了三次这个问题，DEFRA 那些尴尬的专家想尽办法避免作出回答。他们不仅不确定哪种鸟儿受到感染或这些鸟儿来自哪里，连确定病毒类型这最为关键的证据都没有找到，他们甚至搞不懂帕特森为什么要问这样的问题。然而，正是这些人在英国政府负责应对这场可能急剧演化为带来历史性巨大损害的全球卫生恐慌。

看到 2005 年的这些荒诞的事件，观察家们可能已经把思绪拉回到九年前的那天，当时的卫生事务大臣以一份提交国会下院的报告引发了一场英国史上最为严重、破坏最大的食品恐慌。

1996 年 3 月 20 日，斯蒂芬·多瑞尔称，最近确认的神秘而可怕的“变异克雅病”可能与在前十年里困扰英国奶牛的“疯牛病”（牛海绵状脑病）有某种关联。

根据政府高级顾问机构疯牛病顾问委员会（SEAC）的报告，多瑞尔在提及最近确认的变异克雅病时继续说道，虽然没有“科学的证据”证明这种关联的存在，“当下最合适的解释是：这些案例与接触疯牛病病毒有关”。

这短短的一句话，却引发了爆炸性的政治与经济后果。几年来，社会上充斥着关于疯牛病能够传染人类的猜测。但是现在，这些猜测都已经被明确地否定了。可见，即使是政府承认这种关联可能存在的意图也足以触发一场歇斯底里的恐慌。

随着一个又一个欧盟成员国相继禁止进口英国牛肉，英国的各大媒体争先恐后，看谁能拿出一个关于未来的最骇人听闻的脚本。

在《新闻之夜》节目上，主持人杰瑞米·帕克斯曼对 SEAC 主席约翰·帕蒂森说，变异克雅病造成的死亡人数可能达到 50 万。帕蒂森博士认为这并不是没有可能。在接下来的那个周日，《观察家报》的动作则要更大，他们投入整整一页的篇幅描绘了未来世界末日的图景，而他们的根据则是理查德·莱西教授的观点。之前的鸡蛋沙门氏菌事件和李氏杆菌事件中，这位微生物学家在煽动食品恐慌方面扮演了主要角色。

《观察家报》描绘了英国二十年后的样子。他们预测，到2016年，由于20世纪末疯牛病牛肉引起的变异克雅病将每年杀死50万英国人。全国的安乐死医院都将加班加点，“在脑部疾病夺去患者的理智和自控能力之前，每个星期帮助500名病人体面地死去”。英国将长期处于隔离状态，断绝与外部世界的联系。英法海底隧道将“被法国以一段五英里的水泥堵上”。公共卫生系统将会因为“照顾超过两百万克雅病患者的压力”而陷入瘫痪。整个国家机构也会随之瓦解。《观察家报》称，这些都是出自一位科学家的专业预测，这位科学家虽然“曾经受到权威人士的指责”，但是“在上个星期他的观点已经成为新的权威”。

然而，多瑞尔的报告之所以难以令人信服，不仅是因为他没有任何确切的科学证据（即使他自己也曾承认，“没有证据证明直接关联的存在”，他只是说“那是当时最为合适的解释”），而且因为，这样的证据确实存在，只是指向了相反的方向。疯牛病在英国发现已经十年有余。75万头达到可能患疯牛病年龄的牛早已进入人类的食物链，其中许多在1989年之前就进入市场。这意味着，如果克雅病与感染疯牛病的牛肉有关系，变异克雅病例如今应该迅速增加。

而事实上，各种克雅病例正在逐渐减少。过去六个月里，在作为SEAC预测依据的那十个“新型变异克雅病”病例基础上，只新增了两个病例。仅仅从流行病学的角度看，变异克雅病与牛肉之间已经不可能存在任何关联。

然而，一旦爆发，围绕着疯牛病的来自政治圈和媒体的歇斯底里的言论便如脱缰的野马，一发不可收拾。欧盟下达禁令，禁止英国牛肉向任何国家出口。甚至有人严肃地建议，屠杀英国所有的奶牛。

作为一种政治妥协方案，所有30个月以上的牛，一旦完成了它们的使命，将被焚烧处理，尽管没有一个科学家曾建议这是一项必要的措施。但这一措施已经使纳税人损失37亿英镑，除此之外，与疯牛病相关的法律法规对英国农场经济造成的破坏也将达到数十亿英镑。

然而，1997年5月，就在自己关于变异克雅病将造成50万人死亡的预测刚刚过去14个月后，帕蒂森博士承认他所谓的流行病大爆发将不会发生。这位曾经在策划疯牛病恐慌中充当主角的科学家最后不得不承认，变异克雅病死亡病例不断减少的迹象表明，最终的数据可能是“大约200人”。[3]

如此强烈的反差竟然没能吸引媒体的一点关注。而大量为应对这场恐慌而制定的法律则依然有效。在未来的若干年里，数百万健康的牛儿将继续惨遭屠杀，最后这些巨大的代价都要落在纳税人肩上。直到2006年，欧盟才终于解除了对于英国牛肉的最后一道限制，那时，变异克雅病死亡率已经几乎降为零。

事实早已证明，最严重的食品恐慌是：一场恐慌，这从未发生的灾难。

然而，2006年3月，就在多瑞尔的报告十周年来临之际，那些曾为煽动1996那场恐慌作出极大贡献的报纸和电视，没有一家愿意费心去回顾这段历史。对于这些媒体，十年前闹得沸沸扬扬的疯牛病恐慌事件已经变得难以启齿，就像乔治·奥威尔小说中的“非人”蒸发不见。

为何在英国社会竟然能发生这样的事情？为了寻找答案，我们需要回到20世纪80年代。因为正是在那个十年间，在英国和美国，引发现代恐慌现象以最极端方式出现的条件正逐渐形成。

注 释

1. 乔·雷维尔，《你应当了解的禽流感知识》(伦敦，罗德尔出版公司，2005)，第16,127页。

2.《星期日电讯报》，2005年10月30日。

3.《科学家承认我们在疯牛病问题上犯下重大错误》，《星期日电讯报》，1997年6月8日。

第一章

恐慌如何变成一场即将来临的灾难

How scares became a disaster waiting to happen

在构想
和实际之间……
落下阴影

——托马斯·艾略特,《空心人》

正如本书将要提到的，现代社会的“恐慌现象”在20世纪70年代开始发展于美国。但是，这种现象的破坏力达到顶峰是在80年代撒切尔夫人执政的英国。那些年里，我们目睹占据报纸头条长达十年的食品恐慌形成的条件——成熟。这些食品恐慌也为更加普遍的恐慌事件奠定了一种模式，若干年后，这些事件将造成更加难以估量的破坏。

情况虽然是这样，但是，在80年代的英国，第一次吸引全国关注的事件并非关于食品，而是性。

80年代初期，有消息传说，在大西洋彼岸的美国，一批男同性恋者离奇地死于一种罕见的疾病。1981年，首位英国人在伦敦布朗普顿医院因同样的疾病死去。1982年，这种神秘的疾病被官方命名为“获得性免疫缺陷综合征”(艾滋病)，当时美国的患病人数已经达到1 000人，英国也有七例艾滋病记录。[1]

1983 年，英国艾滋病患者已经达到 17 人，很明显，这种病毒也侵袭了其他群体，例如：吸毒者使用感染病毒的针头、血友病患者输入被感染的血液。八月，报纸上讲，苏格兰的卫生专家们警告，“爱丁堡艺术节”可能成为“这种神秘疾病传播的温床”。到 1984 年年底，英国已经发现 108 例艾滋病患者，其中 46 人已经死亡。

1985 年 2 月，英国皇家护理学院预测，照目前的趋势发展下去，到 1991 年英国艾滋病患病人数将达到一百万。得知一名小学生是感染艾滋病毒的血友病患者，家长们纷纷带孩子离开那个学校。轮船上的乘客们立即决定缩短他们的航游度假行程，因为船上一名乘客患有艾滋病。到年底时，全球艾滋病患者已经达到 20 303 例，其中英国有 275 例，卫生事务大臣诺曼・福勒声明政府将支出 720 万英镑用于应对艾滋病，其中 250 万用于公共卫生教育运动。

1986 年，国际社会普遍认为造成艾滋病的这种病毒应该叫做人类免疫缺陷病毒（HIV），英国政府通过在全国性报纸上刊登整版广告，首次发起了名为“阻止艾滋病”的公众意识运动。通俗小报则受到了强烈谴责，因为他们使用了诸如“男同之疫的入侵”和“群众身边的怪物”之类的话语做标题。

1987 年 2 月，普及宣传的强度达到了顶峰。在一位卫生次官埃德温娜・库里夫人的指示下，政府向 2 300 万英国家庭发放传单，传单上写着标语：“艾滋病——不要为自己的无知付出生命的代价。”每个晚上，煽情的电视广告上播放着倾倒的墓碑和冰山一角浮出水面的画面，传递着这样的信息：艾滋病对于每个英国人都是一种致命的、隐藏的威胁。

从那时起，非洲发生的悲剧逐渐引起了世界人民的重视，据估计，到 2005 年，死于艾滋病的非洲人民将达到两千万。英国民众对于艾滋病的重视也达到了前所未有的程度。到 2005 年，英国共发现 20 099 个艾滋病例，其中 13 386 人已经死去。

艾滋病曾经是，现在仍然是一种真实存在的、可怕的疾病，这一点无可否认。但是，20 世纪 80 年代的那场风暴已经呈现出一场“恐慌”所具备的一些特征，这些特征在未来的日子将会变得如此熟悉。因为艾滋病是如此新鲜而神秘，对于人类，它完全是个未知数。当人们了解到，不仅是同性恋者，其他社会群体也可能感染病毒，艾滋病可能造成的破坏似乎变得无穷无尽，如库里夫人和政府卫生部门在电视上制造的末日景象一般恐怖。

即使在当时，也有许多人认为政府对于艾滋病威胁有点反应过度。* 事后看来，毫无疑问，20 世纪 80 年代中期对于艾滋病的过分关注不但已经称得上是首次“恐慌事件”——本书所讲的主题，它也让我们得以初窥那些年代的人们是如何变得焦躁不安。

食物中毒

对于致命传染病突然来袭的恐惧与人类一样古老。但是，由于现代科学的长足进步，第二次世界大战后的几十年里，这种古老的威胁至少在西方发达国家已经消失在地平线下。

在英国，最后一场能够引起全国关注的流行病是 1964 年伤寒病的爆发，当时苏格兰的阿伯丁市几乎与世隔绝。即使如此，最后仍能找到感染源是从南美进口的腌牛肉，所以这是一次食物中毒引起的流行病。整个过程没有传染性疾病的极端爆发，从这个角度看，这与其说是历史的遗留，不如说是未来的征兆。

20 世纪 80 年代食品恐慌频现报端的真正始因是一个不可否认的事实：在之前的十年间，英国食物中毒的案例突然急剧增多。70 年代伊始，平均每年不会超过 8 000 例，而到 1982 年，这一数字猛增至 13 000 例，并且还在迅速地增加。

食物中毒的原因当然是食品中滋生的各种对人类健康有害的细菌，其中三种细菌在后面提到的内容里非常关键，所以在此要做一番简单介绍。

二十世纪七八十年代食物中毒事件增多的主犯就是沙门氏菌。这种细菌通常发现于家禽、奶牛、猪、宠物以及野生动物，包括超过两千种类型，但是只有很少一部分类型与人类食物中毒有关。因为有各种办法杀死这种细菌，通过烧煮或者加醋都可以将其杀死，只有处置不当时它才会带来危险，要么是没有充分烧煮，要么是受到交叉污染后置于细菌得以繁殖的空间。

一旦进入人体，沙门氏菌可以迅速繁殖，在 8~36 小时内造成沙门氏菌中毒并出现各种症状，通常表现为腹泻、胃痛以及发烧。一般情况下，患者可以在一

---

* 1987 年，英格兰西南部有一名乡村邮递员负责把政府“不要为自己的无知付出生命代价”的宣传单发放至堂区各户人家。他说，自己刚驱车一英里从一条大雪覆盖的农场小路回来，只为将宣传单送到一位老农户和他的妻子手里。“我不敢肯定，”他说，“政府是否有必要向年过八十的老夫妇警告不戴安全套肛交的危害。”

到两天内康复。但是，有一些罕见或极端的病例，尤其是老人、儿童或者已经因患病而身体虚弱的人们，沙门氏菌中毒可以致死。

第二种从不为人知到著名的细菌是李氏杆菌。这种细菌通常寄身于土壤、植被、动物、人类肠道以及奶酪，它的很多类型都并非病原菌，而且引起的疾病要远远少于沙门氏菌。但是，当通过攻击人类神经系统对人体健康构成威胁时，它会更加致命，尤其是对于孕妇、婴儿以及老人。20 世纪 80 年代之前，李氏杆菌还没有与食物有直接的关联。直到 1981 年，尽管英国社会当时并没有加以关注，新斯科舍半岛(加拿大东南海岸一个半岛)上发生了一次关于凉拌菜丝的食物中毒事件，造成四十多人中毒，并最终导致 5 名孕妇自然流产，3 例死产，以及 6 名婴儿死亡。两年后，又一次食物中毒事件在马萨诸撒医院爆发，49 名病人中毒，其中 14 人死去。

另一中新型细菌威胁于 1982 年首次出现在美国，当时 50 人由于吃过麦当劳一种牛肉汉堡而患病严重。病因确认为 O157：H7 型大肠杆菌。大肠杆菌通常大量存在于动物肠道，包括人类。在其数百种类型当中，同样大部分并非病原菌，反而在抑制其他有害细菌方面发挥着重要作用。但是，这种于 1977 年首次曝光的新型 O157：H7 细菌可以产生剧烈毒性，对肠道内壁和肾脏造成严重损害，并可能致死。

这些就是三次食物中毒事件的动因，三次事件在下面的叙述中将非常重要。

有两组公共卫生官员奋战在英国对抗这些细菌威胁的前线。在全国层面有卫生与社会保障部（DHSS）的下属部门公共卫生实验室（PHLS）。这个实验室起初是在第二次世界大战中为应对可能大爆发的传染病而设立的，它的主要职能已经转向了研究食物中毒。其总部位于北伦敦科林达，在全国有 52 个实验室网点，并在 1977 年设立了一个新的部门——传染性疾病监控中心（CDSC），以收集全国关于食物中毒的数据，开展“调查和控制传染性疾病的工作”。

在地方，开展卫生监督与调查食物中毒事件的任务落在了全国各地的环境卫生监察员（EHOs）身上，这些官员由地方政府组织雇用。*

---

* EHO 的前身是地方政府的“卫生监察员”，于十九世纪中叶的改革中，为解决英国城市卫生问题而设立。到了二十世纪五十年代，他们又改称为“公共卫生监察员”。起初，他们在地方医药卫生部门下运行，直到 1974 年的改革将这个部门废除。在二十世纪七十年代，这些监察官开始称为“环境卫生监察员”。

面临着70年代开始的食物中毒事件大爆发，卫生官员们遇到了一个奇怪的问题。由国家卫生署（NHS）运营的医院中50%的高中毒率是当时食物中毒事件令人惊讶的一个特征。然而，这也就是公共卫生官员们受到束缚的地方。像NHS医院这样的政府医院是属于皇家的财产。存在了三百多年的法律漏洞赋予了这些医院一张“皇家保护伞”。他们被置于“法律之上”，免受任何起诉。

1973年，这样的反常现象首次给公共卫生官员们带来烦恼。当时位于伦敦东区的雷顿斯通医院发生了严重的沙门氏菌中毒事件。6名病人因为吃了圣诞节火鸡而中毒，其中2人死亡。结果发现，这家医院厨房的卫生条件极端恶劣。然而，由于皇家保护伞的存在，卫生官员无权进行任何干涉。因此，他们决定在全国范围内进行一次针对医院厨房卫生状况的调查，以引起公众对这个问题的重视。

尽管整个过程艰难而曲折，卫生与社会保障部还是不遗余力地进行了调查*，调查结果相当惊人。由于不受环境卫生官员的监察，那些医院厨房的卫生标准简直惨不忍睹，并且在继续下降。从那时起，许多卫生官员坚信，他们必须发起一场运动以堵上“皇家保护伞”这个法律漏洞：一场战役，在适当的时候将带来不可预见的重大后果。

1984年8月，一场更为严重的沙门氏菌中毒事件在约克郡斯坦利罗伊德精神病院爆发。到9月7日，死亡人数已经上升至19人，因感染沙门氏菌病毒而生病的人包括355名病人以及106名医务人员。由伯纳德·罗威博士领导的负责协助在伦敦调查的公共卫生实验室小组起初遭到医院高层的拒绝，因为有“皇家保护伞”的存在。但是，在获准进入医院后，罗威博士用名为“质粒分类”的技术确定，造成此次中毒事件的是与感染沙门氏菌的鸡肉交叉污染后的烤牛肉。

反对党工党社会服务部门发言人呼吁人们进行公开质询，他将这次事件归罪于政府削减开支。工党前座卫生发言人弗兰克·道布森也加入阵营，呼吁废除皇家保护伞。1985年，正当公开质询进行时，一个由环境卫生监察机构（IEHO）

---

* 当时诺斯博士是利兹市的一名环境卫生官员，作为他所在部门的媒体发言人，他即将接受BBC的采访。当向一位高层同事借来一份调查报告时，他立即发现报告的内容与送到BBC的公开版本完全不同，公开报告称医院厨房的条件已经有所改善。原来的版本中充满了强烈的谴责，而在公开版本中这些谴责都被过滤掉了。诺斯刚刚目睹了这些医院厨房的恶劣状况，所以他发布了一篇基于原版调查报告的新闻公告。因违反工作纪律，他被停职。

支持的卫生服务社团 GMB 指出，医院的皇家保护伞是造成食物中毒事件在全国范围内增加的主要原因，并且应该被废除。

随后，包括理查德·诺斯在内的，格拉纳达电视台时事调查节目《世界在行动》的节目小组带着隐蔽式摄像机进入三家医院调查，他们发现的证据令人震惊。节目中采访到的一位政府卫生次官巴尼·海霍在没有证据的情况下说，各个医院厨房的条件已经有所“改善”（本节目将与斯坦利罗伊德医院的调查报告同时播出）。至于废除皇家保护伞的呼吁，政府只表示“会考虑”。

受到运动热情的鼓舞，IEHO 不仅要求废除皇家保护伞，还要求，登记注册所有食品产地、食品行业相关工作人员的强制培训课程（由环境卫生官员收费授课）、以“禁令通知书”关停食品企业的权力。实现这些要求需要修订全新的食品安全法。

同样受到鼓舞的还有伯纳德·罗威博士，他刚刚在斯坦利罗伊德事件上获得成功，就被派往 PHLS 一个新设的权力部门——肠道病原体研究部门。这个部门负责收集分类全国的沙门氏菌分离菌，这也让罗威博士对全国沙门氏菌中毒事件做了一次独家总结。正如他在《泰晤士报》所言，“食物中毒事件并不是一场胜利。”他还郑重地补充道：“每头牛、每只鸡的肚子里都有沙门氏菌存在，如果没有充分冷冻、解冻或者烧煮，这些细菌将感染人类。”

IEHO 发布了关于医院厨房的一项新的报告，称全国 1 000 家受到调查的医院厨房中没有一家达到卫生标准，其中 97 家的状况严重。如果它们属于私人运营，早已被起诉或停业。当海霍部长再一次被问到是否将废除皇家保护伞，他只是再一次作了含糊的回答，称这个问题“非常复杂”。[2]

媒体纷纷展开攻击，以“英国肮脏医院的丑闻”之类的标题报导新的相关卫生事件。[3]海霍所面临的是一个各方群体组成的代表团，包括工党国会议员、工会高级官员、环境卫生官员、地方议员以及护士，这些人要求废除皇家保护伞。

然而，更多的食物中毒事件登上了新闻头条，包括普雷斯顿、曼斯菲尔德、爱丁堡以及绍索尔市这些地方的医院。罗威博士被请去调查一个与其知名婴儿牛奶品牌相关的沙门氏菌事件，最终导致位于坎布里亚市的该牛奶工厂遭到关停，公司老板葛兰素损失超过 4 000 万英镑。

1986 年 1 月，斯坦利罗伊德医院的询问报告公布，报告发现医院的卫生条件

“令人震惊”，各路媒体都似乎嗅到了血的味道。格拉纳达电视台播放了他们的《世界在行动》的记录片。《星期日泰晤士报》报道，一个由国内重要科学家组成的小组，包括罗威博士和他公共卫生实验室的同事理查德·吉尔伯特博士，正在全国范围内开展对食物中毒事件的调查，因为自1982年的三年来，中毒事件以45%的速度增加。吉尔伯特博士说，他的研究表明家禽和肉类为主要感染源，“79%的冷冻鸡肉”感染了沙门氏菌。

一个月后，后座保守党议员理查德·夏普德提交了一份废除皇家保护伞的议案后，当时的卫生事务大臣诺曼·福勒向议会承诺这个议案将会通过。他的卫生次官巴尼·海霍感到非常尴尬，决定除辞职外他别无选择。

《泰晤士报》报道，在1979—1985年的六年里，共有211次食物中毒事件在医院发生，3 969人受到感染，其中279人死亡，在这个报导之后，国家卫生署医院的皇家保护伞终于在11月10日结束。第二年，《英国医学杂志》公开的更新数据显示，在1978—1987年，总共发生了522次食物中毒事件。其中248次发生在医院，占到总数的48%以上。

1986年9月10日，新的卫生次官受到任命，接任海霍职位的是39岁的、英勇好战而雄心勃勃的埃德温娜·库里夫人。

疯牛病

与此同时，在战场的一端，另一个征兆开始显现。在1984年圣诞节前，一位汉普郡的兽医大卫·比被请去苏塞克斯郡的匹兹汉姆农场，那里的农场主皮特·斯腾特正在为他的一头奶牛而发愁。“它体重下降了，看起来也不好，背部也高高隆起。”皮特说。比也大为困惑。在接下来的两个月里，他两次检查了这头奶牛，发现它开始不停摇头。1985年2月，这头牛死去，而那时，农场里的其他奶牛也开始有同样的症状，这在比看来“相当恐怖”。[4]

两个月后，另一位兽医科林·威塔克检查了阿什福德市附近普鲁雷登马诺农场的一头奶牛。这头牛站立不稳，似乎有很强的攻击性。尽管兽医不能确定病因，奶牛于7月被药死。同样的，牛群里的其他奶牛也开始显现出同样的症状。

1985年9月，斯腾特的牛群里第十头牛倒下后，他直接将牛送到位于威布里治的中央兽医实验室（CVL），农渔业粮食部（MAFF）的一个下属部门。一位病理学家把奶牛的头部放在显微镜下观察，发现一些小孔和空泡，这种症状迄今为止只在感染羊类瘙痒病的羊脑中出现。她的一位同事认为，这看起来像“牛类瘙痒病”。当比收到关于奶牛的检查报告后，他发现奶牛的症状被描述为“海绵状脑病”，这在他看来完全不知所云。但是，CVL 的意见认为，病因可能是某种“毒物”。

1986 年 2 月，普鲁雷登马诺农场里第六头奶牛死去，威塔克同样将样本送去 CVL。之前已经有五个案例提交到 CVL，不久后，其他地方也发现了病例，包括萨默塞特郡、达费德郡、德文郡以及汉普郡。直到 1986 年 11 月，威塔克的样本被送往西部总医院神经病理学专家处，才得到确诊。这个新型疾病被确认为一种“牛类瘙痒病”，并被命名为“牛海绵状脑病”，或称“疯牛病”。

此时，没人认为这种新的疾病可能传染给人类。媒体对此事也一无所知。公众的注意力仍然集中在传统的食物中毒（更别说“艾滋病恐慌”也正走向高潮）和卫生部撤换官员事件上。

库里和莱西

1986 年 9 月 19 日，库里上任后的首要任务之一便是估算升级国家卫生署医院厨房需要花费多少，因为这些医院厨房糟糕的卫生状况刚刚遭到曝光，他们的皇家保护伞也被废除。

她的团队想出了一个好办法——“预煮速冻法”。与其将大量资金花在升级厨房上，不如重新组织国家卫生署供货系统，在一批中央生产单位将食品加工冷冻，然后用冷冻卡车送往各个医院。通过减少供货系统员工，可以节省很大一笔花费。

这样的想法招来卫生服务工会的强烈反对：不仅因为这威胁到他们的工作，还因为他们认为这样的措施相对于撒切尔夫人卫生服务私有化的政策好比是“特洛伊木马”。他们委托伦敦食品委员会（LFC）针对预煮速冻方案作了一份报告，这个委员会于 1985 年由大伦敦议会出资设立，是一个由独立左翼人士肯·利文斯通领导的压力集团。

LFC 的成员基本来自工会、地方政府、消费者群体以及其他支持蒂姆·朗积极运动行为的、对食品行业持怀疑态度的组织。不出所料，由朱莉·舍帕德撰写的报告非常刻薄，指出了预煮速冻方案的各种漏洞。[5]

由于对卫生服务的需求增加，卫生部正在寻求各种方式削减开支，所以并非只有工会组织担心这样的后果。公共卫生实验室（PHLS）也面临着研究经费的大幅削减，这将迫使他们将一些实验室关闭。

IEHO也发挥了重要的影响力，他们认为这样的行为将招致灾难。公共卫生实验室不仅需要应对食物中毒事件爆发的态势，他们还奋战在与艾滋病抗战的前线，因为当时媒体对艾滋病的狂热正达到高潮。这样，公共卫生实验室面临的威胁稍稍退去。

但是，公共卫生实验室高级官员开始关注另一个问题。在1987年1月斯特拉特福举行的讨论会上，理查德·吉尔伯特博士提出了李氏杆菌的问题。[6]他认为，李氏杆菌的传染性正在发生变化。这种细菌似乎“更多地在食物中滋生”。因为它十分罕见地“能够在低温条件下存活、繁殖并胜过抑制它的机体”，这可能是由于冰箱使用增多的缘故。

不久之后，他的公共卫生实验室同事吉姆·麦克朗奇林在一本学术期刊上写道，“五十年过去了，终于又有人提出李氏杆菌可以通过食物传染给人类这回事了。”他说，实验似乎可以证明李氏杆菌的繁殖和传播使它具备通过食物传播的素质，尤其是经过冷冻后。[7]公共卫生实验室的新思路无心地帮助了自己的对手——预煮速冻食品。

事实上，这场政治斗争已经找到了新的焦点，碰巧又是在斯坦利罗伊德医院，这家医院被约克郡指定为六家中心食品处理基地之一，为约克郡160家医院生产食品。一尘不染的新厨房已经备好，但是卫生服务工会的员工却在伦敦食品委员会的建议之下以“卫生原因”拒绝投入运营。

在斯坦利罗伊德报告公开后，卫生管理部门被要求设立“传染控制官员”，负责卫生事务。负责斯坦利罗伊德的韦克菲尔德政府任命了附近利兹大学的一位微生物学教授，理查德·莱西。

46岁的莱西，是一名医学博士，根本没有任何食品卫生和食物中毒的背景。他的专长是抵制抗生素和药物。但是，他光荣地接受了新的职位，开始与工会对话，阅读舍帕德的报告，并决定反对预煮速冻食品，尽管他从来没见过这种厨房是什么样子。

1987年5月，韦克菲尔德政府召开了一次会议，试图打破僵局，会议上，莱西指责预煮速冻法“在微生物学上无根据、在营养学上不安全”。无论在韦克菲尔德还是其他地方，“这种食品供给方法都是完全不能被接受的”。他直率的言论一度被当地和全国报纸引用。就这样，在接下来的十年里，一场场食品恐慌闹剧的中心人物之一登上了历史舞台。

面临着各方的围困，作为预煮速冻食品的主要倡议者，库里只能坚称，这是一个“健全的供应系统”，而且只要遵循卫生与社会保障部于 1980 年发布的指导方针，它“在微生物学和营养学方面都是可靠的”。[8]

两个月后，莱西显然认为自己找到了反对预煮速冻方案的科学依据。他说，他之所以“深深地怀疑这将是一种致命的烹饪技术”，是因为在整个过程中的低温环境下容易产生一定的病原机体。虽然他还没有说出李氏杆菌，但是他所描述的正是这种疾病的症状。[9]

这件事的问题在于，库里赖以为自己预煮速冻方法辩护的依据——卫生与社会保障部的指导方针当初是为阻止沙门氏菌的传播而制定的，而这种病菌在 10℃以下是无法繁殖的。而李氏杆菌却能在低温环境下大量繁殖，这样，指导方针也就变得毫无说服力了。

此外，李氏杆菌事件正在明显地快速增加，但是没人能解释其原因。20 世纪 80 年代初期，事件发生率相对稳定，大概每年 20~40 例。但是，到了 80 年代中期，发生率开始上升，1986 年 107 例，1987 年 259 例，七倍于 1967—1977 年的平均值。并且平均死亡率高达 30%。

由于事件上升的趋势与流行病爆发的前期特征吻合，莱西迅速开展了所谓“新型食物中毒事件”的运动，以寻求卫生与社会保障部的防守漏洞。就在此时，碰巧卫生与社会保障部得知，瑞士政府将一种著名的蒙特软干酪撤出市场，因为这种干酪感染了李氏杆菌。

瑞士李氏杆菌爆发的消息登上了英国报纸后，1987 年 11 月 24 日，卫生与社会保障部发布正式警告，提醒公众不要购买蒙特软干酪。《卫报》更是激动地称，“这种干酪已经导致 60 人死亡。”[*] 幕后的卫生社会保障部非常担心。至此，李氏杆菌的爆发已经跨过了大西洋，不过瑞士离英国则更近。

* 1983 年后，瑞士蒙特软干酪造成的实际死亡人数是 31 人。

卫生与社会保障部首席医务官唐纳德·阿奇森组建了一个李氏杆菌工作小组，成员包括公共卫生实验室的高级人员。12月17日，该小组建议开展更为广泛的传染病调查，“发现更多与软干酪相关的信息”。因为孕妇更容易受到感染，该部门写信给皇家产科与妇科医学院，询问是否孕妇应该远离这种软干酪。1988年2月1日，学院提出建议。

1988年2月16日，《每日快报》报道，山羊奶酪是导致伦敦妇女患脑膜炎的罪魁祸首。这一消息被两天后《泰晤士报》的一则报道确认，报道称公共卫生实验室已经从一名妇女家里的奶酪上分离出大量李氏杆菌。一周后，吉尔伯特博士与公共卫生实验室的一名同事在《柳叶刀》杂志上发表他们的回应阿奇森工作小组的研究成果，文章标题为“李氏杆菌和食物传播”。他们的研究发现在四个国家的软干酪上发现李氏杆菌，包括英国和法国。从零售店买来的100只鸡中，60只体内发现李氏杆菌。

一切似乎变得毫无疑问，李氏杆菌可以在食物中滋生，通常不受冷冻影响，具备高危险性；并且，从中毒事件迅速增加的趋势看来，并不能排除一场严重流行病暴发的可能。

鸡　蛋

与此同时，公共卫生实验室仍然受着巨大的威胁。1987年5月19日，《卫报》报道，有人向一家管理咨询公司询问如何在“病理学卫生服务”方面每年节省3.5亿英镑，并且目标锁定在公共卫生实验室。该报导还说，卫生事务大臣“已经否决了实验室私有化的提议”，不过“只是暂时否决”。

不难理解，公共卫生实验室的回应自然是要强调自己工作的重要性和紧迫性，当时他们掌握的资源已经由于食物中毒事件的爆发和对于艾滋病的恐慌而显得捉襟见肘。罗威博士对此更是滔滔不绝咄咄逼人。环境卫生官员在利兹大学召开的一次私人研讨会上，他说道，令他最担心的是沙门氏菌中毒事件的上升预示着“一场前所未有的流行病暴发”。*

* 在接受大发行量《女人》杂志（1987年2月7日）的采访时，罗威还说，“在每次曝光食物中毒事件中，大约100人有沙门氏菌引起的剧烈胃痛的症状，只是没有注意到而已”。换言之，他认为食物中毒事件的数量要比已经报道的多一百倍。

1987 年 8 月，根据他自己的沙门氏菌数据库，而不是传染病监控中心的数据，罗威不走寻常路地向媒体公布了 1985 年和 1986 年的相关数据。1986 年的数据显示，在上一年里中毒事件增加了 3 000 例，以 25% 的速度增加。而且，对于中毒事件增加的原因，他也已经有了自己的结论。11 月 8 日，《星期日泰晤士报》以标题为“鸡蛋：食物中毒事件猛增的元凶”的文章报道了罗威的观点，他认为“国内食物中毒事件显著增长的原因是感染沙门氏菌的蛋类产品”。

罗威认为，目前烹饪过程中的液态鸡蛋是主要原因，因为加热消毒环节的漏洞导致鸡蛋受到污染。这可能与大量的鸡受到沙门氏菌感染有关，其中一种病菌类型在家禽中尤为常见，肠炎沙门菌。*

1988 年 1 月 5 日，罗威设立了一个研究肠炎沙门菌的公共卫生实验室下属委员会（很快被冠以“鸡蛋委员会”的绰号），以调查与这种病菌相关的食物中毒事件急剧增加的原因。该委员会的首次会议提出，中毒事件剧增的原因最有可能是，从国外到英国的人群携带的肠炎病菌（大约 30% 的初期事件与从西班牙和葡萄牙来到英国的人有关）。

但是，罗威志在证明鸡蛋与中毒事件的关联。一名流行病学家约翰·考登博士被派往赫尔市，搜寻与消毒后的鸡蛋产品有关的中毒事件。结果，他的调查报告只能说，这种例子“少得令人失望”。[10]

2 月 27 日，兽医詹姆斯·奥布里恩在《兽医记录》杂志上发表了一则报告，对一种小鸡（适合烤焙）感染肠炎菌进行两次观察研究。他的研究引起了公众不小的兴趣。第一项研究发现，一些小鸡体内的这种机体有一种奇怪的物质，可以导致心囊变大，变成充满数百万肠炎菌的纯液态细胞组织。这意味着，这种小鸡可能受到严重的感染，从而成为交叉感染的危险之源。奥布里恩的另一个发现是，这种小鸡体内的肠炎菌可以通过母鸡下蛋“垂直传染”给小鸡。那么，蛋鸡以同样的方式使餐桌上的鸡蛋受到感染，不也很有可能吗？

---

* 术语肠炎是在 1881 年创造的，比沙门氏菌的命名都要早，当时是为了区别造成胃炎的细菌与所谓“伤寒类病菌”。二十世纪初期，关于沙门氏菌类型的信息逐渐丰富，肠炎沙门菌就成为一种特别的种类，尽管之后它将被归类为噬菌体类型。

五周后，这个极具煽动性的想法似乎因为美国人一篇关于“带壳蛋”的论文而令人信服，英国媒体大量报道了这篇论文。* 美国研究人员称，毒性可能来自蛋壳内产生的沙门氏菌。

紧随奥布里恩的报告，沙门氏菌可以在蛋壳内产生的观点使罗威推测，可能是鲜蛋，而不是消毒后的鸡蛋，造成他所谓的“一场前所未有的流行病爆发”。他立即着手寻找证据，于4月29日指示农渔业粮食部下属国家兽医服务部门，要对所有的肠炎沙门菌事件进行调查。

当天，在约克郡东区奥丁汉姆一个为保守党筹集资金的派对上，发生了肠炎沙门菌中毒事件。在场的许多人都生病了，他们都吃了各种肉酱和甜点，包括生鸡蛋做的冰激凌。**

起初，人们怀疑事件原因是林肯市一家工厂供应的鸡肝酱，这家工厂的鸡曾被发现感染肠炎病菌。但是，当5月10日公共卫生实验室的考登博士前来调查时，从他对在车站接待他的官员以及事件责任人的指示可以看出，他似乎已经确定原因就是鸡蛋。[11] 尽管他后来承认“不可能从流行病学角度证明鸡蛋就是导致中毒的原因”，在供应鸡蛋的农场里的死鸡体内发现肠炎沙门菌对于罗威而言是个重大突破。虽然农场里的活鸡并没有受到感染，并且三个食物中毒病人未曾吃过冰激凌，官方仍坚定地认为鸡蛋是病原。

在接下来的几周里，更多的事件以同样的模式发生。环境卫生官员（EHOs）在调查盖特威克市希尔顿酒店发生的肠炎沙门菌中毒事件时，称所有与事件相关的食物都感染自一批家庭自制的蛋黄酱，尽管在做好蛋黄酱之前就已经发现首例感染，然而，这次中毒事件还是被归类于“鸡蛋相关事件”。

另一个著名的与蛋黄酱相关的中毒事件发生在上议院，同样被官方认定为“鸡蛋相关事件”，尽管这次事件中的沙门氏菌类型不是肠炎沙门菌，而是鼠伤寒DT49型沙门菌。帕丁顿市圣玛丽医院一次因三明治而引起的中毒事件同样指向蛋黄酱，尽管抽查的500个鸡蛋样品中并没有发现感染的迹象，制作蛋黄酱的厨

---

* 例如，《今日报》4月16日发表了题为“你吃的不是蛋黄”的文章，称“英国人最喜爱的早餐——鸡蛋，已经不是曾经的鸡蛋了。美国鸡蛋研究专家认为鸡蛋可能致命”。《泰晤士报》有题为“美国恐慌威胁到半熟水煮蛋”的文章（日期不详）。

** 对于本段以及接下来几段中提到的食物中毒事件，诺斯博士都曾做过完全独立的调查。

房也没有受到感染。霍利黑德市一家医院发生的食物中毒事件再次归类为“鸡蛋相关事件”，这次的罪名落在了苏格兰地区生产的鸡蛋上，尽管事件中所吃的鸡蛋都已完全煮熟，熟到可以杀死任何沙门氏菌，而且几个中毒病人先前并没有吃过鸡蛋。

到了 1988 年仲夏，罗威认为鸡蛋是感染源的观点已经在公共卫生实验室内部称为正统理论，他们已经开始把所有沙门氏菌中毒事件都归罪于鸡蛋，尽管有时这样的判断违背了证据。当然，这样的想法已经控制了记者们的想象力，他们正在把自己敏感而冲动的注意力集中到这场“食物中毒大爆发”上。如《旗帜晚报》报道，一个泄露的关于上议院食物中毒事件 (后被证明不准确) 的官方报告预览：

吃煮鸡蛋的人们要大吃一惊了。贵族院议员接到警告，沙门氏菌疾病的危害不可忽视，除非鸡蛋在沸水中煮八分钟，简而言之，要把鸡蛋煮得像石头一样硬。

在这样狂热中，至少还有一个政府机构保持了冷静。因为没有被罗威的鸡蛋理论说服，卫生与社会保障部（DHSS）要求公共卫生实验室开展进一步调查，“以确认事件原因，而不是‘假设’垂直传播的可能（例如，带壳鸡蛋内部感染）”。

在一个与上议院事件报告同时发出的、内部记录为“防卫作战指示”的简报中，卫生与社会保障部承认，“在最近发生的有限的几次沙门氏菌中毒事件中，生鸡蛋被认为是感染源。”简报还列举了将“任何危险”最小化的防御措施，例如把鸡蛋放在冰箱内。但是，该部也总结道，“我们没有依据建议在烹饪鸡蛋时增加任何预防措施。”

卫生与社会保障部暂时控制着局面。

“又一次来自埃及的瘟疫”

1987 年 4 月，农渔业粮食部首席流行病学家，爱丁堡神经病理学研究所的约翰·威尔史密斯确认疯牛病之后，一次彻底的研究项目在 200 个农场展开，以确定这种疾病的泛滥程度有多严重。

1987 年 7 月，诺丁汉市的英国牛类兽医协会召开会议，会议上研究了来自肯特市的兽医科林·威塔克的报告，他从病牛身上提取的病菌样本已经确认为牛海绵状脑病。大卫·比也参加了会议，他认为威塔克和他的合作者卡尔·约翰逊所描述的，与他在苏塞克斯所发现的情况一样。

农渔业粮食部是如此敏感，以至于两位作者被要求删掉他们报告中“类似瘙痒病症状”的字眼。然而，他们还是记录了疯牛病与通常在绵羊和山羊身上发生的脑病之间的相似之处。他们还补充道，“对于人类，有库鲁病和克雅病与其相似。”

库鲁病发现于新几内亚的一个食人部落，这里的人可能因为吃人肉而患上库鲁病。克雅病是一种十分致命的痴呆症，通常会影响 60 岁以上的老人，症状表现为脑部充满“海绵一样的小孔”。两名德国科学家于 20 世纪 20 年代初发现这种病，并在 1922 年为其命名。

1987 年，疯牛病首次在《兽医记录》杂志上公开后，BBC 和另外一两家报纸继续发挥，称这是“一种潜在的、有威胁的牛类疾病”。12 月 15 日，威尔·史密斯完成了他对流行病的研究调查。研究发现了 100 多个病例，他总结道，“唯一可行的假设”是：这些奶牛因为吃了“含有肉和骨粉的反刍饲料”而感染疾病。他的研究结果没有引起太多关注，但是，两周后《泰晤士报》引用皇家兽医学院高级讲师托尼·安德鲁斯的话，称整个兽医界都陷入“困惑”，并认为这种疾病“可能已经潜伏了多年”。

1988 年 3 月 3 日，农渔业粮食部将一份文件送至卫生与社会保障部首席医务官唐纳德·阿奇森手中。曝光的病例数已经达到 500 例。阿奇森吃惊地阅读了这份文件，并在自己的日记中写道，“我们面临来自埃及的又一次瘟疫。”在慎重考虑这个问题之后，四月初，他给牛津大学的副校长理查德·赛斯伍德先生打去电话，他与这位校长曾在皇家环境污染委员会共事。

阿奇森“十分确信”地告诉他的老同事，“现在有一个可能非常严重的疾病”，并请求他组建一个委员会研究这种疾病“对人类健康的影响”。“为什么让我做？”赛斯伍德问道。阿奇森回复说，“因为这是生态学方面的食品问题，还因为我知道你是个具备独立精神的人。”

就在赛斯伍德组建好自己的委员会之前，农渔业粮食部已经在咨询提炼加工公司（这些公司负责烧煮动物遗体以生产饲料）关于可能禁止牛羊饲料中使用肉和骨粉的事情。6 月 5 日，撒切尔夫人刚刚赢得 1987 年选举，农渔业粮食部的首席兽医凯斯·梅尔德姆做出决定，他必须向农业部各个部长报告疯牛病的潜在威胁。

6月14日，两家报纸注意到《兽医记录》上的一篇论文。《卫报》提到了疯牛病、瘙痒症和克雅病之间的关系。《独立报》在题为“可以使肉类染毒的神秘机体”的文章中问道，人类是否可能“因为吃过受到污染的牛羊肉而感染致命的病毒”。文章还写道，“当下的恐惧在于，我们可能正在吃着受到感染的牛羊脑部组织，从而引发一场像克雅病那样的流行病”。

同一天，农渔业粮食部发布了1988疯牛病决议，认定疯牛病为“应当上报的疾病”，并禁止“为生产反刍类动物饲料而销售、供应或使用动物蛋白”。这只是后来关于疯牛病立法风暴的前奏。

6月20日，赛斯伍德的四人委员会举行了他们的首次会议。农渔业粮食部（MAFF）的威尔·史密斯也在场，参加会议的人都收到一份MAFF的简报，简报称“成千上万或数百万”人可能受到这种神秘疾病的威胁。但是，由于它的潜伏期比较长，可能十年之后人类才会患这种疾病。

随后，赛斯伍德对BBC说，“我想，我们都是非常严肃认真的。我们感到一种影响巨大的疾病正在来临。”威尔·史密斯解释说，“表现出疯牛病症状的牛正在进入人类的食物链。”赛斯伍德回想时说，“我们都吓坏了。”

第二天，赛斯伍德立即给MAFF常务秘书写信（并发了一份传真以强调这件事十分危急），请求立即将感染疯牛病的牛从人类食物链上删除，并向物主作出赔偿（这个建议在七周后的8月8日生效，政府发布了疯牛病修改决议和疯牛病补偿决议）。

6月27日，赛斯伍德委员会发表了一份中期报告。他们小心翼翼地以一篇乏味的声明隐藏了自己的不安。该报告称：“疯牛病传染人类的危险还很遥远，而且疯牛病不可能对人类健康产生任何影响。”

同一天，卫生与社会保障部（DHSS）和农渔业粮食部（MAFF）联合发布的一篇新闻稿使赛斯伍德委员会的报告显得更加令人安慰放心。但是，实际上，该报告还写道，“如果我们对此的估算不准确，后果将会非常严重……海绵状脑病在人体内的潜伏期很长，可能十年或者更多年后，人类安全才能得到完全保证。”

这个潜在的爆发可能在官方新闻通稿中遭到删除。BBC以及像《卫报》（“疯牛病不构成健康威胁”）这样的报纸在报导官方新闻稿时，根本没有看看报告原版的文本。

正如在鸡蛋沙门氏菌事件中一样，DHSS 和 MAFF 作为“挡手”势力，竭力控制事态。

压力增加

1988 年 7 月 23 日，撒切尔夫人对其内阁进行重新洗牌。卫生与社会保障部被分割成为两个部门。肯尼斯·克拉克被任命为新设卫生部的大臣，大卫·梅勒任该部的国务大臣。唯一没有发生变动的是政务次官埃德温娜·库里。

这些人都将投入忙碌的工作当中。在上半年一连串恐慌事件登上报纸头条后（鸡蛋沙门氏菌、Peperami 肉肠事件、豆芽、奶酪李氏杆菌、疯牛病），新的恐慌几乎每天上演。“推手”势力已经整装待发。

莱西教授自然是“推手”大军中的一员，他仍在对李氏杆菌和预煮速冻食品发动圣战。他与另外两位利兹大学的同事斯蒂芬·戴勒博士和凯文·科尔博士，在 7 月 2 日的《柳叶刀》杂志上发表了他们对冷冻快餐进行的检测结果，这些快餐是用与医院预煮速冻法类似的办法制成的。《今日报》头条报道了这个消息，文章题为“冷冻快餐中的危险”，称莱西与他的同事已经在各大超市销售的四分之一快餐中发现“一种致命的李氏杆菌”。《每日电讯报》同样称，“四分之一的快餐中发现致命病菌”。

《卫报》则更甚。在题为“被隐瞒的食物中毒死亡”的文章中引用莱西的话，称卫生与社会保障部正在试图隐瞒每年由“预煮速冻快餐中的病菌”引起的 150 起死亡事件。卫生与社会保障部则指出，“英国没有发生李氏杆菌致死事件，也没有证据证明去年发生的 259 起死亡事件是因为食物中毒。”

7 月 2 日，《每日邮报》将其目光投向法国，一家法国婴儿食品公司“美乐宝”从各个超市撤回自己的产品，因为在他们法国工厂的一盒产品内发现沙门氏菌。《今日报》自然地以“婴儿食品中发现致命病菌”报道了这条新闻。

同一天，《英国医学杂志》写道，1988 年前五个月食物中毒事件比去年同期增加了 37%。

接着，消费者协会登场。他们在 7 月的《Which?》杂志上发表文章称，在五家超市和15家小商店购买的熟肉感染了大肠杆菌。《今日报》有“夏季沙拉中的熟肉感染致命病菌”的报道;《泰晤士报》有“商店出售有毒熟肉”;还有《卫报》的詹姆斯·厄林奇曼写道，小商店的卫生标准“非常糟糕”，大肠杆菌“与粪便污染有关”。

7月11日，厄林奇曼回到疯牛病话题，称“疯牛病：一种值得关注的牛类疾病”，养牛人“可能在隐瞒一种致命的牛脑病，这种病可能传染人类”。他还引用《英国医学杂志》的警告，称疯牛病、克雅病以及库鲁病“互相关联，都可能通过饮食在物种之间传播”。

五天后，厄林奇曼与其他记者一样报道了伦敦食品委员会的新闻发布会，该委员会由蒂姆·朗领导。会上，莱西重申了自己的观点，认为政府“隐瞒了死亡人数”。朗也抗议道，“责怪食物中毒受害者是不对的。是谁让食物感染了沙门氏菌？政府必须断绝与食品工业的关系，并保证食品行业遵循更为严格的卫生规定。”

《独立报》引用这次新闻发布会上伦敦食品委员会（被该报称为“独立的监督机构”）的警告，称“从农场到厨房，英国食品生产的卫生标准远远落后于欧洲其他国家”。《杂货店》杂志也以题为“英国人食用欧洲最差食物”的文章阐述朗的观点。《泰晤士报》一篇题为“食物中毒事件创历史记录”的引人注意之处在于，莱西攻击农业部长约翰·高默“掩饰李氏杆菌的危害”（该报将莱西描述为“政府顾问委员会高级顾问”，只因为他曾短期供职于为动物杀虫剂提供建议的兽医制品委员会）。

7月17日，《星期日泰晤士报》请来知名烹饪作家伊冈·洛奈作总结撰稿。他提出，“我们的食物正在受到污染，动物受到操纵，传统的养殖方法受到挫败。”他说，伦敦食品委员会的做法非常正确，“他们关注了我们的食物是如何受到污染的”。7月21日，澳大利亚成为世界上首个因为疯牛病而禁止英国牛肉进口的国家。

7月中旬，伯明翰三家医院同时发生食物中毒。尽管这些事件的细节并未公开，卫生官员认为，病菌可能源自某个预煮速冻食品生产单位送来的食物。随后，《新科学家》（7月21日）发表一篇题为“医院食品供应者可能引起李氏杆菌暴发”的文章。出于公正，该文章引用了莱西认为预煮速冻食品造成李氏杆菌中毒事件增加的观点，还引用了卫生与社会保障部认为英国没有李氏杆菌死亡事件的回应。文章还提到，卫生与社会保障部称莱西患上“李氏杆菌歇斯底里症”。

7月29日，新设立的卫生部决定向国家卫生署医院发出警告。供应商应将所有用到鲜鸡蛋的食谱换为加热消毒后的鸡蛋。这份文件泄露后，各路媒体对政府的巨大转变的反应竟然比较安静。

三周后，曼彻斯特机场的一个预煮速冻生产单位发生了一系列沙门氏菌中毒事件，环境卫生官员认定是由鸡蛋引起。这更加刺激了卫生部的神经，8月26日，该部发布了首次关于鸡蛋的公开警告。《今日报》不出意外地在其头版写道，“鸡蛋中的杀手——来自卫生部的病菌警告”。文章称，公众已经被建议“不要吃生鸡蛋，因为可能致命……一种在鸡身上感染的沙门氏菌，如今在鸡蛋中发现”。然而，令人惊奇的是，其他媒体竟然对卫生部的通知很是低调。

9月，一直宣称“鸡蛋中发现沙门氏菌”的公共卫生实验室（PHLS），发表了一篇关于鲜鸡蛋食物中毒事件的年度技术总结。虽然他们不辞辛苦地一直在乡村搜罗证据，PHLS总共只发现了19次中毒事件，涉及409人。在这19次事件中，有11次发生在皇家场所：八次在医院、两次在监狱、一次在上议院。这看起来可不像是一场流行病在全国爆发的依据。[12]

此时，没人能够猜到，英国首次食品恐慌将会在三个月后爆发。

点燃导火索

1988年初秋，三次事件有发展成为一场巨大恐慌的潜质：鸡蛋沙门氏菌事件、李氏杆菌事件以及疯牛病。每次事件背后都有科学界的“推手”存在，还有来自媒体的助力。

冲在鸡蛋沙门氏菌事件前线的仍旧是公共卫生实验室，其传染性疾病控制中心的领导在《英国医学杂志》上称，1988年“沙门氏菌造成的两万起食物中毒事件”中表现出显著特征的是，“那些与鲜鸡蛋或包含生鸡蛋的食品相关的事件”。[13]

冲在李氏杆菌事件前线的仍旧是莱西教授，他在《观察家报》一篇题为“食物中毒灾难降临英国”的整版特别报道中称，李氏杆菌造成的死亡人数不是150人，而是“每年300人”。[14]

至于事件数量已经达到850起的疯牛病，则是主要由记者们负责。正如《独立报》的一篇文章写道，一批牛已经在康沃尔郡一家采石场焚烧，“因为这些牛患上了一种奇怪的疾病，这种疾病可能传染给人类”。[15]

10 月底，莱西得知约克郡一家医院内，一位妇女因感染李氏杆菌导致流产。他立即赶往这名妇女家中，并在她家的垃圾箱里发现一块熟制鸡肉。在这块鸡肉上，他发现了李氏杆菌。这个发现公布后，为他在报纸上赢得了很大的版面。但是，令他困惑的是，电视媒体对此似乎不感兴趣。这件事也让他离禁止预煮速冻食品的目标更进一步。实际上，从不久后卫生部对预煮速冻食品的新规定看来，莱西的建议显然没有受到采纳。[16]

11 月 15 日，农渔业粮食部收到来自赛斯伍德委员会更多的建议：感染病菌奶牛生产的牛奶应该被销毁；禁止牛类饲料中使用肉和骨粉的暂时规定应该变成永久法令。《卫报》立即对《兽医记录》杂志上的一篇报告作了报道，该报告称，实验证明，将感染疯牛病病菌的组织注射入老鼠脑部后，老鼠会表现出疯牛病的所有症状。《卫报》记者写道，“如果疯牛病可以传染给其他物种，那么人类也有可能感染的想法就并不荒谬。”[17]

11 月 21 日，在经过一番幕后斗争后，卫生部发布一条新闻通稿，安慰公众应该合理看待可能感染病菌的问题，意图撤回其夏天发布的关于鸡蛋的警告（英国鸡蛋产业委员会 BEIC 最近指出，英国人每天消耗三千万颗鸡蛋，吃到感染病菌鸡蛋的概率不会超过“两亿分之一”）。

在这个公告之前，莱西非常兴奋，因为他终于收到了 BBC《消费者监察人》这个全国性电视节目的邀请。他想，他终于能够借此机会宣传自己对于李氏杆菌和预煮速冻食品的见解了。但这不是 BBC 想要的。他们是想听听他对鸡蛋事件的看法，而莱西对此一无所知。然而，他还是同意参加这个节目，参加节目的还有伦敦食品委员会的蒂姆·朗。他俩一起研究了一个老掉牙的话题，称政府一直在“掩盖”不断加重的“鸡蛋危害”。不过他们并没有将“掩盖”的罪名指向卫生部，而是农渔业粮食部。这两位“专家”一致建议不要吃生鸡蛋。*

---

* 莱西对鸡蛋事件根本不了解，在当天与诺斯的一次对话中，他指责了“卫生部隐瞒鸡蛋危险的阴谋”。诺斯解释道，这与卫生部 8 月 26 日发布的公告内容不符，而莱西根本不知道这个公告。所以当天晚上的电视节目上，他将矛头从卫生部转向农渔业粮食部（个人资料）。

尽管卫生部竭力淡化鸡蛋恐慌的影响，各路媒体却跟在BBC后面聊得火热。伦敦的《旗帜晚报》报道，一名环境卫生监察机构（IEHO）的官员警告公众不要吃煮得半熟的鸡蛋。[18] 据《西部每日邮报》称，“蛋黄中发现一种沙门氏菌后”，英国西部地区的鸡蛋销售量暴跌。该报还引用了伦敦食品委员会的话，呼吁“全面禁止鸡蛋销售”。[19]

紧接着，《旗帜晚报》报道，伦敦西区科芬园最著名的“尼尔街”饭店决定“更换其鸡蛋制成的调味酱，因为环境卫生官员强调了食物中毒的危险”。[20]《每日电讯报》报道，英国妇女协会已经更换其蛋糕食谱，建议会员不要在糖霜中使用生蛋清。[21] 在一篇题为“医生建议消费者抵制鸡蛋，以迫使政府对沙门氏菌事件采取措施”的文章中，《每日邮报》进一步宣传了蒂姆·朗（他没有说明自己不是医师）的观点。[22] 第二天，《杂货店》杂志对朗的采访却很少有人关注。采访中，他承认鸡蛋只是“很小的食品威胁”，自己只是利用这个争议证明“食品贸易中的普遍问题”。[23]

11月29日，由于独立工党议员丹尼斯·斯金纳对下议院工作的介入，疯牛病再次回到媒体的视线。关于议会某位写手所谓的“一种使牛脑变成海绵状并使牛看起来像醉酒一样的疾病”，农业部各位大臣正在接受询问时，斯金纳问道，人类会否感染这种疾病。他说财政大臣尼格尔·劳森就可能受到感染，引得国会议员“阵阵哄笑”。

然而，随着“鸡蛋事件”每天上演，当时的主角是沙门氏菌。12月2日，受到公共卫生实验室的鼓舞，《柳叶刀》杂志的一篇文章将整个事件向前推进。文章报道了威尔士发生的四起与“鸡蛋相关”的食物中毒事件。这也促使《独立报》总结道，“所有的鸡蛋，包括完好而干净的鸡蛋，都应视为可能受到感染。因此，吃生鸡蛋可能已经不再安全。”

12月3日，各家媒体纷纷对沙门氏菌和鸡蛋的威胁作了重点报道，包括《泰晤士报》、《独立报》、《每日邮报》、《每日电讯报》、《今日报》以及其他一些报纸。因为普利茅斯政府卫生部门命令当地25家医院对鸡蛋进行加热消毒，停止食用生鸡蛋（如《邮报》写道，“医院因致命沙门氏菌的威胁而禁止食用鸡蛋”），正是这件事触发了这些媒体的神经。

实际上，这条命令根本没有任何特别的新闻价值。它只不过是重复了四个月前卫生部对医院食品供应商所说的话而已，却被独立电视新闻台（ITN）在其午间新闻作了重点报道。火药桶已经填满。在这个本该是无聊的一天，所等待的只是一点火花。当天下午五点，这个时刻正式到来。

ITN决定继续其在午间新闻中对普利茅斯事件的报道，在报道时播出了对卫生次官埃德温娜·库里采访视频的片段。站在切勒斯顿市政大楼上，被一群德比郡市民围着，记者问库里，公众应该如何应对鸡蛋的威胁？

她回答道："我们现在郑重地警告各位，目前我们国家生产的大部分鸡蛋都不幸地感染了沙门氏菌。"

就是库里的这句话引爆了英国首次大规模的食品恐慌，这句话也令她即将成为英国最为著名的政客之一。

注　释

1. 本段中的事实和数据都来自艾滋病慈善机构Avert的网站，www.avert.org。

2.《每日电讯报》，1988年9月24日。

3.《每日快报》，1985年10月7日。

4. 本段叙述的出处不是同一材料，而是集合当时各种报纸报道而成的，包括：《每日电讯报》科学编辑罗杰·海菲尔德的一篇文章（《发现疯牛病的女人》，1997年2月9日）；公开的疯牛病调查结果（菲利普斯报告，卷三）；检查调查报告档案得出的细节。由于这些细节基本没有争议，因此我们没有作详细说明。

5. 朱莉·舍帕德，《关于预煮速冻食品供应对公共服务影响的报告》（伦敦：伦敦食品委员会，1987）。

6. 坎普登食品保存研究协会组织的讨论会，斯特拉特福，1987年1月19–21日。

7. 吉姆·麦克朗奇林，《李氏杆菌：关于人类体内李氏杆菌分类学和流行病学方面的进展》，《应用微生物学》，第63期（1987），1–11。

8.《餐饮与酒店经营者》，1987年9月。

9. 莱西的采访，《星期日邮报》，1987年11月8日。

10. 沙门氏菌委员会，公共卫生实验室，会议记录，1988年3月23日（未出版）。

11. 两名目击证人的证词。

12. 传染性疾病报告，公共卫生实验室，1988年9月。

13.《英国医学杂志》，1988年9月17日。

14.《观察家报》, 1988 年 10 月 9 日。

15.《独立报》, 1988 年 10 月 1 日。

16. 例如:《官方对预煮速冻食品威胁的态度不变》,《卫报》, 1988 年 11 月 10 日。

17.《卫报》, 1988 年 11 月 15 日。

18.《旗帜晚报》, 1988 年 11 月 23 日。

19.《西部每日邮报》, 1988 年 11 月 23 日。

20.《旗帜晚报》, 1988 年 11 月 24 日。

21.《每日电讯报》, 1988 年 11 月 25 日。

22.《每日邮报》, 1988 年 11 月 25 日。

23.《杂货店》, 1988 年 11 月 26 日。

Killer eggs

第二章

"致命的鸡蛋"——沙门氏菌大恐慌

我们现在郑重地警告各位，目前我们国家生产的大部分鸡蛋都不幸地感染了沙门氏菌。

——埃德温娜·库里，ITN 新闻，1988 年 12 月 3 日

鉴于其即将带来的巨大破坏，库里夫人在 12 月那个周六的电视采访中，有两点表现非常奇怪。首先，她的"重磅炸弹"似乎是早已精心设计好的。其次，她根本不知道自己在说些什么。

在她后来的《生命线》一书中[1]，库里写道，她知道自己"迟早"都会提出鸡蛋沙门氏菌的问题。"但是，如果我要宣传如此重要的话题"，她说，"我肯定不会选择诺里奇市的电台，而是全国性的媒体。"

紧随普利茅斯卫生部门对当地医院下达禁止使用生鸡蛋的命令，她发表了自己的声明，这绝非偶然。这条命令是在皮特·威尔金森博士的建议下制定的。他是普利茅斯公共卫生实验室的领导。作为库里的首席顾问和预煮速冻食品支持者，他与库里熟识。更为蹊跷的是，这条命令不过是在重复 8 月 26 日卫生部对各医院的指示。为什么一个地方卫生部门能够在全国性媒体上发布新闻通稿，宣布四个月前已经公布的指令（目光敏锐的记者应该问问这个部门，为何他们当初没有服从命令）？还有，为何就在这条命令公布后不久，库里便立即声明自己在德比郡，可以接受电视采访？

库里古怪而谨慎的措辞很明显地想要表达：大部分蛋鸡已经感染沙门氏菌，并可以使鸡蛋感染。而这两点都是不正确的。受到感染的并不是蛋鸡，而是速冻熟鸡肉，这一点公共卫生实验室早在1986年已经指出。库里是不是（像许多记者后来一样）把熟鸡肉与蛋鸡混淆了？

然而，更为特别的是，库里对鸡蛋和沙门氏菌的认知几乎都来自他的首席顾问伯纳德·罗威博士，而来自公共卫生实验室的罗威从初夏便开始推销他关于鸡蛋与沙门氏菌具有关联的理论。首先，他认为，鸡蛋可以通过“垂直传播”受到感染。也是他发布指示，让所有对沙门氏菌事件的调查，不论是由公共卫生实验室（PHLS）还是由环境卫生官员（EHOs）进行，都密切关注其与鸡蛋的关系。

而对于此，有两个情况值得注意。首先，罗威没有证据能够证明鸡蛋内部可以感染沙门氏菌。曾经只有一次，一篇科学论文认为一次沙门氏菌事件的病原可能来自鸡蛋内部，不过这也只是在假设层面的理论。[2] 其次，前几个月内发生的与鸡蛋相关的食物中毒事件中最为显著的特征是，调查人员都把全部精力放在鸡蛋上，以至于他们根本没有想过其他的可能性，最值得关注的要数来自其他地方的交叉感染。

这非常关键。例如最近的几次沙门氏菌事件：上议院事件、盖特威客希尔顿酒店、帕丁顿三明治，都与蛋黄酱有关。酸能够杀死沙门氏菌，而且，传统的蛋黄酱制作中会用到足够的醋或柠檬汁。但是，20世纪80年代开始的新式做法会减少醋的使用以制作口味清淡的蛋黄酱，新派烹调菜或制作三明治馅料会用到这种做法。这也就为通过交叉感染而从其他地方传染的沙门氏菌提供大量繁殖的理想条件。

随后，在对前几个月里官方认定为“与鸡蛋相关”的19次沙门氏菌事件进行专家调查后发现：之前的调查都不够彻底；都没有充分考虑其他感染源的存在可能；之所以都归罪于鸡蛋，是因为这正是当时负责调查的人所期望的结果。

换言之，库里的观点基本建立在罗威的建议之上，而此人的理论却没有任何合理的科学依据。因此，支撑库里观点的那些调查几乎完全不可靠。

诚然，这些情况如今已经被曝光。但是，当初任何人都应该注意到，尽管罗威的调查人员不知疲倦地搜寻，官方确认的1988年鸡蛋沙门氏菌事件（当年沙门氏菌食物中毒事件总数为385次）只有26次。

然而，正是凭借如此苍白无力的依据，库里成功地引发了英国史上首次食品大恐慌。

第一阶段：“九日奇观”

库里的言论虽然早在周六晚上播出，周日的各大报纸却来不及应付。但是一直报道该事件的媒体已经知道这才是他们的主要战线，这也在之后的日子里主宰了他们的视线。

首先是来自农渔业粮食部的轻蔑回应。库里知道，农业部长约翰·麦克格雷格正在加拿大进行一场国际贸易谈判。按照规定，他是农业部唯一可以对来自其他部门部长的言论进行回应的人。但是，这并没有阻止农业部表示他们的愤怒。一位发言人强调，1988 年与鸡蛋相关的中毒事件仅为 26 起，并反击库里的言论“极不负责”。[3]

因此，两个负责食品安全的部门之间出现了前所未有的裂痕。农业部负责控制农场主以及其他食品生产者的卫生标准，如：鸡蛋和家禽企业。卫生部负责食物链的其他环节，包括 50 万家商店、饭店，以及其他直接向公众出售食品的企业。库里对鸡蛋生产商指手画脚的行为已经使她逾越了那条官方分界线。

同样受到冒犯的还有那些鸡蛋生产商们。英国鸡蛋企业协会（BEIC）代表大约 300 家鸡蛋生产商，称库里的言论“事实上的错误和极度不负责任”。英国鸡蛋生产商组织（UKEP）的一位发言人，代表成千上万小生产商表达了不屑，“库里夫人的言论没有任何依据。她显然对此事一无所知”。[4]

在争论的另一端，只有《星期日泰晤士报》找到了罗威这个为引发恐慌贡献最多的人。该报引用公共卫生实验室罗威的话，称卫生部与公共卫生实验室正在考虑“大规模扑杀英国蛋禽”。并且，“这个巨大的任务可能要持续 20 到 30 周”。

12 月 5 日早晨，这则消息已经在各大报纸头条炸开了锅。农业部表示“非常愤怒”，称库里的言论“严重地夸大了事实”。英国鸡蛋生产商组织称，“全国一半小生产者将陷入破产。”要求库里下台的声音不绝于耳，保守党一位议员也有同样的态度。最后，卫生部自己也显然没有预料到会有这样一场风暴，只能弱弱地解释道，库里的意思是“全国大部分鸡感染了沙门氏菌，而不是鸡蛋”。

但是，库里也有她的支持者。不出意外，号称“政府科学顾问”的莱西加入讨论，建议“唯一的办法是将全国五千万蛋禽扑杀”。[5] 环境卫生监察机构（IEHO）长官鲍伯·坦纳在ITN午间新闻上说，鸡蛋问题“非常严重”，已经在1988年造成超过一万起食物中毒事件。

那天下午，下议院召开了一次紧急会议。库里没有在场，她的上级领导卫生事务大臣肯尼斯·克拉克试图平息事态，他略带挑衅地称，“大部分鸡蛋是安全的”。但是，他也提到了“46起”鸡蛋相关食物中毒事件。这消息自然地被《卫报》的厄林奇曼以及其他记者得知，他们称事件总数在原先26次的基础上显著地增加，暗指这一数字一定在迅速增加。后来人们才得知，事件增多原来是因为，罗威整个周末都在给全国各地的环境卫生官员打电话，寻求新的“鸡蛋事件”。这是事件数量显著增加的唯一解释。

媒体对此事报道的一大特点是各电视节目所采取的策略，他们任凭辩论两方的发言人相互厮杀，却没有任何验证他们的言论是否可靠的意图。这就使由环境卫生检查机构的坦纳领衔，以莱西、伦敦食品委员会的朗为主力的恐慌“推手”们得以精心设计辩词，漫无边际地夸大威胁的存在。而蛋禽业发言人，由于缺乏媒体经验，只能疲于防守，迅速陷入尴尬境地。例如，在那个周一的《新闻之夜》节目上，莱西称目前每个星期都有一人因鸡蛋中毒死去，朗也称每十万颗鸡蛋中就有一颗感染他所谓的“肠炎沙门菌”（他在讲话中着重强调了这个词汇）。这也使得英国鸡蛋企业协会（BEIC）和全国农场主协会的两位发言人方寸大乱，陷入无助境地。

12月6日（星期二），媒体的报道更加狂热（例如，相对冷静的《每日电讯报》有11条关于“鸡蛋危机”的新闻，还有一篇社论和两个漫画）。这些报道中一个新的元素是，鸡蛋销量在锐减。《太阳报》写道，“一场食物中毒恐慌昨日席卷英国……超市鸡蛋销量锐减15%……医院和学校的批发订单更是减少42%”。《星报》报道了农场主们计划起诉库里赔偿一千万英镑的消息，却仍旧告诉读者，“英国每年有150起沙门氏菌中毒病例，所以问题非常严重。”《每日快报》首页报道，超市“正在倾倒数百万颗鸡蛋”，因为“家庭主妇们已经陷入恐慌”。该报还引用了莱西、坦纳以及卫生部首席医务官阿奇森的话，称他们的警告并非空穴来风。

当天晚些时候，库里以一个新闻发布会和一段BBC采访打破沉默。她声称，对自己先前的言论“不后悔”，并且有“好信息”：截至10月，英国当年共有“两万个沙门氏菌中毒病例”，“我估计，其中一万个病例是由鸡和鸡蛋引起的”（她的消息来源自然还是罗威，他在当天也公布了“新的数据”，数据显示在当年前十个月共有10 738个沙门氏菌中毒病例与“鸡蛋和家禽”有关）。

库里“具有挑衅意味”的采访在12月7日的报纸上制造了不少新闻。《每日电讯报》报道了莱西（如今已被称为“公共卫生专家”）的观点，称英国正在遭受“一场与鸡蛋和家禽相关的沙门氏菌大爆发”。莱西说，沙门氏菌已经进入母鸡体内，而且“在杀死它们之前，你不可能知道是哪些鸡已经受到感染……这是一种严重的传染性疾病”。

只有《泰晤士报》在其头版报道了，撒切尔夫人在读完首席医务官的报告后，立即在午餐时候食用了炒鸡蛋。报纸还有一篇更长的报道，题为“即使你不愿意，我想你该收回前言了”。

到周末时，媒体的报道稍见平息。整个鸡蛋大恐慌的过程似乎是一场经典的“九日奇观”：三天全民惊愕，三天讨论细节，三天逐渐沉默。毕竟，没有一排排尸体，没有葬礼，没有中毒者恐怖的故事以及愤怒的亲人。这些事物本可以延续关于“致命鸡蛋”的讨论（不过，《今日报》已经作了最大努力，在其头版以一篇题为“煎鸡蛋几乎杀死我的儿子”的文章报道了伦敦南区一个十岁小男孩的故事。该文章称，这个男孩在吃过煎鸡蛋和香肠后，“差点因沙门氏菌中毒死去”）。

12月10日，《泰晤士报》以一篇冗长的报道竭力保持公众的兴趣。文章题为“打破鸡蛋谜团”，大量引用了罗威和莱西的观点。文章提到莱西给卫生部、农业部以及蛋禽企业组织的一份报告，报告意在确定沙门氏菌中毒病例的真实数据。加上没有曝光的那些事件，病例总数应该在已知数量上乘以100。罗威说，“这意味着，在英格兰和威尔士地区，可能每年有多达两百万人感染沙门氏菌，其中一百万与家禽相关。”罗威的“乘法运算”实际上没有任何依据；但是，这却让他能够暗示民众，沙门氏菌的“爆发”比任何人的估算都要严重。*

---

* 在很长一段时间里，人们都以为公布的食物中毒数据比实际要低得多，因为这么多病例没有得到曝光。在真实数据上作“乘法运算”的想法是二十世纪八十年代由诺斯与一位EHO同事提出的，但是当时这样做仅仅是为了辅助他们在卫生课上的教学。他们建议的乘数是10，因为这更容易计算。为了达到自己的目的，罗威将这一数字增大为100。卫生部随后的分析以及其他数据显示，沙门氏菌中毒事件的数量可能是公开数量的五倍。这还算比较符合实际。

据《星期日泰晤士报》报道，莱西教授关于沙门氏菌事件为何增多拥有“独家解释”。因为，肠炎沙门菌“不像其他沙门氏菌类型”，已经能够在鸡的内脏“共生”，而不是“寄生”。这意味着，鸡可能“已经携带病菌，但不会表现任何病症”，而且“更为重要的是，这种病菌可以在蛋黄内存在”，而不被发现。

另一方面，《观察家报》报道，蛋禽企业已经对取自 200 个农场的 8 000 颗鸡蛋进行检测，没有发现任何沙门氏菌的踪迹。这个发现却同样迅速地被莱西斥为毫无价值。然而，该报还成功劝说从加拿大回来的农业部长约翰·麦克格雷格对这场危机首次公开表态。他说，“库里绝对错了。我们应该继续按照以前的方式吃鸡蛋。”《观察家报》在一篇社论中总结道，“如果卫生部想故意在鸡蛋事件上迷惑公众，那么他们上周的所作所为可说非常成功。”

据其他报纸报道，“一千万只鸡”将遭到扑杀，因为“鸡蛋销量已经下降了 70%”。[6] 12 月 15 日，有报道称，卫生部与农业部计划联合投入 50 万英镑，在全国和地方报纸上刊登广告，“以恢复公众对鸡蛋的信任”。

第二阶段：形势变得不利于鸡蛋生产者

政府意在赢回公众对鸡蛋信心的广告于 12 月 16 日登上报纸。这些广告着重强调，与英国人每天消耗的三千万颗鸡蛋相比，与“鸡蛋相关的”沙门氏菌事件的数量“非常少”（尽管广告中提供的 49 起数据比先前多了 3 起）。不出意外，莱西在接受采访时重申了自己的观点，认为每年因为鸡蛋而中毒的人数为 146 000 人。[7]

当天晚些时候发生的两件事极大地改变了这场公共辩论的话题。

第一件事发生在下午一点。一条惊人的公告：库里宣布辞职。傍晚，莱西在 ITN 和第四频道新闻节目上坚称，库里认为“大部分鸡蛋受到感染”的观点“基本正确”。被主持人琼·斯诺介绍为“一位独立的消费者专家”的朗在《新闻之夜》节目上说了同样的话。

第二天早晨，各大媒体的报道也不再怜悯。他们都同意《太阳报》的观点，认为“埃德温娜已经被令自己出名的大嘴巴给毁掉了”。

与这条新闻同时，还有一个农业部的公告，公告称该部正在计划通过“财政拯救方案”帮助蛋禽企业（如《每日电讯报》头版文章标题写道，“库里辞职，农场主受到数百万政府援助”）。当得知这个援助计划将达到 1 900 万英镑时（还有其他报道称，鸡蛋生产商正在猛烈攻击库里，要求赔偿），媒体对这些蛋禽企业的态度开始转变。

在媒体眼里鸡蛋生产商不再是受害者，虽然《卫报》仍然在说这是库里的“过失”。向被指控为使公众中毒的企业承诺赔偿，被视为“农业游说团”势力存在的根据。现在人们怀疑这个团体通过农业部的“朋友”，幕后操纵了库里的解雇。罗宾·奥克利在《泰晤士报》上题为“农场主控制权力”的文章写道，即使是保守党议员们也在批评农业部“在过去几周时间里像猎狗一样听从客户的调遣”。一位议员称解雇库里的行为“有失公正”，“历史会证明她是正确的”。[8]《每日邮报》引用的一项民意调查显示，“公众对英国鸡蛋的信任降到了历史低点”，并在其一篇社论中提到“回来吧，埃德温娜”。[9]

记者们开始关注，家禽感染病菌事件逐渐增多的现象可能与集约化、现代化的养殖技术有关，例如成千上万的母鸡挤在层架鸡笼里养。《独立报》奥利弗·吉利写道，“鸡蛋之所以感染沙门氏菌，是因为母鸡吃了受到感染的饲料。小鸡受到感染是因为它们来自受到感染的鸡蛋。这样，疾病逐渐扩散。”[10] 该报在第二天还报道，农业部去年已经在25%的家禽饲料加工企业中发现沙门氏菌，“但是没有一家企业受到起诉，生产也没有停止，受到感染的饲料也没有被销毁”。[11] 其他记者也纷纷作了相关报道。尤其是《卫报》的厄林奇曼这个一直对现代农场养殖方法抱有异议的人，他认为，“在政府1 900万英镑拯救方案下被扑杀的母鸡，将会被送往蛋白饲料加工厂，加工成为家禽饲料从而重新回到食物链。”[12]

只有《金融时报》足够明智，问了一个关键问题：有多少家禽饲料感染与针对鸡蛋的公共卫生顾虑——肠炎沙门菌有关？农业部对英国94家饲料工厂的定期检查给出了答案。在过去六年内，在这些工厂只发现一例肠炎沙门菌。[13] 即使这证明不了什么，至少确认了一直归罪于鸡蛋的肠炎沙门菌并非来自饲料。然而，对于大多报道这个事件的记者而言，这样一个细节“太过专业”，因而没有任何价值，因为他们已经执拗地相信“饲料感染”的理论。*

* 从这些报道看来，很明显，那些记者同样讨厌家禽食用动物遗体加工的饲料，不论这样的饲料“受到感染与否”。他们认为，母鸡应该和牛一样是素食动物。但是，任何饲养过走地鸡的人都知道，除了谷物之外，它们还需要蛋白质，这就是它们总是在地上找虫子吃的原因。因此可以看出，给家禽和牛吃骨粉饲料或动物遗体加工饲料非常重要。试图只给笼养鸡吃素食饲料会带来灾难性的后果，因为母鸡们会互相啄斗至死，以迫切寻求蛋白质。记者们对此的无知在他们对疯牛病的报道中同样表现得淋漓尽致。

农业部曾对全国各地的鸡蛋进行随机检查，但是他们对检查结果的公告同样受到媒体的无视。一次抽查中，150 家农场的 4 000 颗鸡蛋接受检查，结果并没有发现沙门氏菌。在另一次抽查中，检测了 85 家农场的 2 270 颗鸡蛋后同样没有发现感染情况。但是，媒体还是在引用莱西的话，称“包括公共卫生实验室进行的其他研究中都曾检测出鸡蛋感染沙门氏菌”，一切似乎有了定论。[14]

到 1988 年年底，在媒体前几个月轰炸之后，许多英国人已经开始认为：一场空前的食物中毒灾难正在控制着英国，而且死亡率比过去要高；造成这场灾难的主要原因是受到沙门氏菌感染的鸡蛋；而鸡蛋感染病菌的原因则是农场饲养母鸡的非自然方式。

因此，当英国政府在一两年之后收集的 1988 年沙门氏菌中毒事件数据公布后，英国人可能会很吃惊。的确，在 80 年代中毒事件稳定增加的趋势下，1988 年英国食物中毒病例从 1987 年的 23 298 人增加到 30 241 人，30% 的年增加幅度是最高记录。

但是，沙门氏菌致死事件的数据则显示出完全不同的画面。在 1981 年和 1982 年间，这一数据从 43 跃升至 74。随后这一数据有所回落，尽管有对“致命的鸡蛋”持续的抵抗浪潮，1988 年沙门氏菌致死总数仅为 63。换句话说，这一数据实际上比六年前减少了 17%。[15] 至于能够确切无误地归因为“感染病菌的鸡蛋”导致的死亡人数，最精确、最科学的答案应该是“几乎为零”。

然而，这场恐慌已经进入了一个新的阶段，它正气势汹汹地继续扩散，离事实越来越远。

第三阶段：政客与监管部门

一场恐慌一旦开始，四方势力群体便在其中扮演主要角色：公众、媒体、政客以及监管官员。

对于普通大众，1988 年年底“鸡蛋大恐慌”几乎要结束了。自 11 月中旬后的六个星期，媒体围绕库里言论的炒作逐渐达到高潮，鸡蛋销量暴跌 33%。年底，每周卖出的鸡蛋要比去年同期少七千万颗。但是，从 1989 年开始，有迹象表明公众的信任逐渐回来了。销售量持续增加，直到年底，个体消费者购买的鸡蛋已经和往常一样多了。*

“现实世界”的人们已经恢复了正常，然而，其他三个群体却被锁定在一场持续很长时间的“死亡之舞”之中。

首先登上舞台的是下议院农业委员会的议员，他们决定对鸡蛋沙门氏菌事件进行一次全面的调查。2 月 4 日，库里拒绝为自己的议员朋友们作证的消息激起了一阵骚动。

接下来登场的是媒体。他们已经在鸡蛋事件上做尽了文章，如今对任何消息都非常渴望，以满足他们对“食品恐慌”的胃口。例如，1 月 8 日，《星期日泰晤士报》报道了一位七十岁的克雅病患者的境况。这位患者的丈夫在看过一个关于疯牛病的电视节目之后，震惊地发现这种疾病与自己妻子的病极为相似。他想，是不是感染疯牛病毒的牛肉使妻子患病。

1 月 11 日，下议院农业委员会听取了以下几人的口头证据：卫生部首席医务官阿奇森、公共卫生实验室的罗威和农业部首席兽医官凯斯・梅尔德姆。据《泰晤士报》报道，阿奇森称，“库里夫人声称英国大部分鸡蛋生产受到沙门氏菌感染，但他对库里是否有证据支撑自己的观点表示非常怀疑”。梅尔德姆告诉国会议员，在对 35 000 个鸡场进行检查后，只发现 33 个鸡场感染沙门氏菌。

如今已经成为最著名的“食品安全专家”，1 月 12 日，莱西终于获得在知名电视节目上亮相的机会，得以谈论自己的陈旧话题——李氏杆菌。ITV(英国独立电视台)旗舰时事节目《本周》拍摄了莱西在利兹的几家超市购买冷冻速食快餐。他断言这些快餐中的四分之一都受到李氏杆菌的感染。卫生部公布 1987 年有 23 人死于李氏杆菌感染，但是，莱西认为真实的数字应该是“150”。第二天早上，从一些报纸对这条消息的报道看，莱西已经将这个数字提升为“200”。[16]

1 月 14 日（周六），在头版一篇题为“女婴感染病毒死亡拉响食品安全警报”的文章中，《每日邮报》率先报道了一次真实李氏杆菌死亡事件：死亡女婴的母亲（未提及名字）因为食用软干酪和熟制鸡肉而感染病毒。文章将这些食物描述为“与李氏杆菌密切相关的食品种类”。第二天早晨，周日各大报纸终于得知这位引人关注的年轻妈妈的名字并报道，在一次法国南部的度假期间，她因为吃了山羊

* 农业部数据。唯一例外的是，一些机构（如医院和学校）显得更加谨慎，还没有像“恐慌”之前一样订购鸡蛋。

奶酪，已经导致自己怀孕 21 周的孩子流产。至少，这已经为莱西“感染病菌食品每年导致 200 人死亡”的言论占据更多新闻版面找到了理由。[17]

媒体记者们对这条消息的关注持续了数天，著名时事评论员保罗·约翰逊在《每日邮报》上写道，“我们听说了一个新生婴儿死于李氏杆菌感染，因为她的母亲食用了加工食品。”他继续道，“政府不愿在以现代生产工艺加工的食品方面采取行动，有刻意隐瞒事实的嫌疑，这可能演变成为一次重大丑闻，其给政府带来的破坏将比威斯特兰事件更为严重。”他认为，“因笼养鸡养殖技术发生的事件”造成洛克比空难那样的死亡人数，并非没有可能。[18]

面对新一轮“李氏杆菌恐慌”的攻击，农渔业粮食部终于开始紧张起来。1 月 18 日，《每日电讯报》在其头版以一篇题为“酝酿更加严格的食品安全法”报道，农业部长麦克格雷格已经“计划对超市售卖的熟制快餐中李氏杆菌感染带来的威胁采取行动”。这与那位因在法国食用山羊奶酪而导致流产的女人似乎并没有明显的关联。唯一可以肯定的是，这对于莱西教授两年前发起的那场运动来讲，意味着一定程度的胜利。

1 月 18 日，IEHO 的鲍伯·坦纳出马对阵农业委员会。他将此称作“最后一块拼图”，提出了自己的研究人员对一批鸡蛋作出的调查，结果显示 21% 的鸡蛋感染了沙门氏菌。后来发现，生产这些鸡蛋的鸡早已在一家屠宰场被掏空了内脏，可能早已受到交叉感染，所以国会并没有对他作过多理会。

对于媒体，没有什么能够比受害者的故事更能延续一场恐慌。他们对达德利市一位名叫萨米尔·侯赛因的九岁小男孩的事件进行了疯狂的报道，小孩的父亲称自己的儿子死于一枚“受到感染的鸡蛋”。小男孩的尸体被放在一个玻璃盖子的棺材内，棺材在他生前学校的操场上摆着。伦敦南华区验尸官蒙塔古·莱文发现一位名叫多丽丝·科莫尔的六十岁老妇人同样因为早餐时吃了煮鸡蛋而死亡，他说：“我们可能无法知道她在哪里感染上这种特别的沙门氏菌。但是，极有可能是鸡蛋或鸡肉造成的。”《今日报》引用这位老妇的女儿的话，将他们的报道题目定为“养鸡农场主的贪婪杀死了我的母亲”。[19]

此时，《星期日泰晤士报》发现了另一个“李氏杆菌受害者”。1986 年，琼·阿什本在怀孕七个月时流产。她告诉该报，对莱西警告超市快餐李氏杆菌感染表示欢迎，并称“从朋友那里听说与软干酪相关的类似案例后，想到自己曾经也吃过一种法国布里干酪”。[20]

由于另外两名新生婴儿因感染李氏杆菌而死亡的消息遭到曝光，两种频现媒体头条的食品卫生疾病正在驱使政客和记者们更加尖锐地批评英国食品的安全状况。国会下议院里，工党农业发言人大卫·克拉克称：“由于政府对食品安全监管不力，许多英国公民已经死去。”在《星期日泰晤士报》看来，罪名自然要落在农渔业粮食部头上，因为是他们受利益驱使，从而在“保护农场主和食品行业利益”方面比“履行监管职责以保证公共卫生安全”更加热情。[21]

1月25日，农业委员会已经准备好要听取恐慌事件中的两位“明星”——莱西和朗的报告。委员会主席杰里·威金给他们带来的麻烦比预期的要严重，因为威金要为他们在最近几个月的各种言论树立权威。莱西只得承认，他提交给委员会的书面证据不是基于自己的研究，而是别人的调查。当被问到他蛋禽生产方面有多少经验时，莱西只能回答道，“我的家人曾经多年养殖走地鸡和笼养鸡。”在为自己的观点辩护时，他总是要提到“这似乎是最合理的解释”这样的话。

莱西的意思其实是在讲，虽然肠炎沙门菌事件一直增加并被归因于家禽和鸡蛋，但它并没有在家禽中增加。因此，貌似最为合理的解释就是：肠炎沙门菌来自鸡蛋。看来莱西仍然没有了解到，肠炎沙门菌绝不是仅限于家禽所有，在近几个月内，其他许多家畜和宠物身上同样发现了这种病菌，更别说人类自身这个最主要的病菌携带者。

朗自称为“社会心理学家”（他曾在厌食症相关的社会问题方面获得博士学位），并称自己的伦敦食品委员会（LFC）是“小型独立研究组织”。当威金提出称该组织为“一个宣传组织”更为准确时，朗被激怒了。他气急败坏地说，自己将对这样的言论给予“它应得的蔑视”，他还要求威金去看他们的资格证书。这样的建议实在“太过荒谬”。当他引用公共卫生实验室“79%的冷冻鸡肉受到污染”的言论，企图支撑自己的观点时，威金当即打断了他，并提醒道，委员会现在关心的是鸡蛋而不是鸡。[22]

在这交锋中产生了一些结果，其中之一便是：莱西呼吁效仿美国食品和药物管理局设立一个新的食品安全机构，完全独立于任何政府部门。在此之后，也有过类似的建议。然而，等到这场听证会要登上第二天的报纸时，库里给威金写的一封信完全夺去了风头。

这位诸多危机的始作俑者仍然固执地称自己不会出现在威金委员会面前。她说，这主要是因为，自己会受到规则的制约，这种规则会阻碍官员向部长披露信息。然而，她同时表示希望解释“之前被媒体错误报道”的言论——英国的大部分鸡蛋受到感染。她称自己当时只是想说明，“英国蛋禽中的大量蛋鸡受到沙门氏菌的感染”。在信的末尾，她用到大臣或公务员们在将问题模糊化时会用到的经典模式——“我希望这有所帮助”。

库里的解释并没有受到媒体的友好待遇，有文章标题写道，“库里承认在鸡蛋感染问题上的过失”(《独立报》)、“鸡瘟娜承认：我搞错了”(《每日星报》)。农业委员会以及其他国会议员同样没有接受她的解释，后果也将很快呈现。

然而，更为不幸的是发生在 1 月 27 日（周五）的事。《独立报》对“受到感染的”、与沙门氏菌爆发相关的农场一系列追踪报道（促使工党大卫·克拉克要求开展一场大规模的项目，他称“这个项目可能意味着英国大量蛋鸡将遭到扑杀”)，深深刺痛了农渔业粮食部，该部最终开始采取行动。

那晚，在没有任何通知的情况下，农渔业粮食部官员对 27 家蛋禽养殖场进行了“突袭”，并根据 1975 人畜共患病法令将这些农场关闭（人畜共患病是指一种动物病源且可以传染给人类的疾病），这条法令在此之前从未被使用过。那个夜晚，这些官员到达这些农场后，给农场主们带去一张“禁令通知”。一天前，位于萨里郡托尔沃斯市的农渔业粮食部总部将禁令通知影印并传真给这些官员。这张禁令通知规定，任何农场运出蛋禽或鸡蛋的行为都将视作违法。

摆在农场主们面前的道路似乎只有两条：要么在没有任何收入的情况下继续饲养这些蛋禽，要么将它们屠杀。他们没有上诉的机会。其中一家正是为去年奥丁汉姆肉酱派提供鸡蛋的农场，在那之后，农场主约翰·比格林已经替换了自己的蛋鸡。他的农场里饲养有 10 万只鸡，每周的饲料费用是 5 万英镑。如今，他的农场店也被关闭，无法出售农场其他产品或鸡蛋，他已经陷入难以为继的境地。[23]

在下定决心之后，农渔业粮食部似乎在带着仇意行动。

第四阶段:“疯牛病”与“威斯敏斯特泡沫”

二月的首周，有报道称，尽管拒绝面对农业委员会，库里将以 10 万英镑的酬劳写一本书（包括在一家报纸的长篇连载），书中她会“详细地讨论鸡蛋事件中的沙门氏菌”。[24] 这场颇具挑衅意味的政治骚动在 2 月 7 日进一步恶化。那天，她再次给委员会写信，重申自己无法帮助他们，并请求道，“求求你们了，让我接着过自己的生活好吗？”[25]

农业委员会以九票赞成、一票反对的投票决定要求下议院命令库里到场。第二天，她勉强地答应出面。她随后的表现成为媒体头条的热点话题：她“回避了所有问题，高傲地像个贵妇”；她表现出“故意的蔑视”；她以“赤裸裸的蔑视”对待委员会。[26]

那天下午，反对党领袖尼尔·基诺克在下议院质问撒切尔夫人，“你何时将收拾自己政府里的这场沙门氏菌乱局？”同时，农渔业粮食部在关停养鸡农场之后，继续采取行动，宣布将实行强制屠宰计划，将所有受到感染的家禽扑杀。

那天早晨，《每日镜报》将李氏杆菌重新提到全国新闻日程首位。他们对“一次对危险病毒为期三周的重大调查”进行了报道，并称“这可能是本世纪内我们的家人面临的最大健康威胁”。报道称，该调查在六家大型连锁超市的食品中发现李氏杆菌，结果 115 家商店清理了他们的货架。在第二天的一篇后续报道中，《每日镜报》问道，“我们的食品究竟怎么了？”

而在卫生部，首席医务官阿奇森召开记者招待会，宣布自己正在写一份关于“李氏杆菌和食品”的信，这是一份写给全科医生们的信。信中将提醒孕妇和其他任何“免疫力低下的人”避免食用软干酪和蓝奶酪，并建议预煮速冻食品必须重新加热至“滚烫”才可食用。

这是政府首次正式承认李氏杆菌可能与食品相关。这个消息自然也激发了媒体的热情，例如：“奶酪会杀死我们的孩子”（《太阳报》）；“提醒妇女：软干酪会杀死小孩”（《约克郡邮报》）。《镜报》在题为“李氏杆菌杀死了我的腹中胎儿”的文章里报道了另一个故事。为加重厄运即将来临的气氛，《卫报》在那天（2 月 11 日）指控农渔业粮食部隐瞒了赛斯伍德疯牛病报告的真实数据，因为该报告暗指疯牛病可以传染给人类。

2月12日，《星期日泰晤士报》在其头版刊登一篇题为“撒切尔拟禁止商店销售不安全食品”的文章。该报称，政府将重点考虑制定一个新的食品安全法令，“首相必须出面收拾这个愈演愈烈的混乱局面了”。

有消息称，卫生部已经同意农渔业粮食部的一项计划，将禁止所有未经高温消毒的牛奶，因此未经高温消毒的奶酪也被禁止（如《人民报》文章，“玛姬禁止致命奶酪”）。《星期日电讯报》和《星期日泰晤士报》注意到，这样的举措可能引起法国的不满，因为法国许多著名奶酪将受到影响（更别说英国本土一些优质奶酪了）。

第二天，正当工党指责政府“先扬扬得意、后惊恐失措”时，有报道称，麦克格雷格将与法国谈判，意图避免一场“奶酪贸易大战”，然而，英国本土知名奶酪商们，刚刚在近几年恢复一点人气，却担心超过200家工厂会因这个禁令而破产。德文郡一位农场主说道，“这纯粹是一场恐慌，对鸡蛋恐慌事件的处置不当造成这场恐慌。如今，似乎完全无菌的食品才可以食用，但是我不确定怎样生产或者有谁会愿意吃这样的食品。”[27]

麦克格雷格已经在布鲁塞尔向法国保证他们的奶酪不会受到禁止，而在英国，卫生事务大臣肯尼斯·克拉克却指出会禁止法国奶酪。这样一来，一切似乎变得更加不可捉摸。基诺克则继续为这个混乱局面添乱，他公开了一份写给撒切尔夫人的信，信中指责她的部长们“在处理食品危机方面严重失职”，如今又将“沙门氏菌事件的混乱”扩散到其他食品上。

那天（2月14日），《每日电讯报》用至少六篇文章从各个角度报道了食品安全危机。其中一篇文章题为“法国为针对自家奶酪的李氏杆菌控告辩护”。文章透露，法国目前每年有600个李氏杆菌病例，其中180人死亡。1988年，在英格兰和威尔士地区，总共有291个病例，其中63人死亡。*

2月15日，《每日邮报》写道，“食物中毒恐慌加重，玛姬出面主持大局。”

* 单核细胞增生李氏杆菌事件确实在快速增加，但是没人知道其中的原因。为大众所忽视（尤其是莱西和媒体）的是，大部门单核细胞增生菌都属于无害甚至有益类型（例如：这种菌类通常在奶酪成熟过程中起到作用）。从种种迹象看来，中毒事件上升可能与一种新的“劣种”菌类有关。在本书第四章中会详细介绍。

《电讯报》的版本则是:"撒切尔采取行动平息食品卫生混乱局面",为应对危机而制定政策的临时内阁委员会已经改为永久机构。但是,即使是《电讯报》也失去了耐心,他们在一篇社论("够了")中写道,"食品卫生安全问题已经足够严重……但是围绕这个问题的政治斗争已经变成了一场闹剧"。德国人似乎同意这样的观点。《德国商报》表示,"在沙门氏菌和李氏杆菌到来之后,所有的症状都指向另外一种细菌,而且迄今为止只感染了一小部分部长大臣和记者们:极为罕见的英国歇斯底里菌"。

为应对这场混乱,工党正在努力提议一个新的政策,且这个政策起初由莱西提出:设立一个独立机构,负责所有与英国食品安全相关的事务。在2月16日下议院的讲话中,工党后座议员托尼·班克斯首次提起莱西的建议。两天后,工党前座卫生事务发言人罗宾·库克使设立食品安全机构的想法变成工党的政策。[28] 到了2月21日,在下议院一次激烈的食品安全辩论会上,基诺克带着得意、迷惑、矛盾、随意和一丝隐瞒真相的心态指责政府。他说,解决办法是"设立一个独立的食品安全标准机构,用严厉的监管权力赢回公众的信心"。

正是在那个星期,报纸上出现一个很快尽人熟知的名词。《每日电讯报》记者有一篇报道赛斯伍德牛海绵状脑病(BSE)最终报告的文章,题为"疯牛恐惧带来一场新的食品风暴"。一周后,还是那个记者,在另一篇文章标题中打造出这个名词的最终版本:疯牛病。[29]

事实上,2月27日发布的赛斯伍德报告在去年的临时版本基础上几乎没加什么内容,只是建议设立一个常务委员会,为各部长大臣提供建议、协调调查研究(起初,委员会命名为"泰瑞尔委员会"。首届主席卸任后,1990年4月,委员会更名为"疯牛病顾问委员会",简称SEAC)。

两天后(3月1日),下议院农业委员会发布了关于沙门氏菌和鸡蛋事件的另一个报告,引起更大的骚动。乍一看来,这个报告公平地批评了各方群体。威金和他的议员们将整个事件描述为"政府的失败"。《卫报》新闻标题为"他们都遭到狠批"。《太阳报》的版本是,"你们都是坏蛋,你们都有罪"。《每日电讯报》总结道,"国会议员对政府各部、蛋禽农场和库里予以狠批"。

第二天,正当下议院讨论这个报告时,威金继续发难。对于媒体频繁地引用莱西和朗的极端观点煽动恐慌的行为,他批评道,这些电视媒体的报道是"火上浇油"。

但是，稍加仔细研究就会发现，这份报告谨慎地避开了对恐慌形成原因的认真分析，以及库里言论错误在哪与错误的原因。有一家组织很明显地躲开了批评，即起初引发恐慌的公共卫生实验室。报告中完全没有对罗威沙门氏菌可能来自鸡蛋内部的观点作任何评价。对于在勉强的证据下认定中毒事件的原因是与“鸡蛋相关”的那些调查，只因为这样的结论正是调查人员所期望的，该报告也没有以批判的眼光审视。

一直关注这场危机的人们判断，威金成功地达到了自己一直以来的目的：一份报告，表面看来似乎对各方群体都予以批评，实际在拐弯抹角地避免讨论任何相关问题。如果这是他的目的，那么他已经成功了。到此为止，在“鸡蛋沙门氏菌大恐慌”事件上，因其对自己支持的政府可能带来麻烦，他已经在某种程度上将之完结。

在这场讨论的第二天，《泰晤士报》发表了一份莫里民意调查，题为“对于食品安全的关注度非常低”。这表明，“公众的担心程度比最近媒体频频报道的对于鸡蛋沙门氏菌和奶酪李氏杆菌的恐慌要低得多”。[30]

一次次恐慌在媒体和威斯敏斯特泡沫（国会）夸张地上演，对于任何不在这些地方工作的人们，这样的发现并不算什么意外。

第五阶段：恐慌的消退

农业特别委员会的报告是一个重大的转折点。自去年 12 月开始的媒体和政客的狂热如今逐渐消退。

在 1989 年的剩余时间里，整个故事分为两个部分，几乎完全分离的两个部分。第一部分是，如今已经习以为常地进入恐慌节奏的媒体仍然时不时地提及相关话题、敲敲警钟，但没有再造成当初骚乱、丑闻和末日来临的气氛。

媒体不予关注的另一部分故事是，农渔业粮食部为应对沙门氏菌恐慌而制定的法律规定正在令蛋禽企业遭受苦痛，尤其是成千上万的小生产商。

3 月 1 日，委员会发布其报告的那天，农渔业粮食部公布了一条新的人畜共患病法令，赋予其官员屠杀任何受到感染的蛋鸡或种鸡的权力，并适度地给予农场主一定赔偿。3 月 16 日，另一条法令公布，规定任何 25 只鸡或以上的鸡场都必须接受两月一次的复杂沙门氏菌检测，每个样品检测需要花费 12.5 英镑。一旦检测到呈阳性的案例就必须向农渔业粮食部汇报，然后该部将采取行动扑杀鸡群。

新规定对小生产商影响更大，因为对一个只有 25 只鸡的养殖户，每只鸡都要接受检测，而 500 只鸡以上规模的养殖户只需要取 60 个标本。这就是英国鸡蛋生产的两种相互分离的体系。大约 300 家大型蛋禽企业（由英国蛋业协会 BEIC 代表）将他们的鸡蛋送至“包装站点”，再由此转送至各个超市和其他大型零售商。因为鸡蛋都是成批地售卖，找到某个鸡蛋的具体产地几乎是不可能的。数量更多的小生产商（由 UKEP 即英国鸡蛋生产和零售协会代表）要么将自己的鸡蛋卖给商店，要么自己出售。在农渔业粮食部注册的 5 万鸡场中，这些小养殖户占一大部分，他们也要承担更多新规定带来的不利影响，因为大部分小养殖户的检测费用几乎将他们的利润全部消耗殆尽。

至 4 月中旬，14 个鸡场的 13 万只鸡遭到屠杀。对于如今号称“政府顾问”的莱西来讲，这“完全基于”沙门氏菌可以感染母鸡下蛋器官的理论。“他们曾可耻地隐瞒了真相”，他补充道。[31] 到 6 月底，遭到扑杀的鸡场数量已经上升至 29 个。

鉴于所有注册在列的鸡场都在接受定期检查，5 万鸡场中只检测出 29 个感染沙门氏菌（0.0006%），这说明感染的数量要比预计的少很多。新规定的实际作用在于其耗费了小生产商的时间和资金。到夏末，已经有报道称，一些小养殖户惨遭破产。*

最终，成千上万的更多鸡遭到屠杀。但是，在 10 月，当约翰・塞尔文・高默（在 7 月重组中升任农业部长）发布另外两条关于蛋鸡和种鸡检测与注册的规定时，他至少可以自夸道，“英国鸡蛋受到世界最为严格的食品安全规定的保护”。

媒体仍然对这些后果选择视而不见。这似乎已经变成一切恐慌事件的一个显著特征：虽然媒体在向公共宣传威胁以及呼吁政府行动方面抱有近乎迷恋的兴趣，一旦新规定开始实行，他们的兴趣也就随之消失不见了。总之，媒体不愿意报道新规定带来的一切后果，即使这些后果往往带来始料未及的破坏，即使那些新的规定并没有起到什么作用。

---

* 例如：1989 年 9 月 2 日，《什罗普郡星报》报道，一位农户的妻子无奈地将自己的 75 只鸡杀掉，因为她觉得“新的沙门氏菌检测规定带来太多麻烦”，“村子附近的顾客都感到很失望”，她补充道。

然而，媒体对恐慌事件的兴趣却没有消退。1989 年的春夏两季，他们没有一天不提到食物中毒事件的。例如，3 月，他们报道了牛奶中的农药和水银，以及酒吧中脏酒杯的危害。4 月里的话题有：一种喷洒在苹果上的化学品——艾拉被发现可以致癌；公共卫生实验室的研究表明，预煮速冻航空快餐沙门氏菌事件的高发生率（据一位未提及姓名的专家称，“比鸡蛋还要严重”）；牛栏乳业不得不召回一亿罐婴儿食品，总价值为 3 200 万英镑，因为有人对他们的产品“下手”并企图勒索 100 万英镑。

而在皇家护理学院的年度会议上，一位临床护理专家简 · 梅考克指控公共卫生实验室隐瞒其曾经发现的证据，证据显示“超级病毒”MASA（一种耐甲氧西林金色葡萄球菌，抗生素对其无效）在 1987 年感染英国医院 1 891 人，其中 50 人死亡。她指责道，公共卫生实验室因害怕引起公众恐慌而不愿公布卫生部医院的这些数据，相反，却对可能引起鸡蛋恐慌的数据大肆宣传。

5 月的一场恐慌来自糖果里的玻璃。还有一份广为公布的声明，这份声明来自一群资深病理学家和兽医，他们指责政府在阻止“受到不可治愈的脑病感染的牛加工成为人类食品”方面行动不够。至此，已经有 4 000 头感染疯牛病的牛受到屠杀，每周还有 250 个新的病例。一位爱丁堡神经病理学家在 BBC《面对现实》节目上说，他目前正在调查超市出售的肉馅饼和肉酱，因为这些食品可能含有某种“可疑组织”，而且“他知道一些大学也在做同样的研究”。

6 月发生的事件有：榛子酸奶肉毒中毒事件（22 人死亡）；伦敦北部一家医院内杆菌中毒（53 人中毒，两人死亡）；盖茨黑德弯曲杆菌中毒事件（28 人因喜鹊啄咬牛奶瓶口产生的细菌生病）。下议院关于李氏杆菌的一份报告称，如果卫生部提前警告孕妇的话，26 名婴儿可能免遭不幸（有文章标题为，“食品安全过失导致 26 名婴儿死亡”）。[32]

7 月有：脏抹布的隐患；甜豆和薯片中发现玻璃；三明治感染现沙门氏菌；以及另一场酸奶致癌的恐慌。环境卫生官员在卡菲利的一次例行检查中发现比利时肉酱感染了李氏杆菌，这引发了一场不小的恐慌，进而导致几个大型连锁超市将比利时肉酱下架，并停止进口两家比利时工厂的产品。尽管没有关于任何人因食用他们的产品而患病的具体记录，在这两家比利时公司采取补救措施后，英国李氏杆菌中毒事件迅速上升的势头也逐渐停止，事件发生率回到了先前的水平。

7月以北威尔士发生的一次沙门氏菌暴发事件而结束，到8月的时候，病菌扩散到柴郡，导致超过300人生病，其中3人死亡。但是，这次事件并非与“鸡蛋相关”。问题的源头来自一家肉店，几周前环境卫生官员已经在这家肉店发现卫生漏洞，但是在病菌暴发之前他们从来没有提醒这家店主。在达勒姆郡康塞特镇爆发了另一场感染了100人的沙门氏菌爆发事件，这一次病原还是来自于肉类。

此外，8月间也发生了一批恐慌事件：冰激凌中发现李氏杆菌；鲑鱼肉毒中毒；对泰国对虾卫生检查不足；以及另外两次关于比利时肉酱的安全恐慌。在部分产品被发现发霉后，吉百利召回250万包土耳其软糖。

9月的关注点又回到熟制冷冻食品中的李氏杆菌上来，还有糖果中含染色剂的新型恐慌，以及低盐食品的细菌危险。《每日电讯报》一篇文章题为“三年间沙门氏菌中毒事件上升了500%”，但是实际数据显示，真实增长率仅是这个数字的十分之一。[33]

在这连续不断的恐慌事件中，一个人的名字最为常见。每当记者们需要一个专家对恐慌事件发表看法时，他们知道莱西教授总是能给出他们想要的东西。4月，《每日电讯报》一篇文章题为“沙门氏菌中毒事件增加37%”，原来这正是莱西的言论，他认为考虑到鸡蛋销量的下滑程度，真实的数据应该是37%，尽管公共卫生实验室最近的数据显示与1988年同期相比事件数量仅仅增加了17%。

5月，莱西开通了一个个人“食品安全预警热线”，每分钟收费38便士，公共可以打电话咨询“任何关于食品安全隐患的公正事实，从烤肉串到家庭储存食品的方式”。6月，莱西提到了酸奶肉毒中毒，这件事马上在国会上被工党工业发言人大卫·克拉克用来指责政府由于大意而受到攻击。他还说道，“事情本不该这样，因为著名的微生物学家、农业部顾问理查德·莱西教授已经预测到这种病毒会卷土重来，除非餐饮行业将问题解决。”

7月，李氏杆菌回到媒体视线后，莱西又一次干起老本行，开始在各商店搜寻。这次他发现70个肉酱样本中7个呈李氏杆菌阳性。9月，他呼吁“禁止销售所有散装肉酱，并起诉生产商”。皇家邮政邀请莱西帮助发行一系列显微镜主题的邮票时，他警告道，“家蝇是食物链中传播疾病的最大祸害……与李氏杆菌一样危险，而且更加常见。”[34]

有趣的是，一位环境卫生官员发现利兹综合医院职工餐厅蟑螂泛滥后，韦克菲尔德卫生部门遭到起诉，而那月却没有一家报纸报道该职工餐厅关闭的事实。负责当地食品卫生安全事务的“传染病控制官员”正是莱西教授。

然而，更令人奇怪的是，官方调查人员仍然在以同样的方式将沙门氏菌中毒事件归罪于鸡蛋。最为人熟知的是1989年2月在沙威酒店的一个婚宴上，173名客人生病，很多病情严重。调查人员认为香槟调味汁用到的进口鸡蛋是中毒原因。但是，在对950只剩余的鸡蛋分析检测后，没有发现任何肠炎沙门菌的迹象。有迹象表明沙门氏菌中毒很明显地伴随着葡萄球菌中毒的特征（七名客人开始呕吐数小时），这种病毒通常都是人类携带传染。受雇于承包商的一名负责准备调味汁的员工被发现感染肠炎菌，所以他应当被视为查找感染源的重要线索。但是，他竟然没有受到采访。因为，调查人员已经认定食物中毒的原因来自鸡蛋，这仍然是一次“鸡蛋相关”的沙门氏菌暴发。

7月底，71名顾客在牛津城基布尔学院因感染沙门氏菌中毒后，媒体迅速报道，他们吃了“含有生鸡蛋”的蛋黄酱。[35] 另有一篇报道称，“公共卫生官员确信，受到感染的鸡蛋是导致基布尔学院食物中毒的原因。”[36] 然而，一项独立研究发现：五名客人并没有吃过蛋黄酱；同一批鸡蛋中也没有发现沙门氏菌的踪迹；该学院之前已经有食物中毒事件发生；一名餐厅员工是肠炎菌携带者。但是，除了鸡蛋，他们没有考虑任何其他可能的感染源。*

更引人注目的是，八九月间媒体对公共卫生实验室汤姆·汉弗莱博士一项研究的诸多报道。他的研究发现，“鸡蛋中沙门氏菌病毒即使在煮过十分钟后仍能存活下来”。[37] 媒体的报道似乎确认了公共卫生实验室的观点：即使是煮得熟透的鸡蛋也不足以杀死其内部的沙门氏菌。只有在更多实验细节遭到曝光后，人们才发现，这些鸡蛋曾在埃克塞特市实验室被注射了大量的新鲜沙门氏菌，并让其繁殖了多达一亿个细胞。这样的天文数字远远多于通常鸡蛋中发现的10~100个细胞（而且通常情况下，鸡蛋自身的防御机制可以阻止这些细胞的繁殖）。[38]

---

* 本次调查以及本书提到的其他独立调查都是由本书另外一位作者理查德·诺斯进行的。他现在作为食物中毒方面的专家顾问，志愿为蛋禽业小生产商组织UKEP服务。因为，恐慌事件基于不可靠的科学证据以及调查食物中毒事件所使用的方法表现出的变态职业标准令他大为震惊。

尽管这些鸡蛋在煮过十分钟后，庞大的细胞军团中仍有一些可以存活下来，但是它们仍不足以导致人类感染。从科学的角度讲，这种实验太过虚假，根本没有任何意义。然而，在媒体眼里，公共卫生实验室的神话成为不朽。破坏仍在继续。

达文特里镇的修女

发生在十月的故事令农渔业粮食部“沙门氏菌闪电战”给蛋禽业小生产商带来的伤害更加为人所知，公众的同情心开始回转到他们这边。

7 月，沃里克郡一名全科医生向当地议会汇报了一次较小的食物中毒事件。4 人因吃过鸡蛋清制作的蛋白霜而生病。患者身上检查出鼠伤寒沙门氏菌，并且查出鸡蛋产自达文特里镇附近的一家女修道院，名为“热情的妇女修道院”。农渔业粮食部受命调查此事。两个月后的 9 月 21 日，他们对修女饲养的母鸡进行了检查，发现其中一个鸡群感染了尚未确认的沙门氏菌类型。六天后，他们给这家修道院送来一张“受感染地区通知书”，禁止修女们出售鸡蛋，并利用他们的法律权力，决定在 10 月 6 日将全部母鸡扑杀。

在不肯服输的 82 岁加拿大裔修道院长凯瑟琳的带领下，修女们向 UKEP 寻求帮助。直到现在，个体养殖户们仍然不愿出面反击，尽管他们正在遭受着恐慌带来的严重破坏，不单是在鸡蛋销售方面，还有新规定方面的代价（即使一个鸡群被发现感染病菌，他们只能得到总价值 60% 的补偿。而且在禁售阶段，农户们没有任何补偿）。

然而，凯瑟琳院长决意公开斗争。作为 UKEP 的专家顾问，诺斯解释道，农渔业粮食部无权强行进入修道院屠杀鸡群。因此，在指定扑杀日那天，媒体被邀请到现场见证了修道院拒绝农渔业粮食部官员进入开展工作。该部兽医，本来是负责监督扑杀工作，现在却陷入窘境，不得不打电话给总部请求上级支援。在接下来的一个小时里，每个人都在那里等着，同时，超过 100 家报纸、电视和电台记者到达现场，另外还有动物权益保护者以及警察。

那天晚上，在官员们撤走之后，独立电视新闻台（ITN）头条报道了这次事件。第二天早晨，各大报纸几乎都在头版报道此事：“修女英勇保护自己的鸡群”（《泰晤士报》）；“赞！修女击退屠杀组织”（《每日快报》）。

在接下来的几天里，在修女们戒备森严的同时，媒体的报道也在继续。高默在BBC新闻中坚持称，扑杀行动必须进行（“此举是为保护消费者和生产商”）。接着，现场一名官员首次承认，从修道院鸡群检测出的是肠炎沙门菌，而食物中毒者身上的是鼠伤寒沙门菌。

这样的前后矛盾足以成为在高等法院挑战农渔业粮食部的证据。修女们首次得以看到该部的文件，并且很明显地发现确认沙门菌类型的实验室表格已经被调换。但是法官拒绝了修女进行独立检测的要求。农渔业粮食部也威胁道，任何同意进行独立检测的实验室将被立即吊销执照，以后也不能做类似的检测。法官同时也同意，在现行法律下，该部无权在未经允许的情况下进入修道院，如果要执行法律，进入许可是必须具备的。因此，他给予了农渔业粮食部进入许可。

尽管修女们养的一窝鸡中似乎的确检测出沙门氏菌，但这可能与引起整个闹剧的食物中毒事件并无关联。10月20日，一个兽医小组与十位“动物卫生官员”来到修道院，随行的还有两辆20吨的大卡车和一辆拉着移动厕所的货车。一个更为庞大的“媒体马戏团”正涌在门口，有的甚至来自遥远的日本和加拿大。官员们采取了特别措施，保证在他们扭断2 500只鸡的脖子并把尸体装入箱子时，任何人不得拍照。

法律程序已经得到执行。但是，在起初食物中毒事件发生后的两个月里，修女们共售出了大约12 000颗鸡蛋，这些鸡蛋都产自可能受到感染的鸡群，只是再没有新的食物中毒事件发生。最重要的是，这次事件终于使公众见识到，农渔业粮食部在破坏人民赖以糊口的生计时，是多么严苛无情。同时，这也使公众开始怀疑，他们是否总是公正地行使自己的权力，或是否总会为公众利益着想。*

“恐慌之年”的完结

在1989年11月21日的女王演讲中，政府承诺将实行由农渔业粮食部和卫生部共同发起的新食品安全法令，作为对“恐慌之年”的回应。为与英国食物中

* 在扑杀鸡群行动几周后，修女的故事又添了惨痛的一笔。12月，“动物权益”激进分子强行闯入修道院，放出修女们仅剩的2 500只母鸡，“横冲直撞地砸烂他们能砸的东西”。惊愕失望的凯瑟琳院长说，“这些人自称保护动物权益，却没有关心到鸡的福利。他们将鸡群放走，让它们成为狐狸和其他肉食动物的猎食目标，它们也不再有地方喝水”。

毒事件斗争，新法令将赋予英国 8 000 名环境卫生官员前所未有的权力。

全国 50 万家食品企业将必须注册登记。环境卫生官员首次有权向这些企业下达“改进通知”，要求改善卫生状况，如果不执行，将被视为刑事犯罪。他们将首次有权关停任何一家食品企业，仅需一张“禁令通知”而无需经过地方法官的同意。任何违法行为将被处以最高两万英镑的罚款。新法令还将赋予各部长大臣以权力，如果他们决定，便可以强制任何经营食品生意的人接受特别卫生训练。

这项法令将于 1990 年在国会通过。它满足了环境卫生官员一直追求的所有目标，尤其是他们将可能申请到每年数百万英镑的经费，以开展食品行业人都要接受的卫生课程。

1989 年圣诞节前的一周，在媒体几乎没有察觉的情况下，农渔业粮食部宣布在强制扑杀计划下已经扑杀了一百万只鸡。因此，纳税人将要为 756 355.80 英镑的赔偿费买单。

当公共卫生实验室和卫生部宣布 1988 年和 1989 年发生的“鸡蛋相关”沙门氏菌事件确切数据，这一切的目的才初见端倪。1988 年的数据为 34 次，比库里之前所称的 49 次要少得多。1989 年的最终数据为 42 次，看起来增加了 23%。

但是，证据表明，由于沙门氏菌受到如此之多的关注和宣传，如今，媒体报道沙门氏菌中毒事件的兴趣更大，而且他们更愿意将之归罪于鸡蛋，即使这些都是基于有严重缺陷的证据。

事实上，与食物中毒总数比较来看，官方数据仍然相对很少。至于确切地归因于鸡蛋内沙门氏菌的事件（公共卫生实验室的神圣信条）则几乎为零。因而，新规定对食品安全的贡献也同样为零。

1989 年逐渐走完，回想起来，任何一个食品行业的人都未曾经历过这样的一年。几乎每一天都有关于食品安全危机和人类健康威胁之类的新闻，几乎包括了日常所见的所有食品：从牛肉到甜豆，从苹果到土耳其软糖，从肉酱到鲑鱼。从媒体对这些事件不懈报道的架势看，似乎全国的食品都感染了病毒。

1988—1989 年食品恐慌的真正遗产是，政客、官员以及媒体（严重地受到某些“科学家”的煽动）对于卫生以及可能的食品安全威胁变得比以前更加紧张了。常识与可靠科学的分离带来的诸多后果在即将开始的十年将逐一得到见证。

未来的前兆

1990年的前几个月里，有一场短暂的恐慌爆发，或者说是一次复发，同样也是未来景象的一个前兆。

1989年11月，西德政府决定禁止进口英国牛肉，除非确认肉牛没有感染疯牛病。* 虽然英国每年只向德国出口6 315吨牛肉，但是这一禁令在国际上引发了一场骚乱，并将疯牛病对人类健康的威胁重新带回媒体视线。

欧盟委员会认为德国政府的行为在卫生方面没有科学依据，并可能违反了《罗马条约》。这一次，法国站在了英国这边。一位发言人讲道，“我们认为英国牛肉非常安全，并且我们对英国政府在应对疯牛病方面采取的措施非常满意。”一边继续抗议德国的行为，并否认疯牛病影响人类健康的任何可能，农渔业粮食部同时又对销售英国牛内脏宣布禁令，包括平时肉馅饼中经常用到的一些牛内脏。

1990年年初，在赛斯伍德委员会的建议下，卫生部在爱丁堡设立了一个全国克雅病监控室，在罗伯特·威尔的领导下研究克雅病事件的变化与英国牛类疯牛病爆发的可能关联。由于他出面承认两者之间可能有关联，《独立报》立即对“疯牛病”作了前所未有的大幅报道，文章辅以一张大图，图上为一头感染疯牛病的牛在康沃尔郡一个焚烧场遭到焚烧。[39]

1990年2月，《兽医记录》报道，在老鼠脑部注射大量疯牛病毒组织后，老鼠开始表现出疯牛病的症状。这再一次给农渔业粮食部（由赛斯伍德确认）的疯牛病不会在物种之间传播的主张打上一个问号；3月，几家报纸报道动物园五种不同的羚羊因海绵状脑病而死去后，人们的怀疑更多了。[40]

4月，亨伯赛德郡议会成为全国首个将英国牛肉从学校菜单上清除的教育部门。几天后，米哈伊尔·戈尔巴乔夫领导的苏联政府宣布禁止进口英国牛肉。

5月10日，媒体的兴趣再次被点燃，他们争相报道一只名叫马克思的暹罗猫因患猫科疯牛病（FSE）而死亡。三天后，《星期日泰晤士报》头版文章标题为“著名食品安全科学家呼吁屠宰六百万奶牛”。莱西教授曾发现疯牛病。他很奇怪

---

* 尽管这与推到柏林墙同时发生，德国仍需一段时日才能统一。

地被称为“前政府顾问”，曾经“辞去政府兽药委员会的职务，以抗议英国政府对他早期关于鸡蛋沙门氏菌的警告没有予以重视”。如今，莱西要求屠杀感染疯牛病的所有牛，并全面禁止英国牛肉出口。[41] 第二天，BBC 电视新闻将他的观点大大宣传了一番。

5 月 16 日，由于明白避免鸡蛋沙门氏菌风暴的重演是多么重要，农业部长约翰·高默与媒体合作上演了一出险剧。伊普斯威奇市的一次船舶展上，他在摄像机的包围下将一个汉堡递给自己的女儿科迪莉亚，证明牛肉非常安全。他说道，“正如你所看到的，我的家人都很爱吃牛肉，我不会担心我的孩子。”不幸的高默，他的女儿一把将汉堡推开，因为它太烫了。事后，各大报纸头版都刊登了那天的照片，也令他困扰了好长一段时间。

两天后，德国请求欧盟将其对英国牛肉进口的禁令扩大至整个欧共体范围。莱西宣布，他将飞往布鲁塞尔支持德国。5 月 19 日，有报道称，在贝尔法斯特市，另外一只猫死于猫科疯牛病，很快，又有一只猫死去。自然地，各大媒体再一次疯狂地报道了这个消息。

一夜间，牛肉销量锐减 25%，这样的下降幅度比 1988 年的鸡蛋事件还大。当奥地利、法国、德国、意大利相继禁止进口英国牛肉时，欧共体农业官员们长达 22 个小时的谈判终于达成妥协。各国同意恢复进口英国牛肉，前提是要保证牛肉不是产自已经发现感染的 7 000 个牛场。

接下来，有更多的猫死去。7 月，《柳叶刀》发表了约翰·科林奇与其他人共同完成的一篇论文，题为“人类疯牛病感染威胁比想象的更严重”。科林奇博士正在让一个维康基金会对克雅病进行检查，而且该论文认为，以现有的诊断标准，很多克雅病例被漏掉。

然而，令人吃惊的是，首次真正意义上的疯牛病恐慌很快便结束。之后的一项研究发现，1990 年的全国报纸中共有 1 092 条与疯牛病相关的报道。而到现在为止，大部分报道已经发生在上半年。[42]

第二年，这一数字下降至 93，预示着食品恐慌从新闻中消失的四年正要开始。但是，在那些年里，作为 20 世纪 80 年代末恐慌事件的代价，英国 50 万家食品企业将会面临更加可怕的挑战。其中数千家因不堪重负而破产关门。

注 释

1. 埃德温娜·库里，《生命线》(Sidgwick&Jackson, 1989)。

2. S·A·霍普与S·马维尔，《蛋鸡中发现肠炎沙门菌》，《兽医记录》(1988)，第351页。

3.《星期日泰晤士报》、《星期日邮报》、《人民报》，1988年12月4日。

4.《星期日泰晤士报》、《星期日快报》，1988年12月4日。

5.《旗帜晚报》，1988年12月5日。

6.《星期日镜报》、《星期日邮报》，1988年12月11日。

7.《独立报》，1988年12月16日。

8. 国会议员蒂姆·德夫林，《太阳报》引用，1988年12月21日。

9.《每日邮报》，1988年12月21日。

10.《独立报》，1988年12月20日。

11.《独立报》，1988年12月21日。

12.《卫报》，1988年12月21日。

13.《金融时报》，1988年12月21日。

14.《每日电讯报》，1988年12月22日。

15. 所有数据来自公共卫生实验室（英格兰和威尔士地区）以及苏格兰传染病与环境卫生中心，并用于回答2001年一次国会问询（国会议事记录，上议院，2011年4月25日）。

16.《每日镜报》，1989年1月13日。

17.《星期日泰晤士报》，1989年1月15日。

18.《每日邮报》，1989年1月16日。

19.《今日报》，1989年1月20日。

20.《星期日泰晤士报》，1989年1月22日。

21. 同上。

22. 诺斯个人观察报告，听证会提出。

23. 个人资料。

24.《泰晤士报》，2月3日；《每日电讯报》，1989年2月6日。

25.《每日邮报》，1989年2月7日。

26.《每日电讯报》、《独立报》，1989年2月9日。

27.《卫报》，1989年2月1日。

28.《每日电讯报》、《约克郡邮报》，1989年2月18日。

29.《每日电讯报》，1989 年 2 月 19 日，1989 年 2 月 26 日。

30.《泰晤士报》，1989 年 3 月 8 日。

31.《每日电讯报》，1989 年 4 月 14 日。

32.《今日报》，1989 年 6 月 30 日。

33.《每日电讯报》，1989 年 9 月 4 日。1986 年~1988 年，沙门氏菌事件增加了 56%（国会议事记录，见注释 15）。

34.《约克郡邮报》，1989 年 9 月 4 日。

35.《牛津邮报》。

36.《牛津时报》，1989 年 8 月 18 日。

37.《约克郡邮报》，8 月 26 日；《太阳报》、《每日邮报》，8 月 27；《镜报》、《独立报》、《泰晤士报》，9 月 1 日；《今日报》，9 月 2 日；《新科学家》，1989 年 9 月 23 日。

38.《流行病学与传染》，1989 年 9 月。

39.《疯狂、悲哀、不幸，英国牛肉的故事》，《独立报》，1990 年 1 月 9 日。

40.《星期日邮报》，3 月 11 日；《每日电讯报》、《卫报》、《泰晤士报》，1990 年 3 月 12 日。

41.《星期日泰晤士报》，1990 年 5 月 13 日。

42. 杰奎·莱利与大卫·米勒，格拉斯哥大学媒体研究中心（来自一篇题为《媒体的食品恐慌》的论文，未发表，但基于一篇提交至 AEGV 欧洲跨学科会的论文，1993 年 10 月 14~16 日，德国波茨坦）。

第三章

卫生警察——付出代价

Enter the hygiene police

我有权查封这样的商店。

——进入博尔顿面包店后，年轻的环境卫生官员说的第一句话

1990 年 6 月的一天，一位年轻的女人步入大曼彻斯特郡博尔顿市的一个家庭式面包店，店主叫做桃乐茜·伍德。年轻女人自我介绍道，“我有权力查封这样的商店”，进而又解释自己是博尔顿地方议会的一名环境卫生官员。此后的六个月里，她又来这家面包店检查过两次，但是之后的一年，伍德夫人没有再听到什么消息。然而，1992 年 3 月，她突然接到通知，根据卫生规定指控她十项罪名，现传唤她到当地法院。

伍德夫人自然是非常害怕。但是，在读过这些控告后，她转而感到震惊。其中一项控告她误将一盒黄油当做一包肉放在储肉的冰箱里。另一项控告为，一张用来放一桶桶待削土豆的桌子边缘“有缺口”。第三条为，一个长时间不用的地窖里，天花板有些“破”。最为荒谬的一项指控为，在商店中发现一桶“污水”。实际上，这是一桶热水，在环境卫生官员到来时正用来擦地板。

庭审持续了两天，期间法官拒绝一位职业卫生顾问为被告提供专家证据。他们判决伍德夫人被指控的所有罪名成立，并处以罚款 2 000 英镑。在难以置信和义愤填膺下，她对四项她认为最为荒谬的指控进行了上诉。1992 年 9 月，就在皇家刑事法院即将庭审时，她被告知议会已经决定“不提供任何证据”。法院立即

宣布十项罪名不成立，并将 2 000 英镑退还给她。[1]

“卫生闪电战”

90 年代初英国发生的最大闹剧其实是 80 年代末食品恐慌的直接后果。其更加特别的地方是，媒体几乎没有任何反应。

正如本书中所讲到的，一场恐慌的真正破坏来自政府，因为政客官员们会以制定新法令来面对挑战。我们已经见证了政府对于 80 年代末食品安全恐慌的首次官方回应：新规定中针对蛋禽企业的条款。但是，政府的第二次回应则影响更为广泛，具备更大的破坏力。1990 年，国会通过新的食品安全法令，赋予英国 8 000 名环境卫生官员（EHOs）各种权力。这些人如何行使这些权力将是本章的主题。

得到这些权力的部门最近经历了一次重大文化变革。直到 20 世纪 60 年代，“公共卫生监察员”还都是一些较为成熟的人，在其他领域工作几年后招募为地方议会工作人员。许多人之前是军人或商人，甚至是水暖工。他们将提供商业经营建议作为自己的只首职责，而起诉只是他们迫不得已的最后选择。

自从改名为“环境卫生官员”之后，这个职位也有了学位条件限制，这个职业也形成一股完全不同的风气。新招来的人员都年轻得多，没有任何社会经验，完全依赖他们在大学里学到的那些东西。他们对企业的态度也变得更加具有对抗性，这一点从他们向法院起诉的热情便可看出。

一两个伦敦自治市的环境卫生官员开创了这样的作风，尤其是威斯敏斯特区卡姆登市。20 世纪 80 年代末，威斯敏斯特食品安全部门希望通过向伦敦著名饭店开刀，提升食品安全标准。一个广为人知的例子是，1989 年，他们指控“流浪儿餐厅”十五项罪名。这家餐厅由大师级厨师阿尔伯特·劳克斯经营，是英国仅有的受到三颗米其林星表彰的两家之一。1989 年 3 月，这个案子在威尔斯街法院持续了两个星期。最后，对劳克斯的指控全部被判为无效。

这就是食品安全法赋予严苛权力后的部门。随着食物中毒事件快速增多，环境卫生官员们将自己视作这场神圣战争的先锋战士。在食品点、饭店、酒馆、老人院以及任何涉及出售、准备或制作食品的企业，他们动身开展自己的监察行动。而这场“卫生闪电战”的成果为，在以后的四年里对全国人民生活造成极大的破坏。

然而，在很长一段时间里，这几乎没有吸引媒体的任何关注。直到1992年的最后一个月，我们开始在《每日电讯报》和《星期日电讯报》上报道此事时，* 事情的真相才得以为世人知晓。随着成百上千份信件从全国各地食品行业人那里寄来，描述他们在环境卫生官员手下的境遇，构成一个个古怪地令人难以置信的画面。

环境卫生官员发动的圣战具有最为显著的一点特征是，他们的行动看来与真正的卫生问题没有一点关系，而且官员们都有我们所讲的“清单心态”。年轻的、毫无经验的环境卫生官员们进入经营成功的食品企业，一口气说出他们要检查的东西，而这些都是从大学和研讨会上学来的。他们要求店主花费数千英镑重新装修“墙面、地板、天花板”，或者命令替换任何木制的工具，从架子、砧板到擀面杖、木把扫帚。虽然他们如此全神贯注于自己的“清单”，但是当需要确认真正具有威胁的事物时，由于缺乏实际经验，他们会完全忽略掉。

这种方法的后果看来愚蠢的可笑。例如，多年来，牛顿修道院扶轮社一直在圣诞节送火鸡给当地医院病房内的病人们。然而，就在1992年圣诞节前，廷布里奇环境卫生官员告诉他们，根据卫生条例的规定，他们不能再送火鸡了。所以，他们只得将火鸡换为橘子汁。皇家海军用木浆搅拌圣诞节布丁则是一个更加古老的传统。1992年圣诞节时，波特兰海军基地的长官接到来自南多塞特环境卫生官员的通知，称他们的传统违反了规定。木浆不再卫生。海员们只能用塑料勺子代替。

然而，许多时候这样做的后果非常严重。1992年，贝辛斯托克镇历史悠久的格里芬猪肉店的老板琼·韦恩斯，接到当地环境卫生官员根据新食品安全法令发来的一纸改进通知。通知命令她拆掉店内所有拼接瓷砖，并用“无缝覆层”替换所有地板、墙面和天花板。而且，她必须要么安装昂贵的冷却系统，要么将所有的肉放在客人完全看不到的冷藏库。

---

* 在布克的《每日电讯报》一篇文章（“是谁潜伏在布鲁塞尔条约之后？”，1992年9月14日）之后，本书的两位作者走到一起。这篇文章意在指出当时归罪于“欧洲经济共同体规定”的破坏，是由于英国政府将布鲁塞尔条约翻译成英文时增加的条件呢，还是来自完全由英国制定规定的执行。由于文章中引用到的一些例子与食品安全相关，布克受雇于诺斯。当时诺斯是一名食品安全顾问（他还是一名前环境卫生官员），他的专业知识提供了初期合作的基础，这样的合作也一直延续至今。

遵守这些通知的代价是很高的。1992年8月，格里芬肉店关门。“他们要求我们将肉店变成手术室那样”，韦恩斯夫人说道，一边最后一次地拉起乔治亚风格楼房的百叶窗，肉店生意从1756年就在这里一直做至当日。英国大街上的其他肉店、鱼店、面包店以及其他食品店大都在这段时期被迫因为同样的原因而关门。

韦恩斯夫人肉店关门证明了新的改进通知体系赋予环境卫生官员的巨大权力。1991年博格诺里吉斯高尔夫俱乐部计划重新装修俱乐部时，有人建议他们先听听环境卫生官员们的意见。官员们做了一番检查。不久后，俱乐部委员们震惊了，他们每人都收到一个大信封袋，里面装着108页材料（总共有2 000多页）。材料包括36个改进通知，其中22个根据食品安全法令制定，其余根据工作健康安全法令制定。俱乐部有两个月时间执行这长长的指令列表，否则环境卫生官员将责令其关闭。在仔细检查过所有要求之后，发现不是所有都与卫生、健康和安全有关。但是，不服从改进通知当时已经成为刑事犯罪，可处以最高两万英镑的罚款或监禁。俱乐部没有选择的余地，只好花费10万英镑进行了基本毫无意义的“改进”。

修道院社会住房协会则面临着另一种危机。这是一个基督教组织，在全国经营着1 000家独立住宅，小群体人口，主要是老人们，可以像一家人一样住在一起做家务。1991年，环境卫生官员们到访了这些几乎是私人住宅的地方，并宣布根据新食品安全法，这些机构将被视为“食品行业”，适用于饭店以及其他餐饮行业的规定对他们同样具有约束力。索尔福德市一名环境卫生官员进入沃克登一家住宅的厨房后，第一件事便是将木砧板和擀面杖扔进了垃圾桶，并说道，“不允许用这些东西”，尽管这里的主人抗议道，那是许多年前他们的结婚礼物。

接着，一连串改进通知送来，包括规定居民在没有穿防护服的情况下不得进入厨房。修道院住房协会抗议在私人住宅这样做，并诉诸法院。当地法官裁定，所有要求只适用于受薪人员。这大大激怒了环境卫生官员们，所以他们将案子上诉至高等法院。

1993年3月，两位博学的法官花了整整一天讨论按照卫生条例的规定，一瓶牛奶是属于“未加覆盖”还是“密封”的食品。瓶口的箔盖被拿掉后还是“密封”食品吗？最后，他们对此的公正裁决是：修道院住房协会的八九十岁居民可以穿着日常服装削菜或煮茶，但是，如果他们要做黄油烤饼（黄油是“未加覆盖”食品），则必须穿上特别防护服。住房托管人后来说到，居民都为这些法律细节所困惑，即使他们想去厨房帮帮忙也不敢去，因为他们唯恐不小心“触犯了条例规定”。

关于多少“食品加工单位”在“卫生闪电战”中覆亡，没有确切的记录。不仅是食品行业，还包括政府机关和乡村大厅的厨房、上门送餐服务、志愿者给领养老金者的午餐等。尤其惊人的是，环境卫生官员检查的频繁程度大大超过了法律的要求。一个微小但典型的例子是，1992 年，塔德卡斯特人失去两家当地著名食品店后的震惊：一个是村镇集市上售卖优质奶酪的店铺，另一个是开着货车走村串巷的鱼贩，售卖当天早晨约克郡河边新鲜打捞的鱼儿。原来，在环境卫生官员告知两家店主必须购买昂贵的设备以将他们的货物冷藏后，他们被迫停止营业。事实上，这根本与法律无任何关系。没有法律规定，奶酪和鲜鱼必须冷藏。然而，在环境卫生官员营造的恐怖与困惑的大环境下，没人敢有任何质疑。

实际上，在增加对法律的困惑方面环境卫生官员并不孤独。1992 年秋天，卫生部宣布，将根据食品安全法出台一些新的规定，把某些食品最高冷藏温度限制为 5°。全国各地的食品企业赶忙花费大约 1 亿英镑添置了高性能冰箱。英国湖区一家著名乡村旅馆的老板雷格·吉福德一直以来都注意尽力保持旅馆的传统样貌和风格。但是，在得知新的规定后，他不得不花费 25 000 英镑在原来旅店的基础上加了一个房间，以放置必要的设备。1993 年 2 月，几周后新法律即将开始生效，卫生部却宣布不会实施新法。1 亿英镑就这样白白浪费了。

然而，环境卫生官员之所以要模糊法律规定的概念，有他们自己的特别原因。自 1986 年起，环境卫生监察机构一直请求政府强制规定食品行业人员接受卫生课程培训，此举将由环境卫生官员收费执行。但是，尽管食品安全法令赋予部长大臣们提出一个类似计划的权力，他们从来没有去理会这样的权力。然而，这并没有阻止环境卫生官员们向食品行业人员以及成千上万慈善机构和志愿团体宣布，这样的培训课程已经成为一项法律规定。

例如，1993 年 1 月，威尔斯市宏伟的中世纪大主教院的管理人员向当地部门写信，宣传他们在慈善开放日筹集善款的成功。他们特别提到了 1992 年索美列斯特的自然保护信托基金的例子，他们筹集了大量善款，尤其是通过售卖许多会员提供的食品和饮料而得的善款。信中继续写道，“然而，根据 1990 食品安全法规定，任何食品加工参与人员都必须接受培训课程，并持有环境卫生监察机构所发的基本食品卫生证明（当时培训课程的价格是每人 35 英镑）。”

信托基金组织者得知这样的价位后，意识到自己无法为所有志愿者支付学费，因此他们无奈地取消了另外一次开放日的计划。这些组织者和大主教院的人们所不了解的是，食品安全法根本没有要求任何人参加课程培训。然而，这样的误解正合了环境卫生监察机构的心意。自 1991 年起，他们的成员通过向 100 多万人发放“卫生证明”共得到超过 3 500 万英镑，成为环境卫生监察机构最大的收入来源。

1992 年末和 1993 年，我们在全国范围内调查了“卫生闪电战”的许多事例。其中一些让人不由得苦笑：环境卫生官员庄严地通知德文郡一家酒店的工作人员，在做火腿番茄三明治时，他们必须火腿用一把刀（因为火腿是“熟食”），番茄用另一把刀（因为番茄是“生食”）。然而，环境卫生官员们并没有建议在切做好的三明治时要用哪一把刀。

然而，其他的故事则令人心碎，例如，切尔滕纳姆城外绿龙酒吧的悲惨命运。鲍伯与苏珊·辛顿花了六年时间将其打造成为科茨沃尔德地区最受欢迎的乡村酒吧之一。1992 年 12 月 16 日，酒吧和饭店里充满了圣诞节前派对狂欢的人们，包括一群当地教师。第二天，一些顾客食物中毒而生病，科茨沃尔德议会环境卫生官员立即介入调查，并向当地媒体发布了耸人听闻的声明，称中毒原因可能是沙门氏菌。这条消息在当地电台和电视节目得到了头条待遇。在本该是一年中最忙的一周里，绿龙酒吧几乎没有生意。辛顿夫妇接到教师们律师代表的来信，要求获得赔偿。

酒吧空无一人的状态持续几周后，环境卫生官员报告，中毒的原因不是沙门氏菌，而是受购自一家农场的蘑菇感染的一种病毒。而酒吧难以检测或控制这种病毒，环境卫生官员却决定停止继续调查。但是，由于他们草率地提及沙门氏菌，这件事已经造成巨大破坏。1993 年 2 月，正当律师们仍在就数千英镑的赔偿争论不休时，苏珊·辛顿给自己的朋友和支持者们发了一份传真：“绿龙已经死去。不幸地，我们似乎在与世界为敌的战争中失败了。”他们倾注六年心血的生意就这样毁于一旦。

在前面几页谈到的这些事情都是80年代食品恐慌的后遗症。1991—1993年，环境卫生官员每年开展的食品安全调查数量从150 000飙升至419 000。到1993年，环境卫生官员的要求给企业以及其他组织带来的损失，保守估计有30亿英镑。然而，说来奇怪，就在同一时期，在经历80年代的猛增后，全国食物中毒数量保持稳定。

1990年以前，每年的沙门氏菌中毒病例几乎增至三倍，从80年代初的每年11 000个增加至33 000个。在90年代的前六年里，一直保持这样的水平，没增也没减。环境卫生官员的过度狂热最终一事无成。*

1992年6月之后的几个月里，彭布罗克郡发生的闹剧便是最生动的证明。当时，60人在吃过当地一家保健食品店的产品后生病。尽管他们吃的东西包括乳蛋饼、凉拌卷心菜和金枪鱼，普利斯利环境卫生官员立即将目标锁定至鸡蛋三明治。他们发现，这家店的鸡蛋供应商从附近三家小型走地鸡农场进货。其中两个农场的鸡群检测出沙门氏菌呈阳性。案情似乎已经大白，农渔业粮食部采取行动扑杀了这些鸡群。

在对这个案例进行独立调查后，却发现另一番景象。大部分中毒者并没有吃过鸡蛋三明治。没有证据证明那天所使用的鸡蛋产自已经遭到屠杀的鸡群，因为还有其他鸡蛋产地。鸡群中发现沙门氏菌并不奇怪，因为沙门氏菌微生物与感冒病菌一样常见。没有证据能够证明沙门氏菌来自那两个农场鸡群所产的鸡蛋，并且，即使鸡蛋已经受到感染，做三明治时熟煮鸡蛋的过程也足以将细菌杀死。简而言之，所有的证据将案件指向来自其他地方的交叉污染，那天的中毒者可能吃到了其他受到交叉污染的食物。但是，环境卫生官员从来不愿费神去做一些相关调查。

然而，对于两个小农场主克里斯·布朗和巴里·奇特汉姆而言，这听来恐怕不太好受。因为，他们不仅已经失去了自己的鸡群和赖以糊口的生计，还欠下银行一笔债务。1993年2月，奇特汉姆先生宣告破产，只因他还不上当初买鸡时所

* 1980年，英国沙门氏菌中毒人数记录为11 221人。到1990年，这一数字上升至32 829人。1993年，经过四年时间的“卫生闪电战”后，这一数字为33 749人。1996年的记录为32 662人（数据来自国会议事记录，上议院，2001年4月25日）。

借的钱。

一周后，食品微生物顾问委员会公布了著名微生物学家希瑟·迪克教授的一份报告。这份报告的措辞尽可能地避免令政府难堪，它指出，没有充分的证据证明农渔业粮食部继续屠杀政策的合理性。同一天（1993 年 2 月 23 日），高默宣布，1989 年制定的作为农渔业粮食部应对沙门氏菌的主要防卫措施——扑杀政策，已经废止。迄今为止，他们已经屠杀 325 万只鸡，耗费了一千万英镑。五千蛋禽业小生产商被迫倒闭。这一切却完全徒劳无益。

像环境卫生官员的“卫生闪电战”一样，扑杀鸡群的政策也不过是拿起大锤一通乱砸，却没有击中目标。

高默先生关停屠宰场

同样在 90 年代初期的这几年里，一场更为怪诞的灾难袭击了英国食品企业。不过，这一次只特别地影响到其中一个部分。

高默领导下农渔业粮食部的官员们再次打着“卫生”的旗号，致力于在英国肉类行业规定方面掀起一场空前的革命。力度之大，以至于短短四年内，英国过半数屠宰场被迫关门。这一切幕后的故事是，英国需要服从来自布鲁塞尔的两条指示。但是这与改进卫生标准毫无关系。如果不是 80 年代末的那些食品恐慌让食品安全成为这样一个政治敏感问题，英国政府不会因为一些质疑和抗议便推行如此巨大的变革。

这场革命背后的故事可以追溯至三十年前的欧洲“共同市场”初期。当时欧盟委员会发布指令，规定了少数屠宰场需要遵守的共同规则，因为他们想要向欧洲地区国家出口诸如牛肉、羊肉、猪肉的“红肉”。基于 19 世纪德国模板的新法令要求屠宰场对他们的经营方式进行结构性的变革。

这条 64/433 指令没有立即影响到英国，因为当时英国还不是共同市场的一员。但是，在英国 1973 年加入共同市场后不久，第二条指令也公布出来，规定将同样的“卫生标准”扩展至家禽肉类的生产范围——给英国带来了一个新的争议问题。[2]

过去一百年里，英国与欧洲大陆在控制肉类安全方面一直以来都遵循着两种完全不同的体系。英国，在起源于 19 世纪改革的公共卫生保护体系下，屠宰场的肉类监察工作由“卫生监察员”负责，如今他们有了“环境卫生官员”的新名号。但是，欧洲大陆遵循的体系要回溯至路易·巴斯德的时代，类似的工作一直由经过特别训练的兽医负责。如今，根据“家禽卫生指令”，英国要与欧洲大陆体系一致，这在环境卫生官员们看来是要断然拒绝的事情。因为这意味着他们要将自己手中的肉类监察权让给一个兽医，而兽医没有欧洲大陆的培训经验，可能对卫生事务的了解还不如他们自己。

80年代，与欧洲大陆体系一体化的进程更进一步。当时，英国大约八十家大型“工业屠宰场”生产肉类出口和供应超市，他们遵守了所有1964指令包括的结构性调整要求：这项任务代价昂贵，所以得到政府数百万英镑拨款才得以开展。

最后，在1992年年底，随着欧洲“统一市场”的临近，布鲁塞尔（欧盟行政机构所在地）决定必须完成欧共体内部所有肉类企业的整合工作。这就意味着，首先，几乎所有英国小型红肉屠宰场也要执行“欧共体出口条例”要求的结构性调整，尽管不像大型“工业屠宰场”，他们得不到任何公共资金的帮助。其次，农渔业粮食部没有用大陆体系取代英国监察系统，而是决定屠宰场要受两个系统的管制。他们不仅要负担传统肉类监察员的费用，还要为兽医提供的监督服务买单。

这次革命的最奇怪特征之一是农渔业粮食部专横而隐秘的行事方式。1991年，他们向所有屠宰场主发放了一本小册子，名为“1992——食品常识与你”。屠宰场主们读过1993年1月1日统一市场开放后继续经营要达到的要求之后，他们震惊了。他们立即算了一笔账，发现执行“欧共体出口条例”所有繁杂的结构性调整所需的代价，是他们都难以承受。尽管，许多人只是和当地肉店做生意，从来没有加入出口贸易的想法。

农渔业粮食部还隐瞒的是，欧共体提议的新指令还没有成为法律。委员会在“红肉”方面的构想是修改原版64/433号指令，这条指令如今已经改为91/497号（委员会还提议制定新的家禽卫生指令）。但是，64/433指令太过陈旧，还有缺陷，即使在60年代已经这样，所以委员会迅速起草了第二个指导文件，称作“手册”。这并没有法律效力。然而，正是基于这份指导文件，农渔业粮食部在没有公开承认的情况下，在1991年对英国肉类行业进行改革。结果简直是一场灾难。

早期一位收到农渔业粮食部“1992——食品常识与你”小册子的人叫作安德鲁·菲尔维瑟。他在新森林地区的一排排棚屋里经营着英国第二大鹌鹑养殖厂，每年向全国批发商出售20万只节日用鹌鹑。他没有任何心理准备地打开了文件，却发现，尽管鹌鹑向来被划为“猎鸟”，现在却被官方认定为“家禽”，因此必须受到“欧共体家禽卫生指令”的约束。在读完长达二十页的要求后，菲尔维瑟逐渐意识到，他的鹌鹑农场现在已经被视作大型工业家禽加工厂了。如果想继续经营的话，他必须进行大量重建工作，其花费将大大超过他每年的总营业额。

例如，其中一条要求他安装淋浴室，这样他和六名员工可以在一件棚屋出来后，先洗澡再去另一间。这意味着他们一天要不停地洗澡好多次。菲尔维瑟先生试图联系农渔业粮食部的人员，讨论他遇到的问题，但是打了几个月电话后，他仍然没能找到任何人“有理解他苦衷的迹象”。然而，农渔业粮食部已经通知他的顾客，除非他遵守新的规定，否则他们不能再购买他的鹌鹑。

最后，他不得不承认，他不可能负担得起经营下去的代价。1991年12月，他关掉自己的鹌鹑农场，六名员工开始靠救济金过活。之后才知道，农渔业粮食部行动的根据——欧共体家禽卫生指令直到1992年12月才公布，这时距他关掉自己的农场已经一年了。英国将这些规定变成法律已经是1993年中期的事了。那么，曾经判定菲尔维瑟先生继续经营为违法的规定，在他关掉农场18个月后才成为有效的法律。1993年，国会议员向粮食大臣尼古拉斯·索姆斯提起这件事时，他只是回应道，“当时关闭农场也是应欧共体的规定要求”。然而，他补充道，按照后来的欧共体条例，鹌鹑不再归类为“家禽”，而是恢复成为“猎鸟”，菲尔维瑟先生知道这点，可能会对他有所帮助。

1991年和1992年，全国的肉类企业主都经历了同样的打击。1992年夏天，农渔业粮食部通知萨默塞特一位屠夫埃德温·斯奈尔，根据他们提议的新的鲜肉（卫生与监察）条例（执行提议的91/497号指令），活畜只能从一个入口进入他在查德的屠宰场，而尸体出来时要通过另一个出口。因为他的屠宰场只有一个通向附近公路的车道，所以他不得不花费数万英镑另外修建了一条道路。

虽说号称以“卫生”的名义，他还是不明白自己为什么要花这些钱，因为，他的车道只有10码长，活畜和尸体在大路上还是会相遇。然而，更加令人困惑的是，尚未出台的指令中根本没有提及要将出入口分离。像其他成百上千屠宰场主一样，斯奈尔先生不得不花费超出他承受能力的一笔钱，做出法律本没有规定的调整。

亨廷顿郡的汤姆·张伯伦经营着一家祖传百年的肉店。1992 年，在东英格兰比赛上，他被评为“冠军香肠制作师”。他的生意空前地火爆。然而，12 月，他收到一份来自农渔业粮食部的通知，根据 1992 鲜肉（卫生与监察）条例，要求他对肉店进行一些结构性调整。如果在 1993 年 1 月之前没有同意，他将不能得到农渔业粮食部要求的经营许可，进而被迫停业。

张伯伦先生的肉店距离他的屠宰场有二十码的距离，根据要求，他不能再从一处拿肉到另一处了。而是必须要在两点之间修建一个冷冻通道。他还必须建一个淋浴室和休息室供“到访的卡车司机”使用，尽管大部分屠宰场的大部分动物都是来自五英里之内的农场。圣诞节期间，在对着长长的要求列表一番深思熟虑后，张伯伦先生得出结论：这个代价是远超过他的承受能力的。一周之内，这家百年老店永远地关门。

到 1992 年年末，英国近半数屠宰场被迫倒闭，全国大部分农场和肉店失去了在当地屠宰场就近交易的地方。当导演这场灾难的部长高默先生被问到这都是为什么时，他先是回到之前的论调，认为提高英国肉类质量很有必要，因为许多屠宰场肮脏不堪、对人类健康构成威胁。这样的论调受到了挑战，因为事实证据并不支持其观点：未受到交叉污染的肉类是最为安全的食品，他和农渔业粮食部转而提出新的公式。在写给议会的信中，他反复解释道，如此之多的屠宰场倒闭的原因是，业主们“已经决定，不愿为自己未来的生意投资”。

至于高默自己对肉类交易的了解，则在 1992 年 12 月受到了他自己一个选民的检验。萨福克郡一名屠夫科林·拜福德从一家手工艺屠宰场买肉。这家屠宰场曾接到命令，花费 35 万英镑进行修整，以达到“欧共体质量标准”。拜福德先生给高默展示了猪牛羊肉六个样品。三个样品来自他平时的供应商，另外三个来自一家工业屠宰场，这家屠宰场已经达到高默试图让全国肉类企业都遵守的标准。当被问到哪一组样品质量更高时，高默毫不犹豫地选择了拜福德平时进货的那组，而这样的屠宰场正是高默和他的官员们决意打击的对象。

诚然，故事还远未结束。1993 年 1 月 1 日，闹剧的第二幕开始上演。当时，全国的肉类企业主需要为监管动物和鲜肉的兽医服务每小时支付 65 英镑。在巴恩斯利市附近，已经经营一家大型火鸡屠宰场二十年的理查德·沃蒂格接到农渔业粮食部的通知，如果想得到经营许可使生意继续，他将需要支付200英镑接受一位兽医在正确屠宰火鸡方面的指导。当他和其他同样具备多年经验的同行前往接受指导时，才发现教员只接受过两周的培训课程。这位教员对屠宰火鸡方面的知识要比他的“学生”少得多。

新政策生效的那周，鲍伯·纽曼经营在范保罗的屠宰场里出现九个人。其中三人是有经验的屠夫，其他六人都是官员，包括肉类监察员以及农渔业粮食部派来监督他们的一位兽医。一个月后，就在附近，雷丁屠宰场的经理奈杰尔·巴茨召集他的17名员工，并告诉他们生意不能做了。他家的生意一直不错，正打算搬迁到新的地方。如今，每年花费数万美元，请一个完全没有屠宰场经验的兽医监督工作，这样的负担已经使生意难以为继了。巴茨先生事后说道，告诉自己的17名员工他们已经失业的消息是“他这辈子做的最糟糕的事情”。

许多年前，英国还有超过1 000家屠宰场。有不到100家工业规模屠宰场，批量生产供应超市；有数百家中型屠宰场，服务于当地农场和肉店；还有几百家小型屠宰场，通常设在肉店的后面。大部分高质量肉产自中小型手工艺屠宰场，在这些地方可以单个地处理屠宰工作。如今，大约700家这样的屠宰场要么已经被迫停产，要么几年内关门。

这一切都是在“卫生”的名义下发生。但是，屠宰场产品的食物中毒威胁不在于肉类本身（其实肉类产品本身是安全的），而是来自其他细菌的交叉感染，例如通常潜伏在动物内脏的大肠杆菌。让动物处于压力之下最容易使大肠杆菌传递到肉上，例如将动物快速地、大批量地送上大型屠宰场的屠宰流水线上，或将它们装在肉畜运输车上长途颠簸。

数百家小型屠宰场被迫关闭的最明显的后果是，将肉畜送往最近的幸存屠宰场也要经过50~100英里*的路程。最近几年，直接归因于肉类的最为严重的食物中毒事件要数1991年普雷斯顿那次。事件原因是麦当劳牛肉汉堡感染大肠杆菌，而汉堡中的牛肉正是产自一家工业屠宰场。这家屠宰场达到农渔业粮食部的所有“卫生”要求，并骄傲地持有“欧共体出口许可证”。

---

* 1英里=1.609千米。

塑料 VS 木制器具

环境卫生官员热衷于指责任何使用木制品接触食物的行为“不卫生”，便是“卫生闪电战”行动过度的最生动例证。任何木制工具或木皮工具都受到指责，并建议用塑料制品替代。我们已经见过几个这样的例子，例如海军停止用木浆搅拌圣诞节布丁的传统，还有环境卫生官员将别人珍贵的砧板和擀面杖丢进垃圾桶里。

另一个受害者是达勒姆郡的比米什天户外博物馆，这里再造了维多利亚时期采矿村的生活场景，每年吸引成千上万的游客到此旅游。最有趣的是在村舍厨房里，一位妇人扮作矿工妻子的样子，做出许多美味可口的馅饼和蛋糕。游客们可以品尝这些美食，这也是孩子们的最爱。然而，1992 年，这样的方式突然停止了。游客们自然要问“这些美食都哪里去了”，却被告知“吃的东西都拿去喂农场的牲畜了”。因为，赤斯特街的环境卫生官员已经裁定，案板和其他木制厨具违反了卫生规定。

彭布洛克郡一位哈勒管弦乐团前中提琴家里昂·唐尼，已经因其发明朗洛方奶酪而成为全国最为著名的奶酪生产商之一。1993 年 5 月，普利斯利议会一名年轻的环境卫生官员检查了他家的奶酪。此前不久，唐尼顺利地通过了 ADAS 一位微生物学家的检查，这次检查属于专业奶酪生产商协会一个严格的卫生计划。议会环境卫生官员，曾承认她在到访期间对奶酪生产技术并不了解，检查过后却不太满意。之后，唐尼先生收到一份来自她长官的信件，信中列出 22 项需要注意的地方，并警告他，除非 30 天内改正这些缺陷，否则将会向他下达改进通知。

专家检查后发现，其中只有三项是法律所要求的（包括一本记录事故的急救书）。但是，最令唐尼先生气愤的是，他们要求他的奶酪不能与木架子接触。要么刷上油漆，要么铺一层防油纸。环境卫生官员们显然不够专业，因为研究表明，这种不当保存奶酪的方式，会产生一种黏液。

环境卫生官员之所以这样追着木制器具不放，其原因实际可以追溯至二十年前发表的一个研究报告，报告记录了由公共卫生实验室理查德·吉尔伯特博士（1993 年，他是公共卫生实验室食品安全部门的长官）带领开展的实验。为让一名年轻的女学生获得工作经验，他向她建议，在两个新的木制和塑料砧板播撒沙门氏菌，然后用手将它们洗干净，再用刀切，看哪个砧板最后产生更多的细菌。

女学生得出结论，塑料砧板表现更好。[3]

吉尔伯特的论文发表后，木制品不如塑料卫生的观点逐渐渗透至英国公共卫生领域，并成为最权威的正统观点。其他专家多年来的努力就这样付诸东流，他们曾经试图指出吉尔伯特简单的实验并没有复制砧板平时在厨房时的状态；聚乙烯砧板不能用机器洗净，因为它会弯曲；塑料砧板容易积一层腐臭的油脂；柚木或其他硬木砧板比塑料砧板具有更小的吸收性。

在1990年“闪电战”开始时，环境卫生官员已经认定木制器具不卫生而应被弃用为科学的事实。引用1970年卫生条例中的一条：制作食品用到的器具必须“光滑而不易渗透”，并且“容易清洗”，这就是为何他们命令英国所有的食品企业，花费数百万英镑将木制架子、工作台、勺子、砧板、沙拉盘以及其他一切木制器具替换为塑料或其他非木制品。

1993年，就在年轻的威尔士环境卫生官员试图禁止唐尼先生在木架子上放置奶酪不久前，威斯康星大学的两位微生物学家迪恩·奥克里夫与尼斯公布了一系列实验的结果，这些实验试图发现减弱木制器具产生细菌能力的方法，因而让其与塑料一样安全。他们惊奇地发现，将木板在沙门氏菌、李氏杆菌以及大肠杆菌环境中放置三分钟后，99.9%的细菌被杀死。在同样的条件下，塑料板上的细菌却都能存活下来。

进一步实验证明，木制砧板以及其他木制餐具具有非凡的天然杀菌特性。然而，塑料砧板在经过刀切后，却能使细菌潜伏在切痕里，经过数次清洗后，仍能够感染其接触到的食物。

维斯康星大学实验的消息以惊人的速度越过了大西洋。早在1993年6月，LACOTS（地方政府贸易标准制定机构）给全部环境卫生官员发去通知，声明木砧板以及其他木制厨房用具不再被视作违反食品卫生总条例的第七条规定。一夜之间，塑料比木制器具更卫生的观点被证明为纯属虚构。*

“塑料VS木材”的最悲惨故事发生在苏克塞斯郡拉伊镇的一家饭店，饭店由来自那不勒斯的两兄弟尼罗和乔瓦尼·斯卡蒂尼经营（后者是苏克塞斯郡板球俱

---

* 这里要公平地提到，一些有经验的环境卫生官员一直对木制器具不卫生的观点感到不满，他们很高兴原来的政策能够被取消。

乐部的热心会员)。1991 年 8 月，洛特议会一名年轻的环境卫生官员曾到此拜访，带着她的职业特有的魅力和常识，她宣布了几条强制性要求。其中一条认为尼罗珍爱的宝贝——他手工艺人的姐夫亲手制作的、价值数百英镑的砧板不卫生，所以禁止他再使用这块砧板。

尼罗被她的命令激怒了，他拿了一把斧头将砧板劈作碎片，扔进火里。在遵照环境卫生官员的指令后，他又买了一块塑料砧板，却发现它性能更差，几乎无法保持清洁。1993 年，新的指导方针发布后，那位年轻的女人再次出现了，她毫不脸红地告诉尼罗，如今又可以使用木制器具了，所以他可以拿出他的旧砧板来用了。当尼罗告诉她那块旧砧板的结局时，她根本没意识到自己是多么幸运，因为尼罗竭力克制了自己的怒火，而没有给她那块砧板的待遇。

环境卫生官员以如此惊人的速度放弃自己的教义，实际是“卫生闪电战”本身的一种病症。特别是由于我们不断地揭露其中“卫生警察”所犯下的荒唐和违法事情，甚至一些主流媒体记者也开始发现有些方面出现了严重的错误。*《星期日电讯报》对唐尼先生架子的报道引起了粮食部长尼古拉斯·索姆斯的注意，他说道，环境卫生官员必须学着调节自己的热情。

到 1993 年年底，“闪电战”的恶劣影响开始逐渐消退。事后看来，并不是环境卫生官员学到了什么教训。但是，一年前开始入侵我们生活，甚至每周都有很多的过分行为已经明显的减少了。

如果环境卫生官员发动的圣战是官方对八十年代末那些恐慌最明显、最具破坏力的回应，那么很明显，它没有收到任何效果。食物中毒的数量在以后的几年

---

* 很明显地，引人关注的环境卫生官员专横的行为并不是“卫生闪电战”在全国范围内造成的最严重后果。通常媒体都选择无视这些事情，尽管我们曾不遗余力地宣传了好几个月。然而，1993 年 4 月，媒体的注意力集中到伯克郡奥德沃斯村，因为这里碰巧住着几位知名记者，包括《每日电讯报》编辑马克思·哈斯汀。在给客人上午餐饮料的间歇，乡村酒吧老板点燃了自己的烟斗。然后，他被坐在房间另一头的两男一女叫去谈话。那男人说道，“我们一直在观察你，你一直在吧台后面抽烟。”原来这个男人是纽伯里市议会一名环境卫生官员，他警告老板道，他的抽烟行为属于犯罪。两天之后，酒吧老板收到特快专递来的信件。信的标题为“1970 食品卫生总条例”，信中说道，“1993 年 4 月 2 日，发现你在吧台后抽烟，并受到卫生官员约翰·帕菲特的警告，你的行为违反了上述条例的规定。参与食品制作的人员在一个放有食物的屋子里抽烟是违法的。”他们通知酒吧老板，如果再次发现他在酒吧抽烟，他将受到刑事诉讼。《每日电讯报》详细报道了这件事，包括知名专栏作家比尔·迪兹的一篇特别报道。

里仍然在历史高位停留，而且事实上，没人曾找到确切的原因。可能许多沙门氏菌中毒事件是因为，储藏和制作食品过程中的交叉感染；可能冷冻鸡肉中的沙门氏菌高发生率也是其中的原因之一。但是，可以肯定的是，责任绝不应由“感染沙门氏菌的鸡蛋”承担；高默在肉类行业施行欧共体“卫生指令”在减少食物中毒发生方面没有任何贡献。

1997 年，官方记录的沙门氏菌中毒人数，从就 90 年代初期一直保持的大约每年 33 000 人，蹿升至 36 377 人的历史记录。不过，这算是其巅峰数值，紧接着，这一数字急剧下滑，到 2000 年已经降至 16 987，回到 80 年代初期的水平。为何如此快速的减少发生在此时，同当初急剧增加的原因一样神秘。唯一我们可以肯定的是，中毒事件的减少与政府严苛的干涉行为毫无关系。

“疯牛”继续

有一个潜在的食品恐慌，与其他都不同，经过 90 年代初期这些事件之后仍然在潜伏着。1993 年，自疯牛病开始后，已经有 10 万头牛遭到屠杀。但是，农渔业粮食部首席流行病学家约翰·威尔史密斯预测，这一年发病数量将开始减少。[4] 首先，形成一场正式恐慌的难以捉摸的前提条件——貌似存在的食用牛肉与患克雅病的关联，还未见踪迹。

实际上，疯牛病正循着典型的恐慌前期模式行进。最大的“推手”，莱西与他的微生物学家同事斯蒂芬·戴勒博士，以及一些支持他们的记者，仍然没有发现要找的证据；而“挡手们”，包括所有政府高级顾问，仍坚称没有任何危险。1993 年 3 月，克雅病监控所的鲍伯·威尔报告道，1993 年一位农民因接触到自己的牛所携带的疯牛病菌而患克雅病死去，他坚持认为“这极有可能是一次偶然的发现”，这两种之间存在关联的观点“都只是猜测”。[5] 卫生部首席医务官肯尼斯·考曼声明，“每个人都可以放心地食用牛肉。”7 月，监控所的年度报告显示，克雅病死亡人数从 1991 年 2 月的 32 例增加至 1992 年 3 月的 48 例，但是，《泰晤士报》文章标题仍然是“人类脑病病例增加与疯牛病无关”。

1994 年新年，詹姆斯·厄林奇曼在《卫报》上问道，“食品世界已经平静了吗？埃德温娜、沙门氏菌和疯牛病都不再上报纸了吗？”[6] 他的回答是，“1994 年，我们可能发现疯牛病不只是牛类的不幸，还是一场可怕的瘟疫。”他最担心的是，“数百万头酝酿疾病的牛已经或正在被送往屠宰场，因为在表现出症状之前，它们已经遭到屠杀”。

两周后，有小报报道了维琪·里默的事。在首页标题为“疯牛病与人类关联”的文章中，他们称，这个死于克雅病的16岁女孩可能是首例确认的疯牛病牛肉牺牲者。《每日邮报》的报道是，“疯牛病悲剧的起因：汉堡包”。[7]

考曼怒斥这样“耸人听闻的报道”为“不负责任的煽动恐慌”。他强调到，克雅病是一种极为罕见的疾病，人类可能因“各种原因”患病；但是“没有证据能够证明吃肉是其中之一”。

官方对于小报的同情回应并非来自英国政府，而是欧洲大陆。受到英国疯牛病复苏信号的刺激，德国政府再次像1990年那样威胁到，如果布鲁塞尔不在欧盟范围禁止没有确认未感染疯牛病英国牛肉出口，他们将单方面发布禁令。这样的举动也引发了一场持续数月的政治争端，最后，德国于6月28日禁止进口英国牛肉长达六个月时间。有报道甚至称，德国游客已经取消了英国旅游的计划，因为医生们曾警告他们，可能接触到感染“疯牛病”的牛肉和乳制品。[8]

当法国扬言要加入德国的阵营时，欧盟农业部长们不得不在幕后开始谈判。7月18日，他们同意，禁止英国向其他国家出口牛肉，除非证明牛肉产地在六年内没有发现疯牛病。

详细研究了这个条约的附属细则后，英国牛肉企业开始担心，因为这将威胁到每年4亿英镑的贸易量，尤其是因为，遭到屠宰的感染牛数量已经达到125 021头，分别来自30 000个农场。

然而，从那时起，疯牛病不再受到媒体的关注。只是零星会有一些短小的报道。由于官方一致认为，疯牛病与克雅病之间不存在关联，似乎“挡手”们令人信服地占了上风。*

---

* 1994年夏天，莱西与戴勒在《传染病》杂志上发表的一篇文章，充分地证明这个阶段的所谓科学证据是多么脆弱。他们首先引用了美国生物化学家斯坦利J.普鲁西纳教授的假想，认为脑病的传染媒介（如疯牛病、瘙痒病以及克雅病）是一种尚未确认的感染性朊病毒。他们认为，这种假定的“媒介”必然会在人类或牛类身上发生变化，进而在动物之间、人畜之间以及人人之间相互传染。他们还认为，人畜之间的传染已经发生，并提到死于克雅病的两个农民的例子（尽管这之间的关联与两个农民是否接触到了感染疯牛病的牛群都只是猜测）。他们还提到维琪·里默的例子，并指出“她曾经常购买香肠和汉堡”，好像这有什么关系似的。在将一些个别的假设（或者说是臆想）进行简单堆砌之后，他们总结道，大量人类最终将不可避免地死于疯牛病诱发的克雅病。

这样的状况持续了一年多，期间大家的注意力都在别的地方。我们开始关注一个规模相对较小、破坏影响仍在继续的另一场恐慌：一场六年前便不再受媒体关注的恐慌。

注 释

1. 克里斯托弗·布克，《传播恐惧与迷惑的卫生警察登场！》《每日电讯报》，1993 年 4 月 20。像本章中引用的其他例子一样，这个故事同样见于克里斯托弗·布克与理查德·诺斯的另一本书：《疯狂的官员》（达克沃斯出版社，1994 年）。

2. 71/118/ 欧洲经济共同体。

3. R·J·吉尔伯特与希瑟 M·沃特森，《关于表层污染与清洁的各种肉类器具表层实验》，《国际食品科学与技术杂志》，6,2，（1971），163–70。

4.《泰晤士报》，1993 年 3 月 23 日。

5.《柳叶刀》，1993 年 3 月 6 日。第一个死亡的农民叫做皮特·沃赫斯特，接着另一个农民死亡，第二年又有两人死去。

6.《卫报》，1994 年 1 月 1 日。

7.《今日报》，1 月 13 日；《每日邮报》，1994 年 1 月 25 日。

8.《星期日泰晤士报》，1994 年 7 月 3 日。

第四章

李氏杆菌歇斯底里症——拉纳克蓝干酪事件

经过这么多事件之后，我真切地感受到，如果申诉人或环境卫生部门的人员在执行公务时，减少一点好斗性和对抗性，效果会更加令人满意……如此教条死板的“执法方式”……似乎显得不当、过时，并且不起任何作用。

——司法长官道格拉斯·阿伦在对拉纳克蓝干酪案件作出判决时说道，1995年12月5日

汉弗莱·厄灵顿绝不是那种在与官场中人的历史性斗争中冲在前线的人。他的父亲兰斯洛特曾经担任卫生与社会保障部的常务秘书。他在萨里郡的威布里治长大，在惠灵顿公立学校上学。

人们也绝不会想到，这样一个人会在拉纳克郡1 000英尺*凉风习习的山上用羊奶制作奶酪。但是，20世纪80年代，厄灵顿的优质蓝干酪（被誉为“苏格兰的洛克福干酪）在英国农家奶酪制作的复兴潮流中走在了前列。他的干酪受到法国专家的赞赏，并获奖无数，热销于伦敦最为著名的饭店和顶级奶酪商店。据说英国女王对这种奶酪钟爱有加。

然而，1994年12月，厄灵顿突然遭遇了人生的厄运。爱丁堡环境卫生官员

* 1英尺=30.48厘米。

发现，他的拉纳克蓝干酪里含有李氏杆菌。这无疑是一记晴天霹雳。人们还清楚地记得 1989 年“李氏杆菌大恐慌”，那曾是近几年来最为著名的食品恐慌，起因是瑞士干酪中的李氏杆菌导致几人死亡。

尽管，自 1989 年恐慌逐渐消退之后人们很少关注李氏杆菌，但是，就在爱丁堡发现上报至厄灵顿所在地议会——克莱兹代尔地方议会的环境卫生监察机构后，不出意外地，他们决定要求当地官员下达命令，销毁他 1994 年还剩的零售价值约为 54 000 英镑的干酪。同样地，他的生意也会被毁掉，许多员工也会失去养家的生计。

就在案件开庭审理之前，绝望的厄灵顿向我们求助。几个小时之后，诺斯便风尘仆仆地到达苏格兰。当天晚上，他就对厄灵顿的困境作出第一个评估。

首先，诺斯可以向厄灵顿保证的是，尽管有着可怕的名声，李氏杆菌其实是一个极为复杂的机体，许多人对它都不太了解。这种细菌有许多种类，可能有数千种。其中大部分对人类健康没有影响。它们经常发现于丰富的菌群中，而这些菌群也是蓝干酪和软酪成熟的必要因素。正如一位知名奶酪批发商对我们所言，“在我们对李氏杆菌的常规检测中，10~20 000 的数量都是很平常的。只有数量高出许多时，我们才有必要担心。”

实际上，只有很少的细菌种类与那种罕见的、可能致命的李氏杆菌有关；而且，这些细菌也只是对一些“高危人群”有害或具有致病性，例如孕妇、婴儿、老人以及免疫力受到损害的人群（如 HIV 患者）。所以，自从 1989 年李氏杆菌恐慌之后，许多食品都标有来自首席医务官的警告：不建议高危人群食用。

诺斯告诉厄灵顿，唯一关键的一点是，在他奶酪中发现的李氏杆菌是否属于具有致病性的那些类型。他们很快发现，环境卫生官员发现的李氏杆菌种类从来没有致死的先例。实际上，在之前的四个月里他的奶酪已经出售了 63 000 份（这也正好是克莱兹代尔官员计划销毁的数量），却没有发现一件生病的例子。

然而，这可不是官员们所认为的。从拉纳克当地法官威尔逊夫人主持的庭审上便可以看出。当地议会年轻的“当事人环境卫生官员”罗伯特·斯廷森明确表示，在克莱兹代尔人眼里，任何李氏杆菌都是有危险的。斯廷森当时的态度恰恰反映出，环境卫生官员们的做法是从即将颁布的条例中得到提示的，该条例将在“乳制品卫生”方面施行欧共体 92/46 号指令。该条例着实令人惊讶，因为它规定，出售含有李氏杆菌（即使数量极少）的食品将视作违法行为，不论其属于何种类型。

这简直是一枚炸弹，其杀伤范围绝不仅仅局限于这一个案例。如果这些条例得以执行，迟早所有斯提尔顿奶酪、布里干酪或者任何蓝干酪以及软酪的销售都会遭到禁止。当我们在《星期日电讯报》上报道此事后，得到一些共鸣。全国乳制品委员会一位发言人尖锐地批评道，“愚蠢啊，愚蠢的布鲁塞尔，如果不允许蓝干酪中含有任何李氏杆菌，我们就没法生产任何蓝干酪。你们成功地毁灭了这个国家的奶酪生产。”

法国与意大利的奶酪生产商们绝不可能允许“欧共体的荒谬”停止他们生产卡门贝尔奶酪和多瑟莱特奶酪。果然，在我们的文章发表之后几天，《星期日电讯报》收到一份来自农渔业粮食部新闻处的传真。该部官员发现了欧共体指令的“漏洞”，因此，“传统方法制作的奶酪”可以得到豁免而不受“李氏杆菌标准”的约束。当然，欧洲大陆的国家早已申请了这样的豁免。而那时农渔业粮食部仍没有注意到这样的漏洞。直到现在，他们才采取措施保证，英国奶酪生产商可以利用这样一个漏洞。

然而，这对于厄灵顿先生已经为时过晚。在拉纳克，克莱兹代尔的环境卫生官员仍执意要销毁他仅剩的奶酪。他们公开地自夸道，这样一目了然的案子只消一两个小时就能解决。然而，厄灵顿的辩护团体提出议会的检测不够规范，并且发现的李氏杆菌属于无害类型，法官威尔逊夫人却邀请双方进一步讨论，希望能在法庭外解决问题。

议会完成检测后，结果非常惊人。每一批拉纳克干酪上检测出的李氏杆菌多得异常，在科学上根本说不通。这样，不可避免地要进行第二次庭审了。

此时，另外两人加入这场闹剧。厄灵顿接触到了迈克·琼斯，此人是爱丁堡一位知名律师，他主动提出为厄灵顿辩护。同时，克莱兹代尔议会这边向公共卫生实验室吉姆·麦克朗奇林博士求助，自从在1987年发表了一篇关于食品传染李氏杆菌的论文，他已经被视为英国这一领域内的官方专家。对于苏格兰法院，他可算是个大人物，因此，在克莱兹代尔律师的安排下，威尔逊夫人规定，在他完成举证后，被告团队不能对他进行反问。而只能通过她将问题传达给这位大人物。然后，她将裁决写下来，并承诺给出解释。

一周后，当地报纸打电话给厄灵顿，告诉他，威尔逊夫人已经公布了她的裁决，必须销毁他的奶酪。她却没有兑现给出解释的诺言。幸运的是，由于威尔逊在此案件中的非常规操作，他的律师得以向苏格兰最高民事法庭请求复审。4月，爱丁堡最高民事法院上诉法院法官威尔宣布判决：拒绝对麦克朗奇林博士进行反问的行为严重“违背了自然公正”。他建议，该案件应当由一位全职的司法长官重新审理。克莱兹代尔立即进行上诉，而在6月，威尔的判决得到苏格兰最高民事法庭庭长言辞更为尖锐的支持。他裁定，本案件必须由一位司法长官重新审理，而不是“一个没经验的外行”。

激战高峰

如今，案件双方正准备在夏天重新投入战斗的同时，拉纳克蓝干酪也引来全国的关注。在兰诺克议员皮尔森的带领下，我们的盟友们已经将此事在上议院闹得满城风雨。媒体报道也多了起来。电视上，苏格兰一位著名的美食家亚瑟·贝尔正吃着一大片拉纳克蓝干酪。很快，他收到一份来自克莱兹代尔怒意十足的信件，威胁他将受到刑事诉讼，除非他透露是从何处得到那块奶酪（实际上，他并没有在吃拉纳克蓝干酪，而是厄灵顿的另一种干酪——顿塞尔蓝干酪）。

到八月时候，这件奇案已经过去九个月了，双方已经集齐各自的专家团队。克莱兹代尔方面的明星证人仍然是麦克朗奇林，他享受每天五百英镑的薪酬，并住着一流的酒店。但是，厄灵顿的律师已经召集了一批专家证人，包括：来自英国主要食品安全政策部门的弗纳·惠洛克（他曾经与诺斯共事，并指导了他的食物中毒博士学位）；让雅克·德福约德，一位杰出的留着小胡子的法国人，他被誉为是洛克福干酪微生物学方面在世的最伟大专家。当时，另一位微生物学家退出了，因为她害怕招致农渔业粮食部的不满，而该部有时会委任她一些工作。于是，诺斯找来了阿伯丁大学的休·彭宁顿教授，当时他并不知名却也是有国际地位的科学家。

辩护工作从两方面开展：首先，拉纳克干酪中发现的李氏杆菌对人类健康不构成威胁；其次，议会声称的李氏杆菌数量没有任何科学可信度。

就在离出庭审理还有两天的时候，克莱兹代尔方面击出一记重拳。他们拿出将要用到的证据，包括从世界各地搜罗来的超过 1 500 页的技术文件。厄灵顿的辩护团队只有48小时时间来吸收这些文件，尽管他们发现大部分文件在几个月前的诉讼中都已经出现过。然而，在经过一番梳理后，他们发现上一次诉讼并没能仔细地研究这些文件。一轮又一轮的研究证实了辩护方的立场：许多李氏杆菌类型并不具有致病性；干酪中发现的李氏杆菌类型没有导致人类患病的先例。

9月，庭审在司法长官达格拉斯·阿伦的主持下持续了三个星期。克莱兹代尔这边，麦克朗奇林仍然没有一点改变，他还在接欧共体指令称所有的李氏杆菌类型都存在潜在的威胁。在被告询问的过程中，琼斯指出麦克朗奇林自相矛盾的地方，认为他没有可信的证据。

包括诺斯在内的厄灵顿证人团队坚持认为，克莱兹代尔方面忽视了一个关键的问题。拉纳克干酪中发现的李氏杆菌类型是否真的对人类健康构成威胁？最后，在经过许多天的休会期后，庭审终于在11月结束了。克莱兹代尔方面一直试图抹黑诺斯的品格，怀疑他利用进入农渔业粮食部和其他官方文件获取个人证据的行为（就在诺斯要提出自己的证据之前，他们拿出了另一份关于诺斯过去职业的31页文件，尤其是他对农渔业粮食部尖刻的批评）。还有一次，官员们向司法官提出，要去检查厄灵顿1995年最新生产的一批拉纳克奶酪，这将给他造成3000英镑的损失。司法长官直接将他们的行为斥作"骚扰"。

实际上，案件的费用每天增加几千英镑，已经成为厄灵顿的一大负担。由于这属于"行政听审"，司法长官已经明确表示，即使他胜诉，也不能获得赔偿，尽管案件费用已经上升至12万英镑，多到足以使他破产。他的困窘境况引来全国的同情，在贵族议员托尼潘帝（先前叫做乔治·托马斯时担任下议院发言人，现在是一个敢说敢言的欧洲怀疑论者）以及美食作家苏菲·格里格森的赞助下发起了筹款运动。支持活动的还有其他著名食品专家以及一大批知名奶酪店、酒店、饭店与食品企业。

而对于克莱兹代尔的官员们而言，钱自然不是问题。即使败诉，他们也知道，纳税人会为他们买单。而现在为止，他们已经花费超过25万英镑。

最终，在1995年12月，经过了英国历史上历时最长的食品污染案件之后，司法官阿伦公布了令人震惊的裁决。很明显他已经了解了整个案件的细节，并同意，议会的检测不具有科学可信度。他发现，没有证据能够证明拉纳克蓝干酪中发现的沙门氏菌类型对人类健康构成任何威胁。因此，厄灵顿的奶酪没有必要承担任何罪名。此外，阿伦还将麦克朗奇林描述为“含糊推诿、没有一点帮助”的证人，没有表现出一个科学家应有的客观性。他毫不留情地对麦克朗奇林试图败坏诺斯名誉的行为表示鄙视，并批评了克莱兹代尔官员们在整个案件中的行为。

当然，美中不足的是厄灵顿无权就自己的损失索赔。由于官员们对他发起的不懈战斗，如今他要面对一张巨额的账单。但是，司法长官批评克莱兹代尔官员行径所用到的尖刻词汇，意外地为此事打开了另一扇门。迈克·琼斯意识到，在法律概念模糊的情况下，如果他能够证明议会作为诉讼方的“好斗性”，便有可能申请赔偿。

司法长官阿伦接受了他的论点，判定厄灵顿获得全部赔偿。尽管让议会拿钱出来是一个漫长的过程，但那最终是一场历史性的胜利。最后，纳税人成为唯一的输家，他们要为此支付超过 37 万英镑。

预警原则

这个故事不可避免地发生了一些曲折。尽管整个案件没有欧共体条例的直接参与，布鲁塞尔还是对整个事件产生了深远影响。如果不是欧共体对乳制品卫生标准的指令，禁止所有含有任何类型李氏杆菌的奶酪，克莱兹代尔官员们也不会坚持认为，所有细菌种类都同样对人类健康构成威胁。

如果人们真的在整个案件中学到什么科学知识的话，那应该是：不是所有的李氏杆菌类型都具有同样的致病性。像统治布鲁塞尔的官僚化科学孕育的其他奇怪事物一样，欧共体指令其实是基于如此粗糙且过于简单的依据，已经荒谬到危险的地步。打着伪科学的旗号，他们使最愚蠢的事情变得可能：有朝一日，所有欧洲的优质奶酪都将成为违法产品。

然而，就在官方的彻底溃败刚刚过去六个月，农渔业粮食部国务大臣托尼·巴尔德里向英国所有食品部门寄去一份信件。信中冷静地陈述道，“政府仍然认为，所有类型的李氏杆菌都会对人类健康构成潜在的威胁”。他的官员们继续着，好似从那件案子里没学到任何教训。他们的观点实则是在效仿布鲁塞尔，面对任何情况，即使具有极其微小的危险可能（其实根本不会发生），都必须遵循如今政界所推崇的“预警原则”。“维稳”是最好的选择，无论其代价如何。

起源于 80 年代的恐慌事件中，这种原则逐步地渗透到各种政策法规当中。

一旦有卫生、健康与安全，或环境保护的状况出现，“预警原则”便成为首要选择。拉纳克蓝干酪事件的意义在于显示出，官僚们愿意将“维稳”的信条放到一个什么样的高度，即使他们的行为是基于科学上的无知，严重地违背了事实。

厄灵顿可能最终赢得了他的战斗。但是，如巴尔德里的信件所表明的，在更大范围的战役中，就好似拉纳克干酪事件从来没有发生过一样。“预警原则”已经变成那个时代官方确认的教条。在拉纳克蓝干酪案件结束仅仅三个月后，它已经在引发一场最严重、破坏力最大的食品恐慌方面发挥了核心作用。*

公正的报纸会报道“两方面的故事”，让读者“自己做决定”，这似乎成为现代报纸都遵循的原则。然而，这样的原则会导致许多记者只关注官员观点的表面价值，而不去做足够的背景调查，以发现他们可能搞错的地方。

《读者文摘》也决定发表一篇关于拉纳克干酪事件的文章。他们同样认为，我们“太过专注于”写自己的版本。他们找来另一名记者马格努斯·林克莱特，此人竟然没有向我们咨询过什么就完成报道。结果实在令人失望。由于没能理解案件中至关重要的技术细节，他的文章几乎漏掉了全部重点和剧情。

---

* 厄灵顿事件的后续证明了，许多主流记者在理解“恐慌现象”技术复杂性上的遇到的困难。《星期日电讯杂志》编辑亚历山大·钱塞勒委托我们写一篇关于拉纳克干酪事件的文章。在我们把文章交给他后，他说，他不能发表，因为这篇文章“太过片面”。他认为，我们对于克莱兹代尔官员以及麦克朗奇林没有表现出“足够的公正”，没有站在他们的角度讲述整个事件。

第五章

疯牛和更疯的政客——疯牛病/克雅病恐慌

Mad cows and madder politicians

仍然没有科学证据证明牛海绵状脑病能够通过牛肉传染给人类。

——卫生事务大臣斯蒂芬·多瑞尔上议院，1996 年 3 月 20 日

1995 年 6 月 16 日，在疯牛病几乎从媒体消失了几个月后，前保守党内阁诺曼·泰比特在《太阳报》上发表文章，题为“你还得疯牛病吗？”

那年秋天，他将自食其言。10 月，媒体突然重燃对疯牛病的兴趣。有两个原因：首先，出现了更多的克雅病“受害者”，人们不禁猜测这种疾病可能产生了一种新的模式；其次，更多科学家开始倾向于相信，克雅病与疯牛病之间有某种关联。

10 月 6 日，克雅病监控所宣布，1994 年克雅病死亡人数达到历史最高的 55 人。但是，其他国家也表现出同样的增长率；该所解释道，这可能仅仅是因为人们提高了对这种疾病的意识。首席医务官肯尼斯·考曼说，“我对于现在的状况仍然非常满意，没有科学证据能够证明吃肉与患克雅病有关联”。

然而，两周后，《星期日泰晤士报》在其首页发表了一篇文章，题为“专家担心人们已吃掉近 150 头感染疯牛病的牛——有研究称，受到感染的肉会有危险”。莱西的同事斯蒂芬·戴勒即将公布一项调查，调查表明，自从疯牛病开始传染后，平均每个英国人已经在八十次进餐中吃过感染疯牛病的牛肉。该报纸还引用了“一位已经退休的著名神经病理学家”伯纳德·汤姆林森的话。他说“起初，我认为疯牛病不可能传染给人类。但是现在，我不敢这么确定了”。[1]

同期的报纸还有另一篇文章，题为“疯牛病受害者？”这篇文章报道，桑德兰市一位38岁的母亲可能死于克雅病，她的家人都认为她是因为吃了牛肉或者面包店做的馅饼而得了这种病。去年5月，还有一名叫做斯蒂芬·丘吉尔的少年死去。这两例死亡之所以引人关注，是因为通常情况下，克雅病都和老人死亡有关。此外，曾接触到感染疯牛病牛群，并因患克雅病而死的农民增加至3人。

第二天，《每日邮报》在其头版一篇题为“关于疯牛病的新恐惧”的文章中报道了第四名死亡的农民，这也促使“政府专家”开展了一次“秘密调查”。[2] 而《每日电讯报》对该事则有其自己的版本，他们引用了卫生部的观点：即使对于养牛人而言，“绝对疯牛都是非常低的”。[3] 但是四天后，《电讯报》报道了疯牛病顾问委员会的担心，认为更多的年轻人患上克雅病，可能预示着新的趋势即将到来。

11月中旬，一批媒体中心人物参加了独立电视台《世界在行动》的节目，节目的中心主题是戴勒的观点：英国所有吃肉的人都有可能接触到感染的牛肉，并且每周仍有600头感染疯牛病的牛被消耗。农渔业粮食部首席兽医梅尔德姆早已经对反复的盘问感到厌烦，他用手挡住了镜头，结束了采访。[4] 节目中还有汤姆林森，他在第二天的《泰晤士报》中解释道，有三件事令他改变对牛肉的看法：克雅病例的增多；农民的高死亡率；最近的少年死亡。[5]

如今，媒体对于任何煽动恐慌的故事都非常兴奋。在《英国医学杂志》向六位医学专家征求关于疯牛病与克雅病关系的看法后，只有一人的观点被全国报纸引用。这是因为，剑桥医学统计学家希拉·戈尔博士是六位专家中唯一一个表示担心的人，她认为最近农民与年轻人的死亡事件“绝不是偶然发生”。[6]

11月27日，《每日电讯报》又挖掘出一个“新的疯牛病受害者”。一位29岁的妈妈在三周前早产了她的第三个孩子后，因患克雅病而死于曼彻斯特皇家医院。媒体很快注意到，在年轻时候，她曾在一家肉店工作，而她的丈夫曾在屠宰场工作。

事情总是像往常一样巧，11月28日，莱西教授出版了一本书。在《疯牛病：牛海绵状脑病在英国的历史》一书中，他指出，疯牛病已经开始流行，由母牛传给小牛，再进入人类食物链；另外，部长大臣们精心策划，隐瞒了潜藏的灾难性后果。在 BBC《你与你的家人》节目中，汤姆林森说道，尽管他仍然会吃牛肉和牛排，不过他再也不会“在任何情况下”吃牛肉汉堡了。

这也就促使《泰晤士报》征求了各路学者、医生、兽医的意见。包括：莱西、汤姆林森、科林·布莱克莫尔以及牛津大学的哲学教授、斯图塔福德博士、该报的医学记者，这些人称，牛肉的威胁非常严重，不容忽视。其他人，包括流行病学的前辈理查德·多尔则表示仍然会吃牛肉，他认为不是非常危险。现任疯牛病顾问委员会主席的约翰·帕蒂森同样坚持认为，任何威胁都只是“推测”。[7]

政府试图平息事态。肉类与牲畜委员会在每个全国性报纸上都刊登整版广告，引用考曼的话保证道，“可以放心食用英国牛肉”。在接受乔纳森·丁布比的电视采访时，卫生事务大臣斯蒂芬·多瑞尔重申没有任何危险，并像高默五年前所做的那样称他愿意让自己的孩子吃汉堡。[8]

但是，公众的信心开始动摇。牛肉的销量也锐减 15%。每头牛的价格下降了 80 英镑。成百上千的学校将牛肉从他们的菜单上取消。[9] 然而，这没有阻止农渔业粮食部公布最新数据，数据显示已经有过半数英国奶牛和 30% 肉牛感染疯牛病（尽管新增病例的数量正在迅速减少）。*

整个 12 月间，在媒体几乎每天都在煽动恐慌情绪的同时，政府发言人也不断站出来安抚民众。首相约翰·梅杰在下议院说道，“我一直寻求并接受建议，发现没有科学证据能够证明疯牛病会传染给人类，或者吃牛肉能引起克雅病”。考曼在给《星期日泰晤士报》写的文章里响应了首相的观点，称“没有科学证据能够证明疯牛病会传染给人类”。[10] 在卫生部的催促下，帕蒂森和威尔发布联合声明，解释他们相信英国牛肉安全的原因。“政府已经对疯牛病理论上威胁人类健康的建议采取行动”，并且，由于从 1989 年已经开始落实的措施，如今，疯牛病顾问委员会“怀着高度的信心表示，公众可以放心地食用商店的牛肉”。

最近科林奇教授（如今是疯牛病顾问委员会的成员）的实验竟然给政府带来巨大安慰。他宣布，给老鼠注射克雅病朊病毒后表现出的症状与注射疯牛病毒老

---

* 到 1995 年 11 月 17 日，记录有 11031 个新病例，而 1994 年有 24288 例，1993 年有 34830 例，1992 年有 37057 例。

鼠的状况完全不同，因此他可以得出结论，疯牛病“绝不可能”传染给人类。[11]

尽管媒体在前三个月里疯狂报道，“挡手们”仍能控制局面。[12]

大坝决堤

一场恐慌之所以完全被引爆，通常是因为，政府筑建的防守大坝突然崩溃，含蓄地承认自己错了。将 1988 年 9 月沙门氏菌恐慌送上轨道的正是库里的电视讲话。同样，就在首席医务官宣布警告奶酪危险后，1989 年李氏杆菌恐慌迎来其高潮。随着大坝的崩塌，政府逐渐否认其先前保证的事实，这意味着，“推手”势力郁积的能量将会以双倍的力度爆发。疯牛病也是这样。

在 1996 年的头两个月，疯牛病再次几乎从媒体消失。但是，在 2 月间，克雅病监控所的鲍伯・威尔一直在研究八个克雅病案例，这些新的案例较之前差别甚大，似乎源自一种新的病毒类型。2 月底，他更加确信自己的猜测，并将其报告给疯牛病顾问委员会。3 月 8 日，在一次特别会议上，他向委员会提出了自己的证据。他的同事艾恩赛德将一系列幻灯片放映给委员会的成员观看，整个屋子一片死寂。帕蒂森后来说道，“当他向我们展示幻灯片时，他没说什么，我们就都明白了。这是一种完全不同的病毒种类”。[13]

威尔受命尽可能地多方求证，以确认这是否是一种新的病毒。3 月 16 日，他与艾恩赛德再次前往疯牛病顾问委员会，确认他们的观点：这是一种“之前没有确认的新病毒类型”。此外，他们还发现了两个新增病例。

那晚，帕蒂森联系了卫生部考曼与农渔业粮食部梅尔德姆。周一早晨（3 月 18 日），他们分别将这个消息报告给自己的部长多瑞尔与农业部长道格拉斯・霍格。当考曼在部长私人办公室向多瑞尔报告情况时，他竟然穿着日间礼服。他不能在此地久留，因为他还要去白金汉宫接受女王的封爵。

多瑞尔立即决定，疯牛病顾问委员会的发现应该尽快公布。两天后的周三（3 月 20 日），他将在下议院发布声明。他命令其新闻办公室在周三的各大全国性报纸预定了广告版面，以缓和所产生的任何公众恐慌。周二早晨，卫生部新闻办长官与其广告公司经理会面。这个消息传到《运动报》那里，这是一家广告业界的专业性报纸。该报立即报道，在政府即将发布的公告之后，广告公司受命准备一场紧急活动，以平息公众对“疯牛病”的恐惧。

同样是周二早晨，疯牛病顾问委员会召开会议。由于一些成员还在巴黎，所以有时候会议需要通过电话进行。会议持续到半夜才结束，成员们起草了第二天要交给部长的建议。到他们周三早上恢复工作的时候，《每日镜报》已经继续了《运动报》的报道。他们在其首页横幅写道，“政府将在今天承认：疯牛病取你性命。”第二页文章标题写道，“我们已经吃掉 10 万疯牛。”众多报道中还有一篇来自莱西的文章，题为“你有理由愤怒”。这篇文章指责道，“政府隐瞒真相长达七年，并不择手段地诽谤提醒危险的独立科学家。但是，事实证明我们是对的。”[14]

秘密已经泄露。就在疯牛病顾问委员会商定他们的建议时，帕蒂森与考曼被梅杰召唤至内阁大臣会议上，“忍受了两个小时的盘问”。据一份简报称，一些大臣建议不要公开此事。但是，多瑞尔与霍格认为，事关公众健康威胁，必须立即发布声明。帕蒂森只有两个小时让疯牛病顾问委员会起草一份声明，供多瑞尔在那天下午对下议院作报告。

在下午 3 点半的时候，多瑞尔走到一个挤满人的屋子前面。他告诉国会议员，在对克雅病监控所十个 42 岁以下病例进行研究后，疯牛病顾问委员会总结道，“该所已经发现一种之前没有确认过的病毒类型”。他继续读着委员会的草稿，“在检查病人病历，并进行基因分析以及考虑其他可能致病原因后，仍未能充分解释这些病例的原因”。接下来的一段话，像库里 1988 年所说的那句话一样，即将引发一场骚乱。

虽然仍没有科学证据证明牛海绵状脑病会通过牛肉传染给人类，但是委员会已经得出结论：目前，似乎最为合适的解释是，这些案例可能与 1989 年施行牛内脏管理条例之前接触疯牛病有关。

不出意外地，我们可以看出，政府正轻率地抛弃他们原先的立场。反对派阵营乐欢了天。工党前座议员哈里特 · 哈曼用刺耳的声调轻蔑地问道，“各位大臣们知道吗？公众对于这一问题的信心正悬于一线。”她接着说道，“必须让公众知晓实情……必须拍更多大臣让他们子女吃汉堡的照片。”

作为对疯牛病顾问委员会建议的回应，霍格接着宣布，出售任何年龄超过 30 个月的牛所生产的牛肉将被视作违法（30 个月后，牛可能染上疯牛病），除非牛肉已经在持有特别许可证的工厂去骨。难以置信的是，他在议会说道，他认为多瑞尔带来的信息不会“影响消费者的信心以及牛肉市场”。

发布声明以及之后的辩论都在电视上作了直播。那天，各大电台以及电视都一直在报道此事。那天晚上，在《新闻之夜》节目中，杰瑞米·帕克斯曼试图让帕蒂森估计会有多少人死于克雅病。他问到，是否最终的数字会达到50万。帕蒂森回到说，他不排除这样的可能。

第二天早晨，媒体开始对疯牛病进行铺天盖地的报道。一位农民苦笑着说，1939年9月宣战时，媒体也没有这样疯狂。小报们所关注的是“受害者群体”。《每日镜报》用六页的篇幅作了相关报道。其首页黑底图片是因患克雅病而死在医院的米歇尔·鲍恩的照片，照片上盖着“证据”二字。文章写道，“疯牛病杀死身为母亲的米歇尔·鲍恩，如今专家称，这种疾病将最终夺去50万性命”（引用帕蒂森昨晚所言）。《镜报》称，帕蒂森的末日设想，与著名科学家理查德·莱西关于下个世纪传染病大暴发的预言相仿。”

《每日邮报》则在其头版选择了维琪·里默的故事，之后还有几页的报道。*《每日快报》引用莱西的话，将此事描述为“英国史上最为可耻的一页”。

主流大报的报道同样广泛。《每日电讯报》与《泰晤士报》分别用十二篇文章报道了此事（斯图塔福德吹嘘道，“如果约翰·高默在担任农业部长时好好读读《泰晤士报》，他就不会让自己的女儿吃牛肉汉堡了”）。《卫报》在其头版写道，“牛肉警报引发恐慌——数百万人面临潜在危险”，同时将责任推到现代农业身上（“农业集约化太过严重，这就是自然的反击”）。《独立报》有不下16条报道，在其头版引用疯牛病顾问委员会道，“我们考虑屠宰全国1 100万头牛”；还引用戴勒的话，预测一场严重的传染病可能到2010年时杀死“1 000万人。”

偶尔会有一些评论家发出质疑的声音。安德鲁·马尔在《独立报》上指责大臣们没有向科学顾问寻求帮助。他认为，“像其他食品问题一样，在牛肉问题上，政客们应该有勇气承认他们的无知。”他建议，“他们应该只是注意一下这些科学信息，并稍稍加以评论，例如，用你们自己的直觉决定该吃什么吧之类的话。”西蒙·詹金斯在《旗帜晚报》上疲惫地评论道，“我们似乎丧失了判断的能力”。

---

* 直到最后一刻，《邮报》还在两篇文章之间徘徊，到底那篇该作为特别报道。其中一篇是诺斯的文章，他指出疯牛病顾问委员会到现在为止，仍没有证据证明疯牛病的威胁。另一篇文章来自一名传染病顾问。八年前，他曾在没有任何证据的情况下将一家医院的沙门氏菌事件归罪于鸡蛋。在该文章中，他指责政府已经隐瞒疯牛病真实威胁多年，并建议读者，不要冒险去吃牛肉。最后，编辑决定，“跟着恐慌形势走”。

詹姆斯·勒法努在《快报》提醒读者，“之前已经有如此之多由所谓的专家挑起的伪造健康恐慌，所以最为合理的做法是，耸耸肩膀然后继续你的生活。”

同时，外部世界对于多瑞尔声明的回应几乎可以预料得到。除爱尔兰与丹麦外的每个欧共体国家立即禁止进口英国牛肉；埃及、利比亚和加纳则更甚，他们对欧盟所有产品进口实行禁令。英国官员已经前往布鲁塞尔向委员会解释新的证据，尽管委员会的第一反应是，“就我们所知，英国牛肉非常安全，除非我们收到不同的信息。”

英国牛肉销量已经开始暴跌，尤其是在城市地区，* 但是，在接下来的两天里，媒体的报道仍然十分密集。周日，各大报纸要么寻求新的视角，要么继续将恐慌推向新的高潮。《星期日电讯报》属于第一阵营，他们在其首页刊登题为“屠杀牛群的120亿英镑账单”的文章，关注了多瑞尔声明可能造成的经济损失。《星期日泰晤士报》属于第二阵营，在其头版有题为“科学家建议须将禁令扩展至羊肉”的文章，称“担心疯牛病可能已经传染给羊群”。

然而，冲在最前面的要数《观察家》报了，他们整版报道了一篇题为“让我们愤怒的阴谋”文章，指责保守党隐瞒真相长达十年。“证据越多，部长大臣们就更要拿全国人民的健康当赌注。为保护农民朋友的利益，他们不惜牺牲整个英国”。

以下是描绘2016年3月20日英国景象的那篇文章（在第一部分序言中引用到），距多瑞尔重大声明已经过去二十年：

> 全国的安乐死医院都将加班加点，在脑部疾病夺去患者的理智和自控能力之前，每个星期帮助500名病人体面地死去。英国领导人曾在过去十年里拒绝承认事实，如今这个国家已经处于隔离状态，因为在20世纪末由于食用牛肉而导致克雅病暴发，英国每年有50万人死于这种疾病，其他国家已经与这个国家断绝一切联系。英法海底隧道将被法国以一段五英里的水泥堵上。公共医疗体系已经崩溃；因为大部分献血者感染不可检测的朊病毒，输血已经不再可能；需要照顾超过两百万克雅病患者的压力已经使所有医务人员不堪重负。

---

* 乡村地区的牛肉销量仍然坚挺。萨默塞特郡一位肉店老板称，他在巴斯城的肉店销量下降了90%，而在威尔斯集镇的销量几乎没有受到什么影响（个人资料）。

这就是该报所说的莱西教授的“预言”，“他曾经受到来自农场游说团所公布法令的无声斥责，如今事实证明，他才是正确的。上周，他的观点重新占领了权威地位”。

“挡手们”建立的大坝顷刻间崩塌。“恐慌之母”正在前行。*

没有科学证据

像库里 1998 年的声明一样，多瑞尔的声明也有奇怪的一点：证据很薄弱。这一点从声明本身含糊的措辞便可以看出。疯牛病顾问委员会没有任何证据证明疯牛病与克雅病有关。他们只能说，“这是目前来讲最合适的解释”。

他们的结论始于威尔的困惑，因为 1993 年之后三年死亡的 10 个人身上检测出的脑病组织，与通常的偶发克雅病不同。由于自己从来没见过这样的类型，所以他认为，这肯定是一种克雅病“新变体”。但是，这确实是一种新的病毒类型吗？关于克雅病的数据严重缺乏。这种疾病的特征之一就是，人们对它没有什么了解。脑部活组织检查耗时又费钱，而且很少从死于痴呆症的人身上取样。

实际上，就在多瑞尔发布声明几天后，有报道称，史克必成公司一位神经病理学家加雷思·罗伯茨对英国最大脑库——克斯里斯中心开始进行研究。他发现，1 000 个痴呆症病例中，有 19 人死于克雅病（之前只有 11 人确认患有此病）。他怀疑，其中比平均患者更为年轻的两例可能是变异克雅病。但是，值得注意的是，他们在疯牛病开始流行之前便已死去。这已经可以证明威尔的错误：变异克雅病并不是一种新的疾病类型。[15] 更糟糕的是，如果这些病例发生在疯牛病之前，那么它与肉牛又有什么关系呢？

另一个问题在于，根本没有关于这种疾病潜伏期的资料。关于威尔研究的十个病例，我们所知道的只是跨度三年之内他们的死亡日期。没人知道他们的患病日期是三年前？还是五年前？或是十年？所有这些对于确认与疯牛病的关联非常关键。但是，没人知道答案。

关于这种疾病的传染学方面的问题才可能是最为关键的。轶事证据表明，疯

---

* 首次提出这一词汇的人是西南部全国农业联盟主席安东尼·吉布森。在以后的内容里我们可以看出，这一词汇已经被美国人用于描述全球变暖的恐慌。

牛病可能在 1984 年确认之前就已经存在一段时间。如果当时所吃的疯牛病牛肉会引起变异克雅病，那么在之后的十年里应该早已显现出来。诚然，疯牛病顾问委员会研究的案例已经出现三年。如果这标志着流行病的开始，那么如今患病率应该迅速上升才对。但事实并非如此。在威尔研究的最初八个案例之后，之后新增两个病例，这只能说明患病率是在下降，而不是上升。从传染病学的角度看，没有证据能够证明一场流行病即将到来。但是，整个事件过程中的那些科学家们，没有一个接触过流行病方面的课程（更别说那些外行人，比如莱西和戴勒，但各大报纸上却充斥着他们耸人听闻的预言）。

简言之，疯牛病顾问委员会的结论不过是一些孤陋寡闻的臆想。但是，高级官员和部长大臣们得知后，却引起不小的惊慌。两天后，多瑞尔便站在议会上。不过他并没有接管工作，对出现的问题做一些评估，而是将自己的职责推给疯牛病顾问委员会——这些科学家根本不懂危机管理，更不懂如何控制媒体。* 他甚至给他们两个小时准备自己的讲话。这一些似乎表现出集体恐慌的特点。媒体扮演的重要角色可说是其中一个主要原因。

早在去年秋天，已经可以看出疯牛病恐慌令媒体心痒难当。正是因为部长官员们害怕再次被媒体指控“隐瞒事实”，才促进了恐慌的形成。因此，多瑞尔指出疯牛顾问委员会的声明无疑是将划着的火柴扔进一潭汽油。他所讲的正是媒体想要的。而所有政治、经济与社会代价才刚开始出现。

灾难上演

接下来的一周，英国所有的牲畜市场几乎空空如也。肉类加工企业开始成百上千地解雇员工。像汉堡王以及威姆派这样的快餐连锁店宣布禁止使用英国牛肉。几天内，英国最大的冷冻食品制作商鸟眼公司作出同样的决定。许多肉类行业的人称之为“肉类行业最悲惨一周”。

周二（3 月 29 日），欧盟委员会常设兽医委员会在布鲁塞尔召开会议，出席会议的包括来自欧盟 15 个成员国的首席兽医代表。他们以 14 : 1 的投票结果决

---

* 正如帕蒂森在之后的疯牛病质询会上承认道，“我当时太幼稚了，根本没有意识到媒体、公众和报纸对这些问题有如此之大的兴趣。所以三月间，整个事件的爆炸着实令我吃惊”（证据记录，菲利普报告）。

定，出口任何英国牛肉或牛肉产品的行为将被视作违法。只有英国投了反对票。这个禁令不仅包括肉类和活畜（每年出口值为5.5亿英镑），还包括任何原料取自牛肉的产品，如牛脂和明胶。这就意味着很多其他产品也在被禁范围之内，例如：香皂、化妆品、蜡烛、许多巧克力制品，甚至酒胶糖。在发现欧盟竟然有权禁止英国向有购买意愿的国家出售牛肉后，英国国会大为震怒。

英国农场主联盟主席大卫·奈什拜访了霍格，代表全国牛肉产商、肉类企业以及超市，请求政府采取措施“重建消费者信心”。霍格先前宣布限制销售年龄超过30个月的牛所生产的牛肉，而奈什建议，应该全面禁止这种牛肉。疯牛病顾问委员会为安全起见，建议只有在政府许可的“去骨工厂”去骨后才能出售牛肉。而奈什所关心的不是人类健康，而是拯救正在崩溃的市场。他建议，要想重建消费者信心，必须将全部30个月以上的牛所产牛肉从人类食物链上清除。政府应该出资将这些牛屠宰并在垃圾填埋区销毁。

他起初拒绝了奈什的建议，尤其是因为他知道实行过程中可能遇到的困难和所需的巨额资金。但是，他面对的不仅是国内肉类企业的崩溃。欧盟严格的出口禁令将造成更加可怕的危机。英国会采取什么措施解除禁令呢？

3月29日，梅杰在都灵一个欧洲理事会上与欧洲各国领导人见面，并受到他们一致的问候。他们保证，只要英国政府采取措施消除疯牛病，得到欧盟委员会的认可，他们立即解除禁令。

4月2日，穿着脏脏的雨衣，戴着破旧的帽子，霍格满面愁容地去往卢森堡，参加一个欧盟农业部长会议。为使对方让步，他决定采纳奈什的建议，将所有30个月以上的牛从食物链上清除。其他国家的部长接受了这个方案，甚至同意部分经费由欧盟承担。但是，他们也明确表示，这与解除禁令没有任何关系。除非英国将所有感染疯牛病的牛群全部屠杀，否则他们不会考虑解除禁令。这简直是异想天开。要杀死如此之多的牲畜（当时有估计称将屠宰147 000头牛，真实数据要比这一数字多几百万），英国政府绝不会同意这样的条件。可惜，没有相关记录留下来。

当霍格两手空空地回到英国时，报道称，梅杰在复活节周末早晨（4月4日）告诉全国农场主联盟，“牛肉恐慌是自马岛战争后，英国政府面对的最大危机”。事实上，这接下来的一周里，牛肉销量呈现回升的迹象。4月11日，作为曾经煽动恐慌的主要力量之一的《独立报》，在其头版刊登题为“克雅病大暴发在哪儿呢？”的文章。该文章指出，“官方数据显示，本年度的克雅病死亡人数与世界范围内对牛肉的恐慌不符。”

三天后，在奥地利蒂罗尔州的家中，欧盟农业委员弗朗兹·费舍尔说道，“我会在英格兰毫不犹豫地吃牛肉。没有医学理由证明不能吃啊”。他承认，施行禁令并不是出于对公众安全的考虑，“我们想确保，欧洲牛肉市场不会像英国那样不幸地崩溃。如果不禁止英国牛肉出口，欧洲其他国家同样可能无法出口牛肉”。

这算是个惊人的坦白。实行禁令的目的竟然不是保护公众健康，而是保护除英国外的其他欧盟国家农民。英国政府立即正式通知，将在欧洲法院上挑战牛肉禁令的合法性。据报道，梅杰曾在私下里称他的欧盟同事为“一群垃圾”。[16]

同时，霍格宣布，政府将投入 5.5 亿英镑用于开展“清理计划”。计划规定，年龄超过 30 个月的牛将从人类食物链中清除，在指定屠宰场屠杀，然后当做有毒废弃物处理，或掩埋，或焚烧。农民将获得赔偿。

由于农渔业粮食部的一条通讯稿，几乎所有报纸都报道，清理计划 70% 的费用“将由欧盟承担”。但是，这只包括赔偿农民牲畜的费用，而不包括屠杀处理尸体的费用。而且，最终欧盟的所有支出都会由控制英国政府的欧盟预算折扣的神秘条例补偿回去。之后才发现，原来 90% 的费用，总计数十亿英镑，实际都将由英国纳税人承担。

牛肉大战

此时，疯牛病危机的情节分为两条路线开展。第一条线路以努力使欧盟撤销禁令的战争为主；第二条则是关于政府清理计划所引起的混乱。

为促使其他国家农业部长至少定一个解除禁令的时间表，霍格计划“选择性地屠杀 42 000 头牛”。4 月 30 日，欧盟通知他，这远远不够。两周后，在布鲁塞尔常设兽医委员会，英国将这一数字提高一倍至 80 000。然而，英国再次遭到拒绝。于是，梅杰成立了一个由外交部长马尔科姆·列坎德主持的内阁委员会，称为“战时内阁”，以计划英国对布鲁塞尔的战争。疯牛病即将使英国与欧洲伙伴的关系，降至自 1973 年加入组织以后的最低点。

在1996年整个5月和6月初期，正当保守党亲欧盟派与欧洲怀疑论者在国内争论政策是否明智时，在布鲁塞尔这边，英国部长官员们选择了“不合作”政策，例行公事地否决了每一个立法建议，在这一方面他们还有权这样做。超过65条方案遭到搁置，其他国家和委员会官员们怒意更甚。

愤怒的欧盟渔业委员艾玛·伯尼诺自行采取了报复措施，要求进步一削减英国的渔船队。她宣布，英国远未达到欧盟“解散渔船”的目标，他们的渔船吨位已经“增加了一倍”，从1988年的116 000吨增加到239 000吨。事实上，欧盟委员会自己的数据只表明少量的增加，从206 000吨增加至211 000吨（这完全是因为很多国外拥有的渔船在英国注册，以分得英国捕鱼业一杯羹）。然而，基于虚假的数据，伯尼诺要求进一步削减60%英国渔船规模。正是这著名的“牛肉大战”所激发的怒气才决定了这样一条措施。[17]

梅杰一直希望欧盟各国首脑能够制定一个时间表，直到佛罗伦萨欧洲理事会之前，他才明白，自己已经输掉这场“战役”。他感觉除了撤退，别无选择。于是，他接受了对方含糊承诺逐步解除禁令的条件，并答应实行之前拒绝的方案：选择性屠杀147 000头牲畜。当他回国向下议院报告时，被反对党领袖托尼·布莱尔批得体无完肤。为延续工党的欢呼，布莱尔继续说道，“梅杰先生如今已经陷入绝望，并急于从这场乱局中解脱，所以他愿意接受任何条件。这次交易中充满了卑微，充满了耻辱。实际上，这不是一次交易，而是溃败”。[18]

丹麦首相波尔·尼鲁普·拉斯穆森说，“英国一无所获，我非常满意。”梅杰称之为“暗箭伤人的小人”。但是，英国的不幸远未结束。7月12日，欧洲法院驳回英国认为出口禁令非法的请求。9月，霍格再次请求其他国家的农业部长减少他们要求的屠杀数量，却被告知，要么严格执行他们的要求，要么禁令继续。

梅杰接受了失败，宣布放弃所有屠杀计划。费舍尔回应道，只要英国没有达到欧盟的要求，“解除出口禁令是不可能的事情”。[19] 欧洲议会主席克劳斯·汉施尖锐地说道，“如果英国不尊重大家的决定，那么他最好离开欧盟。”[20] 这样，禁令无期限地继续下去。

然而，疯牛病恐慌的另一部分代价仍需要承担。5月，农渔业粮食部开始实行其计划，清理150万头30个月以上的牛，如今称为“超30月计划”（OTMS）。

其中许多是已经完成自己使命的奶牛，通常会廉价出售用于制作馅饼和汤。大部分牛都是完全健康的，而且每年都有数十万头牛卖到法国（然而，直到1996年6月，法国才发现首例变异克雅病）。更多的牛在30个月时才达到成年阶段，例如威尔士黑牛。这些牛提供高品质的牛肉。由于疯牛病主要感染奶牛，所以这种牛很少患病。但是，“30月规则”并没有区别对待这种情况。

政府公布的OTMS目标不是保护人类健康，而是“重建消费者信心”。讽刺的是，就在这项计划刚刚开始的5月，据报道，英国牛肉销量已经恢复到去年水平的94%。快餐连锁店重新将牛肉放到他们的菜单上。到此为止，就”消费者信心”而言，“牛肉大恐慌”仅仅持续了不到两个月。[21]

这的确应该让政府认清一个问题。在食品安全法的规定下，只有在某种食品对人类健康构成威胁时，政府才有权对其禁止销售。1981年的动物健康法规定，只有在控制疾病需要时，才可以屠杀某种动物。由于OTMS的仅仅是一种公关活动（将已经遭到禁止出口的牛肉退下市场），严格地讲这其实是违法行为。但是，国会议员们似乎没能注意到这一点。在一幕幕混乱与迷局之下，农渔业粮食部决定实行OTMS。事实上，屠杀计划都是鲜肉批发商联合会组织的，他们代表着大型屠宰场的利益。而大型屠宰场在早先根据91/497指令实行新卫生条例时，曾给予农渔业粮食部同样的支持，让他们关闭了成百上千家小型屠宰场。

一周内屠宰25 000头牛的重任就这样分配给20家工业屠宰场，他们得到的报酬是平时的三倍。虽然在抗议之后，新增了21家小型屠宰场，英国其他350多家屠宰场没有分配到任务，当时大部分屠宰场已经在苦苦挣扎，因为疯牛病危机已经让他们失去很多业务。欧洲最大的屠宰场——曼彻斯特肉类市场提出，他们愿意以内部指派的屠宰场所收价格的三分之一承担屠宰任务，却无人理会这样的出价。而那些内定的少数屠宰场却欢喜地享受着无比的财运，每周赚取两百万英镑的“超额利润”。这一切其实都需要纳税人买单。周复一周，大量优质又安全的牛肉就这样化为一阵阵青烟，却没有任何用处。

所有这一切都起源于2月威尔提出的克雅病证据。直到夏天，记者们仍在寻觅可以让恐慌持续的故事。例如，6月2日，《星期日泰晤士报》报道了“五个新增克雅病受害者”，都是年轻人。但是，帕蒂森教授的反应很明显不太强烈。他回应道，如果接下来几周时间里，还是只有五个死亡案例的话，只能说明传染病爆发的预测没有事实根据。他说，“我本来想会是很大的数据”。距离多瑞尔发布声明的那晚仅仅过去三个月，当时帕蒂森拒绝否认食用牛肉导致的变异克雅病将杀死50万人的可能。如今，他似乎已经在改变自己在恐慌高潮时提出的观点了。

几个月过去了，几乎没有新的变异克雅病例出现，疯牛病顾问委员会主席要进一步改正自己的观点了。一年后（1997年5月），他在一次伦敦会议上说道，变异克雅病导致的死亡人数可能是“大约200人”。* 到1998年2月，就在他因“对医学的贡献”而被授以爵位不久后，帕蒂森在全国农场主联盟年度会议上报告，新增的病例非常之少，所以最终的死亡人数应该是在“100~1 500”。尽管有报道称,他相信最终数据应该在这个数字范围更小的那一边。** 对于约翰先生而言，恐慌似乎已经结束。

1996年夏天，疯牛病危机的影响正盛，关于养牛户自杀的报道时有发生。之后，由牛津大学卫生学院进行的一次调查发现，当时每周有两个农民自杀，比平时多出一倍，而且通常是自缢或举枪自杀。[22] 这说明，因不堪重压而自杀的农民人数可能要多于死于变异克雅病的人数。

牛骨条例的惨败

正如马克思所言，历史总是在重演。悲剧，闹剧，都是这样。1988—1997年，农渔业粮食部为应对疯牛病而制定的条例已经有大约60条。那年12月，工党托尼·布莱尔领导的政府又出台了一项新规定——“1997牛骨条例”。根据新的规定，出售像牛肋排骨和丁骨牛排这样的带骨牛肉将被视作刑事犯罪。

此禁令背后的故事激起了媒体的众怒。一名农渔业粮食部病理学家杰拉

* 1997年6月8日，《星期日电讯报》：“科学家称承认在疯牛病问题上彻底地错了”。此时，卫生部关于变异克雅病死亡案例的数据为：1994年7例，1995年7例，1996年2例，1997年1例。之后修改后的数据为：1995年3例，1996年10例，1998年10例。

** 1998年2月4日，《每日电讯报》：“疯牛病高级顾问解除克雅病传染的恐惧”。1997年10月，回顾《自然》杂志上关于疯牛病和克雅病的两篇科技论文后，帕蒂森承认，在多瑞尔发表声明时，“还没有确切证据能证明这两种疾病的关联，通俗报纸以及科技报纸疯牛病顾问委员会建议的质疑都是恰当的”（《星期日电讯报》，1997年10月5日）。

德·威尔斯博士进行了一系列实验，给牛群强行喂食大量“疯牛病呈阳性脑组织”。其中一头39个月大的牛（超过规定九个月）身上发现了极其微小的感染痕迹，分别在背根结和脊神经上。基于如此奇怪的证据，他总结道，每年12亿人中有一人因食用带骨牛肉而患上变异克雅病。换言之，在1998年，每个英国人有5%的几率患上变异克雅病。*

在让其他专家作同行评审前，他于12月9日先将这个猜测报告给帕蒂森领导的疯牛病顾问委员。委员会当即认可了他的猜想。据报道，不久后，工党新任农业部长杰克·康宁汉姆对布莱尔说，除非立即采取疯牛病顾问委员会的建议，否则他将“在布鲁塞尔大失信誉”。换言之，如果英国政府忽略这样一个威胁的消息泄露出去，他们说服布鲁塞尔解除禁令的机会就更加渺茫。

根据官方程序要求，康宁汉姆提出新法律议案以供磋商。参与讨论的利益相关群体包括：运输公司、马戏团经理协会、英国陶瓷协会、欧洲文档中心，甚至包括摩洛哥妇女组织，却没有一个代表养殖户、饭店或酒店的组织。在经过五个工作日后，12月16日，牛骨条例正式成为英国法律的一部分。

与以往接受疯牛病相关法令时不闻不问的态度不同，这一次，媒体们纷纷振臂高呼，表示强烈抗议。他们指出，人们被雷劈死的概率也要比吃丁骨牛排或喝牛尾汤而死的几率大120倍。禁令招来如此犀利的嘲讽，许多肉店和饭店老板也纷纷表示他们不会服从这样的规定。

1998年1月27日，在上议院一次辛辣又诙谐的讲话中，议员威洛比·布罗克建议废除该条例。他指出，即使从政府数据来看，餐桌上噎死的概率要大4 800倍，开车上班致残的概率则要大76 000倍。他认为，对酒吧和肉店向顾客提供丁骨牛排处以2 000英镑罚款或六个月监禁的法律是基于如此薄弱的证据，“据我所知，开妓院才会被判同样的处罚”。

农渔业粮食部次官唐诺胡辩称，疯牛病顾问委员会的建议曾受到首席医务官的支持，人们意识不到他们吃带骨牛肉的危险，所以“我们不能让消费者做决

* 在揭露“丁骨牛排禁令”的源头方面，我们要感谢艾米丽·格林。她曾是《独立报》的记者，是英国唯一一名因为抗议报纸对疯牛病恐慌无知无耻的报道而辞职的记者。在作出自己决定后，她回到了美国。这绝对是英国新闻界的损失（1998年1月4日，《星期日电讯报》）。

定”。威洛比的请求得到广泛的支持：207票支持，96票反对。下议院同样充满了批判的声音，农业国务大臣杰夫·洛克大为光火。他发飙道，“反对党前座议员可能想让英国人民感染病毒，但是政府不会这么做”。

尽管新的法律遭到各界广泛的不满，最终，一两个勇敢地环境卫生官员还是试图起诉不服从规定的酒吧和饭店。4月，苏格兰边界塞尔扣克地区一位经营旅店的农民吉姆·萨瑟兰德因提供“禁食”而受到刑事指控，其实他只是请120位客人吃了丁骨牛排。法官詹姆斯·派特森遇到了难题：爱丁堡一家著名法律事务所的律师兼王室法律顾问迈克·厄普顿提交了长达112页的合法抗辩。[23]

厄普顿指出，有四方面理由可以认定该条例无效。第一，部长们已经承认该条例的目的不是食品卫生法所要求的保护公众健康，而是说服欧盟解除对英国牛肉的禁令。第二，议员提议的失败表明，条例的通过并没有得到国会的全部支持。第三，新条例宣称的益处如此微小，显得“不合理、不协调”。第四，通过条例的程序“严重不当”，特别是只经过五天的“讨论”过程，其实不过是在走形式。

法官知道，如果他接受这些抗辩，政府会立即上诉，不惜花费纳税人的钱财保证新条例的实行。然而，他还是果断地否决了所有控诉，继而，全国报纸都报道了这一消息。下议院反对党领袖威廉·海格请求布莱尔抓住这个机会，废除这条“荒谬的法律”。

布莱尔回答道，控诉是因一些“细节”遭到否决，忽视首席医务官的建议是愚蠢的行为。然而，在庭审之前，政府已经意识到，自己的立场已经站不住脚了。

1999年10月9日，农渔业粮食部向国会提交了“1999牛骨肉条例修改案”。这样，消费者又可以合法地“购买带骨牛肉、牛骨或其他牛骨肉制作的食品”，只要“他们可以做出知情选择”（例如，消费者可以问饭店，是否使用了带骨牛肉）。

经过两年后，“丁骨闹剧”终于完结。

代价昂贵的过错

牛骨条例的惨败证明了两点。首先，这是史上首次政府作为唯一的“恐慌推手”出现，而媒体则扮演了全然怀疑的“挡手”角色。另外一点是，政府已经变得更加焦急地想要抚慰欧盟的情绪，并像往常那样迫不及待地想解除出口禁令。

到 1999 年，疯牛病发生数量已经从 1992 年的峰值 37 000 例猛降至当年的 2 256 例。于是，欧盟委员会在 8 月 1 日作出决定，宣布解除禁令（但是活畜出口仍然受到禁止）。英国可以重新向世界各地出口牛肉了，当然法国和德国除外，因为他们宣布，将不会执行欧盟的决定。

四个月后，欧盟各国首脑即将在赫尔辛基欧洲理事会上举行会议。会议将关注一系列热点问题，从整和欧盟防御力量到促进协调税收。就在会议开始之前，法国首相利昂内尔・若斯潘似乎是刻意令布莱尔难堪一样，重申道，法国拒绝解除牛肉禁令。据报道，在会前晚宴上，两人甚至没有客套敷衍的交谈。几年后，布莱尔回忆道，赫尔辛基理事会是他任期内与欧盟同事最不愉快的经历。[24]

由于梅杰对 1996 年佛罗伦萨理事会的印象同样不太好，看得出来，疯牛病的一个后果便是比其他恐慌更能破坏英国与欧洲“伙伴”的关系。

此时，布莱尔已经采取措施，撇清自己的政府与恐慌造成的各种灾难性后果的关系。1997 年 12 月 22 日，康宁汉姆宣布，将在裁判长上诉法院法官菲利普勋爵的主持下，对疯牛病进行官方调查。圣诞节过后两天（12 月 27 日），农渔业粮食部宣布其职权范围的行为暴露了这次调查的政治目的。原来他们是要从头调查疯牛病与变异克雅病，直到 1996 年 3 月 20 日多瑞尔发表声明。而之后的一切却不在调查范围之内。

菲利普调查从 1998 年 2 月开始，持续了超过一年时间，花费约 2 700 万英镑。调查听取了数百名证人的证词，研究了疯牛病如何产生，农渔业粮食部、卫生部以及疯牛病顾问委员会又是如何应对的，连最细微的细节都不放过。为表示公众透明，每天都会在网上报道事件进展。然而，在经过一番努力之后，2000 年 12 月，菲利普提出 16 卷、多达 5 000 页的报告，却没有什么实质性成果。他的核心结论是：

1996年三月之前的那些年里，大部分负责英国疯牛病威胁的人都有所建树。然而，他们处理事情的方式有些缺陷。

菲利普没有评价对于疯牛病和变异克雅病的那些科学判断。他没有任何疑问地接受了疯牛病顾问委员会认为两种疾病有关的观点。他没有评判在整个过程中扮演关键角色的媒体，正是这些人曾经为多瑞尔发表声明创造了条件。他没有去调查3月20日之后发生的事，尤其是30月屠杀计划（OTMS）中体现出的无能、腐败以及对公共财产的严重浪费，这说明，他的结论只能是平淡无奇且毫无逻辑。

但是，至少这次调查达到其计划的目的：将布莱尔政府与整个事件的责任划清界限。还不如直接报告一句：在见过所有相关人士后，我认为，生活不是尽善尽美，没有谁对谁错"，这样倒能省下2 700万英镑。

疯牛病大恐慌渐渐地消散在过去。一大笔公共资金流入关于疯牛病和变异克雅病的各种科学研究中。科学家们自然不愿让自己的工作和研究经费停止。所以，之后的几年里所表现出的一大特点便是：时不时地会有一篇论文发表，称发现疯牛病与变异克雅病的新联系，这样的观点通常是基于如今早已熟悉的给老鼠或其他动物脑部注射大量感染细胞组织。伴随这些论文的自然是一篇篇新闻稿。记者们（尤其是BBC）尽职尽责地报道新发现的证据，称恐慌某一天可能复活。

此间尤为奇怪的一环是，总有人试图建立疯牛病与羊群瘙痒症之间的关系。2001年9月，在口蹄疫爆发后，屠杀了英国农场的1 000万头牛。新成立的环境、食品与农业事务部（DEFRA）宣布"应急计划"，应对羊群感染疯牛病的可能。[25]

基于DEFRA对"最坏情况的设想"，该计划不仅要对食用羊肉实行完全禁令，并且要杀死英国全部4 000万只羊。在宣布次计划时，农业部长艾略特·莫雷表示，让公众知道他自己以及他的官员们心中所想是很公平的事。他说，"在过去，我一定会想，要严密封锁这样的信息，因为害怕发生食品恐慌"。制定次计划的起因正是因为，菲利普发现上届政府的部长大臣们"没能预见未来"，没能想到牛病可能会传染给人类。

令人大惑不解的是，从来没有证据能够证明羊群可以感染疯牛病，更别说这臆想的事情会用到如此猛烈的补救药物。在疯牛病/变异克雅病恐慌达到全盛之前，已经有人建议屠杀英国全部牛群。但是，在接下来的一个月，DEGRA 一次意外的坦白解释了整个谜团。

10 月 19 日（星期五），DEFRA 动物健康机构把新发现的证据交给疯牛病顾问委员会，这是他们五年来研究 180 只羊脑的成果。该机构确信他们的研究首次发现羊完全可以感染疯牛病。因此才有莫雷三周前严肃的宣告。但是，就在疯牛病顾问委员会召开会议一天前，DEFRA 承认，动物健康机构的科学家们搞错了。他们研究了五年时间的羊脑其实不是羊脑，而是牛脑。就在最后一刻，这样一个愚蠢的错误才暴露出来。[26]

但是政府的科学顾问们绝不会善罢甘休，第二年夏天发生的怪事就是很好的证明。两千年来，欧洲人都将香肠装在羊肠制作的肠衣中。没有其他东西比羊肠更适合做肠衣。整个欧洲肠衣产业每年产值达 28.4 亿英镑，其中很大一部分产自英国。英国的肠衣产业解决两千人就业，年产值达 3 000 万英镑。因为由羊内脏制作而成，如今肠衣已经引起政府新设立的食品标准机构的注意。此机构设于 2000 年（设立原因会在第七章作解释），首先提出建议的是莱西教授。

2002 年 6 月，食品标准机构的一个“利益相关者下属委员会”建议寻求欧盟委员会的帮助，在整个欧盟范围内禁止使用羊肠，以防感染疯牛病的羊肠对人类健康构成威胁。该建议是在北爱尔兰阿尔马地区的一次食品标准机构会议上提出的，参加会议的有机构主席牛津大学动物学家约翰・克雷布斯，他曾经是首次提出建议的下属委员会的主席。前卫生部高级官员艾琳・路贝利在最近一次报告中强烈批评该机构没有充分考虑不同的科学观点便得出结论，尤其对于疯牛病问题。她还建议，约翰先生不应该担任下属委员会的主席。

事件过程中表现出了另外两个奇怪的地方。首先，直到最后一刻，代表肠衣生产商利益的天然肠衣协会才得知会议的消息。此协会由蒂姆・维斯辰菲尔德领导，自他曾祖父从德国来到英国起，他家已经经营肠衣生意超过 100 年时间。本来他和他的协会作为“利益相关者”是首先应该咨询的人，但是直到五月底，他们才知道食品标准机构的计划。这样，他们只有三周时间应对提出的建议，而这个建议将会彻底摧毁整个行业，夺去两千人的工作（虽然食品标准机构的章程要求至少十周的磋商讨论，以征求所有利益相关群体的意见）。

当维斯辰菲尔德从米德尔斯堡前往北爱尔兰参加会议时，他极为震惊。因为克雷布斯与其他会议成员很快便通过提议，而依据仅仅是帝国理工大学教授罗伊·安德森提出的观点。安德森其实曾是克雷布斯在牛津时的同事，是一名研究 HIV 以及其他人类疾病的病理学家。在克雷布斯的推荐下，去年，他曾为政府制定应对口蹄疫的计划。虽然安德森没有任何动物疾病方面的背景，但是，正是他团队的电脑模拟技术提出了极富争议的“先发制人的屠杀政策”，在此政策下，八百万健康的牲畜遭到屠杀，仅仅是为了建一道护墙以控制疾病发展。人们普遍认为这是非法政策，因为动物健康法案规定，只有动物确实受到感染或直接接触到感染源，政府才有权采取扑杀行动。

然而，这就是食品标准机构促使布鲁塞尔在欧盟范围禁止天然肠衣的依据。不过，令肠衣生产商们感到幸运的是，人们普遍对欧盟如此愚蠢的提议感到不满（来自德国的抗议尤为强烈，因为 80% 的德国香肠使用羊肠作肠衣，而大部分肠衣是进口自英国）。

鉴于科学家们仍然没能提出羊与疯牛病关系的证据，这个故事就显得更加蹊跷了。这样一次荒谬恐慌的推行者们只在一方面取得了成功。2003 年，他们说服 DEFRA 以及苏格兰、威尔士地区类似机构采纳了他们的所谓全国瘙痒症计划，意在清除任何可能患瘙痒症的公羊。此计划不仅给养羊户带来大量文书工作和检测的经济负担，还威胁到英国许多珍稀羊种的生存。

这些养羊户和他们的羊群成为 20 世纪 90 年代疯牛病 / 克雅病大恐慌的最后一批受害者。到 2006 年，英国疯牛病案例已经降到很低的水平（只有不到 100 例，所以感染疯牛病的总数为 182 000 例），因此欧盟宣布解除最后的出口禁止条款。甚至法国也最终同意重新接受英国牛肉和活畜。

至于克雅病监控所关于变异克雅病的图表则与之前数据有很大不同。人们提高了对疾病的意识，医院和医疗卫生部门的警惕性也提高了，因此新版的数据也与先前有了很大不同。数据显示，疾病发生的高峰期为 2000 年与 2001 年，记录数量分别为 28 例和 20 例。在此之后图表曲线急转直下，2004 年 9 例，2005 年 5 例，到 2006 年 10 月仅有 3 例（这样，确认的总数为 106 例）。食品标准机构网站上的一个问答区则乐观地预测：保守估计在接下来六十年里不会再发生一例变异克雅病。最坏的情况可能是 2.5 例。[27]

如果疯牛病 / 克雅病恐慌已经结束，肯定有人会以为这是由于政府从 1988 年以来相继采取的控制措施，从禁止牛饲料中使用肉和骨粉，到将可能因为年龄超过30个月而患疯牛病的牛从人类食物链上消除。但是，病理学家们最爱用的类推方法还是“粉色香蕉法”。如果你画了一个粉色香蕉，碰巧当时传染病趋势正在消退，难么你就可以说这是你画了粉色香蕉的功劳。

而事实上，仍然没人能为整个事件中出现的问题给出准确的答案。例如：疯牛病缘何而起（虽然有几种理论，没有一种能解释得通）；为什么疯牛病逐渐消失（仅仅将之归因于禁止将动物残屑用作牛饲料，远未能解释所有问题，尤其是：那些进口了大量可能受感染英国牛肉和骨粉的国家，为何没有发现疯牛病）；变异克雅病到底是一种新的疾病，还是只是之前没有识别出来；变异克雅病与疯牛病之间是否有关联（食用受感染牛肉的解释还不如疾病是由受感染药剂引起的理由更加可信）。

唯一可以确信的是，英国需要为这场恐慌付出惨重代价。2006年，欧盟出口禁令解除，“30月清理计划”结束，遭到屠杀的牲畜达到8 074 600头。[28] 这项计划给纳税人带来的损失（包括对农民的赔偿）在2004年达到34.5亿英镑。也就是说，英国每个男人、女人和小孩要支付57英镑。[29] 加上出口方面的25亿英镑，还有农民、肉类行业以及整个农业经济承担的损失，实际损失至少是这个数字的两倍——大约70亿英镑。

毫无疑问，这是史上代价最为昂贵的一次恐慌。

注 释

1.《星期日泰晤士报》，1995年10月22日。

2.《每日邮报》，1995年10月23日。

3.《每日电讯报》，1995年10月24日。

4.《世界在行动》节目于1995年11月13日播出，但是当天早晨的报纸已经有所预告，并在第二天重播。

5.《泰晤士报》，1995年10月24日。

6.《克雅病不是偶然发生》，《每日电讯报》，1995年11月15日。

7.《泰晤士报》，1995年12月2日。

8.《乔纳森·丁布比》，BBC电视台，1995年12月3日。

9.《每日快报》，1995 年 12 月 5 日。

10.《星期日泰晤士报》，1995 年 12 月 10 日。

11.《独立报》，12 月 18 日；《肉类交易杂志》，1995 年 12 月 21 日。

12.《卫报》，1995 年 12 月 10 日。

13. 除非另外说明，以下几页内容中的信息来自《英国疯牛病与变异克雅病调查》报告，由上诉法院法官菲利普负责，1998 年发表。报告提供了关于疯牛病的为全面记录，可登陆网站查询：http://www.bseinquiry.gov.uk/report/index.htm。

14.《每日镜报》，1996 年 3 月 20 日。

15.《每日电讯报》，1996 年 3 月 29 日。

16.《每日电讯报》，1996 年 4 月 23 日。

17. 克里斯托弗·布克与理查德·诺斯，《大骗局：欧盟会幸存吗？》（伦敦，Continuum 出版社，2005），第 401 页。

18.《每日电讯报》，1996 年 6 月 20 日。

19. 路透社，1996 年 9 月 22 日。

20.《独立报》，1996 年 9 月 21 日。

21.《泰晤士报》，1996 年 5 月 13 日。

22.《乡村的压力与自杀》，BBC 新闻网，1999 年 9 月 14 日。

23.《星期日电讯报》，1998 年 4 月 19 日。

24. 个人资料。参见布克与诺斯，《大骗局》，第 447 页。

25.《为羊疯牛病最坏情况制定计划》，BBC 新闻网，2001 年 9 月 28 日。

26.《羊疯牛病调查的漏洞》，BBC 新闻网，2001 年 10 月 18 日。

27.《答你所问》，食品标准机构网站，2005 年 7 月 18 日。这个预测由安德森教授在帝国理工学院建立的计算机模拟团队提出。

28. 数据来自 DEFRA 网站，2005 年 9 月 23 日。

29. 议会回复，2004 年 5 月 10 日。

Officials can kill

第六章

官员也杀人——肉、奶酪和大肠杆菌

大肠杆菌、人类版疯牛病、沙门氏菌、李氏杆菌——盘中餐可能要你命。

"话题"，BBC 新闻，1998 年 1 月 15 日

谁来对监管者行使监管？

——尤维纳利斯，《讽刺诗》，第六首

本章将要讲述两出悲剧。一个是关于苏格兰 20 名领抚恤金者的死亡，另一个是关于一家英国著名的奶酪生产商。两者都与叫做 O157.H7 大肠杆菌的病菌有关，并且都是由于之前为应对食品恐慌而制定的监管制度中的缺陷引起。

底部的缺陷

克莱德谷马瑟韦尔地区附近的希金斯镇曾经是个单调的煤炭钢铁小镇，这个地方的最著名事件发生在 1996 年 11 月底。当时，一群领取抚恤金的人聚集在教堂享用炖牛排和千层饼，请客的是当地一家享有美誉的肉店——约翰巴尔肉店。之后，许多人严重生病，最终 20 人死去。更多人的身体遭受永久性的破坏，尤其是肾脏受到严重影响。

疾病的原因迅速确认为 O157.H7 大肠杆菌。早在 1982 年，已经查出这种病菌类型可能致命，如今造成史上最严重的大肠杆菌暴发事件。经查，感染源来自

约翰·巴尔的肉店。

当北拉纳克郡议会环境卫生长官格拉汉姆·布莱斯兰德告诉巴尔此事后（到现在为止，巴尔称自己没听过过大肠杆菌），巴尔同意停止售卖熟肉。但是，布莱斯兰德没有进一步采取措施。几天后，在一次18岁生日聚会上，巴尔为100多名客人提供了300片火鸡、火腿以及其他熟肉。同样，一些客人饭后生病了。布莱斯兰德得到消息后发怒了，马上召唤正在当地一个天主教教堂服务的巴尔到议会办公室接受问话，但是他没有留下问话记录。

一年后，希金斯镇附近总共发现200人大肠杆菌中毒，还有几百个疑似病例，巴尔遭到起诉，原因为向生日聚会"非法、故意、不顾后果地提供"受感染的熟肉。

因为布莱斯兰德没能记录问话巴尔的内容，还因为他们之前关于熟肉的协议尚存在争议，起诉几乎完全无效。四项指控被撤销，巴尔几乎没有任何个人责任。只有仅存的两项与卫生和出售受感染熟肉相关的指控有效。1998年1月，他的肉店被处以2 500英镑罚款。[1]

然而，三个月后，一场新的闹剧上演。根据苏格兰法律，必须对首次大肠杆菌暴发进行死亡事故调查，因为20人已经死去。调查的目的是确认死亡原因；确定是否本来可以采取某些预防措施避免死亡发生；确定是否由制度缺陷引起或与死亡事件有关。

1998年4月，在司法长官格拉汉姆·考克斯的主持下，审问调查开始。马瑟韦尔法庭挤满了各路法律团队，其中有一些是皇家法律顾问。坐在一排排笔记本电脑之后，大部分律师所代表的是公共机构，他们的主要任务是为自己在事件中的角色辩护。舞台中央的是布莱斯兰德以及北拉纳克郡地方议会的律师们。[2]

其中一个例外是希金斯镇当地律师保罗·圣东尼，他代表的是一位死去的领抚恤金者的家人。他请来诺斯博士作为他的专家证人，当时诺斯在那个地方并非无名之辈，因为在三年前的拉纳克蓝干酪事件中他已经发挥作用。

引起众人关注的是当地环境卫生官员在事件中的表现。悲剧发生之后，他们似乎很轻松地在巴尔的肉店和熟肉制作过程中发现134处严重的卫生问题，其中任何一点都可能引起致命的病菌暴发。但是，既然这些问题现在是如此显而易见，为何在悲剧发生之前，北拉纳克郡的卫生官员们没有发现，他们本应该做常规检查的。

这些漏洞是如此明显，任何一个有经验的卫生专家都能够马上发现。作为对人类健康威胁最大的病菌类型之一，O157 大肠杆菌近几年来在生肉里更加常见，尤其是因为欧盟 91/497 卫生指令使屠宰场向更少、更大的方向发展，这样的集约化给牲畜带来很大压力。

巴尔肉店的设计使熟肉极有可能受到生肉的污染。他的操作过程也不足以保证杀死大肠杆菌。清洁操作的缺陷则更加惊人。可以找出的漏洞无穷无尽。然而，法庭上呈现的却是一副完全不称职的画面，因为被派往巴尔肉店进行调查的马瑟韦尔中心北拉纳克郡议会各路官员只是弱弱地承认，他们没能注意到这些。

上一次对巴尔肉店的全面检查还是在十个月前，当时悲剧还没有发生。负责检查工作的是一个 23 岁的、大学刚毕业不久的环境卫生官员普罗克托。他不仅没能发现任何问题，甚至建议巴尔肉店不再需要接受对“高危场所”要求的六月一次检查。他认为，肉店的状况令人满意，将来只需一年检查一次即可。

在圣东尼和诺斯将这可怕的故事梳理之后，环境卫生官员们已经逐渐变得仓皇无措，司法长官考克斯也明白了其中原委。他八月中旬的报告的主要内容就是这些官员的问题。他认为，议会的失职是一个严重的制度缺陷，是灾难发生的主要原因。在将检查巴尔肉店的无经验年轻环境卫生官员与之后派去检查的、经验更加丰富的官员作比较之后，他问道，为何布莱斯兰德竟然允许没有一点相关常识的人员负责如此危险的检查。

他继而指出，“普罗托克先生已经拿到环境卫生研究方面的学位，所以他本该能够检查出巴尔肉店的这些问题。”他犀利地说道，即使保持六月一查的频率，悲剧可能还是要发生，因为检查的过程实在太不专业。

考克斯报告的意义在于，他不仅局限于揭露某个环境卫生官员的失职。他的批评范围要更加广泛，正如他所强调的，食品安全法赋予环境卫生官员如此强大的权力，目的在于让他们负责保证公民购买的食品是安全的。

他继续道，长久以来，卫生事故的责任总是由生产和出售食品的那些企业承担。当然，他同意巴尔的确要为悲剧发生承担一定责任。但是，从根本上讲，如果官员要扮演卫生专家的角色，那么企业和公众有理由希望他们能够履行自己的职责。像本次事件一样，监察员也要承担一定责任。考克斯说，对于官员们竭力推脱责任，并将全部过错推给肉店承担的行为，他感到非常不满，肉店方面有权从拿着俸禄的“专家”官员那里得到专业而适当的建议。

而对于希金斯镇的人们，灾难的后遗症还要延续很长一段时间。1999 年 2 月，距悲剧发生已经两年了，一名《卫报》记者前往小镇，却发现各种年龄的许多人都遭受痛苦，原因主要是严重受损的肾脏和异常疲乏的感觉。其中 16 人还是孩子，将来他们都要通过透析手术或肾移植才可能活下来。[3]

自 1996 年 11 月起，保罗·圣东尼就一直为 120 名肾脏受损最严重的受害者争取保险公司的赔偿而奔忙。其中一半赔偿已经解决，其他的仍在努力，而其他律师则还在争论谁应该为事件负责。圣东尼几乎在没有报酬的情况下工作，还要进行与苏格兰法律援助委员会的战斗。因为，有五十人申请法律援助，而委员会官员却只批准了一个申请。

总而言之，在这个故事中，那些本该是公众利益保卫者的人表现得并不光彩。然而，就在马瑟韦尔调查正在进行的那几个月里，在英国的另一端，一个关于大肠杆菌的同样可怕的故事正在上演。

上层的失职

1998 年 4 月底，一名 12 岁的小男孩在吃了卡尔菲利干酪后严重生病，干酪是在萨默塞特郡惠灵顿市购买。他被确诊为大肠杆菌中毒，肾脏功能已经受到严重损坏。之后，他被立即送往布里斯托尔市的绍斯密德医院，接受肾脏透析。

问题的根源来自萨摩塞特郡温摩尔镇附近一家小型奶酪企业——达科特奶酪厂，赛奇摩尔议会环境卫生官员确定，该店少量的卡尔菲利软干酪感染了大肠杆菌。

5 月 8 日，距小男孩生病过了 10 天，他已经完全康复，同时，伦敦卫生部发布全国食品危险警告，指示所有批发商和零售店停止出售达科特奶酪。

达科特奶酪的最大客户是萨里郡的另一家奶酪企业——东区奶酪厂。该厂老板詹姆斯·奥尔德里奇是英国一位备受尊敬的人。他原来是一名车库机修工和脚手架工，之所以接触到奶酪，是因为一次摔伤令他不得不呆在家，帮助朋友帕特经营南安普顿一个奶酪小店。到 20 世纪 80 年代，他们已经在伦敦南区经营一家店铺，售卖英国手工艺奶酪，当时英国农家奶酪正开始复兴。不久后，奥尔德里奇不仅结识了全国最顶级的奶酪制作专家，还掌握制作顶级奶酪的最精细的微生物发酵过程，他自己也跻身专家行列。

他的方法如此精妙，到1989年决定自己做奶酪时，他已经逐渐成为许多同行的领袖，有人称他为“奶酪名家中的名家”。他自创的图尼格斯奶酪是他最受欢迎的产品。其制作方法是将卡尔菲利在盐水和肯特葡萄酒中洗过，接下来每天用亚麻布摩擦奶酪数周，直到奶酪呈现出如丝般滑嫩的外观和淡淡的口味。这种奶酪很快在业内广受赞誉。到1998年，他的客户从哈罗兹百货公司与下议院，到国内顶级餐厅与奶酪专卖店。

奥尔德里奇的卡尔菲利奶酪正是购自克里斯·达科特的奶酪厂。5月8日，卫生部发布警告时，阿尔德里奇的货架上还有7吨存货，价值5万英镑。禁令的消息对他而言简直是一次毁灭性的打击。

随着禁令的实行，公共卫生实验室也命令当地环境卫生官员保留达科特奶酪的样品，以备分析。奥尔德里奇的奶酪样品完全没有发现大肠杆菌，这并不奇怪，因为这些奶酪在达科特的奶酪出问题之前已经送来（实际上，检测发现只有很小一部分达科特奶酪受到感染，大约每两百个样品中有十个受到感染，而且这些奶酪是不可能送到奥尔德里奇这里的）。为保险起见，奥尔德里奇请别人对他的存货做了一次独立的分析，结果确认没有发现任何感染迹象。既然奶酪没有任何危险，他自然想知道，自己何时才能正常营业。

5月19日，在与当地环境卫生官员谈话之后，他们同意根据食品安全法第19条规定，批准他一个“保留条款”。这个条款的意义是，由于他的奶酪被证明是安全的，他可以向法官申请赔偿他的损失。

至少现在看来，奥尔德里奇可以挽回大部分损失。但是，第二天炸弹突然袭来。卫生部公共卫生国务大臣泰莎·乔薇尔作出史无前例的决定。她决定根据食品安全法第13条行使自己的权力，签署一份紧急控制令，命令销毁所有达科特的奶酪。这样的权力没人用过，因为只有面对非常严重、影响范围广泛的公共卫生威胁，需要紧急行动时，才有必要行使该条例。但是，第13条规定的意义在于，它剥夺了企业主任何申请赔偿的权力。此外，该条例还规定，企业主负责自行销毁食品。

对于达科特和奥尔德里奇而言，这绝对是难以想象的灾难。达科特的部分奶酪确实出了问题，不过他至少还有来自经营农场的收入。但是，奥尔德里奇如今要面对的，不仅是销毁奶酪的10万英镑损失，还有可能失去价值20万英镑的全部生意。他被完全摧毁了。从他这里购买奶酪的其他14家商行也会受到严重影响。

6月5日，奥尔德里奇的困境变得更加难以置信。他与自己的律师已经诺斯一起见了卫生部的一位高级官员。他承认，就在发出命令时，他们已经知道达科特的奶酪不会进一步威胁公共健康。

希金斯事件的阴影仍然笼罩这卫生部。他们似乎急于发布一次声明，好证明他们能够采取果断而严格的措施避免悲剧重演。此外，与克莱兹代尔失败的销毁拉纳克干酪所付出的代价相比，这次他们不会花纳税人一分钱。

两周后，这个问题被提到下议院一次特别讨论会上，讨论会由自由民主党前座发言人保罗·泰勒发起。在陈述了事件过程后，他要求乔薇尔解释，为何自己的官员都承认奶酪不再对公众健康构成威胁后，她还要采取如此严厉的措施。商家的奶酪就这样被销毁后，为何他们无权提出赔偿？[4]

令在场的人震惊的是乔薇尔回答问题时铁面无私的自我感觉。她似乎确信"大肠杆菌是一种可能引发严重疾病甚至死亡的机体"，所以她和她的官员们做的每一件事都是正当合理的。她对两个奶酪商没有表现出一点同情，还无视泰勒提出的论点：奥尔德里奇的奶酪不止一次地被证明没有受到感染（更别说他提到的，签发命令时他们已经知道此事）。她甚至称正是因为她的官员们及时采取措施，才把达科特奶酪的受害者控制在仅仅一例（尽管，自从小男孩被送往医院的十天里，他们没有采取任何措施，而在那段时间，可能有数千人吃过达科特的奶酪）。她拒绝谈论奥尔德里奇的案子，因为他正在请求高等法院对她的决定进行司法复审。

为全力挽救自己的生意，奥尔德里奇如今已经把全部的积蓄用于官司费用。11月，高等法院开庭审理奥尔德里奇的案子。他的皇家法律顾问指出，乔薇尔的禁令对于"个别事件"而言是"极不相称的回应"，因而是对奥尔德里奇人权的侵犯。法官摩西认同了他的观点。他说，实行禁令的决定不过是因为"害怕引起行政麻烦"。所以，他裁定，乔薇尔的禁令不成立。

这样看来，奥尔德里奇似乎大获全胜。虽然他估计自己当时损失了将近25万英镑，但是根据最高法院的裁决，如今他至少可以对部分损失申请赔偿。而且，他可以重新做自己的奶酪了。

但是，奥尔德里奇绝没有料到卫生部的决心（和取之不尽的钱包），他们竟然扬言要上诉。七个月后（1999 年 6 月 30 日），最高法院首席法官宾汉姆在上诉法院裁定，乔薇尔的行动为合法。仅仅因为在他看来，乔薇尔的部门曾面临“对公民生命或健康巨大的威胁”，食品安全法第 13 条赋予她的权力完全合理。法官没有质疑以如此之大的代价让奥尔德里奇破产的举措是否“适当”，尽管事实上，他的奶酪从来没有威胁到公众健康。法官的目的在于挽救整个“体系”。

获得胜利的卫生部慷慨的宣布，他们不仅不会向奥尔德里奇要数十万的诉讼费，反而会用纳税人的钱向奥尔德里奇捐助 30 万英镑。

然而，对于已经 59 岁的奥尔德里奇而言，这是个无法挽回的挫败。他本希望获得所有损失的赔偿，还希望将自己的生意卖给另一个奶酪生产商以颐养天年，如今一切愿望都已经破灭。他的精神受到极大的打击，总是不停地说自己的悲惨遭遇，说他们夺走了他的一切。如今，他几乎已经不名一文。在诉讼大战结束后不久，他患上癌症，于 2001 年 2 月去世。

正如美食作家协会所写的，在给他的诸多讣告中，有一份是上诉法院的裁决。

全国的小生产者都感到胆寒，詹姆斯·奥尔德里奇的生命和灵魂都被夺去。虽然有来自全国各地的无限支持，他还是无法忍受不公的待遇。

2001 年 BBC 的食品与农业大奖会上，他获得身后最高荣誉。荣誉状的最后写道，“在许多人看来，这是一次可耻的不公。它几乎使奥尔德里奇破产，而他也没能从打击中恢复过来”。

这就是孕育了 1990 食品安全法的食品恐慌造成的最著名受害者。*

实际上，英国食品安全法规即将经历一次剧变。1998 年 1 月，巴尔的官司正在进行，政府宣布其长久以来的计划——设立新的食品标准机构。早在 1989 年沙门氏菌恐慌正兴时，莱西首先提出这个建议，之后被工党拿去当做官方政策。但是，人们所不知道的是，1999 年夏天，就在新机构在几个月后即将成立并可能

* 在他死后，英国年度奶酪大奖将以奥尔德里奇的名字命名奖杯，以纪念他对奶酪制作所作的贡献。该奖项的一位早期获得者是朗洛方奶酪的发明者里昂·唐尼，在第三章提到过。

全面负责英国卫生监管事务的时候，其大部分权力被取消了。这即将引发一场可能是最为荒谬的食品恐慌。

注 释

1.《卫报》，1999 年 2 月 10 日。

2. 调查记录和法官报告见于《星期日电讯报》，1998 年 8 月 23 日。

3.《卫报》，前面引用的文章中。

4. 英国议会记录，下议院，cols.338–44（1998 年 6 月 17 日）。

The £1 billion blunder

第七章

十亿英镑的过错——比利时二噁英灾难

大浩劫！这是人类的灾难以及经济的浩劫。我们在海外的名声已经被毁，农业产业受到威胁，数千人面临失业。

《最新消息报》，1999 年 6 月[1]

本书中提到的最后一个食品恐慌在某种意义上讲是最具戏剧性的，因为它似乎无端地就发生了。全世界的媒体都对它进行报道。数百万人可能面临威胁。它还引发一场重大的政治危机，先是将两位内阁大臣拉下马，后又推翻了整个政府。总共 10 亿英镑的损失对一个国家经济是一次重击。它改变了欧洲的政治历史。

当这场歇斯底里结束后，人们才发现它曾是多么荒谬地被无限地放大成为一场恐慌。人类健康几乎从来没有面临什么威胁。

故事发生在比利时。时间是 1999 年。起因是发现一批家禽饲料感染了可能致癌的二噁英，造成的威胁高出官方的“安全警戒线”数百倍。

二噁英，没有其他词汇比它更能引发更为激动的反应，因为这些有机颗粒与目前世界上最为严重的化学灾难相关。1984 年，发生在印度博帕尔的联合碳化物杀虫剂工厂惨案当即造成 7 500 人死亡，随后又有 16 000 人死亡，将近 50 万人遭受终生的身体伤害。

博帕尔事件在人们心目中的印象，已经成为现代科学文明中最严重的灾难。

大型跨国公司对第三世界穷苦人民的剥削，肆意使用致命化学物才造成这次灾难。每当环保游说团体想要警告化学相关大型工艺流程的危险时（例如：大型焚化炉或一个新的化工厂），他们必然会提到要“避免博帕尔悲剧的重演”。

二噁英之所以成为恐慌的中心，部分原因是，像我们先前提到的那些细菌一样，这些卤化的碳氢化合物颗粒是如此微小而神秘。许多人可能根本没听说过这是什么东西。实际上，二噁英包括许多化合物种类，其中已经确认的有 419 种，但是只有 30 种确认具有剧毒。最危险的要数二噁英，通称 TCDD。

二噁英存在于环境中的各个角落，空气、土壤、水以及动物和人类体内。有机物的燃烧会自然地产生二噁英，例如森林大火和火山喷发。花园篝火与其他工业生产过程同样会产生二噁英。它对人体的的威胁通常来自食物，因为它会在油脂中累积，并存在很长时间。最有毒性的种类会引起一种叫做氯痤疮的皮肤病，损坏免疫系统和神经系统，并可以致癌。

除博帕尔事件外，二噁英对环境造成的最严重破坏要数越战中美军使用的橙色落叶剂，当时造成大片森林、农田毁坏，并对人类和动物造成严重伤害。正是这个可怕的故事打造了关于二噁英的传说，人们已经很容易将它带来的危险放大。例如，1976 年，意大利赛维索的一家化工厂将几千克二噁英泄漏至大气中，便引起了不小的恐慌。起初，人们担心数千人可能会死去。最后，虽然工厂周围的 3 000 只动物死亡，并且为阻止其进入食物链而屠杀 8 万农场牲畜，但是没有发现一例人类死亡。对人类唯一的损害是出现一批严重但暂时的皮肤病。

1982 年 12 月，美国各大报纸报道了一个类似的惊恐事件。当时，一场严重的洪水之后，密苏里州圣路易斯市附近的泰晤士海滩发现了二噁英，原因是为防止土路上的扬尘而喷洒的油。后来发现，承包人是从一家生产橘色落叶剂的化工厂买来的废油。基于在豚鼠身上的实验，关于这场灾难的报告称，二噁英是“毒性最强的人工合成化学品”。在小镇的圣诞节聚会上，2 400 名居民被告知，在美国疾病控制中心（CDC）长官弗农·胡克的建议下，他们要从泰晤士海滩撤离。

里根总统设立了一个“二噁英任务军队”，包括陆军工兵部队。环境保护局将整个小镇买下，然后将之夷为平地，计划在此建一座公园。1985 年，《时代周刊》在其封面对泰晤士海滩的被毁进行了著名的报道，文章题为“中毒的美国”。整个工程花费了 1.38 亿美元。[2]

四年后，胡克博士在得克萨斯一个科学研讨会上说，根据最近对二噁英的调查，疾病控制中心如今发现，除了皮疹之外，它可能不会对人类健康产生不利影响。他说，“更直接地讲，我们发现，人类不像豚鼠那样容易受二噁英影响”。[3] 1991 年，他告诉《纽约时报》说，“根据我们对其毒性的了解，似乎疏散行动没有必要。”[4]

然而，比起当初泰晤士海滩被弃被毁时的恐慌，这些坦白吸引的媒体关注非常之少。这些坦白不足以阻止八年后将吞噬比利时的那次危机，灾难迅速上升为最严重的“二噁英恐慌事件”。

第一阶段：故事的开始

1999 年比利时二噁英危机分三个阶段开始。2000 年诺斯博士受邀参加一个会议，发表一篇“食品恐慌动力学”的论文，我们得以重构第一阶段的内幕故事（问题是如何暴露的）。[5] 巧的是，在他的听众中听得入神的一位正是简·范·金德拉彻特，他是在布拉班德饲料厂工作的营养学家，一年前，这家饲料厂曾处于危机的中心。

演讲过后，金德拉彻特解释了他当初是如何发现比利时二噁英问题的。1999 年 2 月，他的公司让他调查为何一些从布拉班德购买饲料的家禽公司称他们的家禽出现问题。这些都是大型的家禽育种公司，孵化喂养肉鸡供人类消费。饲料送来后，他们发现母鸡的产蛋量下降了。之后，母鸡开始死亡。鸡蛋也不能正常孵化。新生小鸡出现神经紊乱的症状。

金德拉彻特进行了检测，却没有发现一例呈阳性，但是他还是安排将受到感染的养殖厂的鸡扑杀。直到三月中旬，他想起曾在一篇科技论文上读到过类似的二噁英病症。第二天，他与另一家公司聘请的营养学家进行谈话，这家公司也发现相同的问题。两人发现他们的产品中共有的一种原料是一家叫做福克斯特的公司提供的动物脂肪。金德拉彻特认为这一发现非常重要，便将之报告给比利时农业部动物饲料部门长官那里。他补充道，由于比利时没有专门分析二噁英的实验室，所以他将从福克斯特公司取来的一些样品送至荷兰的食品安全研究所。该部的回复是，这只是“商业问题”。

如果不是金德拉彻特作为一个认真的食品科学家的努力，人们或许永远不会发现二噁英，至少不会这么快。到现在为止，唯一对他的研究感兴趣的官员是安德烈·迪斯蒂科尔。在公共卫生部门之下，他作为机构长官负责执行肉类卫生条例。但是，迪斯蒂科尔之所以感兴趣，是因为他还在为布拉班德保险公司工作。公司聘请他作一些调查。

4 月 23 日，食品安全研究所终于确认，金德拉彻特的怀疑是正确的。难以置信的是，家禽饲料中所含的二噁英是法律限度的 1 500 倍。很明显监管环节出了漏洞，尽管据金德拉彻特计算，二噁英从种禽到人类食物链的过程中会得到稀释，所以它绝不会对人类构成任何威胁。

金德拉彻特立即将发现二噁英的消息报告给作为保险公司顾问的迪斯蒂科尔。但是，迪斯蒂科尔以官员的身份，将这一消息报告给了农业部，于是农业部的官员们开始注意这一问题。他们决定将自己的样品送往食品安全研究所检测，并找出所有可能购买了受污染饲料的福克斯特的客户。直到 4 月 30 日，距金德拉彻特首次与该部联系时已经过去六周，他们却还没开始行动。

4 月 28 日，迪斯蒂科尔还将一份详尽的备忘录送至公共卫生部。这份文件就更显得耸人听闻了。他指出，受污染的油脂不仅影响到母鸡，还有送去屠宰场待加工成猪饲料的小鸡。因此，二噁英可能进入人类食物链。尽管，这是一份机密文件，但还是很快暴露出来。“迪斯蒂科尔文件”即将在放大这场恐慌方面发挥巨大作用。

整个五月，农业部搜寻到十家由福克斯特公司供货的饲料厂，其中法国有一家，荷兰有一家。他们调查了 417 个可能购买了受污染饲料的家禽农场。5 月 21 日和 26 日，该部收到了食品安全研究所的样品检测结果，发现一些农场的母鸡和鸡蛋二噁英含量很高。因此，他们立即关闭了所有福克斯特供货的农场，并召集卫生部的官员进行了一次紧急会议。

会议同意，两个部门应该共同负责查探受污染的产品。但是，之后发生了一个重大失误。在已经起草的联合新闻通稿中，他们只提到鸡饲料受到污染的问题，而在 5 月 27 日，这个低调的声明已经发布出去。不出所料，声明几乎没有引起重视。

然而，第二天，公共卫生部长马塞尔·考拉自作主张地下达命令，禁止出售任何家禽产品，并警告公众避免食用任何产自比利时的食物。数百万鸡肉和鸡蛋从全国商店和超市货架上清空的景象，让人们不由得怀疑，可能二噁英事件比政府承认的要更加严重。

更糟糕的是，两部之后分别发布了新闻通稿。卫生部的版本是，告知消费者禁止销售家禽产品只是短时措施，没有严重的健康威胁。而农业部则承认，“受污染的鸡肉与鸡蛋已经进入人类食物链几个月了”。这句话的爆炸性效果，简直与早先英国的库里和多瑞尔所作的鲁莽声明相当。

媒体已经准备就绪。恐慌进入第二阶段。

第二阶段：“浩劫来临”——恐慌走向政治层面

5 月底这些事情发生的时间令其具备了更大的破坏力。比利时此时正进行着紧张的大选活动。中左联盟领袖吉恩·吕克·德阿纳已经执政八年，是该国执政最久的首相。民调显示，他可能获胜，但是竞争也很激烈。他的主要对手是中右翼自由民主党领袖盖伊·伏思达。

德阿纳最不愿看到的就是他现在面临的尴尬境地：对他的政府隐瞒真相的指控。他立即进入损害限制模式，取消了参加卢森堡欧盟会议的计划，并命令两位部长尽快提交一份全面的报告。此时，媒体的关注已经像英国疯牛病那样集中，德阿纳选择上电视，试图平息这场危机。

国外的反应同样强烈。到 5 月 31 日，已经有包括英国在内的六个国家对比利时的家禽产品实行紧急禁令。一名德国电台评论员甚至建议人们在驾车路过比利时的时候最好关上车窗。

当天，一个人的干涉令整个选举活动陷入困境。从二月起一直在内部追踪本次事件的迪斯蒂科尔博士，原来也是伏思达的自由民主党成员。他似乎还在为淡化二噁英威胁的官方新闻稿愤愤不平，于是他用传真给伏思达发了一份“迪斯蒂科尔文件”。一个多月前，他曾将这份文件上报至卫生部，提醒二噁英可能已经进入人类食物链。在选举正兴的时候，如果一个政客想攻击对手隐瞒事件，这正是绝佳的机会。

付思达精心策划了一次伏击。他安排在一次会议上把文件交给德阿纳，同时将文件发给媒体。首相当时就震惊了。媒体感觉他们的头条都不够报道如此重大的新闻。政府高层隐瞒事件的行为似乎证据确凿。

第二天（6月1日），两位部长辞职。然而，这只能使事情更加糟糕。正如随后的国会调查所报告的：

两位部长的辞职明显地影响了后来对危机的处理。他们的辞职证明，的确存在前几个月一直低估的严重问题。[6]

同天，欧洲议会的社会主义国家要求在欧盟范围内对包括巧克力在内的全部比利时食品实行禁令。6月2日，欧盟代理农业委员弗兰兹·费舍尔批评比利时政府没有及时向委员会报告，同时委员会将比利时自己的家禽产品禁令扩展至整个欧盟范围。

世界各国也纷纷加入禁令行列。最后实行禁令的国家达到30多个，包括澳大利亚、加拿大、俄罗斯、南非、埃及、波兰、瑞士以及很多其他国家。一些国家还增加了对其他产品的禁令，从巧克力到面食。一些国家还对法国、德国、荷兰的产品进口实行禁令。美国和新加坡则更甚，他们对整个欧盟地区的家禽和猪肉实行禁令。

从此，恐慌似乎向四面八方扩散开来。比利时以及整个欧洲地区的报纸似乎展开了竞争，看谁能报道更加可怕的二噁英对人类的威胁。* 布鲁塞尔主流法语报纸《拉索尔报》称危机已经使比利时“陷入一团迷雾“，并公布了被禁的或需要特别小心的食物列表，不仅包括鸡肉、猪肉、牛肉，还包括任何包含超过2%鸡蛋成分的食品，例如蛋黄酱、蛋汤、焙烤食品、蛋糕、饼干和甜点。本章开始引用到的《最新消息报》将比利时的境况描述为“一场浩劫。这是人类的灾难以及经济的浩劫”。[7]

6月4日，一直从布鲁塞尔媒体获悉相关信息的欧盟委员会宣布，将禁令扩展至其他食品，包括猪肉、牛肉以及乳制品。因为比利时政府不能保证，受污染的饲料没有卖给养殖户。

6月8日，比利时政府公布了1月间可能使用过福克斯特饲料的农场清单。

---

* 荷兰乌德勒支大学的马丁·范德伯格进行了初步研究，他的研究曾广为引用。基于对4月从孵化场取来的两只鸡和两个鸡蛋的分析，他得出结论：受污染地区的人们面对二噁英超出世界卫生组织警戒线40倍，可能影响“神经和认知能力的发育，以及免疫系统、甲状腺和类固醇激素，尤其是对于未出生婴儿和小孩”。但是，范德伯格承认，二噁英的总量还不足以引起癌症（《新科学家》，1999年6月12日）。

包括 445 个家禽生产商，393 个养牛场，746 个养猪厂（占全国所有的 40%）。但是，德阿纳之后不得不宣布，尽管比利时迄今为止只对在 1 月 19 日到 31 日期间使用福克斯特饲料的农场采取措施，但是欧盟委员会如今正坚持让比利时政府将调查范围延长至 6 月 1 日，这几乎是五个月的跨度。因此，“嫌疑”家禽农场的清单从 445 个增加至 811 个。

6 月 9 日，欧盟委员会宣布，荷兰的 426 家以及法国的 181 家农场被“隔离”，禁止他们出售任何产品，因为他们也可能使用了嫌疑饲料。6 月 10 日，愤怒的比利时农场主们将比利时与德国和荷兰的边界封锁，以抗议不断涌入的外国产品。

6 月 11 日，欧盟委员会作出让步，放弃将调查范围延长至 6 月 1 日的要求，同意禁令只适用于 1 月间使用了嫌疑饲料的农场。他们还同意，不需要对二噁英再做检测，因为这既复杂又昂贵，但是现在他们可以对多氯联苯进行快捷而廉价的检测，因为多氯联苯受热便可以产生二噁英。

6 月 13 日，比利时民调显示，德阿纳遭遇惨败。因此，他迅速辞去了党内领袖的职务。伏思达上任，多亏了来自他忠诚的支持者迪斯蒂科尔的关键干预。6 月 18 日，他任命“危机管理官员控制整个二噁英事件”。

但是，破坏已经发生。食品加工企业纷纷破产。比利时食品行业联盟（FEVIA）称，危机已经导致 6 000 人下岗，并且这一数字还在上升。6 月 30 日，新一届政府宣布，这场危机给比利时食品行业造成的损失已经达到 15.4 亿美元（10 亿英镑），而且损失还在增加。

至少，比利时已经查到问题的根源。一家叫做弗格拉的公司将回收来的大量植物油和动物油卖给福克斯特，用来加工动物饲料。而这些废油已经被电力变压器中的工业用油所污染。这是意外事故，还是犯罪行为，从来没有定论，至于在哪里发生更是无从得知。但是，6 月 23 日，弗格拉公司主管人员被抓。

7 月 19 日，欧盟委员会公布其全面禁止在动物饲料内使用煎炸油的计划草案。这就给欧洲农业增加了每年数亿欧元的经济负担，因为需要寻找更为昂贵的回收油替代品（同时，食品行业需要负担销毁废油脂的花费，而不是用于回收再利用）。

两个猪场发现大量多氯联苯后，恐慌再次跳回媒体视野。之后，又有 233 个猪场被隔离，肉厂和仓库的猪肉存货全部被销毁。7 月 29 日，又有 175 家家禽场和养猪农场加入受限制行列，因为他们曾经使用过福克斯特的产品，其多氯联苯水平也超过了比利时的“安全警戒线”（虽然多氯联苯水平在世界卫生组织的限度之下）。

然而，恐慌的高潮已经过去。七百万只鸡和六万头猪遭到屠杀。渐渐地，经过八月和九月的几周，比利时的食品行业已经恢复到正常状态。随着更多的农场解禁，比利时的产品也重新出现在商店。其他国家也一个接一个地解除对比利时产品的禁令。此外，科学家们也终于弄明白这次污染事件的影响到底是怎样的。

9 月 16 日，《自然》杂志上发表了一篇文章，作者是鲁汶大学医学院工业毒理性研究所所长阿尔弗雷德·伯纳德教授。据他估算，污染的程度不过相当于一克二噁英和 50 千克多氯联苯。他和他的团队总结道，考虑到正常的消费习惯，人们接触到的二噁英比之前工业事故中曝光的水平到少得多。因此，不可能对人类产生任何危害。

文章指出，许多人体内本身已经有大量从其他地方来的二噁英和多氯联苯，例如海产食品。并且，吃过 30~40 顿受污染的鸡肉和鸡蛋才可能到达本身水平的两倍。伯纳德认为，“即使有这样极端的例子，毒素含量水平也不会超过经常吃受污染海产的水平。”然而，讽刺的是，危机正兴时，推荐给比利时人的蛋白质替代品之一就是鱼。而他们吃的鱼很可能是从二噁英水平异常之高的北海捕来的。

如此叫人放心的结论没能改变欧盟坚持的强硬路线。9 月 8 日，欧盟重申其将比利时政府告上欧洲法院的决心，因为他们违反了欧盟卫生条例的规定，而且没有及时报告危机的严重性。

一周后，欧盟委员会新任主席罗马诺·普罗迪把对横扫欧洲的二噁英危机的恐惧当做一个契机，建议扩大委员会的权力范围，这也标志着欧盟政治一体化进程向前迈进了一大步。

第三阶段：危机利益

20 世纪 50 年代，“欧洲计划”已经启动，其首要计划是推动一体化进程进一步发展，或者如 1957 年《罗马条约》序文所说的，“更加亲密的联盟”。在经过几番国家政权以及欧共体机构权力的更迭，终于建立这样的联盟。因此，所有的成员国逐渐遵从统一的法律体系。

一旦将某个领域立法的权限移交给欧盟委员会，国内政府便失去了在这一领域立法的权利，除非与欧盟的法律政策相符。为给这样的过程披一层更容易让人接受的伪装，欧盟总是寻找在卫生、健康、安全、环保或者反歧视方面的下手机会。在这些领域，他们可以站在道德的高地，声称自己是为了保护“欧洲人民”的普遍利益。

尤其是当发生一些重大问题时，欧盟会立即抓住攫取“危机利益”的机会，以保护共同利益为名扩大其权力范围。20 世纪 70 年代一系列货币危机成为欧盟推动建立“经济与货币联盟”的借口。赛维索事件促使其制定监管化学工业的新条例。油轮漏油事件为欧盟在监管海运方面延伸权力找到了理由。1991 年海湾战争时期的国际危机促使其推动制定欧洲共同外交和防御政策。恐怖主义暴行（如 9・11 事件）推动一体化进程进一步发展，不仅是在反恐领域，还有欧盟警察部队和司法程序的统一。

然而，没有其他事件能够比比利时二噁英危机中，欧盟从国家政府手里夺取食品安全监管权力的行为，更能作为“危机利益”的生动证明。到此为止，除个别例外，如各种“肉类卫生指令”，制定食品安全政策的权力依然属于国家政府。1999 年夏天，欧盟急需一些公共事件来帮助他们重塑自己的形象，因为三月的腐败丑闻迫使全部委员辞职，此事当时被称为欧盟“42 年历史上最大的危机”。[8]

9 月，在位于斯特拉斯堡的巨大而富有未来派气息的欧洲议会新大厦里，新上任的欧盟主席罗马诺・普罗迪首次出现在 700 名欧洲议会议员面前时，比利时二噁英危机已经成为数月来整个欧洲街谈巷议的话题。在他的演讲刚刚开始时，普罗迪就急于强调，通过保护“欧洲人民”日常生活中的利益来赢回公众的信心是多么重要。普罗迪认为，从这方面讲，“没有什么比食品安全更为重要了”。所以，他建议，欧盟委员会应该接管国家政府监管食品安全的相关问题。

普罗迪和他的新一批委员长团队刚刚入驻布鲁塞尔不久，接管计划便成为一个紧急计划。仅仅四个月后（2000 年 1 月 12 日），负责食品安全的委员——爱尔兰人大卫・拜恩已经准备好议案。计划设立一个新的欧洲食品安全机构，负责监控和管理整个欧盟范围内的食品安全。此外，拜恩还将提议不下 84 条新的指令、条例和其他监管措施，体现出欧盟全面控制食品法律的意图。

对于英国工党这无疑是一个精心安排的打击。在1989年沙门氏菌事件正兴时，工党政府采取了其旗舰措施，准备将英国的食品安全交由一个新的、独立的食品标准机构负责。1998年，正式提议这一计划。1999年，讨论设立新机构的议案，并通过国会批准。到新机构成立之时，在没有一点征兆的情况下，所有的权力都被欧盟上级机构接管。

2000年1月12日，伦敦媒体见证了牛津大学动物学教授约翰·克雷布斯担任食品标准机构首届长官。几乎同一时间，在布鲁塞尔，拜恩宣布欧洲食品安全机构启动。克雷布斯领导的新机构没有全面接管英国的食品安全事务，而是像预先设计好的一样，只是作为欧盟15个下属机构之一存在。而布鲁塞尔的中央机构才能行使实权。

即使在欧共体的历史中，这也算一次史无前例的政变。而这一切都是拜比利时二噁英危机所赐。

那一年稍晚的时候，比利时的一批科学家表示，二噁英危机对数万人的健康构成了威胁。2000年8月，尼克·范拉里贝克以及其他大学的一些同事发表了一篇论文，称1999年受二噁英和多氯联苯的影响最终会使多达8 000人死于癌症。但是，这些学者的结论不过是基于一些猜测。他们惊人地称，“比利时人总共摄取了10~15千克多氯联苯，以及200~300毫克的二噁英”。他们以非常不精确的精度预测，“这次事件导致的癌症患者数量将会是44~8 316人”。

在此预测之后，论文显得更加含糊了。他们认为，“也有对神经系统的损害，但是无法量化”。他们的团队承认，“存在很大的不确定性”，因为不知道具体谁受到影响。此外，他们还承认，对多氯联苯的分析显示，许多多氯联苯污染食品的案例与变压器油事件无关，其中包括进口自其他国家的鱼和食物。[9]

与此同时，荷兰公共卫生与环境国家机构（RIVM）一篇论文提出了不同的观点。论文总结到，“根据现有数据，长期均量食用或偶然大量食用受污染鸡肉对健康的负面影响几乎不会发生”，尽管他们“不能完全排除微小的亚临床症状”。[10]

2002年9月，伯纳德教授与一位同事回到这一话题上来。他们的论文不仅评估了之前所有发表过的文件，而且是基于“污染范围的最新数据和符合比利时一般人群的二噁英人体数据”。包括1999年对人类血液中二噁英含量进行的广泛调查。他们得出的结论是：受影响的农场和人类数量被严重地夸大了。“这些最新的数据确定，事件在时间和规模上都非常有限，因此不会增加人体内的多氯联苯/二噁英负荷。”“只有三十个农场受到污染，而且二噁英负荷明显增加的人都是经常食用自己家产品的农场主。”研究总结道，“即便如此，这些农民们体内的多氯联苯/二噁英负荷是不可能高于八十年代的普遍水准或如今经常食用海产的人群水准。”[11]

这样看来，比利时二噁英恐慌的确是小题大做了。但是，它的政治影响却是巨大的。至少对于欧盟而言，这确实是一次“非常有益的危机”。然而，如今已经全面负责欧盟范围内食品安全的官方机构同其他人一样，容易受无知的散布谣言者的蛊惑。

注　释

1. 引用自《二噁英丑闻袭击比利时》，理查德·泰勒，1999年6月8日（世界社会主义网站，www.wsws.org/articles/1999）。

2.《泰晤士海滩》，维基百科词条;《华盛顿时报》，1991年9月12日。

3. 圣安东尼奥二噁英讨论会，1989年6月，《华盛顿时报》，在前面的引述中提到。

4.《纽约时报》，1991年8月15日。

5. 本章中对于危机的描述取自多个资料源，包括，比利时国会调查，发表于2000年3月3日（文档50 0018/007, 比利时国会）；科里·洛克与道格拉斯·鲍威尔，《1999年夏天比利时二噁英危机：案例研究》，安大略市圭尔夫大学食品卫生学院（2000）；伯纳德等人，《多氯联苯与二噁英食品污染事件：比利时的孤立事件不可能影响公共健康》，《自然》，401（1999年9月）；N·范拉里贝克等人，“1999年1月–6月比利时多氯联苯与二噁英事件”，《环境卫生观点》，卷109（2001年3月）；A·伯纳德与S·费任思，《比利时多氯联苯/二噁英事件：关于健康威胁评估的评价》，《国际毒物学期刊》（2002年9月1日）；理查德·诺斯，《农业之死》（达克沃斯出版社，2001年）；个人资料。

6. 比利时国会报告，出处在前面的引述中提到。

7. 泰勒，出处在前面的引述中提到。

8. 克里斯托弗·布克与理查德·诺斯，《大骗局：欧盟会幸存吗？》（Continuum 出版社，2005年），第437页。

9. 范拉里贝克等人，出处在前面的引述中提到。

10. 简·巴尔斯,《1999 年比利时二噁英事件：麻烦还是小事？》公共卫生与环境国家机构（荷兰，2000 年 9 月）。

11. 伯纳德与费任思，出处在前面的引述中提到。

第一部分结语

“健康与安全文化”的兴起

The rise of the health and safety culture

2006年秋天，播音员泰利·霍根报道，一个负责11月5日社区篝火晚会的组织考虑放弃焚烧盖伊·福克斯草人的传统（400年前，此人曾密谋炸毁国会大厦）。取而代之的草人是他们认为“对英国造成更多伤痛、更多苦难、更多破坏”，远超福克斯想象的那个人：一名健康与安全官员。[1]

霍根的听众根本不用解释，便能明白为何到2006年这样一个人会被当做嘲弄的对象。“健康与安全官员”代表了过去十年来对任何可能成为“威胁”的事件不断兴起的迷恋。世人已经知晓这种迷恋心态最后都要遥远地偏离真相。

霍根继续举了一个典型的例子。一位户主接到当地警察通知，命令他花费1 000英镑为他家的游泳池加一个安全护盖。因为，如果一个盗贼闯入他家，然后他叫警察过来。但是，出于“健康与安全”的考虑，警察是不能绕着他的花园开展追捕的，除非他的游泳池上有一个足够结实、能承受两人重量的盖子。

这与恐慌事件有什么关系呢？答案是：太有关系了。在已经看过20世纪90年代的食品恐慌后，我们要从一个更加全面的角度看待恐慌现象；看“非食品恐慌”是如何以类似的模式上演的，这些“非食品恐慌”将在后来几年的西方社会扮演非常重要的角色。

但是，首先我们要注意的是，之前提到的案例反映了一个更为广泛的变化，它不仅发生在20世纪90年代的英国，而是整个西方世界。这个变化一部分是因为时代心态发生了根本性的变化；另一部分原因是，政府的性质已经发生重大变化。

1994年，我们出版了一本小书，叫作《疯狂的官员》。介绍了20世纪90年代为何英国所有的行业都突然遭遇各种条例规定的束缚。本书记录了这些繁文缛节影响农场主、渔民、酒店、废品经销商、老人院、托儿所、慈善商店、电子公司以及无数其他企业的大量实例。

影响商业的官方压力突然增加有各种原因。一个原因是欧共体涌出的大量新指令和新条例，尤其是随着1993年“单一市场”的建立。但是，很多条例规定还是英国自己官僚主义的结果。正如我们在《卫生警察》那一章所见到的，好管闲事的官员队伍不断扩大，令这些新规定的影响更加令人痛苦。这支庞大的队伍包括健康与卫生监察员、环境卫生官员、兽医官、污染监察员、社会服务人员、“风景长官”等。

我们对恐慌现象的调查越多，就越能发现英国的执政方式已经发生转变。如今，法律条例的制定不是由国会法案通过，而是由“法令文件”决定：提出行政命令，起草，发布，然后由官员执行。[*]之前从未有过这样的现象（战争时期除外），民选的政治家被排除在立法程序之外。在很大程度上，管理现代社会的复杂任务已经被不断膨胀的官僚机构所接管。

布鲁塞尔的那些专家政治论者们享有欧盟范围内唯一提出法案的权力。他们只是官僚机构中的一层，却不断制定成百上千的新指令。英国政府部门的公务员文化也发生了变化，市政府官员亦是如此。不断增加的监管机构所雇用的官员也表现出一种态度的转变，包括环境局，食品标准局、肉类卫生服务局、医药监管局等。

与政府内部的“革命”相伴，立法时高尚的理由似乎为其提供了一种道德依据：我们现在称之为“现代教义”。

其中一条便是“健康与安全”的教义。借此名义，一切事物都要受到监管、检查、再确认，以保证没人受到任何“威胁”。不论是在工作场所或任何交通工

---

* 从1986年到2001年，英国每年发布的法令文件增加了70%。但是，不断增加的法令文件体现出的一个巨大变化是，很多重大条例不是通过议会提案而来，而只是一些条例规定（来自欧共体的指令，而英国议会无权对此进行讨论或投票）。监管文化正是以这种方式形成（公共部门咨询办公室网站的数据，其前身是皇家文书局）。

具，还是“享受休闲”，从漫步乡间小路到荡秋千都要受到监管。

受到各种食品恐慌而得到强化的教义便是第二条“卫生”：任何向公众出售的食品都必须严格遵守监管，以保证消费者所吃的东西是安全的。

第三条是“环境”：采取各种措施保证空气、水以及土壤不受任何污染。

第四条可以叫做制度化地推行“关爱”与“人权”：保护妇女、儿童、少数民族、“旅行者”、残疾人等以及任何容易受到虐待和歧视的社会群体的利益。

谁会反对一个有如此高尚追求的政府？从20世纪80年代起，政府机器制造的大部分洪流般的监管条例是就为了进一步满足这些社会需要。它们都成为政府扩大监管权力的借口。逐渐地，政府可以干涉任何企业经营的最微小细节，甚至是公民的私人生活。

然而，这一切条件便孕育了一个以“预警原则”为核心的“健康与安全文化”。在这种文化中，有必要消除任何微小的风险，不论危险的可能有多渺茫或只是虚构。

同时，一种“赔偿文化”也开始形成。法律制度和律师们鼓励人们对公司或企业的任何过失申请赔偿，通常数额巨大。

这就与最近流行的“政治正确性”思想联系在一起了。这种思想倾向于利于法律保护任何可能成为歧视受害者的“权利”。

虽然政府试图以立法来打造一个安全、公平、无污染的世界，但人们逐渐意识到这种冲动已经侵蚀了日常生活中的一些宝贵特质。如我们经常所见，其中一个最明显的例子是频频遭到新文化藐视的基本常识。然而，由于这些法律规定声称的目的是如此高尚而无私，巨大的社会压力不允许人们对其有所质疑。

结果为手段正名的思想令那些负责推行新式文化的人们对自己的事业感到一种高尚的道德正义感。正如我们在前面几章所见的，唯一的问题是，这样的做法往往会背离现实。在实际操作中，往往起不到作用。他们先推动恐慌发展后指挥应对恐慌的方式便是更加有力的证明。

从之前提到的事例来看，官僚主义的角色只能使恐慌的影响更加恶劣。他们会轻信有严重缺陷的科学论调。当恐慌出现转折点，并且通过适当的处理有可能将不良后果最小化时，官员政客们却显得手足无措，使状况变得更糟。在制定法律条例方面，他们倒是往往有惊人之举。

换言之，他们总是不能精确地诊断问题的本质。然后，他们就会拿出愚笨而完全不搭调的官方补救方案。最后，他们以最为严苛专横的方式执行这些方案，从而造成巨大破坏。

这就是他们行为模式，我们称之为“舞大锤砸不着小螺钉”。在本书的第二部分，我们会看到这种模式一次又一次地在恐慌中发挥作用，造成比之前看到的更为严重的浩劫。

注 释

1.《星期日电讯报》，2006 年 10 月 29 日。

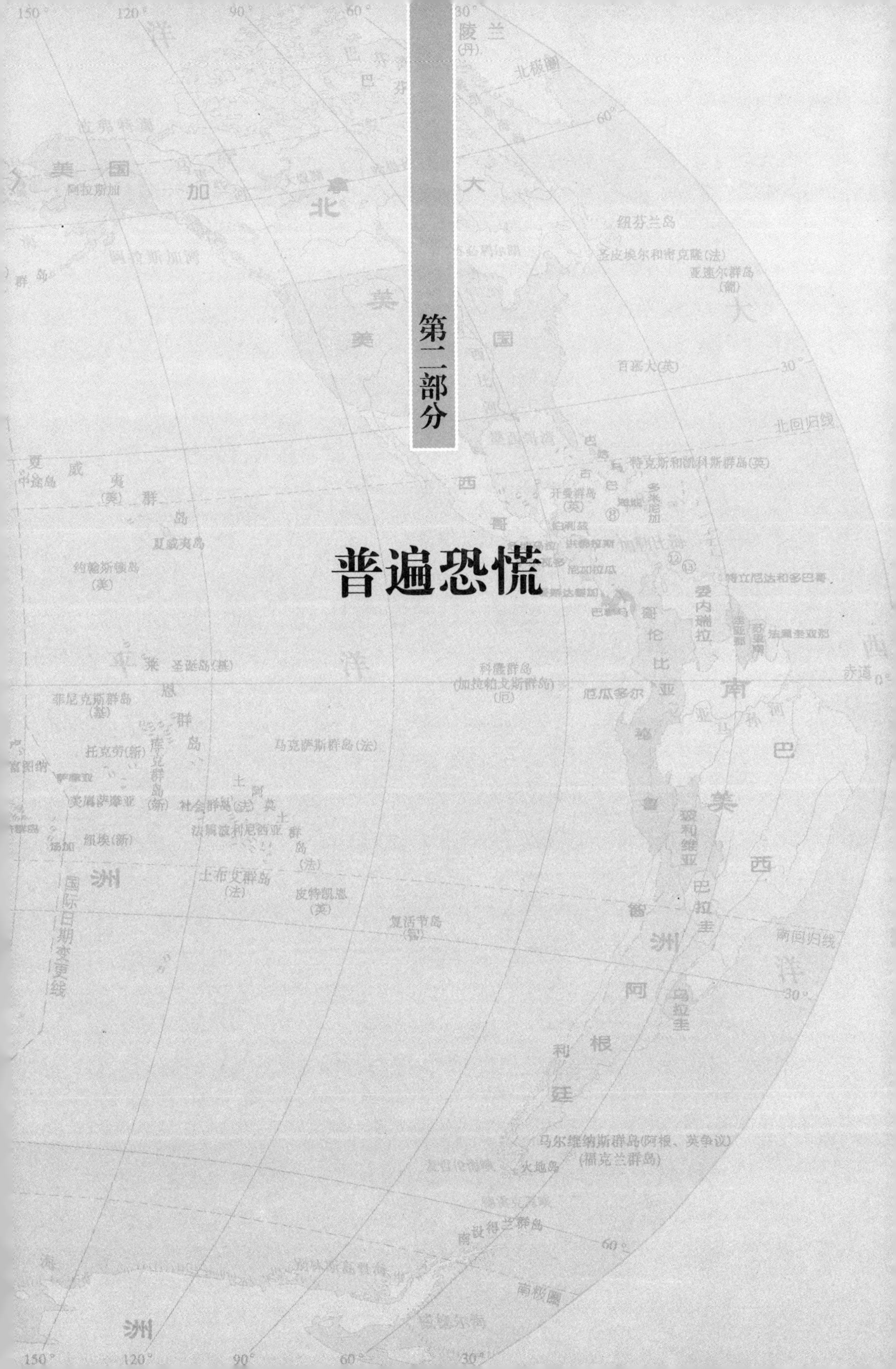

第二部分

普遍恐慌

第二部分序言

千年虫是非常严重的问题。许多人在开始接触它之前根本意识不到其严重性。

——托尼·布莱尔，1998 年 3 月 30 日

我们认为千年虫问题非常严重，可能对全球范围内的商业和政府造成灾难性后果。

——纽约证券交易所首席执行官理查德·格拉素，1998 年 6 月 11 日

千年虫是基督教的传奇，是基于日历的彗星神话，是耶稣再临和撒旦复活，而非来自现代科技社会。

——电脑专家邓肯·坎贝尔，《卫报》，2000 年 1 月 5 日

近几年来，没有一场恐慌能够比“千禧危机”更为著名。那是 20 世纪 90 年代末对于“千年虫”一次大恐慌。

二十年来，电脑专家一直预测当 2000 年来临时，人类会面临麻烦。这是因为，当初很多电脑软件为节省空间，只用后两位数字表示年份。而到了 1999 年 12 月 31 日的午夜，当千禧年来临之际，“99”跳转至“00”，但是许多系统会将年份识别为 1900 年。

20 世纪 90 年代，对于千禧危机的担心逐渐演变成为一场全面的恐慌。* 在媒体预测的煽动之下，很多人以为世界末日式的灾难即将到来。电厂系统的崩溃会造成大面积停电现象。数百万电脑系统受到侵袭，一场经济崩溃也不可避免。铁路和汽车交通也会因数据而发生致命的碰撞。飞机也会从空中坠毁。甚至有预测称，核能火箭也将不能正常发射。

政府与商界投入巨资准备迎接“千禧时刻”。电脑顾问们从来不敢想象这样的好运，因为大公司纷纷排队请求他们的服务支持，尤其是伦敦与纽约的那些金融中心。

1997 年 12 月，六十多位公司老板和学者（其中包括一些英国大的跨国集团公司总裁，例如联合利华、英国航空公司、通用汽车公司、莱斯银行以及玛莎百货）写信给英国、美国、加拿大政府，表达他们的“严重关切”。他们提醒道，如果不立即采取措施，将会引发“金融混乱和对健康与教育的巨大破坏”。他们称，“一些领域内的故障会威胁到人类生命安全，例如空中交通管制与空中防御系统。”[1]

同时，英国国家医疗系统的报告预测，如果英国医院的 10% 电子设备遭到损坏，可能造成 600~1 500 人死亡。

仍在因当选英国首相而洋洋自得的托尼·布莱尔是第一个面对挑战的国家领导人。1998 年 1 月 22 日，他拉响了所谓的“100 周千年虫警报”。他说，“我们只有一百周的时间来应对英国商业以及全球经济面临的最严重问题。其破坏力不可估量”。在他的“千禧行动”计划下，英国将花费 3.7 亿英镑用于解决公共部门电脑设备的问题。他命令英国每个政府部门都处于红色警戒状态，准备迎接危难时刻。

3 月，议会中该问题的压力集团主席议员伦威克估计，为英国医疗系统清除千年虫的费用将达到 6 亿英镑。布莱尔的一位顾问罗宾·季聂尔说，“我们面临的紧急情况与战争一样严重”。

在之后的一次讲话中，布莱尔引用了联合利华给他的一封信。警告道，“千年虫可能会造成全球性的经济衰退”。[2] 还有一个类似的著名预测出自华尔街一名

---

* “千年虫”这一词汇始见于马萨诸塞州程序员大卫·艾迪 1995 年 6 月 12 日写的一份电子邮件中。（见维基百科词条“千年虫”）。

备受尊敬的经济学家之口。德意志银行经济师爱德华·亚德尼认为，有60%的可能会发生长达一年的经济衰退，其后果可能会与1973年4月油价上涨四倍的后果相当。

4月，在斯坦福大学的一次研讨会上，经济学院的迈克·波斯金估计，“解决全球千年虫问题可能要在若干年里花费6 000亿~1.6万亿美元”。

计算机科学系的创始人之一、荣誉教授威廉·米勒在会上说，单解决美国千年虫问题的花费就可能会超过越南战争”。[3] 如今，人们普遍地认为千禧危机在全球造成的损失将在3 000亿~6 000亿美元。[4]

6月，BBC科学记者略带兴奋地告诉他的观众，“距千禧年来临还有不到5 600万秒，修复全部可能受损的电脑已然为时已晚”。[5]

于是，对于末日的预测延续了长达18个月。

然而，就在那个时刻来临之后，几乎没有发生什么事情。日本一家核电厂在午夜两分钟之后拉响警报。澳大利亚一些公车的自动售票机出现故障。美国特拉华州一个赛场内的150个自动售货机停止工作。其他方面，那些没有采取任何行动的公司和国家所经历的，并不比声称为准备迎接文明末日而花费300 000 000 000美元的更加糟糕。*

结果千禧危机又是一场代价昂贵的恐慌。但是，至少成千上万的电脑工程师得以支付他们的按揭。**

恐慌的七个基本属性

从本书第一部分提到的那些例子来看，我们可以列出一个关于恐慌模式的详细版本。每一次恐慌都是由“推手”们以各种各样的理由制造的。但是，它首先需要满足必要条件，才能达到向全面恐慌发展的转折点。

---

* 已经花费的天文数字到底是多少，没人做过可靠的计算。许多之前准备进行计算的政府以及组织现在已经不愿继续了，可能他们也为自己的前后反差感到羞愧。

** 公平地讲，为清除千年虫而开展的补救计划的确发现了一些问题。例如，英国一家知名公司的IT总监告诉我们，一位在石油公司工作的同行曾对他讲，如果没有及时发现“千年虫”，控制北海到英国主要输气管道的电脑系统会在1999年12月31日午夜停止输气，造成重大破坏。

1. 夸大真实的问题，使之与其他事物关联

通常（如果不总是这样），恐慌始于真是存在的问题。当这个问题莫名其妙地与毫不相干的事情挂钩时，恐慌便放大成形。

例如，20 世纪 80 年代的沙门氏菌中毒事件刚开始的确无法解释为何突然增加。但当人们把中毒归因于鸡蛋时，恐慌便开始了。疯牛病起初同样是真实存在的问题。当人们把吃牛肉和克雅病联系在一起时，恐慌也就随之开始。在比利时家禽养殖场使用的饲料中发现二噁英的问题虽然严重，但仅限于局部地区，当此事最终与不相干的人类食物联系上时才放大成为一场恐慌。

2. 要存在普遍的威胁

恐慌的中心必须是人人都会接触到的、普遍的事物（例如鸡蛋、牛肉、大量电脑出现故障）。基于某种特定的产品是不可能成功制造恐慌的，例如某个品牌的巧克力。

3. 必须具备很大的不确定性

所谓的威胁必须在某种意义上是新奇而神秘的，这样就可以对灾难后果进行无边无际的预测（例如禽流感、疯牛病、千年虫）。

4. 威胁须看似有科学依据

威胁必须具备一定可信度，不论之后证明这是多么荒谬。为达到这种效果，必须有科学家或者“专家”的强烈支持，并提供看似可信的证据来为其证明。其中最为重要的要数政府的科学顾问，正如“鸡蛋沙门氏菌”以及疯牛病事件一样。但是，来自局外的、可以称作“独立专家”的支持同样很重要，即使他们的科学背景证明他们根本没资格在相关问题上发言（例如莱西教授，此人的专业是对抗生素的耐药性）。

5. 恐慌须经过媒体的推动

媒体在推动一场全面恐慌方面扮演着关键角色，因为他们想要通过自己的努力提升作为“推手”的影响力。这就使记者们心底油然而生一种自我陶醉的成就感，因为他们以为自己是在为公众利益着想而揭露潜在的威胁。

但是，媒体也需要引用和表达“专家”的意见，以增添一点“权威性”。同为“推手”势力，记者和“专家”之间形成一种共生关系，他们互相需要对方的支持来“构思最坏的情况”，放大恐慌潜在的灾难性后果（例如 BBC 以及其他媒体在沙门氏菌恐慌以及疯牛病恐慌中与莱西的相互利用）。

然而，这其中的任何一点都不足以将恐慌带至转折点。到目前为止，政府是对于任何恐慌最有效率的“挡手”。只要官员不懈地否认恐慌，“推手”势力根本不可能得势。

6. 政府的承认促使危机来临

只有最终政府承认问题的严重性，转折点才算到来。由于之前作为“挡手”而存在，此时政府不免要被怀疑隐瞒真相。但是，这正意味着恐慌已经失去了控制。因此，人们希望看到部长官员们坚定的应对他们自己引发的混乱局面。此时才是恐慌破坏的真正开始，因为官员们总是反应过度。他们的监管条例造成一次次社会和经济的浩劫，损失惨重。当初没有准确诊断问题所在，如今他们又在制定文不对题的“补救”方案时惊慌失措。

7. 最终真相浮出水面

当证据证明威胁被严重夸大时，恐慌迟早都要走到尽头。但是，为应对恐慌而制定的监管条例如今已经深深地烙在整个体系之中，通常很难去除。而且，此时媒体的兴趣已经转移到其他地方。

所有这些都充分证明了“舞大锤砸不着小螺钉”的道理。在整个恐慌过程中，公众通常是迷茫的旁观者，观看一场由科学家、政客、官员以及媒体领衔主演的闹剧。

在本书的其余部分，我们要看看，近几年发生的一些更为熟悉的恐慌是如何以相似的模式上演。

注　释

1.《千年虫会削弱政府和医疗卫生系统》，BBC 新闻网，1998 年 3 月 30 日。

2. 发表于 10 号唐宁街网，1998 年 3 月 30 日。

3. 斯坦福新闻网报道，1998 年 4 月 30 日。

4. 在 Google 中输入“千年虫”和“3 000 亿美元”，可以搜到大量参考资料。

5. BBC 新闻网，1998 年 6 月 16 日。

第八章

舞大锤砸不着小螺钉——更全面地观察恐慌现象

A Sledgehammer to miss the nut

DDT 农药禁令比希特勒杀死的人还要多。

——迈克尔·克莱顿，《恐惧之邦》，2004

在本书的第二部分，我们以四个案例分析开始。每一个案例都从不同侧面解释了恐慌现象，而非完全与一般模式相符。

第一个是恐慌起于真实问题的经典案例，之后在政府官员的支持下被严重扭曲和夸大，造成许多不必要的损失。第二个恐慌同样有来自政府官员的支持，也造成了巨大损失，只是从来没有受到媒体的关注。第三次恐慌是由一些公司为他们自己的商业目的而制造，最终因激起科学界的普遍抗议而失败。最后一个恐慌则完全是由政府官员的过失引起。

DDT 农药恐慌：救了鸟儿却死了人

在很多方面，而二十世纪五六十年代开始于美国的恐慌才算是真正意义上的现代恐慌，与一本书有很大关系。

关于 DDT 杀虫剂威胁的担心可能不足以称之为一次恐慌，因为，从某个层面讲，这样的担心不无根据。只有在威胁被夸大到不能为证据所支持，它才演化成为一场真正意义的恐慌，结果造成灾难性的后果。

DDT（二氯二苯三氯乙烷）是一种有机氯。早在 1874 年，一位德国化学家首先合成 DDT，但是其杀虫的功效则是由瑞士人保罗·赫尔曼·穆勒于 1939 年发现的（1948 年，他凭借这一发现获得诺贝尔医学奖）。很快 DDT 就进入一般应用领域。第二次世界大战时期，盟国曾广泛使用 DDT 保护军队和平民免受诸如疟疾和伤寒之类的蚊媒疾病。战后，作为能够解决人类诸多问题的神药，DDT 在世界范围内被用来对付疟疾，或用作杀虫剂。1995 年，世界卫生组织发起了利用 DDT 清除疟疾的全球计划，将死亡率减少了至少 95%。[1]

然而，人们很快发现很多昆虫种类具备了抗药性。到 20 世纪 50 年代末，自然主义者们发现 DDT 对北美地区的野生动植物造成严重伤害，尤其是处于食物链顶端的肉食鸟类。从食物链低端生物摄取来的 DDT 在这些鸟类的体内积聚，使它们的蛋壳变得稀薄，对它们的繁殖能力造成破坏。

正是受此激发，生物学家雷切尔·卡森才完成了她的《寂静的春天》一书，并在 1962 年出版。她构思了一个寂静的世界，因为 DDT 以及其他有毒化学品已经将鸟儿灭绝。这本书曾经畅销一时，并促进了现代环保运动的产生。

过度喷洒 DDT 不仅会杀死昆虫（这是其本来目的），还会杀死鸟、鱼以及其他野生动物。其毒性会在自然环境中长存一段时间。然而，即使卡森本人也承认，适量地、有选择地使用 DDT 有助于消除疾病。更加站不住脚的观点是，她认为 DDT 会导致人类患癌（她自己在该书出版后两年便因癌症死去）。

20 世纪 60 年代末，美国环保组织开展运动，呼吁全面禁止使用 DDT。1971 年，美国新设立的环保署首任长官威廉·拉克尔肖斯接到法院命令，开始取消 DDT 登记，强制其撤离市场。

得知 DDT 不会对人类健康造成迫在眉睫的危险后，拉克尔肖斯起初否决了全面禁止的计划。但是，很快这一举动招致大量抗议，环保署不得不进行了长达七个月的听证会，权衡双方提出的证据。检查员艾德蒙·斯维尼最终裁定，禁令没有科学依据（他说，“DDT 不会导致人类患癌”）。[2] 但是两个月后，在环保人士的强压之下（或者他根本没有读过斯维尼提出的证据），拉克尔肖斯认定，DDT 的确是一种致癌物。他对在美国使用 DDT 实行全面禁止。

在之后的几年时间里，许多其他国家也效仿了美国的做法。当然，证据显示，农业中滥用 DDT 的行为结束后，鸟类数量的确有所回升。但是，全面禁止使用 DDT 的做法仍然存在很大争议。

一方面，没有确切证据能够证明卡森认为 DDT 致癌的观点，或者 DDT 对人类是一种剧毒（很多事例证明，即使食用 DDT 也不会产生什么不良反应）。然而，在老鼠身上实验实验后，环保署将 DDT 列为乙等致癌物（与咖啡和汽油同列）。

在室内喷洒 DDT 会杀死蚊虫，然而如今失去 DDT 对于世界上的最为贫穷的那些国家是惨重的打击。每年都会有 50 万人患上疟疾。在非洲部分地区以及亚洲，这种疾病是最大的杀手，尤其对于儿童而言。虽然出现了抗药性的问题，DDT 的使用的确清除了全球大部分地区（包括欧洲南部）的疟疾，自然也挽救了数百万人的性命。例如，在斯里兰卡，1955 年之前的二十年里，150 万人感染疟疾，其中 8 万人死去。到 1963 年，一项 DDT 控制计划将疾病发生数量降至 17 例。其他国家也有相同的例子。

在 21 世纪的前几年里，世界卫生组织带头反对在全球范围内全面禁止使用 DDT。他们主张有选择地在室内使用 DDT，因为它是目前对付疟疾的最有效办法。这一主张在 2001 年斯德哥尔摩会议上得到通过。[3] 而且，世界卫生组织得到了来自许多热带病方面的医学专家以及非洲各国政府的支持。

然而，西方环保组织（例如：绿色和平组织和世界野生动物基金会）仍然要求实行全面禁令。欧盟向非洲国家施以强大的经济压力以保留禁令，尽管非洲地区疟疾致死人数已经超过艾滋病。仅在乌干达一国，据其卫生部 2005 年估算，疟疾造成的全国儿童死亡率大约是每年 7 万到 11 万人。[4]

选择性地使用 DDT 的支持者们最激烈的控诉在于禁令导致数百万人死亡，这种观点也受到著名小说家迈克尔 · 克莱顿的支持。在他的“反恐慌”惊险小说《恐惧之邦》中，有角色称之为“20 世纪最大的悲剧”：

> 由于实行禁令，每年有两百万人因为患疟疾无谓地死去，其中大部分是孩子。DDT 禁令已经导致超过 5 000 万人不必要地死去。DDT 农药禁令比希特勒杀死的人还要多。[5]

从这方面看，全面禁止 DDT 的运动已经呈现出恐慌的所有特质。卡森的确发现了DDT对野生动物的损害。但是，她和其他人凭借DDT威胁人类健康的论调将之放大成为一场恐慌，而证据证明这种论调完全错误。讽刺的是，这样的禁令却引起本可以避免的现代社会最大的公共卫生灾难。

硝酸盐：政府赞助的恐慌，造成数十亿损失

世界卫生组织的DDT立场可能是正确的，然而，在硝酸盐问题上他们却搞错了。从硝酸盐受到的媒体关注程度看，它不可能上升成为一次全面恐慌。然而，“硝酸盐神话”却最终造成巨大破坏。这已经可以作为一个典型的案例分析，研究为何官方的思维里一旦进驻了恐慌病毒，就再难以将其去除，即使它的科学依据被证明完全不可信。

占大气70%的氮气是一种重要的天然营养物。在整个“氮气循环”过程中，每年大约有9千万到1.4亿吨氮气在大气中被植物吸收；诸如豌豆和三叶草之类的豆科植物吸收4千万吨；8千万吨用于农业化肥（1990年数据）。当氮气遇到氧气时（如雨水），会产生硝酸盐（NO_3）；在地球的温带地区，每公升氮气会产生60毫克硝酸盐。农民和园艺师都知道，没什么能比暴风雨闪电产生的富含硝酸盐的雨水更能帮助植物生长。

20世纪60年代早期，关于硝酸盐健康方面的科学知识还相对匮乏，世界卫生组织便被一些美国人的研究说服，认为饮用水中的硝酸盐会导致胃癌。[6] 1962年，该组织制定了人类“每日容许摄取量”标准，同年美国政府也执行了相同的标准。几年之后，人们才发现，之所以美国部分州省的饮用水会明显导致胃癌，是因为所研究区域的水均取自受亚硝酸盐（NO_2）污染的水井。正是基于这种混淆的概念，官员们开始怀疑硝酸盐。

20世纪70年代初期，硝酸盐又与另一个问题相联系。美国研究人员称其可能引起一种影响儿童的罕见病症，叫做高铁血红蛋白血症或“蓝婴综合征”。这种病偶尔可能致死。[7] 到1977年，美国国家科学院得出结论：关于蓝婴综合征现有的证据证明，不会发生不良健康反应的最高硝酸盐标准应该是每公升10毫克。这一标准远远低于普通饮用水的一般水平，即使这样，该报告还称，“安全范围很小”。[8]

所有这些大西洋彼岸的警报都没被欧盟听到，他们正在起草新的指令，规定

新的饮用水标准。1980年，欧盟80/778指令规定，硝酸盐最大允许标准为每公升50毫克，与1962年世界卫生组织为应对胃癌威胁而建议的标准一样。

在执行这条指令之前，英国的医生和科学家们表示了关切，他们想知道这个标准的依据是什么。于是，首席医务官下令进行了一次流行病学研究（CMO 185/13）。令众人吃惊的是，研究发现，在英国那些饮用水硝酸盐标准超过平均水平的地区，胃癌发生率却低于平均水平。相反，在硝酸盐标准低的地方，癌症发生率却高于平均水平。

但是，欧盟的标准已近开始实行。1991年，英国国有给水企业售给29家私人企业。其中首要条件是，他们要安装极其昂贵的脱氮设备，以保证饮用水达到欧盟的标准。虽然没有这些企业总成本的公开数据，但是据盎格鲁给水公司称，要安装这种设备他们要在每个工厂投入8 000万英镑，而且每年的运用成本也要500万英镑。有人根据这一数据以及其他信息推断，行业内的成本总数（包括消费者承担的更高水费）将达到30亿英镑。*

到20世纪90年代中期，英法医学团队一系列研究表明，硝酸盐不仅不会引起胃癌，情况反而恰恰相反。高水平的NO_3能起到抑制疾病的作用，而硝酸盐低水平则与癌症发生率高于平均水平有关。[9]这样看来，硝酸盐远非威胁，反倒大有益处。1995年，世界卫生组织也承认，硝酸盐处于或超过自然水平并不构成致癌威胁。

致癌观点已经遭到挫败，各级官员如今又把矛头指向“蓝婴综合征”。世界卫生组织于1993年发表声明，并于1996年重申，制定硝酸盐最高标准“仅仅是为了防止高铁血红蛋白血症”。但是这一“流言”再一次被彻底揭穿，因为各种研究（包括上文提到的研究）表明，这种极为罕见的病症（英国上一个病例发生在1972年）与硝酸盐无关，而是起因于受污染井水中的亚硝酸盐。

然而，此时布鲁塞尔的法规大军已然出发。1991年，没有任何医学资质的欧盟环保官员制定了91/676号“硝酸盐指令”，以控制欧洲农民制造的硝酸盐总量，

* 艾伦·蒙克顿，“硝酸盐高危地区：流言与真相”，《英格兰皇家农业社会杂志》，2002年12月16日。农渔业粮食部公布的数据仅为3900万英镑，这显然是在故意淡化欧盟指令的经济影响。但是，这一数字比上文提到的一个脱氮工厂的花费还要少。

防止其污染地下水、水道以及河流。他们提议，应该将农田硝酸盐水平很高的地区定为“硝酸盐高危地区”（NVZs），接受严格监管。这将严重地限制农民们每年的施肥次数以及施肥量。农民们不得不以高昂的成本，或存储肥料，或用油轮运走将其处理掉。*

大部分欧盟成员国政府只是怯懦地遵守着这样的指令。1996 年，英国政府将 160 万英亩 ** 农田指定为“硝酸盐高危地区”,但这只占英国农田总数的 8%。即便如此，据官方估算，此项计划对英国 8 000 名农民造成约每年 2 100 万英镑的损失（全国农民联盟估计，将造成 5 000 万英镑损失，两倍于农渔业粮食部的数据）。

立法的公共卫生理由已经备受质疑，于是官员们转向另一个支撑他们反对硝酸盐的环保论调。如今，他们会说，由于硝酸盐会受雨水冲刷而流入海洋，造成河口“富营养化”：不易觉察的大量藻类腐烂使水体溶氧量下降，影响鱼类以及其他水生生物生存（顺便还可能影响到旅游业）。***

然而，科学家们再一次提出证据，证明这种论点是基于对证据的误解。造成赤潮的不是硝酸盐，而是磷酸盐（PO_4）。在此过程中，硝酸盐的唯一作用是，当海藻生成后，它会促进其繁殖。**** 对于欧盟许多国家，尤其是像英国这样河流流速湍急的国家，几乎不存在富营养化的问题。就在欧盟发布硝酸盐指令的那年（1991 年），英国只有两个小河口受到影响。[10]

1998 年，13 个欧盟成员国（总数 15 个）因未落实欧盟指令而被委员会告上欧洲法院，其中就包括英国。由于英国政府不愿在科学层面打这场官司（这可能造成政治上的尴尬局面，因为它意味着制定“硝酸盐高危地区”的措施毫无必要），所以他们对于控告没有作出任何辩解，甘愿受罚 5 000 万英镑。作为对这些

---

* 欧盟指令的经济影响不成比例地笼罩了这些农业行业。例如，生产大量肥料的养猪行业。英国一家大型养猪场因服从指令而增加的成本高达 10 万英镑。

** 1 英亩 =4046.86 平方米。

*** 至此我们便可以看出，为何在欧盟委员会以及英国政府对硝酸盐是宣传中，总是愿意称之为“硝酸盐污染”，而没有详细解释它可能造成哪些破坏。这就表明，他们已经将硝酸盐当做环保问题处理，而非公共卫生问题。而且，根据欧盟“污染者付费”原则，农民们要承担清除硝酸盐的费用。

**** M. 阿普费鲍姆，《恐惧和食品》（Odile Jacob 出版社，巴黎，1998 年），以及各种北欧报纸（参看蒙克顿，2002 年）。阿普费鲍姆教授是一位著名的法国营养学家。他在自己的书中评论道，“毫无疑问，饮用硝酸盐含量高的水，即使高到难喝，也不会对人类健康又什么影响”。

不遵守规定行为的回应，2000 年，委员会实行 2000/68 号欧盟水框架指令，加强对硝酸盐高危地区的法律约束。

虽然新的指令允许，如果出现无需因公共卫生原因而实行 NVZ 规则的情况，各国政府可以提出相关申请，但是英国没能利用这一规则（还是因为，这可能暗指，起初完全没有必要制定“硝酸盐高危地区”）。2003 年，食品和农业事务部建议，英格兰地区的“硝酸盐高危农田”应该扩展至 55%（苏格兰 13%，威尔士 8%）。对于农民们的损失，部长们仍然在忸怩作态，尽管受影响农民数量猛增 700% 说明每年的损失会达到数亿英镑。其他欧盟国家，尤其是北欧那些养猪的国家，将面临同样巨大的损失。

所有这些措施都是打着解决问题的旗号，而这些问题如今被广泛地证明根本没有存在过。

维生素 B6：说客们想要的恐慌

以服务与商业目的操纵政府推动恐慌，这可能吗？ 1997 年关于工党政府奇怪的故事不可避免地提出这一问题。当时，工党政府意图阻止数千家保健品店售卖含有维生素 B6 的膳食补充品。在过去十年里，本行业产值为 3 亿~5 亿英镑。[11]

维生素 B6 是吡哆醇最为常见的形式，天然地存在于鸡肉、鱼肉、肝、酵母、麦芽、香蕉以及其他肉类、水果和蔬菜中。它在人体内部发挥着重要作用，能够与酶素一起产生各种化学反应。当人体内部缺乏维生素 B6 时，例如经常如此的孕妇或月经前妇女，会出现抑郁、失眠、性欲低下、患得患失以及其他紊乱。为补充这种不足，以及解决其他问题，如高血压或哮喘，大约三百万英国人会在饮食中加入维生素 B6 作为补充。

1997 年 7 月 4 日，布莱尔上任不久，农渔业粮食部国务大臣杰夫·鲁克尔发布了一条令人吃惊的新闻通稿。在卫生部独立顾问机构毒性研究委员会（COT）的建议下，他以卫生的理由计划严格限制销售含有维生素 B6 的产品。保健品店只能少量地销售这种产品：保证每天的剂量不超过 10 毫克。市场上本来大部分是大剂量产品，如今只能到药店购买这样的产品，而且药店要持有医药监管局（MCA）的许可证书。而剂量超过 50 毫克的产品则只能凭借医生处方购买。

结果大量畅销的维生素 B6 产品被迫从保健品店下架，这样，利润丰厚的市场就为那些医药公司所有。只有他们才负担得起数十万英镑，为每种产品获得许可。在欧盟的法律之下，医药监管局负责批准许可（他们的收入也主要来自这些公司）。

鲁克尔为自己的提案解释道，根据毒性研究委员会的建议，除非是低于 10 毫克的剂量，否则维生素 B6 会损坏神经系统。但是，进一步询问才得知，COT 的发现只是基于一个长达十年的模糊研究。主持研究的是凯瑟琳·道尔顿，她是哈雷街一名研究女性经前综合征的专家。[12] 基于对 172 名病人的观察，她发现，那些食用了维生素 B6 的病人往往表现出“外围神经异常”的症状，引起刺痛、麻木、焦虑不安以及四肢无力。她将此归因于维生素 B6。

读过道尔顿论文后，其他医生和专业人员便发现，这些症状通常是没有服用维生素 B6 的经前妇女才会有的。显然她的研究没有包括对照组。然而，更令人吃惊的是 COT 竟然仅仅依据这篇论文便对维生素 B6 下了定论。来自世界各地科学家的多达 10 000 个研究却得出完全不同的结论。

7 月 23 日，在鲁克尔与保健品行业代表的一次会议上，COT 成员 A.D. 达扬试图为道尔顿的发现提供证据，他提到了维生素 B6 在狗身上的实验。但是，经过检查后才发现，原来狗是在摄入 3 000 毫克的剂量后才出现不良反应，远远超出营养补充品通常为 50~100 毫克的建议剂量。

然而，更引人注意的是，供职于 COT 的十二名教授和医生中，有九名与制药公司有广泛的财务联系。而这些公司则在坐等他们建议的新条例带来的巨大利益。例如，四名毒性委员会成员（包括达扬）就接受来自葛兰素卫康制药公司的经费和津贴，而这家公司已经花大价钱得到许可生产产品与维生素 B6 竞争。如果法律得以通过，他们的销量将大幅增加。[13]

不论这是否能解释毒性研究委员会极富争议的建议，几个月后，一场反对鲁克尔提案的运动兴起。据报道，政府收到的来自维生素 B6 产品使用者的信件，“比疯牛病后任何一次事件都要多”。更为显著的是，支撑鲁克尔决定的推论受到越来越多科学家们的强烈批评。为首的是皇家医药学会前主席阿诺德·贝克特教授。超过两百名医生和科学家在给鲁克尔的信上签字，敦促他放弃提案，因为 COT 的报告“完全没有对科学数据进行充分考虑”。

1998 年 2 月，美国一位维生素 B6 专家阿伦·盖比报告称，他自己的研究证明道尔顿的论文存在“无可救药的漏洞”。研究发现，70% 患有经前综合症的妇女在没有服用维生素 B6 的情况下，会表现出道尔顿所称的症状。86% 表现类似症状，同时又服用维生素 B6 的妇女在她们开始服用 B6 之前已经出现这些症状。[14]

随着鲁克尔发布其新法律条例的日子逐渐临近，国会议员以及其他党派人士反复地在议会提出这个问题。只是部长大臣们仍然支持他的政策，一成不变地援引毒性研究委员会和道尔顿的论文，好似他们对此事的观点已成定论。* 而鲁克尔自己同时又要为丁骨牛排的禁令辩护，已经开始对各方的批评变得愈加暴躁。

当《第五频道新闻》的记者告诉鲁克尔道，“尚未发现一例科学证实的 500 毫克或以下剂量 B6 中毒案例。”鲁克尔发怒道，“那我就等死人了再采取行动（这与他在下议院因带骨牛肉问题而爆发类似，当时他说道，“反对党前座议员可能想让全国人民受到感染，但是政府不会这样做”）。”记者坚持道，“没有证据能够证明 500 毫克以下的剂量会导致死亡。”鲁克尔怒气冲冲地反驳道，“是没有，但是你想让我等有人死去再采取行动吗。”[15]

1998 年 5 月，双方的争论达到高潮。下议院农业委员会议员对鲁克尔的决定进行了一次问询。其中一位证人是贝克特教授，他声明，道尔顿的研究“受到科学界的普遍否认，包括维生素 B6 神经毒性方面的世界著名专家赫伯特·绍姆伯博士和加雷斯·帕里教授”。

贝克特说，“她的研究完全是凭空幻想。200 毫克以下的剂量已经在英国使用了约四十年。这样的剂量根本不构成安全威胁，COT 的观点既荒谬又毫无根据……这是令人发指的行为，我毫不犹豫地说明，COT 的行为是我平生见过的最可恶的伪科学。”[16]

鲁克尔拿了出新的证据，企图开辟新的战线。他认为应该限制维生素 B6 的销售，因为其药用价值是自行决定的。这一点非常重要，因为只有医药监管局许

---

* 对 COT 观点的唯一外部支持来自医药监管局，他们称已经领到 42 张“黄牌警告”：1987 年与维生素 B6 相关的不良反应案例，包括一例死亡案例（英国国会议事录，上议院，1997 年 7 月 30 日）。经过检查后才发现，每个案例中出维生素 B6 外还有其他药物，正是这些药物引起的不良反应）。

可的药物才能建议医学功效。鲁克尔确实承认，生厂商和保健品店没有自行建议其药用价值（他们知道法律禁止这样的行为）。但是他辩解道，法律需要修改，因为维生素 B6 的药用价值有时候是膳食补充品。

6 月 23 日，议会公布了报告。他们对道尔顿、COT 以及鲁克尔的决定作出严厉的裁决。对于道尔顿研究的反对是非常严肃的，正如他们所总结的，“以此作为立法依据没有任何科学道理”。国会议员认为：

> 围绕维生素 B6 展开的不幸的争论将永远提醒委员会，要在真实而可靠的科学知识基础上提出建议，而且要明确政府干涉的角色和限度，在这一领域采取合理的、经议会同意的措施。[17]

委员会的裁定如此坚决，鲁克尔不得不寻找顾全颜面的出路。他同意放弃提议，但是建议维生素 B6 的毒性问题应交给一个新设立的“维生素与矿物质专家组”研究。五年后，从相关报道看来，专家组对于维生素 B6 的发现简直是含糊外交的典范，完美地保持了中立的态度。[18]

但是，至少目前 B6 恐慌已经完结。这次恐慌中的“推手”势力包括：政府的“独立”科学顾问——COT；制药公司（多年来曾积极游说，打击不是他们自己生产的保健产品）；容易上当的部长们，他们没能怀疑别人建议的正确性与可靠性。*“挡手”阵营不仅包括受到影响的企业，还有团结一致的独立科学家们。这场恐慌缺少一个推动恐慌的必备元素：来自媒体的支持（许多媒体坚定地保持了怀疑了态度）。

到 21 世纪前几年，决定膳食补充品最大允许剂量的权力落入了一个迷离境界，人们已经搞不清楚是谁在掌握最终话语权：是国家政府，还是欧盟。在小剂量情况下，可将维生素当做一种食物，在这种情况下，英国食品标准局和新设的欧洲食品安全局共同负责监管。在剂量变大时，可以将其视为药物，在此情况

---

* 鲁克尔的前任农业国务大臣安吉拉·勃朗宁于 1998 年在下议院说道，鲁克尔在维生素 B6 问题上中了别人的圈套了。早在 1995 年，COT 就带着同样的建议来见她。当时，她和她的官员告诉 COT，他们没有充足的证据证明限制条例的合理性。于是，他们选择等待一个没有经验的新任大臣以便再次尝试。两个月后，凭借同样的证据，鲁克尔提出了当年她曾果断拒绝的提案（国会议事记录，下议院，1998 年 6 月 24 日）。

下，欧洲药品管理局负责监管。这些冲突仍有待解决，但是食品标准局网站上的2007建议如是说道：

本局建议每天食用的维生素B6剂量不要超过10毫克。

这正是十年前COT向部长大臣们所建议的剂量。

海扇：一场政府科学家引发的恐慌

2003年，食品标准局（FSA）卷入另一场奇怪恐慌的中心。当时，出于卫生与安全的考虑，该局立即下令关闭一个利润丰厚的英国产业，成百上千人失去工作，几家公司面临倒闭。

后来发现，恐慌的原因是食品标准局赖以获取信息的科学方法出现了基本错误。几个月来，该局一直为自己的测试方法辩护，尽管多数专家都认为其存在漏洞，甚至包括当初设计这种方法的科学家也持否认态度。最后该局秘密修改了检测方法，问题才得以结束，整个行业得以恢复生产。

虽然其协会组织古旧不堪，集中于泰晤士河口、南威尔士河以及沃什湾的英国海扇产业仍在近几年里，耗资数百万英镑购置新船和加工设备，使产业不断扩大，年产值达2 000万英镑，产品行销世界各地。

2000年，食品标准局在约翰·克雷布斯先生的领导下接管了海鲜食品安全的监管事务。2001年，在发出海鲜实验室招标后，该局没有与阿伯丁的国家参考实验室续约，转而与环境、渔业和水产中心（CEFAS）签约。CEFAS是食品和农业事务部的一个执行机构，位于多塞特郡韦茅斯市。

很快，CEFAS实验室便提出了异常多的“阳性”检测结果，并称在检测的海扇中发现了“非典型”或“未确认”的毒素。于是，海扇产区一个接一个地被食品标准局关闭。让英国海鲜协会的科学家（例如：皮特·亨特博士）感到气愤的是，CEFAS所采用的是一种叫作“老鼠活体测定法”的检测方法。这种方法于20世纪70年代由日本教授安本武发明，但是之后便遭到世界上大部分实验室的弃用。这种方法收集大量贝壳提取物，将之与溶剂混合后注射进老鼠的腹膜中。很多老鼠立即绞痛抽搐而死。[19]

这种检测方法如此粗糙，不足以证明任何毒素存在，更别说，死亡的原因可能是溶剂本身。令这个行业与其科学顾问们更为吃惊的是，CEFAS没有任何控制措施监控其检测方法的正确性。这不仅违背了科学原则，而且违反了欧盟制订的检测程序协议。然而，当把样品送至其他实验室，不论是英国的还是其他国家的，使用现代检测方法（例如：老鼠口试以及欧盟批准的化学检测系统）检测后，一致地得出阴性结果。

2003 年 1 月，海扇产业已经因为关闭而损失数百万英镑，CEFAS 仍然无法对他们的检测方法提出令人信服的解释，于是业内代表与克雷布斯见面，直接向他提出了问题。如亨特博士所报告的，“我们清楚地记得，他听懂了我们的意思，并承诺立即开展紧急调查”。然而，在这次会面之后，食品标准局的官员们却只是埋头制定新的协议，试图确认他们的实验发现的神秘毒素。

6 月，海扇行业的危机达到了紧要关头。食品标准局命令国家参考实验室停止进行任何独立检测，因为他们的检测结果一次次地与 CEFAS 不同。6 月 19 日，该局发布命令，对英国所有海扇产区实行全面关停。超过两千人突然间失去了生计。

此间值得注意的是，除食品标准局与 CEFAS 外，没人对自己的检测方法还保有一丝信心。即使安本教授也说道，“是时候翻过他的技术而向前看了”。爱尔兰食品标准局已经放弃 CEFAS 所使用的检测方法，称之为“过时而漏洞百出”，因为他们发现，使用这种方法总是得出错误结果的原因是，用于混合海扇肉的溶剂才是杀死老鼠的元凶。与其他国家一样，爱尔兰如今已经采用了更为精密的化学分析方法。

CEFAS 与食品标准局仍在为它们的方法辩解，称老鼠实验法是欧盟法律所规定的，而且欧盟中有七个国家的官方实验室在使用这种方法。[20] 它们未能说明，世界上没有一个国家仍在像 CEFAS 那样进行老鼠实验，他们竟然不能保证去除足以杀死老鼠的“溶剂残留”。

7 月 10 日，食品标准局委员会在伦敦的一次公开会议上，克雷布斯与他的官员们面对的是亨特博士，以及英国最大三家海扇生产商中的两位老板。这三家公司占全英海扇生产总量的 90%，为 2 000 多人提供生计。[*] 他们质问道，为何食品

* 《星期日泰晤士报》，2003 年 7 月 13 日。两位企业代表分别是，泰晤士河口克肖斯公司的安德鲁 · 拉特利，这家公司之前有两百名员工，如今每周损失 15 万英镑；威尔士柏立湾公司的罗利 · 帕森斯，他被迫将全部 120 名员工的大部分解雇。第三家受影响最大的公司是约翰 · 莱克的金斯林公司，他的八艘海扇船雇用沃什湾 1 600 名员工。

标准局利用欧盟法律关停英国大部分海扇企业，而依据仅仅是采用备受质疑的实验方法检测得出的结果。克雷布斯将问题抛给他的食品安全政策主任维奇博士。维奇也不愿正面回答这个问题，而只是重申，他已经在《星期日泰晤士报》说过，大部分欧盟国家仍在使用老鼠实验法。

那年秋天，CEFAS 没有承认他们测试方法的漏洞，只是悄悄地修改了协议，进而消除溶剂杀死老鼠的可能。“未知的毒素”就这样消失了。英格兰和威尔士地区的海扇产区重新开放。已经损失数百万英镑的企业（克肖斯公司花费了 10 万英镑用于科学咨询）重新投入生产。

2004 年 2 月，由工党议员奥斯汀·米切尔主持，下议院特别委员会对关停海扇生产企业进行问询。议会报告道，“食品标准委员会没有践行公开透明的核心价值观，招致怀疑，有时甚至是敌意”。他们一致认为，“这次事件突出了欧洲各国实验方法上的差异，以及动物实验法的缺点”，并建议“英国应该致力于向欧洲普遍的实验方法迈进，从老鼠实验转向化学实验”。

虽然措辞严谨，很明显议员们已经切中要害。又一场毫无必要，却损害巨大的恐慌走向完结。*

注 释

1. 大部分内容来自维基百科词条“DDT”。

2. 斯维尼委员会，1972 年 4 月 25 日，迈克尔·克莱顿在《恐惧之邦》(伦敦，哈勃·考林斯出版社，2004 年）中引用。

3.《斯德哥尔摩关于持久性有机污染物会议》(日内瓦，联合国环境规划署，2001 年)。

4. 乌干达卫生部网站;《东非》，2006 年 4 月 4 日;《星期日电讯报》，2006 年 7 月 2 日。

5. 克莱顿，《恐惧之邦》。

6. 本部分背景资料来自让·勒宏戴尔与让·路易斯·勒宏戴尔，《硝酸盐与人类：有毒、有害或有益？》(1996 年)。让·勒宏戴尔是卡昂市大学医院的儿科教授，他的一生都在研究硝酸盐对人类健康的影响（本书的英国版于 2002 年由 CABI 出版社出版)。艾伦·蒙克顿，

* 下议院环境、食品与农村事务特别委员会，第五号报告，发表于 2004 年 2 月 11 日。2006 年，维奇博士升任为食品标准局首席科学家。

《硝酸盐高危地区：留言与真相》，《英格兰皇家农业社会杂志》，2002年12月16日。

7. 例如L·A·席勒等，《饮用水硝酸盐含量高的地区，婴儿的高铁血红蛋白水平》，《美国公共卫生杂志》，62:1174–80（1972）；H·I·舍瓦尔与N·格鲁纳，《硝酸盐与环境中硝酸盐的流行病学与毒物学方面》，《美国公共卫生杂志》，62:1045–51（1972年）。

8.《饮用水与健康》，国家科学院，安全饮用水委员会，华盛顿特区（1977年）。

9. 参见N·本杰明等，《自然》，363（1994年），第502页；《自然医学》，5，（1995年）546–51；R·S·戴奎森等，《硝酸盐是主要防线》，《杀菌剂与化学疗法》，40（6）（1996年）；阿伯丁皇家医务所进行的大量研究由农渔业粮食部资助；勒宏戴尔（1996年）。

10. 蒙克顿（2002年）。

11. 基于业内人士资料的简报，由促进营养疗法协会发表（1997年）。

12. K·道尔顿与M·J·T·道尔顿，《维生素B6过量的神经综合症特征》，《斯堪的纳维亚神经病学报》，76（1987），8–11。

13. 委员会关于食品、消费品以及环境中化学品毒性的利益申报，卫生部（1996年）。

14. 新闻通稿，消费者的健康选择，1998年2月11日。

15.《第五频道新闻》文本。

16. A·贝克特，提交下议院农业委员会的书面证据，1998年5月18日（维生素B6调查报告，会议记录第五号报告，1997–8）。

17. 下议院农业委员会报告（1998年）。

18.《维生素与矿物质的安全上限：维生素与矿物质专家组研究报告》（食品标准局出版社，2003年）。

19.《星期日电讯报》，2003年6月22日，7月13日。更全面的背景资料参见提交至下议院环境、食品和农村事务特别委员会的证据，第五号报告，发表于2004年2月11日。

20. CEFAS行政长官皮特·格雷格–史密斯与食品标准局食品安全政策主任安德鲁·维奇博士写给《星期日电讯报》的信。

第九章

The modern witch craze

现代女巫潮——对儿童的宗教虐待

社会工作者们公认的指控令警察都震惊了。例如，把婴儿放到微波炉中烧烤（他们说，婴儿尸体会爆炸）。

对恶魔般虐待的疯狂崇拜似乎已经形成，极易引发一场现代版的“猎杀女巫”行动……在我们看来所有元素已经具备：死板的先入之见、可疑的调查方法、不愿核查基本事实、容易相信任何荒谬的事情……以及不愿别人挑战他们的观点。

报告警醒我们，如果不停止宗教虐待消息的出现，极有可能引发一场“猎杀女巫”运动，造成对儿童的不公以及公务人员对他们的虐待。可悲的是，我们的预测都应验了。

以上三段内容均引自“布罗克托斯档案”[1]

如果没有提到这个与众不同的例子，那么本书对现代恐慌现象的记录就不算完整，虽然这次事件可能是所有恐慌中最为奇异的一例。

20 世纪 80 年代末，英国许多地方政府的社会事业部门普遍地认为，对儿童的性虐待不仅比通常所认为的更加频繁，而且多是由成人有组织地带着宗教仪式或撒旦崇拜的意味进行的。全国媒体报道了其中一些事件；其他的案件则无人关注。1994 年，我们多次报道了一些不为人知的案件，因为我们曾近距离地追踪这场闹剧。

虽然这种“巫术流行病”在某些方面与本书中提到的一般恐慌不同，但他们之间仍存在一定的共同点：特别是因为，事件中心仍然是一些公务人员们受了集体强迫妄想症的控制，最终造成巨大破坏。

与其他恐慌一样，这一次仍是起源于大西洋彼岸。1980年，美国市场上出现一本畅销书——《米歇尔的回忆》。该书由加拿大精神病学家劳伦斯·帕兹德与一位美国病人米歇尔·史密斯（后来与帕兹德结婚）合著。这本书叙述了她儿童时期遭受一名撒旦崇拜者监禁的故事，当时她受尽了非人的虐待。此书很容易使人想到萨德的色情幻想小说《贞洁的厄运》，它描述了米歇尔当时被强奸并遭受滴蜡虐待的情节；被关在一个有蛇的笼子里；被迫绑在十字架上排便；以及被迫目睹将死产婴儿肢解的过程。该书称，这些记忆压抑了米歇尔二十年，直到她遇到帕兹德博士才得以释放出来。[2]

1983年，加利福尼亚一位精神错乱的母亲突然相信，她两岁的儿子被麦克马丁幼儿园的一名老师鸡奸。通过当地警察，她将自己的恐惧传播给学校的其他约两百名家长。儿童研究所国际儿童性虐待诊所的一名工作人员凯·麦克法兰也参与进来，她与助手一起问了孩子一堆问题。帕兹德由于他对撒旦狂热的公开信仰，同样被招来问话。此次调查以及其他地方进行的类似调查均指控，麦克马丁幼儿园属于一个虐儿童者以及撒旦崇拜者的全国性网络组织，他们的主要目标是幼儿园和托儿所。[3]

在麦克法兰与帕兹德的宣传下，这件事迅速被北美地区的律师、社会工作者以及基督教福音教派的人得知。在之后的两三年里，美国与加拿大共开庭审理相关案件一百多次，被告人数达数百人。

几乎所有案件都有三个共同之处。第一，声称发生过的案件均包括肢解、屠杀或烧煮婴儿或儿童，以及喝人血，案件发生的地点通常在墓地、地窖、洞穴或隧道。第二，这些案件都是社会工作者以及律师一步步组合而成，他们以诱导性的问题向儿童证人发问。第三，除了一些以不停的审问从孩子口中逼出的证词外，从来没有实物证据作控告证明。[4]

所有的故事都不具备合理性和可信度。例如，在加利福尼亚的贝克斯菲市，警察或掘地或搜湖，以寻找儿童证人所称的被谋杀的23名儿童尸体。但是，他们一无所获。在俄亥俄州托莱多市，警察用推土机推开一片地，因为他们得知有

75 名被撒旦组织杀害的儿童埋葬于此。在明尼苏达州乔丹市，24 名成年人遭到起诉，最终都被释放，不过那时他们已经被折磨得一文不名。人们（包括一位小镇副警长与他的妻子）甚至因为称自己认为被告无罪而被捕。[5]

没人会想到，同样的疯狂已经跨越大西洋，来到了英国。

克利夫兰丑闻

英国首次引起全国注意的大规模性侵儿童案件，在某些方面与后来的案件不太相同。故事的主角是克利夫兰郡蒂赛德县米德尔斯堡综合医院的两名儿科医师，以及克利夫兰郡议会的一批社会工作者。在之前的几年，这些人没有受到媒体的好评，因为在一连串著名的事件中，社会工作者们未能发现或干预一些性虐儿童的案件。例如，涉及玛莉亚·科尔维尔、杰思敏·贝克福德、泰拉·亨利以及金伯利·卡莱尔的那些案件。

故事开始于 1986 年 7 月 9 日。当时，22 岁的母亲琳达·维斯发现放学回家的两岁女儿林茜胳膊上有擦伤。她感到非常困惑（之后她才知道，孩子们曾外出采摘覆盆子），于是将情况告诉健康探访员以及家庭医生。令她吃惊的是，社会工作人员来到她家后说，维斯夫人、她的两个女儿林茜与 18 个月大的宝拉，以及他同为 22 岁的丈夫巴里，都必须随他们前往米德尔斯堡综合医院。[6]

社会工作人员对维斯夫妇（两人都是低调而虔诚的卫理公会教友）下令，他们将不能带孩子回家，并且要接受 24 小时监控。如果他们不想离开自己的孩子，则必须搬到 30 英里之外的纽斯卡尔一家医院去住。

到了纽斯卡尔医院，他们被领到一间屋子。屋里的一个女医生告诉年轻夫妇，把林茜的衣服脱掉。她看了看孩子的屁股，没说什么便出去了。当时他们还不知道，此人就是玛丽埃塔·希格斯，在另一家医院工作的儿科医师。

希格斯最近去利兹市参加了一次课程。课上，另外两名医生简·韦恩与克里斯托弗霍布斯解释道，他们发明了一种新的科学方法，以检测儿童是否受到性侵犯。他们称之为“反射性肛门扩张”。小孩要脱掉衣服，把他的屁股朝向医生，然后医生将屁股掰开检查他的肛门。如果肛门自然打开，说明这小孩已经受到性侵。

在林茜·维斯身上，希格斯首次使用了这种技术。一周后，她告诉维斯夫妇说，她非常怀疑他们的女儿曾遭受性侵犯。两天后，她向维斯夫妇展示了她的技术。几分钟后，他们便因涉嫌性侵犯自己的女儿而被警察带走。他们最后一次见自己的孩子时，林茜紧紧地攥着18个月大妹妹的小手，哭喊着“我要回家”。

两个孩子被送往看寄养家庭。1986年11月，她们的父母收到一份负责此案的社会工作人员的来信，称“将为两个小女孩提供永久性寄养家庭”，也就是说她们要被别人领养了。

1987年1月，希格斯调往米德尔斯堡综合医院工作。到任后，她把“反射性肛门扩张”技术传授给同事杰弗里・怀特。在之后的几个月里，两位儿科医师为更多的当地儿童进行检测。一旦检测发现儿童曾受到性侵，他们就会立即向克利夫兰社会工作人员报告。然后，向处理维斯家的两个女儿一样，这些社会工作人员将儿童送至寄养家庭。[7]

1987年4月，希格斯再次见到维斯姐妹，在她们被领养前做了一次医学检查。凭借“反射性肛门扩张”方法，她诊断到，两姐妹又受到养父母的性侵。于是，养父母的三个孩子也被送往寄养家庭。孩子们的父亲是位公务员，曾被逮捕（二十年后，他回忆道，“玛丽埃塔・希格斯和其他人就像一群带着任务的宗教狂热分子”）。

到1987年5月，希格斯与怀特发现的案例已经飙升至难以置信的地步。在165名接受检查的儿童中，不下121名被诊断为曾受到性侵犯。如此之多的儿童被迫离开自己家，通常是被半夜里从床上带走，克利夫兰的寄养家庭已经不够用了。许多孩子如今不得不住在拥挤不堪的两间医院病房。

如此骇人听闻的事件已经引来媒体的关注。起初，公众对希格斯与社会工作者们持支持态度，认为他们对孩子们的问话结果已经证明，克利夫兰的确发生了重大丑闻。然而，5月底，一群家长从医院游行至当地报纸单位，讲述着他们的故事。他们的叙述与医生和社会工作人员的版本如此不同，于是，社会同情开始转向承受痛苦的家长和孩子们。

在对事件持怀疑态度的人中，有些是克利夫兰社会工作部门的人员，但是光在内部发表意见起不到任何作用。[8] 同样感到忧虑的还有希格斯的一些资深同事。7月，英国儿科协会主席约翰・福法尔医生写信给希格斯，正式指出新的诊断技术（例如她正在使用的技术）需要“首先得到业内的认可”。这“需要一段时间”，包括提出科学证据以及通过“专业期刊或科学会议”得到认可。[9]

那年夏天对医生和社会工作人员的行为表示谴责的还有米德尔斯堡工党议员斯图尔特·贝尔。在与许多家庭交谈之后，他直呼，这是令人发指的不公。但是，他的观点没有得到普遍的支持。对于许多人而言，希格斯仍然是令人敬佩的英雄人物。在那年的工党会议上，贝尔成为众矢之的，饱受谩骂。同时工党代表们一致通过一项动议，赞扬克利夫兰社会工作部门在面对贝尔以及媒体针对他们的“仇恨运动”时的英勇表现。一位女性代表攻击贝尔“错误的判断和荒谬的干涉”破坏了社会工作者的美好形象，赢得了满堂喝彩。[10]

然而，“克利夫兰丑闻”已经引发了公众的骚动，于是，政府指派英国资历最深的女法官伊丽莎白·巴特勒·斯洛斯进行调查。那天夏天，在她听取证据的过程中，医生与社会工作者在此间扮演的角色愈加清晰。首先，据孩子们描述，医生像处理传送带上的货物一样为他们检查。在召唤孩子们检查的时候，他们都不喊名字。据一个女孩称，怀特总是喊着“下流”二字，令她感到非常害怕。希格斯虽然没说什么下流的话，却显露出“厌恶的表情”。[11]

社会工作人员的证据则更令人心寒。当被问到有多少孩子被送至寄养家庭，他们只是回答道（尽管他们有十名工作人员在八台电脑上“加班加点”地工作），不知道有多少孩子仍与父母分离。[12]

调查过程中，观看了社会工作人员进行问话的录像。他们总是拿出一个“拟真玩偶”，让孩子们指出他们曾经被骚扰的部位。录像还显示，工作人员对孩子们或威逼，或利诱，迫使他们承认自己曾被侵犯。孩子们还总是要面对一些诱导性的问题，而这样的问题是绝不允许在法庭上出现的。[13]

之后这种模式会变得非常熟悉。对于许多孩子而言，他们永远也不知道自己为何要离开父母数周甚至数月。这样看来，他们遭受的唯一侵犯实则来自医生与社会工作人员的魔爪。

巴特勒·斯洛斯的报告，虽然在许多方面显得平淡无奇、缺乏新意，却也对事件中的两名社会工作人员提出强烈批评。对于他们使用的诱导性问题和“拟真玩偶”，她尤其表示鄙视。在相关研究否定了“肛门扩张法”后，希格斯被停职。研究显示，过半数没有受过性侵犯的儿童同样会表现出她所谓的“阳性现象”。

此时，法院已经开始审理嫌疑儿童性侵案件。超过 80% 的案件（包括希格斯、怀特以及社会工作人员所称的121名受性侵儿童中的98名）被法庭因控告不实而驳回诉讼。达拉谟监狱的两名被告上吊自杀。只有四起诉讼成立。*

然而，依然有人为希格斯与社会工作者们大力辩护，为首的是女权主义作家碧翠丝·坎贝尔。**1989年3月2日，斯图尔特·贝尔在下议院提到一份《卫报》发表的声明。据称有11名来自克利夫兰和泰恩赛德的儿科医学顾问在此声明上签字，坚称“在我们看来，大部分（约90%）儿童曾受到侵犯”，并呼吁希格斯复职。随后，贝尔揭露，这份文件是希格斯的密友组织完成的，并由怀特的妻子从娘家送至《卫报》。[14]

自己的家乡险些被疯狂吞噬，令贝尔大为惊怒。于是，他写了一本书——《当萨勒姆降临米德尔斯堡》，讲述这次事件。这本书将米德尔斯堡发生的事比做1962年萨勒姆事件。当时，马塞诸萨郡萨勒姆镇为一场集体精神错乱者控制，小孩被迫称自己的家长以及其他成年人为恶魔附体的女巫。

然而，到目前为止，英国版本的故事里还没有明确提及“女巫”与“撒旦崇拜者”。这种现象就要发生改变了。克利夫兰事件不过是一个开幕表演。

布罗克斯托

正是诺丁汉郡社会事业部门把美国的恶魔般的宗教虐待概念引入英国。

这是一个特别的内部报告的开头。报告由部门成员与当地警察与1989年联合发布，但是被尘封了7年。这份揭露真相的报告再现了20世纪80年代到九十年代中期控制英国社会工作者的集体恐慌。[15]

1987年10月，克利夫兰丑闻仍然占据着媒体头条。诺丁汉郡社会工作人员将诺丁汉郊区布罗克斯托一个大家庭的七个孩子带走，因为他们怀疑，这些孩子已经被他们的父母和亲戚性侵。十六个月后（1989年2月），这个家庭的十名

---

* 英国议会议事录，第501卷，1989年3月2日。被驳回的诉讼包括维斯夫妇的案件。法官裁决，他们可以与女儿们重聚。

** B.坎贝尔，《非官方秘密：克利夫兰儿童性侵案》（女战士出版社，1989年）。同样对希格斯表示同情的还有BBC的宗教广播部门。1989年2月，他们邀请希格斯参加一个《对耶稣苦难的沉思》系列节目。她选取那段内容：“他们朝他脸上吐口水，还打他”，讲述自己受到小报的不公待遇。

成员（有男有女）出现在诺丁汉刑事法庭之上，他们受到53项指控，包括乱伦、猥亵与虐待21名儿童。等待他们的是漫长的监禁。

这次案件被公认为英国最严重的大家庭多代人性侵案。案件中的所有儿童在开庭审理之前均受法庭监护，并被送往寄养家庭。帮助成功破案的社会工作人员以及警察受到法官、当地律师、媒体甚至首相撒切尔夫人的一致好评。

所有的证据均来自社会工作人员对孩子们的问话，以及寄养父母的日记。日记中记录这些孩子们偶然说到的话，包括：女巫派对、大人们骑着扫帚飞、谋杀婴儿、屠宰动物、被带到陌生的房子或神秘的地道里遭受性侵。正是基于这些证据，社会工作人员们得出结论，这些孩子受到有组织的、撒旦或巫术崇拜者的残害。

然而，在调查过程中，参与案件调查的社会工作人员与警察之间产生重大分歧。警察们渐渐地开始怀疑社会工作人员提出的证据。案子结束后，社会工作部门主任与警察局长达成一致，同意由未参与案件的双方代表开展一次内部调查。"联合调查小组"于1989年7月开始工作。五个月后，他们发布了一份惊人的报告。然而，在参与案件的社会工作人员的干预下，这份报告遭到雪藏。七年之后，报告内容多有泄露，于是网络上才出现报告的完整版本——"布罗克斯托档案"。

起初受到调查的那群孩子来自一个大家庭，在这个家庭中，有些成员受教育程度不高。他们住在市政地产的半独立住宅中。很多孩子还很小；其中一个主要证人"克雷格"在被送到教养院时才三岁。另一个还不到两岁。有好几个月，这些孩子只是说在家里受到虐待。但是1989年2月9日，社会工作部门雇用的"专家"（报告中称为"W先生"）对养父母们进行授课。他详细地向他们讲解从"美国专家"那里学到的"撒旦的指示"，对此他们要对孩子们进行测试。内容包括祭祀牲畜、杀死婴儿、喝血、吃肉、女巫、蛇、怪物、鬼以及被带到其他地方，如"神秘的教堂"。

自1983年起，美国形成了"撒旦式虐待"的思想，这些都是从这种思想学来的教科书式的"指示物"。从此之后，养父母与社会工作人员从孩子们口中套出的内容就发生重大变化。联合调查小组的报告揭露出他们是如何操作的：反复地通过诱导性问题困扰儿童以及其他证人。

例如，证人中有一个叫"玛丽"的十七岁女孩。她曾被告知，"你的父亲已经杀死不止一个婴儿”；“是谁让你父亲这样做的？”（玛丽：“我不知道。”）；“我们知道，你的父亲曾令别人怀孕，又令其堕胎，然后他把胎儿的血喝掉”（玛丽：“我完全不知道。”）；“你曾经不止一次地吃过婴儿肉”（玛丽：“我记不得了。”）；“我们认为你的确吃过”；“你至少杀死一个婴儿。还是不止一个？三个？三十个？到底是多少？”经过三个月这样的审问，玛丽已经承认曾经见到“至少七次婴儿谋杀和多次吃人肉行为”。

正如报告所解释的，这样不知疲倦地审问的目的是：首先，确认玛丽曾经参与谋杀婴儿和吃婴儿肉，并喜欢喝人血；然后，诱导她指出参与其中的其他成人（与教堂有关吗？穿了特别的服装吗？念什么咒语了吗？）；直到“社会工作者们最终确认”事情的起因是玛丽一家所具有的魔鬼崇拜。

正如日记和文稿记录所显示的，社会工作人员渐渐地编制了一个巨大的罪名之网。包括：多次杀害婴儿，有些被放进微波炉中；频繁地宰羊；喝血；许多次“女巫派对”，有时会在大房子里举行（驾车带着小孩到处转悠，并问他凶手是谁，指控在教堂进行活人献祭也是如此）。所有这些伴随着成人对儿童的性虐待，通常穿着奇异的服装（“我妈妈骑着扫帚飞”，一个小男孩如是说道）。

社会工作人员们强调，录像中证人讲到的每一句话都是真实可信的。他们的核心原则是，“小孩的话应该相信”，尽管孩子们所做的所有指控都是别人灌输给他们的。许多事情从物理角度看是说不通的。正如警察们试图指出的，放进微波炉的小孩会爆炸。在市政地产半独立住宅的客厅宰羊，而在薄墙另一边却听不到，这实在难以置信（正如报告中提到的，“羊体型大，声音高，是很难对付的动物。莱斯特市政府住房内，一名印度人宰羊的事竟然在第二天上了全国报纸”）。孩子们甚至称自己“被杀”。

调查小组调查了大西洋彼岸“撒旦式虐待狂热”的根源，以及社会工作者效仿美国设计自己的调查方法已经到何种程度。他们甚至动用了驻华盛顿英国大使馆人员，调查所谓“美国专家”的资质，这位专家曾教授“W 先生”寻找那些“撒旦指示物”；却发现“他没有任何医学背景（尽管他自称是医学顾问），并且他是未公开的社会工作者，家族没有任何教育传统，FBI 根本不把他当回事”。

社会工作者们还使用了另一个美国人提供的一套“撒旦指示物”。他们在雷丁参加一次关于虐待儿童的讨论会时，听到这个美国人描述“美国小孩称见到用微波炉烧烤婴儿”。他们回到诺丁汉郡几天后，一些孩子便开始讲述类似可怕的微波炉故事，这在之前从未发生过。

当调查小组要求对一些成人证人进行问话时，像之前警察要在开庭审理之前核查一些案例一样，参与案件的社会工作人员们再次发怒（他们“认为警察对这种虐待的认识不够，而只不过是要怀疑证人，以反驳他们进而停止调查”）。一位名叫“简”的成人证人（她的孩子已经被送往寄养家庭）描述道，社会工作人员们不停地以一些问题骚扰着她。她知道这些事不是真的，但是“已经不堪忍受折磨，于是开始承认这些问题”。另一名证人曾告诉她，如果讲他们想听到的话，她就能与女儿重聚。所以，她之后讲的每一句话都是“谎言”。“关于巫术和魔法，我所知道的都是从电视上看来的”。

1989 年 12 月，调查小组发布了报告。他们总结道，“没有证据能够证明，在布罗克斯托案件以及之后的案件中存在撒旦式的宗教虐待。也没有证据证明其他有组织的虐待。社会工作部门所称的撒旦式宗教虐待是否存在，实在值得怀疑”。

然而，报告也注意到，从审判的结果看来，“社会工作人员已经被视为撒旦式宗教虐待方面的专家。1989 年 9 月，他们在雷丁市的一次会议上作了演讲。有 230 名代表参加了会议，包括儿童保护协会、儿科专家、警察以及社会工作者”。如今，他们正在向其他社会工作者们给出撒旦教派仪式方面的建议。市场上已经有雷丁演讲的录像在卖，调查小组已经了解到，“许多警察机关以及伦敦警察厅打算将此用作撒旦式虐待的证据”。

报告警告道，“如果不清查这种对撒旦式宗教虐待的信仰体系，将最终导致严重的不公，以及引发一场现代版的‘猎杀女巫’运动”。

联合调查小组意在将报告提交给政府以及社会服务监察员。4 月，他们建议将一份简短版本的报告公之于众。但是，在经过一番激烈的幕后争斗后（涉及参与案件的社会工作部门高级成员），这份报告最终遭到打压。

就这样，社会工作者们大获全胜，进而得以到处宣传他们的观点。1997 年联合调查小组的报告最终得以公开后，据 J · B · 怀特金的简介称，“他们忽略了报告的发现，并且继续通过会议、社会工作专业期刊、电视以及电话咨询服务，宣传宗教虐待的知识”。他们帮助设立了一个新的机构，叫作 RAINS（宗教虐待信息网络与支持），以便在全国范围推行他们的信仰。[16]

一些媒体立即转而支持他们的事业，其中一员便是碧翠丝·坎贝尔。她刚刚出版了自己的书，支持玛丽埃塔·希格斯在克利夫兰事件中扮演的角色。她与朱迪丝·道森（诺丁汉事件中的一名社会工作人员）的关系越来越亲密。1990年《新政治家》杂志上关于撒旦式虐待的四篇文章中，有三篇就是坎贝尔所写，文章题目为“撒旦观点证明正确”。

在世界另一端的加利福尼亚，美国史上最长的刑事审判刚刚结束。七年过去了，麦克马丁幼儿园的案子终于结案了。曾经一度有208起虐待儿童事件，涉及40名儿童，七名成人受到指控，包括幼儿园园长以及五位老师。这次案件花费当地纳税人超过1 300万美元（之后的O·J·辛普森谋杀案花费800万美元），涉及六位法官、17名律师，以及数百名证人。最终，最后一名被告——当初受到控告的教师于1990年1月被宣布无罪。

然而，在英国，循着麦克马丁案建立的模式，“撒旦式虐待”的恐慌正进入全盛时期。

洛奇代尔

众多相信撒旦虐待理论的众多社会工作人员中就包括，兰开夏郡洛克代尔区议会社会服务部门的成员。1990年春天，联合调查小组的报告刚刚完成，就引起一场闹剧在洛克代尔郡附近的米德尔顿镇上演。故事的全貌在十六年后才得以公开。

丹尼尔是一名沉默寡言的六岁小男孩。一天，他告诉老师，自己做了一个可怕的梦，梦到一个妈妈鬼、一个爸爸鬼和一个小孩鬼。他的老师将情况报告给洛克代尔社会服务部门。之后，丹尼尔被叫到校长办公室，一帮陌生人把他带上一辆车。几年后，他回忆道，社会工作人员在一间小屋里对他进行“没完没了的盘问”。尽管极力为自己母亲辩护，他还是在那天晚上被带到一个儿童教养院。此后十年，他再没有回过家。[17]

然后，社会工作人员以及警察们来到他在兰里市政住房的家中，带走了他的两个弟弟（一个三岁，一个四岁）和11岁的姐姐。他们的衣服被脱掉，扔进了垃圾箱。小女孩所穿的新衣服是她刚收到的生日礼物，社会工作人员却称之“肮脏”。孩子们都被带到了教养院，接受无休止的盘问。

接着，警察与社会工作人员返回他家开始搜查孩子们的房间，并告诉他几近发狂的父母，“我们怀疑你们拥有黑魔法且虐待你们的孩子”。据一份官方文字记录称，一位警官问孩子的父亲关于“黑魔法”“魔鬼崇拜”“兜帽和斗篷”的问题，并说“我们认为这些事物与你们的孩子有关”。[18] 他们拿走小女孩用两个棒棒糖棍做的十字架，以及墙上的耶稣十字架挂饰，上面写着“上帝保佑我的家”。社会工作人员认为这些东西是重要证据。还包括一个盛圣水的盘子，之后被认为是用来盛血的器具。

几周后（5 月 11 日），当地报纸编辑史蒂夫·哈蒙德接到孩子父亲打来的电话。他用颤抖的声音说道，“他们说我们对孩子施了黑魔法。我们的孩子们都被带走了。求求你，帮帮我们吧，我们是无辜的。”[19] 在对事件进行调查后，该报发表文章，题为“一对夫妇被控告“有黑魔法”，孩子已经被带走”。洛克代尔议会的回应则是，让高等法院下达禁令，禁止媒体对此事进行报道，禁止媒体与相关人员进行接触。

同时，孩子们正在接受盘问，问他们关于朋友以及住所周围任何认识的人。6 月 12 日早晨，其他六家的孩子也被从床上带走，开始接受医学检查以及一系列审问，然后被送往教养院。

在之后的几个月里，社会工作者们逐步构成了一副图景：孩子们曾被带到闹鬼的地方；被穿上奇怪的衣服；被关进笼子里；曾经目睹动物和婴儿被杀。官员们确信，他们揭露了一桩大案。而警察却并不相信他们的观点。唯一支撑社会工作者们观点的是他们强迫孩子们所说的话。最终，曼彻斯特警长詹姆斯·安德顿于 9 月发布声明，称“警方反复调查后，未能发现证据证明刑事诉讼的必要”。

此时，案件已经引起全国媒体的兴趣。《星期日邮报》促使最高法院对禁令作出改动，允许在不提及孩子名字的情况下进行报道。相关报道发表那天，“洛克代尔案件”登上了全国电视的新闻节目，而且世界媒体都对此事进行了报道。

社会工作者们非常狂妄。他们的部门长官戈登·利特摩尔发布声明，称“社会服务部门与警察局一致认为，儿童所称的虐待是真实的”。他们甚至禁止家长给教养院的孩子们寄送圣诞贺卡，唯恐贺卡中会藏有“撒旦的符号”。

此时，16 名儿童仍接受法庭监护。1991 年 1 月，最高法院开始了一次长达 47 天的听证会，以决定是否让孩子们回家。3 月 7 日，道格拉斯·布朗法官裁定，洛克代尔社会服务部门“严重违背了良好的职业道德”。他说，主要负责处理案件的两名社会工作人员表现出“危险的固执”。法官还指责他们的上级领导没有认真管束自己的人员。第二天，利特摩尔辞职。

法官命令，立即将 12 名儿童送回家。只有最初的四个孩子（包括丹尼尔）没有被送回家，原因不详。两个小男孩在儿童教养院生活了七年。他们的姐姐与丹尼尔一起留在斯托克波特一个寄养家庭。直到十六岁时，女孩才得以离开寄养家庭回了家。丹尼尔十六岁时也跟姐姐一样回了家。

2006 年 1 月 11 日，BBC 纪录片《撒旦降临洛克代尔》首次对事件进行报道。节目包括社会工作人员对孩子们问话的录像。其中一段录像显示，一名六岁小女孩不停地哭了 17 分钟，而一名社会工作人员却从未停止提问。节目首次曝光了之前提到的两名工作人员的名字：朱利安·法兰西与苏珊·汉莫斯利。据节目称，她们仍在从事“儿童保护”工作。

同样对此事进行了详细报道的《米德尔顿卫报》利用信息自由法，从洛克代尔政府得知，议会为阻止媒体对案件进行报道总共花费 12 万英镑：1990 年和 1991 年共花费 82 100 英镑，2005 年 9 月又花费 38 473 英镑，只为避免媒体提及工作人员的名字。如今，两个禁令都已解除。[20]

奥克尼群岛

撒旦式虐待的信徒遍布全国。下一个轰动的案件发生在苏格兰东北部奥克尼群岛的一个小岛——南罗纳德塞岛。

梅·威尔舍是一个活泼开朗的六岁小女孩，她的家里共有八个小孩。1991 年底，奥克尼议会社会工作人员把她从教室叫了出来。她记得，“当时穿行在学校的走廊里，哭喊着，双臂被紧紧地擒着，塞进一辆警车”。坐在车后座的一名女性社会工作人员说道，“你被岛上的成人虐待了，所以要带你离开。”[21]

她发现自己的兄弟姐妹也被带来了，但是没一个听得懂社会工作人员在说些什么。到达大陆后，他们便被分开了。梅被带到格拉斯哥的一个儿童教养院。后又被带到一家又一家寄养家庭。她记得那曾经令人疲惫的旅行，从一个地方搬到另一个地方，还说自己感觉很难过，总是不停地哭。她不再是个快乐的小女孩了。“我总是自己一个人坐着，止不住地哭着。”

起初，他们允许她的母亲每两周见她一次，但是不准她们有任何身体接触，也不能坐在一起。“社会工作人员会坐在那里，监视我们所说的话。”在被送往第二个寄养家庭后，她就没再见过自己的妈妈。

有个人梅倒是经常见到，一周两次。此人叫作莉斯·麦克林，正是那个把梅带离学校的社会工作人员。她要单独与麦克林待在一间屋子长达两个小时。“我很害怕她。她很吓人，还很有控制欲……她生气时更加恐怖。她想让我按照她的意愿讲话。”麦克林总是问她一些关于大人们对她的兄弟姐妹性骚扰的问题。偶尔情况下麦克林会感到满意。她让梅画一个圆圈，然后在圆圈四周摆上火柴棍。看起来似乎是一帮大人在进行某种宗教仪式。“非常好，”麦克林说道。

对孩子们的审问进行了几个星期，他们问到孩子们认识的其他孩子和大人的名字（社会工作人员称此为“释放治疗会话”）。1991 年 2 月 27 日早晨，天还没亮，警察和社会工作人员便突袭了南罗纳德塞的另外几户人家。九个孩子被从床上拉起来，塞进一架包机，带到英国大陆进一步问话。像梅一样，其他的小孩后来也描述麦克林道，“她非常可怕，总是问一些关于撒旦式虐待的问题。”

社会工作者们很快认为自己发现了证据，证明孩子们曾受到有组织的成人性虐待，被迫参与在岛上一个采石场上进行撒旦教派的性游戏。

许多大人被捕，指控他们性侵自己的孩子。这件案子摆在了大卫·凯比面前。五周后，案子结束了。警长裁决，本案“漏洞百出”。他不能确定社会工作人员提出的证据的真实可靠性。他们操纵了对孩子们的盘问，意在让他们承认被虐待过；并且，他们没有吸取克利夫兰案以及洛克代尔案的教训。

警长命令，立即将九个孩子送回家。一群家长、亲戚以及岛上的居民在机场迎接他们回来。接着，高级法官克莱德开始对案件进行调查，整个过程耗时七个月，花费 600 万英镑。他长达 363 页的报告强烈指责奥克尼议会社会工作人员的调查方式，并点名批评一些官员（包括麦克林）。他提出 192 项建议，以避免以后发生类似的事情。麦克林还因在埃尔市的“撒旦式虐待”案而受到批评。之后，她辞去工作，并于 1992 年失踪。

梅·威尔舍终于得以回家。但是在她十七岁离开奥克尼时，被带走的记忆和之后在寄养家庭的经历仍令她心有余悸。2006 年，已经与丈夫孩子生活在英格兰的她首次谈到这段经历。[22]

彭布罗克

克利夫兰、诺丁汉、洛克代尔以及奥克尼纷纷登上全国报纸头条。之后德维得郡发生的事却几乎无人关注，尽管它与其他事件一样奇怪而悲惨，并且引起英国最大规模、最长时间的性虐待案。一些事件相关人员也对发生的事情感到震惊，在与他们接触之后，我们得以在《星期日泰晤士报》上报道此事。

1989年，德维得郡议会社会工作人员参加了一次为期三天的“培训计划”。此次计划由一位“撒旦式虐待专家”支持开展，他曾在1988年诺丁汉案件中扮演关键角色。虽然联合调查小组的报告中称之为“W先生”，之后此人被确认是雷·怀尔。在听过他对“撒旦指示物”的介绍后，社会工作人员回到德维得急切地寻找这些迹象。

1990年，彭布罗克一对夫妇分手后，社会工作者将他们的两个孩子送至寄养家庭。八岁的“杰森”注意到，住在这里的一个曾受到性侵犯的小女孩受到社会工作者们的特殊待遇。比如，他们会送给她一辆自行车作为礼物。一名女性社会工作人员开始对“杰森”进行漫长的“治疗”。在一年多的时间里，总共有28次问话，有时问话会持续将近一整天。他们的对话内容包括“性教育”和“记忆工作”。

两人不仅逐步“恢复杰森对遭受性虐待的记忆”，而且，发生在采石场与谷仓的事竟然与其他小孩和大人扯上关系。从提交法庭的文件很容易看出个中端倪。他们盘问杰森他所认识的小孩以及大人的名字。

1992年，一名离家出走的14岁女孩同样受到社会工作者的详细盘问。她还说出了参与性犯罪团伙的其他人的名字，最终称“大约有200人参与”。

到1992年中期，社会工作者以及当地警察已经确信，杰森起初提供的性犯罪团伙线索是真的。到当年年底，十一名男人和两名女人被捕，并遭到起诉；九个家庭的十八个孩子被送往教养院。

其中有一位名叫“苏珊”的女人。早上八点，她正在打扫卫生，她的孩子还在床上睡着，这时门铃响了。警察与社会工作者一行五人进来，将她逮捕，并把她的孩子们送至教养院。在监狱待了九个月后，她才被保释出狱。因为担着性虐儿童的罪名，她在监狱受尽了其他犯人的折磨，比如在她的饭里撒尿或放玻璃。

六个月的庭前审查过去后，在法官先生凯伊以及陪审团的主持下，案件于1993年10月4日开庭审理。法庭里挤满了律师，仅被告席就有30名律师，其中包括一些皇家法律顾问。一直到圣诞节，他们还在讨论1 500页的证据中哪些是可以接受的。直到新年，皇家法律顾问杰拉德·伊莱亚斯才开始控方陈述。这一过程又持续到4月底。

除一些相关的专业人员外，他只有两名成人证人。其他的主要证人都是一帮小孩。很明显，由于撒旦式虐待的存在已经备受质疑，所以他并没有明确提及这一点。然而在其他方面，他希望陪审团能够相信他的故事。这种故事情节已经在类似的案件中再熟悉不过，包括成人对儿童的性虐待以及频繁的暴力虐待，有时会戴上假发，穿上斗篷。据他所言，这种事情已经发生了很长一段时间，地点通常是洞穴、谷仓、海滩，甚至在有许多小孩居住的住宅区运动场。

2月9日，一名12岁的小男孩证人（一名被告的儿子）在法庭上说，虽然他在1992年已经接受问话，社会工作者仍在纠缠着他，让他承认曾受到父亲的虐待。这当然不是事实，因为他的父亲从来没有虐待过他。

另有一名女证人，他的前男友被指控为“在性聚会上恐吓儿童的恋童团伙头目”。2月23日，她告诉陪审团，她签字的、指控前男友性虐儿童的声明是不真实的。她表示，社会工作者曾威胁她，如果不合作，她的孩子将永远不能离开教养院。她说：“我完全被他们控制了。我知道他们想让我说什么，所以我不停地说，不停地说，但那些话都不是真的。”伊莱亚斯问道：“你是说，你和社会工作者所说的全都是一堆谎言？”她回答道：“是的。”

3月7日，伊莱亚斯的另一位证人同样称，她对社会工作人员所说的话都是假的。他们曾警告她，除非她承认他的丈夫以及其他成人曾性虐儿童，否则她永远别想见到自己的孩子。据她描述，在她即将到警察局作供之前，一名社会工作人员（她提到了名字）与她在拉内利警察局外见面，带着一个笔记本，上面记着要指控的成年人的名字。如果她愿意合作，将免于被起诉。[23]

3月11日，法官命令立即释放12名被告中的三位，因为没有证据证明他们有罪。其中之一便是“苏珊”，她已经在监狱忍受了九个月的折磨。然而，她仍没有获得完全自由，在结案之前，她无权申请与孩子们重聚。

在接下来的三个月里，案件继续进行。随后，法官又以同样的原因释放两名被告。两人的起诉证人都收回他们的之前证词，称他们这样做只是受了社会工作者的胁迫。对被告不利的唯一集体性虐证据来自七个小孩。这些孩子已经被安排在教养院，社会工作者们已经对他们进行长达 16 个月的问话。其中三个孩子已经收回他们的证词，否认曾经发生过任何虐待事件（同被告方其他九名儿童所说的一样）。

控方未能提出一点可靠的证据，证明指控的犯罪行为曾发生过。虽然他们坚称，有许多关于犯罪场景的照片和录像，但是，警方反复调查也未能发现一张照片。控方的医学证人也不能证明儿童的确受到侵犯。尽管他们称，孩子们曾受到各种残忍的暴力虐待，但是医生、教师以及其他人没有提出相关证据。[24]

然而，令人震惊的是，根据 1994 年 6 月 13 日陪审团作出的裁决，余下的被告中有五名被告的控制恋童组织罪名成立，另外一个犯了其他虐待儿童罪。只有一名被告被判无罪。6 月 29 日，法官凯伊判处他们最高十五年监禁。见证了过去九个月来法庭上发生的一切，见证了所有的证据以及控方的种种行为，被告律师私下里感叹道，这件案子简直是对正义的无耻践踏。

在陪审团作出裁决不久后，凯伊便写信给内政大臣。他希望借此抱怨被告律师对儿童证人"持久而令人痛苦的盘问"。为避免儿童说谎，他建议将来控方律师应有权干涉，保证他们以"友好"的措辞进行问话。

法官先生早该遵循这样的原则。对被告不利的唯一直接证据来自七个小孩。他们没能提出任何可靠的证据。然而，法官的担心却在于被告律师向儿童问话的方式，其实他们只是对此事抱有怀疑的态度。

本案中一个同样值得注意的地方却没有引起法官的关注。在开庭前的 18 个月里，社会工作者们曾对孩子们进行长时间的审问，包括对"杰森"的 28 次问话，有时会持续一整天。他们正是以这种方式捏造了整个故事。在巴特勒·斯洛斯发布克利夫兰报告后，内政府发布"职业准则备忘录"，规定，在任何可能的情况下，只能对儿童进行一次问话，并且问话时间不能超过 1 小时。

同样是继克利夫兰案件之后，1989 年儿童法规定，当儿童指控成人虐待时，应该相信儿童的话，无须补充证据，除非成人能够证明控告不实。这种规定严重违背了英国基本的公平原则。然而，可笑的是，正如彭布罗克案所体现的，当小孩为一名成人的清白辩护时，他们并没有遵循相信小孩的原则。斯温西市审判时，他们对一名被告的12岁儿子进行了最为残忍的审问。尽管伊莱亚斯反复地提到他在说谎，两个小时里，男孩一直坚称自己没有被父亲虐待。这次还是未能引起法官的注意。

那些罪名成立的被告开始了漫长的牢狱生涯。案件中的一些家庭为与孩子重聚而开始了漫长的斗争，只是有时他们的斗争会显得很无力。其中就包括“苏珊”与被判长期监禁的丈夫。1994年秋天，经家事法庭对案件进行复审后，法官康奈尔裁定，没有证据能够证明他们有罪。1995年11月3日，上诉法院撤销了他们的罪名。一家人得以团聚。[25]

社会工作人员对男孩“杰森”的问话是整个事件的开始。案件结束一段时间后，我们得知，11岁的“杰森”已经上吊自杀。

结　语

1989年，人类学家珍·拉芳丹是希格斯的最大支持者，同时是克利夫兰的一名社会工作者。1990年，她出版了一本书，《儿童性虐待》。她对被称作“加利福尼亚模式”的调查表示支持；而完全忽视了巴特勒·斯洛斯对所谓“释放疗法”的批评。这种方法其实会令大人通过向小孩施压而作出错误的指控。[26]

虽然有巴特勒·斯洛斯的批评，这种方法还是一次又一次地在之后的案件中使用，包括布罗克斯托、洛克代尔、奥克尼以及彭布罗克。拉芳丹同样接受“恢复记忆”的理论，这种方法可以压抑对性虐待的伤痛回忆，然后通过交感神经疗法恢复这些记忆。

然而，就在撒旦式教派虐待变成控制许多社会工作者的正统思想时，拉芳丹对非洲巫术的了解促使她开始怀疑性虐儿童组织的存在。1990年，卫生部委托她撰写一份报告。1994年，报告完成——《有组织、仪式化性虐儿童的程度与性质》。在这份报告中，她不仅摒弃了撒旦式虐待的思想，还分析了社会工作者通过向孩子们提出一堆诱导性问题，逐步诱使孩子们编造一个他们想要的故事。

与彭布罗克案同一年的拉芳丹官方报告的意义在于，它反映了撒旦式虐待恐慌已经消退的程度。后来有评论家说道，“审理彭布罗克案时谨慎地去掉很多撒旦元素以确定罪名”，[27]便反映了这次恐慌已经受到怀疑的程度。

但是对恐慌的记忆还在。不仅存在于那些生活已经完全被毁的无辜者，还影响着一些社会工作人员本身，他们有时候会觉得自己仍处于恐慌时期，也会幻想自己掌握了一种“科学技术”，从而能够发现同胞中潜藏的恶魔。

2003 年，似乎是受了附近奥克尼事件的影响，刘易斯区的赫布里底岛上的八名成人（包括一名 75 岁的老妇）面临审判。他们被控告在魔法祭祀仪式上虐待儿童，包括祭祀猫和鸡以及喝血。社会工作人员这边的一位主要证人是安吉拉·斯特拉顿，一个有学习障碍的三十多岁妇女。九个月后，案子悄然结束。此时被告们已经饱受义务警员的攻击，他们的生活也被彻底毁掉。

2006 年，斯特拉顿承认，自己所说的母亲与其他家人参与黑魔法祭祀活动的事全是谎言。她说，起初，对社会工作人员提出的屠杀动物以及喝血之类的事，她都予以否认。“但是，他们一直纠缠着我不放。他们说，为了孩子，我也得讲出实情。我感到压力很大，所以我可能说了他们想要的东西。我只是在同意他们所说的话。”[28]

她的话可以当作这个可怕的恐慌故事的碑文。

注　释

1.《布罗克斯托档案》，联合调查小组关于诺丁汉虐童案的报告，1990 年 6 月 7 日（1997 年公布，www.users.globalnet.co.uk）。

2. 米歇尔·史密斯与劳伦斯·帕兹德，《米歇尔的回忆》（1980 年）。

3. 理查德·韦伯斯特，《撒旦式虐待与麦克马丁：传遍全球的谣言》，《新政治家》，1998 年 2 月 27 日；珍·拉芳丹，《谈论魔鬼：当代英格兰的撒旦式虐待故事》（剑桥大学出版社，1998 年）。

4.《布罗克斯托档案》（1997 年）。

5. 同上。

6. 对维斯一家经历的描述是来自苏·瑞得在《每日邮报》的一篇文章，2007 年 2 月 24 日，此时，两名女孩已经长大成人，她们首次公开讲出 1986 年发生在她们家的故事。

7. 查尔斯·布拉格内尔，《克利夫兰性虐儿童丑闻：权力的滥用与误用》，见于 www.childrenuk.co.uk. 1987 年，布拉格内尔是克利夫兰社会服务部研究部主管。斯图尔特·贝尔，《当萨勒姆降临米德尔斯堡》（Pan Books 出版社，1998 年）。当时，贝尔是米德尔斯堡地区的议员。布里恩·迪尔，《我们现在要听孩子们的》，《星期日泰晤士报》，1988 年 7 月 10 日。

8. 布拉格内尔，在前面的引述中提到。

9. 同上。

10.《每日电讯报》，1987 年 10 月 22 日。

11.《星期日泰晤士报》，在前面的引述中提到。

12.《每日电讯报》，1987 年 10 月 22 日。

13. 布拉格内尔，在前面的引述中提到。

14. 英国议会议事录，下议院，1989 年 3 月 2 日。

15.《布罗克斯托档案》(1997 年)。

16. 联合调查小组报告简短版最终于 1997 年通过网络公开。多亏三位记者：尼克·安宁、大卫·海布迪彻、玛格丽特·杰维斯，还有当初调查小组高级成员怀特金的新版简介。

17. 卡罗·米德格雷，《我们被偷走的童年》，《泰晤士报》，2006 年 1 月 10 日。

18.《米德尔顿卫报》，2006 年 1 月 12 日。

19. 同上。

20. 同上。

21. 艾斯特·艾德里，《我止不住地哭着》，《卫报》，2006 年 10 月 21 日。非常感谢这篇文章，这部分大部分信息来自此文章。

22. 同上。

23.《星期日电讯报》，1994 年 3 月 20 日。

24.《星期日电讯报》，1994 年 6 月 19 日。

25.《星期日电讯报》，1995 年 11 月 5 日。

26. 韦伯斯特，《新政治家》，在前面的引述中提到。

27. 同上。

28.《撒旦式虐待的主要证人说：我说谎了》，《观察家报》，2006 年 9 月 24 日。

第十章

速度杀手——导致死亡的安全恐慌

Speed kills

公路事故死亡在全球蔓延，与疟疾、肺结核相当。

——全球道路安全委员会，2006 年[1]

研究发现，超速驾驶造成三分之一的交通事故。这意味着，超速驾驶每年约造成 1 200 人死亡以及超过 10 万人受伤。这比任何其他因素造成的交通伤亡人数都要多。

——《明天的路：让每个人更加安全》英国交通部，2000 年

过去三十年里持续下降的交通事故数量是现代英国的一大成功。英国的交通安全记录比世界上任何国家都要好。

毫无疑问，交通事故死亡人数最高记录出现在第二次世界大战早年，当时的夜间灯火管制（和蒙着的车头灯）暂时将每年的死亡人数推高至 9 000 人。之后，又有所回落。但是，随着战后二十年私家车数量出现三倍增长，年度总数再次上升，从大约 5 000 人升至 1966 年的峰值 7 985 人。

从那时起，尽管路上的汽车不断增加，死亡事故数量却以每年 5% 的速度稳步下降。到 1980 年，已经降至 6 000 人。1993 年，降到 4 000 人以下。英国的公路在欧洲是最安全的。法国与德国的每年死亡人数为 9 000 人。而葡萄牙的死亡率则是他们的三倍。

接着下降率突然放缓。之后的十年下降的总数比 1990 年到 1993 年中的任何一年都少。有五个因素导致年度数据上升。

发生了什么变化？

20 世纪 90 年代中期发生的最明显变化是政府道路安全政策的彻底变革。部长官员们确信，超速驾驶是目前造成交通事故的头号因素。意在进一步降低事故发生率的道路安全策略如今变为实行限速。于是，路上的测速相机越来越多。

然而，正是这个时候，事故数量下降的速度开始明显放缓。虽然数百万司机被“测速相机”抓到，他们每年所交的罚款也超过 1 亿英镑，但是交通事故死亡人数下降速度却不比从前。

道路安全专家自然要把二者联系起来了。是政府政策的转变导致事故死亡人数下降速度放缓吗？如果政策不变，是否等于挽救 7 000 人性命？排除其他一切因素，限速政策与高度可疑的数据是否呈现出恐慌的特点？

对“速度”的困扰如何形成

尽管英国公路上的汽车增加了一倍（从 1966 年的 1 200 万辆到 1994 年的 2 500 万辆），毫无疑问，过去几十年死亡事故稳步下降的一个重要因素为：技术进步使汽车更加安全。但是这不能解释 90 年代事故发生率下降速度放缓的现象，当时新的条例使汽车更加安全。

过去几十年里发挥作用的另一个因素是英国的管理方法。英国交警的效率已经被奉为典范，得到国际社会的广泛认可。他们定期的巡逻不仅可以抓到超速的司机，还可以告诉司机去检查他们的车子。当然，还可以严禁酒后驾驶。

然而，到 80 年代末，科技进步赋予交警新的工具。激光枪的使用让他们更加准确地测出行驶车辆的车速。交通监管的任务逐渐从人类的判断转移至对车辆是否超速的简单测量。

1991 年，政府花费 100 万英镑刊登广告，呼吁超速驾驶的危险（不要超速，不要杀人）。1992 年，交警们配备了新的武器——伦敦西部安装了首个测速相机。在 M40 高速公路的首次试验检测出司机们频繁地超速驾驶。当时一卷胶卷只能拍 400 张快照，所以不到 40 分钟，胶卷就用完了。[2]

到1994年9月，政府用于电视广告的花费达到每年270万英镑。如今，广告的口号已经是日后逐渐熟悉的：速度杀手。1997年，广告年度预算上升至350万英镑。测速相机也在全国各地出现。除高速公路外，交警巡逻次数逐渐减少。* 1999年，测速相机抓到的交通违规罚款收入已经飙升至1亿英镑每年，“安全摄像头伙伴关系”也开始形成，将警察机关与地方政府联系在一起。然而，在之后四年中的两年，死亡事故的数量反而上升了。

2000年3月，政府启动一项新的“道路安全战略”，希望在十年内将英国交通伤亡人数减少40%。首相托尼·布莱尔称，他收到来自交通事故中死伤者父母、兄弟、姐妹、朋友的无数来信，“每一封信都谈到家庭的崩塌、生命的凋零，充满了痛苦、悲伤与愤怒”。[3]

他承诺，政府将立即采取行动，“狠抓超速驾驶”。一份政府战略文件称（本章开头引用的话），“超速驾驶造成三分之一的交通事故。这意味着，超速驾驶每年约造成1 200人死亡以及超过10万人受伤。这比任何其他因素造成的交通伤亡人数都要多”。[4]

这个声明在以后的几年里被部长官员们当作咒语一样反复念叨。其出处实际为政府交通研究实验室的一份报告（TRL323号报告），标题为“记录交通事故原因的新系统”。[5]

其实很多人都看不到这份报告，因为要花费45英镑。但是，看过的人都会觉得震惊。报告称“超速驾驶造成三分之一的交通事故”，却没有提出任何证据。报告还提到许多其他导致交通事故的因素，包括粗心驾驶、酒后驾驶、超车以及疲劳驾驶。但是，作为主要事故原因的“超速驾驶”只占“7.3%”，出于整个列表的底端。

TRL报告不过是基于八个警察机关提供的数据，但是政府对其数据的夸大却如此惊人，以至于引发了一场公开而激烈的争论。其中扮演主要角色的一个人叫做保罗·史密斯。他曾是一名工程师，转而成为道路安全专家。看到政府误用“专家”数据，他非常气愤，于是在2001年创办了一个“安全速度”的网站。在

---

* 英国政府督促地方政府采取其他“减速措施”以控制车辆速度，从减速丘、波纹型道路到增加公路速度限制。

他看来，这个网站致力于分析，为何政府错误的政策没有令英国公路更加安全，反而增加了危险。[6]

起初，争论的焦点集中于：原本报告中的“7.3%”为何被政府夸大为超速驾驶造车“三分之一的交通事故”。为支持政府的观点，交通研究实验室辩解道，超速驾驶同样在其他标题列表下出现，例如：粗心驾驶或急刹车。

史密斯与其他评论家指出，他们的话与自己的报告自相矛盾。报告中不仅提到超速驾驶造成事故的确切数字为4.5%，还发现超速只是“可能”造成更多的8.2%。所以，政府不仅歪曲了事实，还迫使交通研究实验室给出误导性的数据。

更多地研究政府的论据，就更能发现其数据上的可疑之处。但是，政府执意要称超速驾驶是交通事故的主因，所以没有什么能够阻止他们以伪证支撑自己的立场。

另一方面，评论家们则坚持认为，对“速度”问题的痴迷和忽视其他造成事故的复杂因素，使部长官员们已经简单到有些危险。当然，速度是任何移动车辆发生事故的因素之一，即使行驶速度仅为1英里每小时。但是，如果一个人真想知道事故发生的原因，首先要确定的是司机犯错的原因。是粗心？鲁莽超车？酒精？疲劳？还是其他各种原因。

负责制定新政策的官员部长们似乎已经确信，如果降低车速，就可以弥补司机所犯的其他错误，而这些失误在TRL报告已经被确认为导致大部分事故的主要原因。

政府在定义“超速驾驶”方面则显得更加狭隘，认为超速便是超过限速。实际上，政府自己的数据显示，只有30%超速驾驶造成的事故中超过了最高限速。而其他的70%事故中，车辆行驶速度并没有超过最高限速。然而，官方为改善道路安全的努力如今全部集中于限制车速。而这样的举措却对速度引起的三分之一事故没有影响。

这就是为什么政府安全战略的中心为遍布全国的测速相机网络。而这些相机只能安装在有官方限速的地方，然后是之前三年发生过四次重大事故的地方。

2003年，为了证明政策的合理性，政府提出一份报告，声称安装了测速相机的地方，事故发生率减少了35%。[7] 但是，这又是一次操纵数据的行为。政府在计算时漏掉了其他的混合因素；特别是，在有些地方事故率出现非典型增加后，才安装了相机。当数据回落至之前的平均水平（统计学家称之为“趋均数回归”），研究人员与政府便可以把事故率下降归功于测速相机的使用。[8]

部长官员以及警察们倍感压力，要不停地重复两句官方咒语：“三分之一的事故由超速驾驶造成”“测速相机减少事故 35%”，所以没人敢提出挑战。保罗·加尔文是个例外。他是达拉谟郡的警长，他所在的辖区是英国唯一拒绝安装测速相机的地方。

在一次采访中，加尔文解释了原因。他坚持认为，虽然他也希望“减少伤亡人数、让道路更加安全”，但他对政府将限速作为主要措施的政策却不能苟同。达拉谟郡的事故数据显示，在该郡每年 1 900 次撞车事故中，只有 3% 与超速驾驶有关——每年只造成 60 次事故。

他继续解释道，对这 60 次事故稍加研究就会发现，“虽然车速是一个背景因素，事故的真实原因实际通常是酒后驾驶或药后驾驶”。如今，达拉谟郡的 40% 死亡事故与吸毒有关。他说，许多事故原因是疲劳驾驶，尽管撞车的最常见原因是司机在右拐时没有注意到对面驶来的车辆。对于这些事故，测速相机根本起不到任何作用。加尔文总结道，“很明显，事故的原因并不是超速驾驶。”*

同时，负责英格兰和威尔士地区测速相机的高级警员理查德·布伦斯德姆（加尔文的同事，北威尔士的警长），向全国警察机关以及地方政府寄去一份秘密信件。信件内容反映出这些积极推行测速相机的人已经显得烦躁不安，因为他们提出的政策并没有实现减少英国交通事故的目标。

布伦斯德姆以道路安全警长协会主席的身份，指示所有负责操作测速相机的工作人员（2003 年，测速相机抓到的两百万司机所交的罚款已经超过 1.2 亿英镑），不准回复保罗·史密斯的信息请求。

据布伦斯德姆称，史密斯错在“执意攻击政府政策”。他不仅向交通部以及

* 《每日电讯报》，2003 年 12 月 7 日。官方“反速度”政策另一个备受批评的举措是，政府推行的“交通减速措施”，包括数十万的“减速丘”。以任何速度经过这些路拱时都会感到剧烈的颠簸。最强烈的抗议来自于各急救部门。为首的是伦敦急救中心，每年有 500 人因减速死亡。2003 年 12 月 11 日，在向伦敦议会调查“减速丘的影响”提出证据时，伦敦急救中心主席解释道，在赶往医院的路上，每耽误一分钟，心脏骤停病人的生命就因肌肉弱化缩短 11 分钟。

各警察机关提出无数信息请求，还将这些信息公布到自己的网站上去。布伦斯德姆还担心，许多警员曾接触过史密斯，表达他们对测速相机几乎取代道路安全政策的个人意见。其实，在前十年，这些政策仍被誉为世界最有效的政策。[9]

2004 年，史密斯进一步揭露了政府的过失。有一段时间，他辩称，测速相机不仅没有降低事故危险，反而使其更加严重。因为相机会分散司机注意力，让他们作出一些非常规反应。这样的观点得到交通研究实验室另一份报告（TRL595 报告）的证实。由高速公路局委托，实验室调查了高速公路测速相机的效果。

实验室发现，在施工路段安装相机后，事故危险系数增加了 55%。而在高速公路上安装测速相机后，事故危险系数增加了 31%。总体而言，测速相机的安装令死亡和重伤事故发生率增加了 32%。但是，传统的交警巡逻却能使施工路段撞车事故减少 27%，其他路段减少 10%。

这份报告证实了史密斯的观点。但是，交通部横加干预，禁止公开报告。如果不是史密斯得到一份拷贝，并在网站上公开，世人可能永远看不到这份报告。

“像是用棒球棒去砸别人的脑袋”

2005 年，我们得以更加了解新道路安全政府是如何执行的。“安全摄像头伙伴关系”更加积极活跃。在埃文郡与萨默塞特郡，71 个固定测速相机以及 183 个“移动相机点”每年收入 500 万英镑罚款。[10] 近几年来，萨默塞特郡的更多道路上设有速度限制，甚至是小村庄的路边都冒出一个个限速指示牌和测速相机警告标志。这样的“伙伴关系”还耗费巨资在当地进行宣传活动，他们的口号是“我们是来救人的”。

2005 年，本书的另一位作者与之前十年的 1 100 万司机一样，同样被测速相机抓到。在一条三千米的路上，有八个不同的车速限制。他被位于 40 千米到 30 千米之间的那台相机抓到。为避免驾照被扣三分，他选择参加埃文郡与萨默塞特郡三小时的“测速相机讲习班”。地点在汤顿市郊外的工业区，来回要 80 英里的路程。2000 年，距此地一两英里外，一辆警车载着当时的内政大臣杰克·斯特劳以 103 千米每小时的速度行驶，被 M5 高速公路的交警抓到（警车司机没有受到任何处罚）。

参加讲习班的有来自诺丁汉郡和林肯郡的，来时路程有数百英里。三小时的讲习会有两位讲师主持，分别是“伊恩”和“比尔”。见习会的目的是，通过证明超速驾驶的反社会性质和测速相机在减少事故方面的功效，让参与者们摒弃不幸地被逮到的思想，而是应该感到深深的罪恶。他们要明白，超过限速与“酒后驾车”一样是不对的，与“拿着棒球棒去砸别人的脑袋没什么两样”。到最后，他们应该像对待“老大哥”一样接受测速相机，认为它是在保护他们的生命。

他们提出了一堆数据作为证据。问题是，每个数据（虽然这并不是讲师的错）都是错的。首先自然是“三分之一交通事故由超速驾驶引起”的数据。然而，埃文郡与萨默塞特郡警察局自己的研究表明，超过限速造成的事故在他们的辖区实际只占总数的 3%（只有 10% 的事故是由超速驾驶引起）。

然后是一些夸大的数据证明事故造成的巨大经济损失。他们告诉学员，即使是“轻微的碰撞”也会造成“17 550 英镑”的损失。而“严重的撞车”会造成“174 530 英镑”的损失。每次“死亡事故”的损失则为“1 492 910 英镑”（因此，英国每年的死亡交通事故造成的损失达 42 亿英镑）。可怜的讲师竟然对这些荒谬的数据深信不疑。殊不知，当初交通部编造这些数据却是为了另一个目的：对公共交通与私人交通比较利益的研究。

讲师们自然要提到测速相机将事故数量减少“35%”的数据。为证明超过限速的悲剧后果，他们放了一段可怕的视频。视频中一个小男孩在繁忙路段被一辆行驶速度为 35 英里每小时的汽车撞死（讲师们没能解释的是，在限速为 30~40 英里每小时的路段上，撞死行人的汽车平均速度为 11 英里每小时，并且车辆与行人事故中，只有 1.5% 是死亡事故）。

最令人震惊的是，“超速”只是被狭隘地定义为超过限速。当学员们被问到“超速驾驶”的概念时，讲师们只认可这样的概念。有人建议将之定义为“车辆以超过条件允许的速度行驶”，他们极不耐烦地予以否定。

他们要求学员挨个描述被相机抓到时开车的情形。从他们的描述中可以很明显地看出，没有一个人的车速会危及他们自己或其他人。根据当时的路况条件，他们都认为自己的车速是合理的。

但是，即使有这样的想法也会被斥为异端。这次课程传达出一个强势的信息（这也是政府想要的效果）：学员们心中都应该想“我有罪”。我必须接受“老大哥”的保护。[11]

“我们中间的反社会分子”

政府以测速相机为主的道路安全战略引起不少副作用，守法公民与警察之间的分歧扩大便是其中之一。

多次民意调查显示，三分之二的人对相机表示不欢迎，并认为它不是道路安全措施，反而像敛财的工具。其他用于减速的电子工具倒是受到广泛肯定，对改善道路安全起到了积极作用。例如，雷达控制的“减速”标志，指示司机超过限速。

在遵守限速规定方面，警察们显然在使用两套标准。公众以及小报已经对此非常敏感。警车司机公然超速却免受处罚的案子时有报道。例如，2000 年，内政部长的车速就高达 103 英里每小时。

2003 年 12 月，一名警车司机被巡逻车抓到在什罗普郡泰尔福德市附近的 M54 公路上以 159 英里每小时的速度行驶。之后，他被控告超速与危险驾驶。然而，当案子于 2005 年 5 月在拉德洛地区法院开庭后，法官布鲁斯·摩根撤销了对他的所有指控。因为有两名高级警官作证，被告驾车“并不危险”。*

随着对警察驾车监管标准的下降，警车造成的死亡事故（速度通常会超过限速）开始猛增，从 2000 年 1 月的 17 人，到 2003 年 4 月的 36 人，再到 2004 年 5 月的 44 人。[12]

2006 年夏天，交通部发布文件，注意到了警察机关报告的交通事故数量与国家医院的数据不符。警方称，自九十年代中期，交通事故伤亡人数已经下降了 33%。而医院的记录却显示另一番景象。

据警方称，因交通事故紧急入院的人数从 1994 年 5 月的 38 641 人降至 2002 年 3 月的 31 010 人。然而，全国医院的数据却显示，1994 年 5 月为 32 285 人，到 2002 年 3 月已经上升至 36 611 人。[13]

---

* “159 英里每小时超速驾驶指控被撤销”，BBC 新闻网站，2005 年 5 月 18 日。相比之下，2001 年 4 月，布鲁斯·摩根法官非常高兴地裁定桑德兰市一名市场小贩史蒂夫·索布恩有罪。因为他卖香蕉时用了磅作单位，而不是千克。

2006年9月，交通部终于承认了保罗·史密斯争论了五年的观点：只有5%的交通事故是由超速驾驶造成的。《每日电讯报》引用史密斯的话道，“政府继续安装测速相机的主张被驳倒”。[14]

然而，此时竟然还有人支持政府通过限速来减少事故发生的计划。其中比较著名的是《卫报》明星环保专栏作家乔治·蒙博。他已经对胆敢挑战政府政策的人进行了残忍地攻击，将他们描述为“公路暴徒游说员”。[15]

首当其冲的便是史密斯。蒙博把他划归“少年飙车党”，并认为“他是反社会分子，以为自己有权随时随地、不顾后果地想干什么就干什么”。蒙博嘲笑道，“凭借一些令人费解的数据，安全网甚至想证明测速相机使我们的道路更加危险”。

很明显，蒙博并没有理解史密斯“费解的数据”。否则，他会明白，史密斯并非想让我们的道路成为自由赛车场，而是希望恢复那些有效的政策。这些政策不是基于抽象的教条，而是通过有效的方法实行监管。这种方法曾赋予英国交警令人艳羡的美誉，并让英国保持了世界最佳的道路安全记录。

2007年2月，交通部宣布，2006年9月之前的12个月里交通事故死亡人数上升至3 210人，上一年同期数据为3 177人。有报道称，“下议院交通特别委员会提出对测速相机的依赖使公路上巡逻的交警数量出现可悲的下降，三个月后，交通部便发布了新的数据”。

伦敦警察厅交通部前长官凯文·德兰尼对此表示强烈支持。他说，“任何显示事故减少趋势放缓的数据都应当使英国政府、地方政府以及警察总部拉响警报。”他继续道，“交警的执法对司机的威慑力不可估量，但是，如今我们能见到的交警越来越少。”[16]

保罗·史密斯应该会同意这种说法。乔治·蒙博可能会将伦敦警察厅交通部前长官一并斥为“少年飙车党”和“反社会分子”。这就是“速度大恐慌”的力量。*

---

* 2007年6月，公布的进一步数据显示，虽然英国有欧洲最多的测速相机（4875；德国第二：3108），英国每百万人口交通事故死亡人数（54）竟然比其他国家要多，例如：荷兰（45），瑞典（49）。一份对比欧盟25国2000—2004年每年交通事故死亡人数的表格显示，英国已经滑落至第18位。（数据来自：欧洲测速相机数据库、欧洲交通安全委员会）

注 释

1. 全球道路安全委员会新闻通稿，2006 年 6 月 8 日。

2. 从交警支队长官得来的个人资料。

3.《卫报》，2000 年 3 月 1 日。

4.《明天的路：让每个人更加安全》(交通部，2000 年 3 月)。

5. J·布劳顿等，《记录交通事故原因的新系统》，TRL323 报告（交通研究实验室，1998 年）。

6. www.safespeed.org.uk. 以下内容中的参数都在史密斯网站上经过详细演算得来。在之后的几年里，这些都成为权威数据，在道路安全问题上受到广泛引用。

7.《测速和红灯相机的成本回收系统：两年试点评估》，交通部报告，2003 年 2 月发布；由博安咨询集团编制；本杰明·黑戴克教授与伦敦大学学院桑迪·罗伯特森博士监督。

8. 更为详尽的记录，见“安全网”。黑戴克教授承认，没有考虑“趋均数回归”因素，是一个基本的统计错误。

9.《星期日电讯报》，2003 年 11 月 30 日。

10. 埃文郡与萨摩塞特郡测速相机伙伴关系，《年度审查》，2004 年 5 月。

11.《星期日电讯报》，2005 年 9 月 25 日。

12. R·蒂尔斯与 T·巴克，《警车造成的事故死亡人数：英格兰与威尔士地区统计数据》，2004/5（2005 年）。

13. 交通事故伤亡人数：STAT19 数据与医院统计的比较（交通部，2006 年 6 月）。

14.《每日电讯报》，2006 年 9 月 29 日。

15.《卫报》，2005 年 12 月 20 日。

16.《旗帜晚报》，伦敦，2007 年 2 月 10 日。

We love unleaded

第十一章

“我们要无铅的”——对铅的混乱概念造成数十亿英镑损失

长久以来，关于环保的辩论中不见一点科学元素。情感与政治倒是不少，但是科学数据总是难以在环保事业中发挥重要作用，总是被忽略，即使能用也不用。

美国环保署长威廉·瑞利，1991 年[1]

如我们所见到的，1989 年 2 月是英国恐慌发生的大好时机。鸡蛋沙门氏菌以及李氏杆菌恐慌仍未退去。在诺丁汉郡，“布罗克斯托案件”正在庭审，“撒旦式虐待”的恐慌才刚刚开始。与此同时，媒体的目光又转移到另一件事上。

2 月 13 日，正是情人节前夕，伦敦白金汉宫发生了离奇的一幕。女王走到庭前，与 30 个小学生一起，将 10 000 只氦气球放飞到空中。每个气球上都写着“我要无铅汽油”（据说，女王放飞的气球上写着“我们要无铅汽油”）。

以“保护环境”名义，将 10 000 只破碎的橡胶扔到空中，这未免有点自相矛盾。但是，目前一场针对含铅汽油对人类健康造成危害的运动正在进行，而这次作秀正标志着运动的高潮。每一天，媒体都向人们灌输着含铅汽油的威胁。《每日邮报》、《星期日泰晤士报》以及 BBC 的儿童节目《开船旗》，都带着仇意开始了这项事业。

任何形式的铅都对人类健康构成严重威胁的观点已经普遍为公众所接受。因此，当英国最高级警官之一——西米德兰郡警长宣布他已经禁止自己的警员使用铅弹时，人们并不感到奇怪。但是，铅的危害当中最大不过是汽油燃烧后的排放。如今，英国大部分汽车还在使用汽油，燃烧汽油的废气排到空中，会对人脑产生某种损坏，尤其是儿童的大脑。

然而，但凡明眼的观察家便能发现，并不是所有的证据都能证明汽油中铅成分的危害。

例如，那年夏天，媒体大量报道了一个对当地小学生血液中铅含量的研究。这项研究在爱丁堡大学开展。研究确定，血液铅含量高与脑部损害、精神不集中、攻击倾向有很大关系。然而，人们没有注意到的是这个研究的结论。结论称，铅中毒大部分是来自水管和油漆。研究人员说，“汽油废气中的铅几乎没有什么危险。”[2]

如果对美国早已发生多年的争论多加注意，含铅汽油毁掉一代人的观点也不会为大众所接受。

第一阶段：威胁如何变成恐慌

关于铅的故事再次证明一个真实存在的健康威胁，是如何被煽动成为一场大型恐慌，远远地偏离真相。

“铅恐慌”经历了三个阶段的发展。首先是20世纪60年代，当时有人认为，汽油中的铅元素一定对人体有害，只是有待证据证明。因此，70年代初期，美国走出了第一步——逐步淘汰含铅汽油。

第二阶段大约在70年代。当时一项研究的发布似乎支持了这个论点。研究发现，儿童因曝光于铅环境普遍地受到伤害，而且能够构成威胁的铅含量水平比预想的要低。80年代时，这项研究引起了不小争议，人们认为研究方法非常可疑。但是，它还是为淘汰含铅汽油的趋势注入不少动力，如今这一趋势已经变得不可阻挡。研究还催生了过度谨慎的建筑物含铅量标准，而执行这样的标准则要一笔天文数字的花费。

第三阶段始于90年代，当时发现一个新证据，证明铅元素可以被淋溶至地下水源，从而构成新的威胁。最终，这一威胁再次被证明为毫无根据（当初提出这一观点的科学家也改变看法）。但是，为应对威胁已经制定了严厉的监管条例，进一步造成更大的损失。

铅对人类健康造成损害的知识可以追溯到罗马时代。公元前 14 年，建筑师维特鲁威发现，铅管流出的水可以“玷污四肢的血液纯洁”。一些历史学家认为，罗马的铅管工程引发的大规模铅中毒是罗马帝国衰退的重要因素之一（我们现在使用的“plumbing”一词就来自于拉丁文“plumbum”，意思是铅）。但是，现代对临床铅中毒的性质自然定义更加准确。急性暴露于铅（通常是摄入）会导致虚弱、贫血以及脑部损伤，包括幻觉、失明甚至死亡。

几个世纪以来，铅元素的特质已经被广泛应用于各个领域，从化妆品与油漆染料，到酒器、盘子与烹饪器具中广泛使用的白蜡。到 20 世纪早期，铅已经在欧美地区人类环境中变得无处不在，常见于涂料、儿童玩具、水箱、管子，以及食品罐中使用的焊料。

1921 年，人们发现了铅的新用途。俄亥俄州代顿市通用汽车公司的三名工程师发现，汽油中加入少量的铅（有剧毒的化合物：四乙基铅），可以使发动机的效率得到极大的提高。通过延迟汽油燃烧，消除气缸放炮的现象，提高压缩比，从而节省大量燃料（5% 以上）。很快，石油公司便把它当做汽油中的常规添加剂使用。

虽然 1925 年，这种做法因生产车间的 19 名工人死亡以及 149 人重伤，而遭到短暂禁止。但是，问题很快就得到解决。在之后的四十五年，随着汽车使用急剧增加，为提高发动机效率而添加进汽油的铅也逐年增加。到 1970 年，全球每年的消耗总量已经达到 38 万吨（单在美国就有 20 万吨）。

然而，很久以前，大约在第二次世界大战时期，* 人们已经意识到铅的危害。并且已经开始采取措施解决一些最为明显和严重的铅中毒问题，例如从金属罐、饮用水以及油漆中摄入的铅。

结果是可喜的。血铅水平是以每分升血含多少微克铅来测量的；从 20 世纪 30 年代中期开始，美国人的血铅水平以每年 4% 的速度持续下降，从 1935 年的

* 含铅汽油在某种程度上影响了第二次世界大战的进程。在 1940 年大不列颠之战之前，德国战斗机（如 ME109 战机）在性能上要优于英国战机（如喷火战机），因为，1935 年，德军从美国买到许可，得以在其航空燃料中加入四乙基铅，大大提高燃料的辛烷值。皇家空军也及时得到高辛烷值加铅燃料的供应，使英国喷火战机具备了很大的速度优势，同时对战争结果也起到了很大影响。

30 微克每分升降至 1970 年的 15 微克（70 微克以上才会发生急性中毒）。奇怪的是，第二次世界大战后的 25 年间一直保持着这样的下降趋势，尽管此间加入汽油中的铅已经增加了八倍。[4]

20 世纪 60 年代末，现代环保运动开始兴起，尤其是在美国。除了 DDT 农药，人们主要关注的就是笼罩在美国城市（尤其是洛杉矶）上空的有毒烟雾。造成这种现象的主要原因是数百万汽车排放的废气。碳氢化合物与一氧化二氮结合在地面上形成了臭氧，这种担心促进了催化转换器的发明。这种发明可以净化部分气体，但是对铅不起作用。正是出于这种原因（而不是担心铅本身），石油公司开始研制无铅汽油。

然而，1966 年，美国参议院委员会在对清洁空气法提案举行的听证会上，* 委员会主席民主党参议院艾德・马斯基对汽油中铅元素的潜在威胁尤为关注。尽管此时仍然没有证据证明汽车尾气中的铅会对人类健康构成威胁（尾气中大部分铅并不会污染空气，而是以溴化铅的形式掉落到地面），马斯基却将之夸大为一种令人担忧的危险。[5]

1970 年，美国环保署成立，带着为美国清洁空气、土壤和水的满腔热情。1971 年 1 月，首任署长威廉・D・拉克尔夏斯（上任后立即禁止 DDT）宣布，"大量的信息说明，汽油中的铅对公众健康构成威胁"。这绝对是夸张的说法，因为实际上不存在这样的证据。但是环保署的姿态，加之催化转换器的逐渐普及，促使环保人士、政客以及记者们加入停止汽油加铅的合唱团，他们的口号是，"赶快行动"。

之后两年里，一些研究发现，城市尘土的含铅水平要比农村地区高很多，并认为这种现象应该归因于汽车尾气的沉积。[6] 于是，环保署于 1973 年 11 月强调，铅污染的尘土可能会对患有异食癖的儿童构成威胁。"这是一种心理混乱现象，表现为喜欢吃不能作为食物的物质（例如：尘土和泥土）。"

基于此原因，环保署在下个月发布了新条例，要求大幅减少铅在各种汽油中的使用。从 1975 年起，允许的汽油含铅量在之后的四年里减少 75%。然而，这只是个开始，在之后的 25 年，含铅汽油逐渐在美国、欧盟以及许多其他国家遭到全面禁止。

然而，迄今为止，相关的证据仍未出现。尽管环保署正采取措施进一步减少油漆以及给水系统中铅的使用，但是他们从未试图解释，为何血铅水平一直在下降，将至 1935 年的一半，而此间汽油排放的铅已经增加了 700%。

唯一能够确定的是城市尘土的含铅量更高，接近于高速公路的水平。但是，仍然没有证据证明，如此微量的铅会有什么威胁。环保署唯一的论据是，那些会把铅污染的尘土放进嘴里的孩子会有危险。

现在我们需要的是有研究能够证明，亚临床血铅含量与人类健康的损害存在关联。20 世纪 70 年代末，如此关键的研究似乎出现了。

第二阶段：尼德曼博士的怪事

铅恐慌真正始于 1979 年 3 月，当时罗伯特 · 尼德曼博士在《新英格兰医学杂志》上发表了一篇论文。他是匹兹堡大学的一名儿童心理学家，当时在哈佛医学院工作。

1975—1978 年，尼德曼与同事们一起研究了马萨诸塞州两个社区的 3 329 名儿童的牙齿含铅量。在选出最高和最低数值之后，他让这些孩子与他们的家长接受各种心理测验。尽管铅水平最高的孩子也远未达到通常的中毒临界值，研究却发现，这些孩子们的课堂表现与铅水平低的孩子相比“差很多”。他们的心智表现要更差，从三四分的 IQ 差异到明显更短的注意力持续时间。

这一研究似乎证明，即使较低的铅水平也能造成严重的精神损伤。于是尼德曼的研究迅速引来全世界的关注。这就是反铅人士苦苦等待的突破。虽然研究并没有明确指出铅中毒的原因，但是如此低的铅水平能够造成明显的影响这一事实已经被用来证明，汽车废气中的铅比人们想象的要更加危险，潜在地影响着数百万儿童。

然而，并非所有人都认可尼德曼的研究。1981 年，《儿科杂志》发表了另一位儿童心理学家克莱尔 · 厄恩哈特的论文。她也曾在这一领域工作。她的研究表明，铅的影响太过微小，以 IQ 测验这样粗糙的手段根本无法检测，除非铅水平高到接近中毒的数值。[7] 她认为，尼德曼的研究方法存在严重缺陷。他没有充分考虑引起 IQ 差异的“混杂变量”，例如：学校条件差或父母的疏于教育。

1982 年，环保署开始对铅空气质量标准进行复查，并试图复查所有关于铅接触对健康影响的最新数据。其“环境标准与评估办公室”主任主持成立了一个专家小组，调查尼德曼与厄恩哈特的研究。[8] 1983 年，专家小组来到尼德曼的实验室，调查他的数据。他拿出六本打印文件，但是强调只能有两名调查人员检查这些数据，而且不能超过两小时。

即使粗略一看，调查小组已经发现怀疑尼德曼研究的足够证据。虽然研究开始是 3 329 名儿童，但是尼德曼逐渐略去很大一部分，很多是出于明显的武断。最后，他基于 270 个研究对象得出结论，接着又减少到 158 个。调查小组总结道，“排除大量符合条件的研究对象，可能导致系统性偏差。”换句话说，在他们看来，尼德曼可能挑选了研究对象，以得出他想要的结果。[9]

在对尼德曼的研究方法进一步批评之后，专家小组总结道，“对于较低或中度铅接触水平造成儿童认知或其他行为损伤的假设，他的研究既不支持，也不能反驳”。说的更直白一些，他们认为尼德曼的研究毫无意义。

之后发生的故事中，环保署成了主角，也说明科学政治化的趋势愈加明显。尼德曼对专家小组的发现一一作了冗长的辩驳，以此作为他愤怒的抗议。之后，他获准对自己的数据进行新的分析。到专家小组提出最后报告时，不知出于什么原因，他们已经完全改变了之前的立场。尼德曼的发现受到认可，并充当环保署起草新条例的主要理论依据。他们计划，从 1986 年起，将汽油中的铅含量减少 91%。

1984 年，环保署长拉克尔夏斯宣布新条例时说道，“压倒性的证据表明，铅的确对人类健康构成威胁。我们的行动将极大地减少这一威胁，尤其是对于孕妇和儿童。”提及尼德曼的研究时，他继续道，“最近的证据显示，能够产生不良健康影响的铅接触水平可能比我们预想的要低。”[10]

从政治意义上讲，尼德曼可谓大获全胜。然而，从科学层面上讲，其结果值得怀疑。英国政府已经开始采取措施减少汽油含铅量。环境污染皇家调查委员会，在其主席理查德·赛斯伍德的主持下，于 1983 年 4 月发布了一份关于“环境中的铅”的报告。在考虑了各种关于低水平铅接触对儿童影响的研究后（尼德曼的研究无疑是最主要的），报告总结道，“虽然这一领域的研究非常有趣，但是我们仍不能把这些研究结果当作可靠的证据，证明微量的铅元素会对儿童大脑功能造成损伤。”*

这样，赛斯伍德与环保署对尼德曼的支持未能一致。值得注意的是，基于后来逐渐熟悉的“预警原则”，他的报告对铅的威胁采取尽可能谨慎的策略。报告建议，须采取进一步措施，减少最常见的铅接触源，例如：油漆和水管。尽管没有提出证据证明汽油中铅元素的危险，报告还是建议，为保证安全，应停止使用含铅汽油。

由于对于铅的影响还有诸多未知，因此赛斯伍德建议进行进一步相关研究。随后，有人对汽油铅含量进一步减少 60% 的效果进行了研究，并于 1985 年年底在英国生效。1986 年，英国人血铅水平的确普遍下降。但是，1985 年同样出现了这样的下降，当时新的限制还未生效。换言之，减少汽油含铅量基本没有什么作用。实际上，这两年的下降与多年来英国血铅水平下降的趋势一致。限制汽油含铅量（据报告称，汽油中的铅“只构成人类铅含量的很小一部分”）看来没有什么明显的效果。[11]

1987 年，三位英国流行病学家公布了他们的发现。在对儿童牙齿铅含量与心智表现作对比后，他们总结到，迄今为止，决定儿童智商的最大因素是父母的智商。按照尼德曼的论点，他们没有发现任何证据证明英国儿童如今接触的铅与他们的智力发育存在关联。[12]

1989 年，另外四名流行病学家公布了他们的研究发现。他们发现南威尔士地区人血的铅含量水平下降了 20%，尽管当地的汽油和空气中的铅水平没有任何变化。研究人员总结道，“汽油中的铅至多是血铅含量的一个微小因素。”[13]

世界上其他国家的研究人员（包括美国、澳大利亚、新西兰）都提出类似的观点。然而，这一切都未能影响政客与媒体达成的一致意见。他们普遍认为：首先，即使是微量的铅接触也能对健康造成损伤；其次，最好的办法是禁止汽油加铅。

这就是 1989 年 2 月女王被说服以自己的权威支持这项运动的背景。当时，她与一群小学生在白金汉宫前放飞了 10 000 只气球，宣告对“无铅汽油”的渴

* 环境污染皇家调查委员会，第九号报告，1983 年 4 月。唐纳德·阿奇森是该委员会成员。五年后，他作为首席医务官，任命赛斯伍德主持卫生部委员会对疯牛病的调查。

望。如今，尼德曼已经被美国政府当作这一领域的权威，环保人士视他为塑造历史的时代英雄。但是，他的理论逐渐地遭到更多的挑战。

1990年，美国联邦司法部起诉三家公司先后用犹他州一个炼铅厂。粉碎过程留下的尾渣污染了250英亩田地，对当地儿童构成威胁，现要求他们作巨额赔偿。司法部聘请尼德曼作为其专家证人，此人已经在80年代的一系列案件中扮演类似角色。

三家公司请来两位儿童心理学家作为专家证人。其中一位是厄恩哈特，十年来，她与尼德曼的争论从未停止。另一位是来自弗吉尼亚大学的桑德拉·斯卡尔斯。早在1983年，她就是环保署专家小组的一员，当时他们曾对尼德曼的研究方法表示强烈谴责。

尼德曼在自己的宣誓书中承诺，任何想检查他1979年论文数据的科学家，都可以到他在匹兹堡的实验室来查，不会有时间限制。两位心理学家照他的话，于1990年9月20日与两位被告律师来到实验室。一名政府律师在此接待了他们，并带他们到一间空空的屋子里，拿出了包含尼德曼原始数据的六卷电脑打印件。虽然这些编码的数据很让人费解，而且她们也没得到完整的提示，但是尼德曼拒绝与她们见面。晚上的时候，她们离开这里，计划第二天早晨再来。

第二天，按照尼德曼的指示，政府律师要求她们签署一份协议，保证对看到的一切保密。她们只能在法庭上口头讨论，在其他地方一概不准提及相关信息。厄恩哈特与斯卡尔斯认为这是缄口令一样的条约，所以当即拒绝。律师们谈判了几个小时后，她们又拒绝交出自己的笔记，依然离开。

然而，她们之后解释道，已经证实了自己对尼德曼研究方法的怀疑。据斯卡尔斯称，尼德曼的首次分析并未证明铅含量与智商测试有什么关联。她写道，“数值最高的10%与最低的10%之间没有什么数据上的不同。”经过反复分析，排除对他的论点不利的变量，他才“得到自己想要的结果”。[14]

就在两位心理学家在法庭上提出自己的观点之前，当事人达成协议，被告支付6 300万美元清理被污染的区域。四天后，法庭宣布了这份协议。政府律师要求法院命令斯卡尔斯与厄恩哈特交出她们的笔记，并对她们见到的一切保密。

她俩当即明白，政府是在袒护尼德曼，因为他的研究是政府政策的依据。尼德曼称，自己的数据泄露给被告，会给炼铅产业“随意篡改数据的机会”。1991年4月26日，联邦地方法院作出对两位心理学家有利的裁决，认为“保密科学研究结果与数据的行为既令人不快又不得体”；尤其如本案中的实验一样，是国家卫生研究院（NIH）用来自纳税人的钱资助的。[15]

胜利之后，厄恩哈特与斯卡尔斯在5月的第一步便是，向NIH科学诚信办公室提交了一份60页的报告，要求对尼德曼的研究进行调查。她们断言，尼德曼的初始数据“没有证明铅含量与儿童智商之间的关联”，但是从她们之后得到的大量分析看，许多控制变量和被排除的研究对象的数据都遭到篡改，直到他得到自己想要的结果。[16] 但是尼德曼的媒体支持者却仍然团结一心，最著名的是《新闻周刊》的一篇长达七页的特别报道，称“铅是儿童的头号环境威胁”。[17]

那年秋天，赌注再一次被加大。10月8日，美国卫生与社会服务部副部长詹姆斯·梅森突然在电视上宣布，该部将正式将血铅含量安全线从25微克每分升（已经是世界最低）降至10微克。

这一宣布的影响巨大。正如媒体广泛报道的，人们已经普遍认为，降低中毒临界值意味着，受到铅元素威胁的美国儿童数量将从40万名跃升至450万名。如《华尔街日报》在其“健康与科学”版块一篇三页的报道中所说的，“美国400万名儿童受到影响”。该报道还给出“中毒后果”的图表细节。[18]

但是，正如其他报纸当即指出的，这将引发大量法律诉讼，房客和员工会因所在环境的铅含量超过新的“安全标准”而起诉。还需要进行大量的补救工程。例如，美国4 000万家庭的水管、水槽、油漆都需要更换，城市供水系统也需要整改。据估算，总费用将高达5 000亿美元。[19]

在解释为何作出如此重大的决定时，梅森遵循的还是一套早已熟悉的模式。他说，“大量研究表明，铅接触，即使是少量的铅，也会对儿童发育造成损害，降低他们的智商。”我们当然知道他所指的“大量研究”是什么。当他的官员们被问到，除了尼德曼的研究之外，他们还有哪些科学依据时，他们拒绝回答。[20] 然而，这个再次影响美国国家政策的研究，如今将要面临官方的调查，并指控其没有科学价值。

对尼德曼研究的调查，按照惯例应该由他所在的匹兹堡大学指定一个委员会负责。在得出结论之前，尼德曼的媒体支持者已经开始反击，猛攻厄恩哈特与斯卡尔斯。《新闻周刊》在一篇报道中，无情地将她们称为铅工厂的代言人，称她们“接收了数十万美元的研究补助”。[21] 然后，尼德曼自己也开始行动，起诉他自己的大学和国家卫生研究所，试图以法律手段将调查停止。[22]

实际上，就在匹兹堡大学终于完成其审议意见后，结果如以往的官方调查一样，没有发现任何问题。他们的确认为，尼德曼在解释自己挑选研究对象时有“故意误导的倾向”。但是，在委员会看来，他完全没有“操纵实验结果”，而且他也没有什么“学术不端”的行为。事实上，委员会成员甚至同意，“尼德曼假设的证据实际比 1979 年论文提出的数据更具说服力”。[23]

成功地击退了自己的对手后，尼德曼作为美国政府首席顾问的科学地位似乎已经变得不容挑战。官方对他工作的肯定接踵而至。1997 年，他获得职业与环境卫生协会颁发的弗农・霍克奖，表彰他在“推动政府制定政策保护儿童免受铅中毒”中表现出的领导能力。2000 年，他因声称“全国违法行为中 11%~38% 与高度铅暴露有关”的新研究受到表扬。2004 年，他因在科学领域表现出的正直获得雷切尔・卡森奖。

然而，尼德曼最伟大的成就应该发生在 1996 年 1 月 29 日。当时，环保署长卡罗・布朗纳尔宣布，将全面禁止含铅汽油的使用（除飞机、赛车以及其他非公路交通工具外）。布朗纳尔说，“禁止汽油加铅是史上最伟大的环保成就。”[24]

虽然禁止汽油加铅的运动发源于美国，但这个消息早已在全世界传播开来。世界银行便是环保署的盟友之一。他们向第三世界国家（例如，印度尼西亚）提供贷款，但是要求这些国家同意停止使用加铅汽油。

但是，在这方面，欧盟的信徒显然要比环保署多。6 月 16 日，就在环保署发布公告五个月后，三位欧盟委员长在布鲁塞尔召开了新闻发布会，宣布两条新指令。第一条规定，到 2010 年使汽车尾气排放量减少 70%。第二条规定，到 2000 年全民禁止带铅汽油的使用。欧盟委员会自己都承认，实现这样的目标不可避免地会付出一定代价。新规定将使“消费者”每年多花费 48 亿英镑，将每辆车的花费提高至 600 英镑，石油公司将增加 700 亿成本。

然而，委员会还是漏掉了一项损失。为弥补因消除铅的使用而降低的发动机效率，欧洲所有车辆如今需要消耗更多的汽油（5% 或以上），大大增加了二氧化碳的排放。为制造无铅汽油，提炼过程中会消耗更多的原油。据委员会进行的研究估算，欧盟因改用无铅汽油而增加的温室气体排放将每年增加 1 500 万~1 700 万吨。[25] 自 20 世纪 20 年代发明含铅汽油起，总共减少温室气体排放约 30 亿吨。*

对于尼德曼而言，这自然不是他所关心的。但是，环保人士对任何可能增加温室气体排放的因素都非常警惕，很奇怪他们为何没有提到这一重要因素？

第三阶段：汤森教授的怪事

铅的故事远未结束。就在 20 世纪的最后一年，人们很快地开始担心另一个威胁——环境中的铅。在发达国家以及其他地区，电子产品的使用出现爆炸趋势。1981—2005 年，全球共售出超过 10 亿台个人电脑。[26] 加之不断增多的电视机。据估算，早在 1996 年，美国的电视和电脑数量就已经超过 3 亿台。[27] 铅因其特别的属性，成为这些电子产品的一个关键原料。尤其是电路板上用到的焊料，以及电脑显示器和电视屏幕上阴极射线管玻璃中铅的使用（一些大型机的含铅量可能多达 4 磅，用于防止 X 射线辐射）。

几乎所有的铅都会当作废弃物倒进垃圾填埋场。但是，铅的负面形象已经根深蒂固，人们开始担心：假如这些铅进入土壤或水源，它们会产生什么危害呢？

到 1988 年，大西洋两岸已经有人开始讨论，是否有必要禁止将电子设备作填埋处理。在美国，马塞诸萨州首先采取行动，禁止填埋阴极射线管（CRTs）。同时，佛罗里达州一位环境工程师蒂姆 · 汤森开始为国家废品管理机构进行一项研究，其研究结果可谓具有里程碑式的意义。

汤森用环保署的标准测试方法——“毒性特性溶出程序”对取自 36 个阴极射线管的玻璃进行了实验。1998 年 12 月，他查看了实验结果。结果自然令人担忧。在将碎玻璃与模仿垃圾填埋场条件的酸性溶液混合后，汤森发现，铅沥出液大大超出环保署有害废弃物的标准：5 毫克每公升，有些凝聚物的铅水平是“安全标准”的四倍甚至更多。

汤森在媒体上讲到，“我认为，这次试验首次得出确定性的数据，证明阴极射线管玻璃中所含的铅足以构成威胁”。[28] 1999 年 12 月，当他的论文发表后，

* 这一估算数据有英国联合奥泰（一个铅添加剂的主要供应商）提供。估算通过，自 1921 年起，如果没有加铅汽油的使用，需要额外消耗多少燃料得出。

"引起一些决策者和立法者不小的恐慌，他们立即呼吁禁止对阴极射线管作填埋处理"。[29]

欧盟委员会官员们也读到了他的论文，他们已经在雄心勃勃地讨论制定新的法律，对电子电气废品的处理作出规定（"电子电气废弃物指令"）。继而催生一个独立的指令，产生了严重后果。"限制在电子电气产品中使用有害物质的指令"（RoHS 指令）不仅禁止对含有某些金属的设备进行填埋处理，而且对这些金属的使用实行全面禁止。尽管在禁的金属也包括水银和镉，但是，目前为止最为常见的还是铅。* 自从 RoHS 指令于 2006 年开始生效，将在欧盟地区禁止出售含铅电子设备，不论这些产品是产自欧盟地区还是从其他地方进口的。[30]

尽管人们普遍认为，汤森的报告是在警告这些金属在填埋区的危害。但是，在他们忽略的一段报告里，很清楚的说明，作者"并不想得出一些超出实验结果范围的结论"。他们承认，环保署的测试方法可能并不能"精确地模拟垃圾填埋场的条件"，但这不是他们所关心的。

加州人克拉克·阿卡迪夫急切地想对汤森的研究做一次试验。他曾是一名地理学家，如今是加州帕洛阿尔托市垃圾填埋区管理人员。汤森的的研究与他关系重大，因为它促使加州政府于 2011 年开始禁止填埋电视机和电脑显示器。帕洛阿尔托号称"硅谷的中心"，许多著名的电子公司总部都在这里，包括世界最大电脑生产商——惠普。

于是，阿卡迪夫开始了自己的研究，不是基于实验室试验，而是真实的垃圾填埋场环境。整个填埋场由十个监测井围成一个圆圈。其中六个监测井没有发现任何沥出铅。其他四个井中出现极微小的铅元素痕迹，最高比例为十亿分之五。这比环保署百万分之五的限制低了 1 000 倍，比汤森的实验结果低了 4 000 倍。[31]

阿卡迪夫忙补充道，这只是从一个相对较小的填埋场得来的数据。他说，由于这个填埋场 70 年之前就已经存在，所以得出的数据可能与其他更新、更大的填埋场更为严格的污染标准不符。他继而研究加州禁令的经济影响。据估算，十年的总成本将达到 10 亿美元（加上美国其他地区，这一数字可能是数千亿美元，

---

* 北美固体垃圾协会（AWANA）2001 年一份报告显示，2000 年美国垃圾填埋场的 13 万吨重金属中有 98% 是铅（剩余的 2% 是水银和镉）。

更别说世界其他地方了)。

回收阴极射线管玻璃的成本是非常昂贵的，帕洛阿尔托市的经验早已证明这一点。将玻璃送到密苏里州的一家炼铅厂，十年的成本大约是 25 万美元。但是，这样回收玻璃的机会在美国也是受到严格限制的。任何对禁令实际成本的估算都应考虑巨大的社会和环境代价，因为要将大量阴极射线管和其他电子设备航运至海外国家，例如中国。这些国家的“回收”方式“既使工人面临危险，又造成严重的环境污染”。

汤森的研究如今已经影响甚大，面对阿卡迪夫提出的挑战，2003 年，他与自己的团队公布了进一步研究的结果。这次研究是对 11 个垃圾填埋长进行实地监测。[32] 研究的结果与帕洛阿尔托研究一样惊人。他当初在实验室得出的电脑显示器沥出铅的数据是 413 毫克每公升，而实地监测得出的结果仅仅是 4.1 毫克，比实验数据的 1% 还要少。电脑线路板焊料沥出铅的检测结果也很相似。环保署标准检测结果为 162 毫克，而实际数据为 2.2 毫克，几乎少了一百倍。

总之，汤森的新数据不仅说明，沥出铅的实际危害比他之前研究所称的要小得多。而且数据值远小于环保署极为保守的“安全界限”。这些数据正是出自之前的那个团队，是他们先前提出的数据引起这场恐慌，促使各立法机关采取严厉而代价昂贵的措施避免危险，却发现这危险纯属虚构。

欧盟委员会就是这些机关其中之一。当年 1 月，委员会通过其 2002/95 号 RoHS 指令。该指令不仅禁止对含铅的电子设备进行填埋处理，还更进一步地禁止铅以及其他五种金属的使用。据该指令内容称，“保证减小对人类健康与环境危害的最有效方法是，以更加安全材料做替代”。

这条新法令的影响自然要远超出欧盟范围。它意味着，在三年之内，从美国、中国以及许多其他国家进口的数以亿计电子电气产品将必须去除含铅部件。此外，欧盟范围内的电子公司同样需要花费大量资金，研发替代产品，使用新的、未经验证的材料。

当初环保署对引发铅恐慌可谓贡献巨大，如今也要面临新的问题。他们委托田纳西大学的一个研究小组，调查几乎所有电子产品焊料都会用到的铅替代品潜在的环境影响。

2005 年，小组公布了一份 472 页的报告：电子设备焊料的循环周期评价。研究结果令人更加沮丧。研究人员考察了作为铅替代品焊料的整个循环周期，从开采到提炼过程，从电子产品中的应用到最后的回收处理。[33]

报告发现，每一个过程中，替代品材料的环境和人类健康影响都要比铅更严重。因为，这些替代品的熔点高出铅很多，所以会造成更多能量消耗（排放更多的二氧化碳）。更高温度也会对产品装备以及回收阶段的工人造成健康方面的影响。

然而，如今欧盟立法强制以替代品取代铅焊料的趋势已经不可阻挡（实际上，以日本为首的其他国家也开始效仿欧盟的做法）。

2003 年，英国贸易与工业部就曾对 RoHS 指令首次进行“法规影响评估”，并承认，“鉴于其复杂性与影响范围，很难将指令的成本量化。关于取代铅元素的影响与成本，只能得到有限的资料”。[34]

那些受到直接影响的企业已经开始计算自己的成本，并为自己的发现所震惊。据欧洲电子产品制造商协会估算，仅仅替换无铅焊料一项就需要花费 100 亿英镑，随之而来的材料成本以及能源成本大约为每年 2 亿英镑。

2005 年，贸易与工业部发布新法规时承认，英国的成本将达到 13 亿英镑，却没有任何关于效益的数据。然而，这并没有阻止能源大臣马尔科姆·威克斯在文件上签字，并宣布“我已经看过法规影响评估，效益将大于成本，令我非常满意”。[35]

2006 年 3 月，距新法规生效还有四个月。此时，一个奇异的恐怖故事登上英国报纸头条，深刻反映出威克斯以及他的同事对于实行新法规的概念是多么无知。

受禁铅令影响的诸多行业之一便是风琴制造与修理行业。遍布英国的教堂和音乐厅有着成千上万这样的乐器。许多风琴是利用电动吹风机鼓风到琴管而发声。而大部分琴管则是用铅锡合金制成，迄今为止，还未发现这种合金的替代品。

早在 2001 年，RoHS 指令首次被提及时，英国风琴制造商协会（IBO）的道格·利维就给贸易与工业部写信，以求证“电气电子设备”法案将适应于风琴的哪个部件。他当然知道，在鼓风机或键盘操作的任何电子控制元件中使用铅是违法的。但是，他最想确认的是，不能仅仅因为鼓风机靠电发动，就把琴管认定为“电气设备”。这一点非常关键，因为如果没有铅管替代品，欧洲的所有风琴将从此失声。

五年后，新指令和新条例早已发布，利维先生却从未收到回复。因此，2006年2月，他又写信给欧盟委员会相关部门。他们只是告诉他，决定欧盟指令是否适用于某种产品的责任全在于制造商自己，因为“他们对自己的产品性质最为了解”。[36] 在此基础上，英国风琴制造商协会认为，欧盟指令只适用于风琴的电气部件，但不适用于琴管。认为风琴是“电气设备”的观点无异于仅仅因为装有空调，就把整个建筑称为“电气设备”。

然而，令风琴制造商吃惊的是，贸易与工业部并不同意他们的看法。该部认为，不论欧盟委员会说了什么，风琴应受欧盟指令约束。如此荒谬的说法引起全国媒体的纷纷报道。也促使欧洲议会的玛格特·沃尔斯特伦发表一份声明，此人不仅是欧盟委员会副主席，先前曾是负责制定 RoHS 指令的环境事务委员，她两次强调，“你们可以放心，教堂风琴不在指令约束范围内”。

接下来的一周，在一次与风琴制造商协会的会议上，贸易与工业部官员再次表明，不论沃尔斯特伦说了什么，在他们看来，新指令的确适用于风琴。从7月1日起，风琴将被视作“电气设备”。虽然他们作出让步，允许在修理风琴时使用铅，但是禁止铅使用于任何新制的风琴中。

几个星期以来，他们一直为此争论不休，好似一场闹剧，一方叫着“是这样的”，而另一方则喊着“不是的”。直到贸易与工业部再也无法忍受这样的尴尬局面。他们以巧妙的辞令给了自己一个台阶下，避免承认所犯的错误。风琴制造商们得以继续生产。

贸易与工业部官员似乎没有学到一点教训，转而在另一个更大的行业尝试同样的把戏。2004年，贸易与工业部告知代表生产与销售照明产品企业的照明工业协会，RoHS 只适用于家用照明设备的电气部件，如开关与插头。然而，2006年3月，协会几乎是偶然地发现官员们已经改变了想法。他们决定，禁铅令应适用于所有照明设备。包括：枝形吊灯、陶艺灯具的釉面、粘合蒂芙尼灯具的焊料等。

这对于照明行业简直是一场灾难。两百家企业面临破产，4 000名英国工人失业。中国以及其他发展中国家的失业人数更是无法估算，因为英国的许多装饰灯具是从这些地方进口的。

五月底，距新法令实行还有一个月，照明协会质问贸易与工业部官员，当初他们声称装饰灯具不包括在内，为何现在又临时改变对欧盟指令的解释。数月来，该部一直令整个行业非常气愤，如今才又改口道，“在对整个问题进行研究之后，决定回到原来的立场”。英国照明行业暂时得到解救。[37]

2006 年 7 月 1 日，欧盟禁止电子电气设备使用铅的法令开始生效。此时，代表着欧洲电子工业的欧洲电子产品制造商协会对替换铅的成本估算提高至 440 亿英镑。据协会估算，单是研发替代金属的研究以及文书工作就要花费超过 100 亿英镑。美国一项研究表明，新规定对其出口商造成 20 亿美元的损失。

除经济损失外，人们普遍认为，新材料不如铅可靠。使用替代材料的电子设备寿命更短，更容易出现故障（这就是为何欧盟没有禁止铅在军事领域的使用）。

威尔特郡一家数字仪表生产商——拉斯卡电子公司所提出的问题，正反映了新规定对无数小企业造成的影响。几年来，该公司的五位高级员工一直在应对因遵循 RoHS 指令而产生的大量技术问题，花费超过 10 万英镑。最让他们焦虑的是，没有足够的技术方法，衡量某种合金是否达到欧盟的严格要求。[38]

其实，从某种意义上讲，最大的损失不是在欧洲，而是中国以及其他东方发展中国家。据报道，就在新法律生效后的一周，中国 5 000 家企业遇到严重甚至无法应对的问题。这些公司每年出口价值约 560 亿美元的电子电气设备，其中许多产品出口至欧盟地区。广州松下公司宣布，负责供应 7 268 个组装件的 208 家供应商中，有一半将难以达到欧盟的新标准。[39]

更别说数万名工人要承受的人身安全代价了。他们要忍受作为铅替代品的合金释放的浓烟和高温。环保署也曾警告过，这些因素对人类健康的危害。这样的话出自当初引发恐慌的那些人，他们一定明白自己在说些什么。

注　释

1.《华盛顿邮报》，1991 年 8 月 20 日。

2. G·O·汤普森等，《血铅水平与儿童行为：爱丁堡铅研究的结果》，由爱丁堡大学教育学院进行，《儿童心理与精神期刊》，1989 年 7 月 30 日，515–28。该团队与 M·富尔顿等更早的一篇论文，《血铅对爱丁堡儿童行为和智力的影响》，发表于《柳叶刀》，5 月 30 日，1,8544（1987），1221–6。

3. 杰克·刘易斯,《铅中毒——从历史视角看》,《环保署期刊》,5月(1985)。又见理查德·福尔克与约翰·格雷,《赶快行动——政府与私人律师对公诉权的滥用》,法律改革协会网站,(2006)。

4. 图表参见,《汽油中的铅——环境问题》,国际铅锌研究组织(1991)。

5. 见福尔克与格雷(2006)对美国如何禁止汽油加铅的详细总结。

6. 美国国家科学院空气污染的生物学效应委员会,1972年。

7.《科学》,第253期,1991年8月23日。

8. 同上,以及1983年11月25日。

9. AIM报告,精确媒体组织,XXI-6,1992年3月。

10.《环保署想清除更多的铅》,《时代周刊》,1984年8月13日。

11. 英国血铅监控计划,第28号污染报告,环境部,1987(英国文书局,伦敦,1990)。

12. S·波科克、D·阿什比与M·A·史密斯,《铅接触与儿童的智力水平》,皇家自由医学院临床流行病系与儿童健康研究所儿童精神病部,《国际流行病学期刊》(牛津大学出版社,1987)。

13. P·埃尔伍德等,《南威尔士地区脐带血铅水平下降的证据,1984-5》,《环境地球化学与健康》,12-13期(1990)。

14.《科学》,1991年8月23日,pp.843-4。

15. 同上。

16.《华盛顿邮报》,1991年12月18日。

17.《新闻周刊》,1991年7月15日。

18.《华尔街日报》,1991年10月14日。

19.《华盛顿时报》,1991年12月18日。

20. AIM报告(1992)。

21.《新闻周刊》,1992年3月16日。

22.《华尔街日报》,1992年4月2日。

23.《国家卫生研究所期刊》,1992年4月,第44页。

24. 环保署新闻通稿,1996年1月29日。

25. J·M·邓恩,《废气排放控制汽车与其对废气排放和节约燃料影响的对比》,沃伦·斯普林报告,LR770报告;《空气污染总结报告》XI/98/84,欧盟委员会,1984年3月;对欧盟机动车辆排放的荷兰意见书,1991年1月10日。

26. D · J · 加图索，《强制电子产品回收》，竞争企业委员会（2005）。

27. T · 汤森等，《利用毒性特性溶出方法得出的阴极射线管铅沥出数据》，佛罗里达州立大学，佛罗里达固体有害废弃物管理中心 (1999)。

28.《研究发现，电视、电脑显示器含铅量高》，《佛罗里达大学新闻》，1998 年 12 月 3 日。

29. 加图索（2005）。

30. 欧盟 2002/95 指令：限制某些有害物质在电子电气设备中的使用，官方杂志 L 037，13/02/2003 P.0019–0023.

31. C · 阿卡迪夫，《这禁令有必要吗？对 CRT 禁令的调查》，提交至 SWANA 西部地区讨论会的一篇论文，2002 年 5 月，于网上公布。

32. 江永春与蒂莫西 G · 汤森，《电脑线路板与阴极射线管的铅沥出》，《环境科学与科技》，第 37 期，No.20（2003）。

33. J · 盖比格与 M · 斯科洛，《电子产品焊料的循环周期评估》，环保署委托田纳西大学，2005 年 9 月。

34. www.dti.gov.uk/files/file29932.pdf.

35. 同上。

36.《星期日电讯报》，2006 年 3 月 26 日，基于 IBO 提供的文件。

37.《星期日电讯报》，2006 年 5 月 31 日。

38.《星期日电讯报》，2006 年 6 月 11 日。

39.《人民日报》，2006 年 7 月 11 日。

第十二章

镜中迷雾——如何将二手烟变成杀手

吸烟这一陋习看着令人憎恶，闻着让人恶心，对大脑无益处，而且对人的肺有百害而无一利。令人憎恶的黑色烟雾从幽暗的地方飘起，周而复始，让人心生畏惧和厌恶。

——金·詹姆斯一世，反对吸烟协会，1604

在我面前吸烟的人对我的影响很小，我根本就不用担心。

——理查德·多尔教授，BBC 广播四台，《荒岛唱片》

第二次世界大战结束后，吸烟在英国已是十分普遍的现象了。成年男性中有超过四分之三的人都是烟民。人们可以在上班时吸烟，休闲时吸烟，可以在酒吧、办公室、商店、火车上、公共汽车上、剧院和电影院里吸烟，也可以在城镇，乡村，甚至在飞机、轮船这些地方随意吸烟。但吸烟在教堂、美术馆、音乐厅和图书馆是不允许的。

第二次世界大战结束后的六十年，人们在任何“封闭的公共空间吸烟”已成为一种合法的事，人们在那里聚集，完全与私宅，甚至与监狱分开。然而，在多数情况下，在禁止吸烟的建筑物跟前吸烟是不对的。例如在办公大楼，医院或是火车站的月台之上。

这一显著的社会变化是与西方社会的发展是平行的，它经历了三个阶段。第一阶段开始于第二次世界大战之后短短的几年。那时，有证据表明，吸烟人的健康受到了致命的打击。在那之后的二三十年，吸烟的人的数量虽然一度稳定但明显呈下降趋势。渐渐地，这些吸烟的人分成了三类：或多或少依旧吸烟的人；能忍受住不吸烟的人；认为吸烟是危险的社会恶习，因无法容忍而反对吸烟的人。

第二阶段，这些反对吸烟者的注意力转移到大量忽视吸烟危害的人身上，并且这些人仍坚持着这一习惯。没有足够的证据证明，烟民吸烟会伤害到自己。这一残酷的现实只有在有证据表明吸烟会使其他人的健康受到危害时才能改变。也就是我们所说的“被动吸烟”。

此间的争论一直持续了二十多年，而且都是有科学依据的争论。双方都列出了各自的论点和证据。反对吸烟的人在一系列新的研究中发现，“环境性吸烟”对不吸烟者造成的危害比之前所想的要更加严重。但是，另一方更加全面的研究表明，这根本就是无稽之谈，没有证据能证明这一现象。

第三阶段开始于 21 世纪初。那些反对吸烟的人以极快的速度占领社会与政治层面的高地。在短短的几年里，他们成功地使世界各国制定了许多新法律，禁止在任何“封闭的公共空间”吸烟。他们声称被动吸烟者所受的危害变得越来越严重，尽管这种观点与事实不符。最终，反对吸烟的人在被动吸烟这方面取得的胜利成为推动“恐慌”的又一个因素。

第一阶段：确认吸烟为杀手

第一个，而且是最重要的一个反对吸烟的人在烟草第一次从北美带到欧洲之后的几年里就出现了。英格兰的金·詹姆斯一世在他 1604 年的著作，《反对烟草》中，对吸烟强烈反对，认为这是一种“卑鄙和肮脏”的习惯，而且他还毫不怀疑烟草对健康的危害，认为这简直就是一个杀手。就像他说的那样，一个人吸烟会把他带向死亡，而且有许多人已经死了。

在接下来的三个世纪，有许多资料表明，人们普遍认为吸烟是对那些不吸烟者的冒犯。1845 年，维多利亚女皇买下位于怀特岛的奥斯本宫，作行宫用。第 48 号和 49 号房间前的门廊上有“V”和“A”组成的图案，分别是女王与她宠爱的阿尔伯特王子名字的首字母。只有一个门廊上独有“A”字图案，以此来表明在这个房间里，女王的丈夫可以吸烟。1890 年的时候，美国的新奥尔良成为第一个在电车上禁止吸烟的城市，以此来保护那些不吸烟的人免受烟雾的侵扰。

我们也发现有不少人认同金·詹姆斯认为烟草损害吸烟者自身健康的观点。在美国，到 1836 年，塞缪尔·格林进行了完整的记录，记录显示有成千上万的人是由于吸烟导致肺部疾病并最终死去。就像头部中枪一般，人们会因吸烟死去。[1]

然而，尽管有这样的警告，吸烟人数还是一直在增加，并在 20 世纪中期达到顶峰。如丘吉尔、罗斯福和斯大林这样的世界政治家一起吸烟看起来一点也不奇怪（只有希特勒，一个狂热的反对吸烟的人，这在战争时期是个特例），再看看大部分好莱坞电影亦是如此，明星们也都是手持香烟。1948 年，在英国做了第一个全国范围内关于烟草的调查。结果显示，有不下 82% 的男性是烟民[2]。尽管女性吸烟者的数量只有男性的一半，但这一数字正在稳步的增长。

然而，前一年，来自英国医学研究委员会的两位医学统计师，理查德·多尔和奥斯丁·布拉德福德·希尔，决定做一项关于"肺癌数量急速增长"原因的调查。结果发现，从 1922 年到 1947 年的这 25 年间，死于肺癌的人从 612 人增加到 9287 人，足足多了十五倍。

1950 年他们发表了一篇具有里程碑意义的论文，论文基于他们对伦敦一些医院 649 名男性与 60 名女性的调查。[3] 649 名男性中，有 647 人是烟民；女性中有 41 名，也就是三分之二也是烟民。最终证实，早期研究人员认为吸烟与肺癌之间有关联的观点是正确的。更令人印象深刻的是，在研究的过程中，作为一个烟民，多尔自己在研究进行到三分之二时成功戒烟。

1951 年 10 月的时候，他们二人进行了一个更加宏大的项目。他们给英国所有的男性医生写信，请求与他们进行长期的合作和研究，目的是找到吸烟与一系列疾病的关联，并且评估吸烟在多大程度上缩短人类寿命。34 439 人同意参加这一项目。1956 年，研究的第一个结果出来时，他们确认，吸烟者得肺癌和心脏病的概率比不吸烟的人要高得多。后续的研究在接下来的 50 年间继续进行，结果显示，有超过 50% 吸烟者的死亡与吸烟有关，吸烟可以使人的寿命缩短 10 年。

多尔和希尔所做研究在 1962 年得到英国皇家医师协会的支持，协会发表题为"吸烟与健康"的报告，这也是协会第一次发表报告确认烟草对吸烟者的严重危害。渐渐地，这份报告的重要性被大众所认识，并且这也成为英国吸烟人数在

20世纪60年代明显下降的主要原因。到1974年时，由于对香烟广告的限制，成年男性吸烟的人的数量已经降到了51%。所有成人吸烟者数量下降到了45%。到了1982年时，降到了更低的35%[4]。

到目前为止，问题的重心都在于烟草对吸烟人所造成的伤害。然而，早在1959年的时候，美国癌症协会就已经开始思考，吸烟是否会对那些暴露在吸烟环境下的不吸烟者造成影响，也就是我们所说的“环境性吸烟”或是“非自愿吸烟”。为此，他们做了一个长期的研究，比多尔和希尔所做的“医生的研究”规模更大。研究目的在于，估量环境性吸烟（如配偶吸烟）和与烟草相关疾病的长期死亡率之间的关系。

这个项目最终与两位不吸烟的学者詹姆斯·恩斯托姆和杰弗里·卡巴特相联系，正是他们主持的这项研究。这个项目的118 094个受试对象都是加利福尼亚人，调查人员多年来一直认真监控他们的健康状况。尤其是对其中35 561个从不吸烟的人更为关注，因为他们的配偶都是经常吸烟的人。这可能是关于被动吸烟影响的史上最大规模研究，但是他们的发现几十年来一直不为人所知。

第二阶段：达成“共识”

对吸烟危害的意识越来却强，如今每三个人中有两个人是不吸烟的。禁烟人士开始寻找机会去废除关于烟草的一切东西。作为一个繁荣而强大的产业，烟草业正处在一个防御时期，不仅担心烟草被全面禁止，更害怕汹涌而至的索赔浪潮（因此，烟草业极力宣称吸烟对于人体健康根本没有危害）。

然而，要想使烟草这个行业彻底废除，明显存在许多政治上的困难。其中之一就是仍然有三分之一的成年人在吸烟，他们会为自己吸烟的自由而一直斗争下去。另个一原因就是政府可以从烟草行业获得大量的税收。最具决定性也是最简单的原因是，在20世纪70年代，政治家们认为这种极端的措施是不可理喻的。

这让那些反烟人士很不满意。1980年的时候，在马里兰州关于限制吸烟的提案被否决后，美国著名的反对吸烟阵营的代表詹姆斯·理沛斯，对此感到十分生气，并发表评论说，人们不会再忍受这一切了，事实摆在眼前。我们将会看到更多的不吸烟者变得更加冲动，我们将会看到各种斗争[5]。

由于全面禁烟受阻，反对吸烟阵营的人开始转移目标。他们更加关注公众受到的威胁，尤其是那些整天暴露在烟雾缭绕的、从不吸烟的孩子们。这瞬间让反烟人士们占据了道德的高地。他们不再是只为自己而斗争，而是为大多数人战斗，这些人已经无助地成为少数自私群体的受害者。胜利的天平开始向他们倾斜。

20 世纪 80 年代，数以亿计美元被用于各种研究，而这些研究可能产生一些无可争辩的证据，那就是“环境性吸烟”（ETS）对不吸烟的人造成的影响比我们先前所认识的更加恶劣。然而，结果证明他们的证据都是不可靠的。这在 1986 年早期，由美国卫生总监会和美国国家研究委员会所做的两个报告中得到了认证[6]。即使是英国反吸烟组织 ASH（戒烟行动与健康）在后期也作出让步，承认这两次官方调查未能找到强有力的证据来证明环境性吸烟和冠心病在生物学上有关联[7]。这两个报告还承认关于流行病学的证据也是不确定的。

1989 年，美国卫生局长从一个新的角度进行了尝试。这一次，他提出烟草含有 4 000 多种化学物质，一些化学物质有着刺激性的特点，并且有 60 种是嫌疑致癌物[8]。以此证明他之前认为吸烟有害的观点。

1992 年，美国环保署继续这次争论。他们在做了大量复查之后，称找到了反对被动吸烟的证据[9]。注意到最近关于流行病学的研究使从 1986 年开始的关于被动吸烟研究的数据库增加了两倍，环保署发表声明，称在美国平均每年有 3 000 例死于癌症的人有可能与环境性吸烟有关。然而，又用小一号的字体注解到，由于数据和模型的不确定性，这一数字有可能偏高或偏低。

环保署的这篇报告以“生物学依据”作为总结。这一依据认为，吸入致癌物质一定是有害的。这一结论的提出是通过做实验得出的，据他们介绍，让仓鼠吸入致癌物，对老鼠进行肺内移植致癌物以及对老鼠进行画皮植入致癌物，最终结果显示，烟草中的物质确实是致癌的。这一研究在 19 名自己不吸烟、但是丈夫吸烟的女性中继续进行。有 17 名受试者患肺癌的风险很高，其中 6 人已经在“统计学意义上非常危险”。正是基于这其中的 11 个研究对象，环保署才“估算”，环境性吸烟每年导致 3 000 人死于癌症。

总体来讲，环保署的报告完全是依赖这样的“估算”，这些估算都是基于别人的观点，而他们却从没有对这些观点提出质疑。报告中提到近来逐渐流行的观点：被动吸烟是婴儿猝死综合征的主要原因，便很好地证明了这一问题。

环保署在没有证据的情况下，又做出另一个“估算”。他们估算，每年有150 000~300 000名儿童会因受到环境性吸烟的影响而患下呼吸道疾病。接下来又指出，在美国，每年大约有超过5 000个婴儿是死于SIDS即婴儿猝死综合征的，而且他们的死因与母亲吸烟有很大关系。然而，这个结论也是毫无根据的。报告继续道，卫生局长和世界卫生组织估计，每年大约超过700个婴儿是由于母亲吸烟而猝死的。

此时，就在环保署要表示支持这一观点时，他们的报告又因接受其他人的数据而变得犹豫起来。与之前他们所说的父母亲吸烟对孩子有重大影响恰恰相反，报告总结道，“没有足够的直接证据证明孩子暴露在吸烟环境中是一个危险的因素。”

事实上，环保署在这一问题上的谨慎态度比他们所想的还有必要。接下来的多年间，大西洋两岸的美国和英国试图去找寻烟草是否是致使婴儿猝死病例急剧增加的主要原因。但是他们在这一过程中，忽视了一个关键的事实。在英国，婴儿猝死病例在二十世纪七八十年代急剧增加，并在1988年达到顶峰，此后，这一数字的下降也是惊人的。1971年，当这种疾病首次被官方确认为婴儿猝死症时，其发生率只有0.03%。然而到了1988年，这一数字竟然增加了500%，也就是说每千人中就有两个病例[10]。但这一时期是英国男性和女性吸烟人数从最高峰的时期急剧下降的时期，从原来的45%降到了30%。

美英两国在数据上的背道而驰表明，不论是什么引起的婴儿猝死，原因绝不可能是环境性吸烟。然而，从90年代的“文献”便可看出，一个小型的学术工业正在兴起，提出了截然相反的观点。这些人下定决心要将婴儿猝死归罪于吸烟，并且根本就没有将这两组数据进行对比*。

这种关于婴儿猝死症的自欺说法为我们洞察那些毫无科学根据、试图给被动吸烟定罪的行为提供了有力的武器。到90年代，许多新的研究，强调被动吸烟所带来的危害越来越多。现如今，政府机构和癌症慈善机构都乐于为此类研究提供经费，使之成为有利可图的领域。对疾病风险的估算越夸张，证明被动吸烟对

* 接下来的几年里，一旦游说团重申环境吸烟与婴儿猝死的关联，BBC以及英国的记者们便鹦鹉学舌地跟着呼应，却从不愿去查查事实。

不吸烟者的生命威胁越大，就越有可能得到奖励。*

在如此多的项目中，最吸引人的是那些收集其他人的研究数据而进行的研究（称为“元分析”的项目）。例如，1997 年，有研究复查了 37 个对肺癌的流行病学研究。复查得出结论，与吸烟人生活在一起的那些不吸烟的人得癌症的概率会增加 24%。这一数字看似叫人担心，但是，由于不吸烟的人得肺癌的几率非常低，即使增加 24% 也不算很大数字[11]。

研究人员在提到被动吸烟对心脏病的影响时，发现这一策略更加管用。美国每年死去的 240 000 人中有将近 30% 死于心脏病。1991 年美国一项研究受到媒体关注。研究称，在美国，被动吸烟是第三大可预防的致死因素，排在第一、第二位的是主动吸烟和酗酒。这一研究发现，不吸烟的人与吸烟的人住在一起，他们患心脏病的概率会增加 30% 左右[12]。

1996 年时，美国癌症协会一个更大的研究项目（开始于 1959 年、仍在继续的加州研究项目的副产品）并没有那么大胆，只是估计患病概率会增加 20%。然而这足以为他们“环境吸烟每年造成 35 000~40 000 人患心脏病”的观点引起不少媒体关注。1997 年时，对另外 19 个研究进行的复查将这一数字增加到 24%。但值得注意的是，这个研究声称，“单一的接触环境吸烟（吸入一口烟）引起的“即时危险”高达 34%**。1999 年，对其他 18 个研究的复查又将患病几率增加了 25%。但是，奇怪的是，男性和女性分开的数据却是低于平均值的，它们分别是 22% 和 24%[13]。

世界上没有一个地方比加利福尼亚对被动吸烟的危害更感兴趣了，加利福尼亚州在 1993 年时就首次不仅在工作场所、酒吧和餐馆禁止吸烟，还在距离任何公共建筑一码半的地方以及著名海滩禁止吸烟。因此，在 1999 年时，加利福尼亚环保署制定被动吸烟危害目录的行为并不奇怪。在这一目录上，18 种被归因于环境吸烟的病症中，居于首位的是婴儿猝死症。在对心脏病、中风和其他形式的

* 这其中最富想象力的研究要数科罗拉多州立大学约翰·雷尔夫教授所做的研究。1989 年，大西洋两岸的媒体都对此作了报道。这是关于一只狗与吸烟的主人的研究。研究说，这只狗得肺癌的概率大约是 30%。但是，在遭到到质疑后，他也不得不承认，狗得肺癌的概率几乎是微乎其微的。后来人们发现，他的研究仅仅是基于一只动物而进行的（“狗的死亡”，《星期日电讯报》，1989 年 8 月 23 日）。

** M·R·劳等人，《环境性吸烟与局部缺血性心脏病》，BMJ，315（1997），973—80。到 2004 年，英国反对吸烟协会可以确定，一个被动吸烟者得心脏病的几率是一个一天吸 20 支烟得心脏病的人的一半，尽管他每次只是摄入香烟的 1% 的烟草（“被动吸烟：证据的总结”，英国反烟协会（2004））。

癌症进行研究后，他们又展开了更进一步的研究，包括自然流产、学习障碍到脑膜炎、囊包性纤维症。[14] 似乎人类的一切病痛都可以归罪于被动吸烟。

到 90 年代末，虽然研究者在细节上有所不同，但是他们都认为，被动吸烟是一个巨大的社会问题，对公共健康构成极大的威胁。这并不意外，因为这一领域的几乎所有人都认同他们得出的结论。尤其是，他们所发现的正是当初资助他们的人所想要找到的东西。因此，值得注意的是，从科学的角度来看根本没有什么可以辩论的。这种“共识”是不言而喻的，没有一个人敢站出来，挑战这一事实。

然而，事实上，这正意味着他们的共识比表面更加脆弱。这只是由集体社会压力促成的谎言。1998 年发生的一幕幕故事证明，反吸烟游说团在为自己的谎言辩护时可以变得多么不择手段。

有一个重要的国际公共健康组织到目前还没有为被动吸烟作最终的判定，它就是世界卫生组织。这是因为，虽然该组织已经花费大量资金在反对吸烟和反对烟草的运动上，早在十年前，他们就进行了一项国际性的研究。这一研究是针对环境性吸烟问题的最大规模国际性研究。与它在法国里昂的国际癌症研究机构一道，这一研究项目包括来自其他七国的研究团队，共 12 个国家研究中心。

反吸烟协会积极地参与了这一巨大研究，因为他们认为这会使世界卫生组织的声望与权力促进反烟运动发展。然而，1998 年 3 月，伦敦报纸刊登了一条令他们感到失望的新闻。《星期日电讯报》称，尽管国际癌症研究机构的报告已经完成，但世界卫生组织拒绝将其公布。因为此次研究的结果不是其所期待的结果[15]。

欧洲地区的 27 名备受尊敬的流行病学家和癌症专家将 650 名癌症病人与 1 650 名健康的人做了比较。他们的观察对象包括：与吸烟者结婚或同事中有吸烟者的人；配偶与同事都吸烟的人；以及那些同吸烟的人一起长大的人。通过对七个国家研究对象进行观察，他们得出一致的结论，没有发现有明显的数据表明，暴露于吸烟环境中有增加疾病的危险，不论在家里还是工作的地方。甚至有证据表明，那些在烟熏环境中长大的孩子似乎受到了某种保护，使他们免受癌症的侵袭[16]。

如果报告本身就使世界卫生组织感到尴尬的话，报告内容的泄露则令他们更加难堪。于是，他们赶忙发布一份新闻通稿，题为《被动吸烟确实能导致肺癌，千万别骗其他人了》。[17] 反烟协会更是为《星期日电讯报》的报道勃然大怒，当即向报刊投诉委员会报告该报纸“虚假而误导”的文章，要求其撤回全部报纸并道歉。

世界卫生组织在面对不断涌来的批评时，最终决定将研究论文发表在自己的期刊上，而没有将其公开。果然，人们终于在 10 月份看到这份报告时，才证实了六个月前媒体的报道属实。研究者发现，暴露在吸烟环境下而导致得癌症的几率是非常小的。不管是配偶的影响还是在工作场所受到的影响都很小，分别只有 16% 和 17%。报告反复强调，这种比例值在“统计学上没有意义”。

这一点比之前提出的观点更加重要，自然也比先前反吸烟协会的观点更加重要。于是，反烟人士开始全力以赴地攻击国际癌症研究机构，并认为他们称这些数据“无意义”的行为是不诚实的。但是，这一切正证明了反吸烟协会对流行病学的基本规则是多么无知。国际癌症研究机构的研究者所遵循的正是确立多年的流行病学原则：任何少于 2.0（100%）的数据都不能称之为显著性数据。

这个原则在国际癌症研究机构出版的解读癌症数据的教科书中得到体现。1980 年出版的这本书指出，相对风险度少于 2.0 时，证明存在一些未被察觉的偏差或容易混淆的因素，但那些超过 5.0 的系数就不会这样。[18] 最近，隶属于美国国家卫生研究院一部分的国家癌症研究所也赞成这一观点。它在 1994 年时强调，小于 2 的相对风险系数是非常小的，而且难以解读。比例值的增加有可能是偶然的，也有可能是统计的问题或是一些不明显的极易混淆的因素所造成的。[19]

换句话说，国际癌症研究机构的报告中承认偏差或其他混合因素的做法正是遵循了公认的流行病学原则。唯一违背这一规则的，是那些进行其他调查的人们，他们所称具有显著性的数值，其实比科学接受的数值限度要低很多。

国际癌症研究机构的报告出版不久后，新闻投诉委员会就拒绝了反吸烟协会（ASH）的投诉。ASH 于是决定请求 PCC 的裁决：

> 我们对此非常不满意。我们始终坚信《星期日电讯报》的文章是错误的。我们认为，这件事根本没有解决。[20]

多年后，反吸烟协会仍在其网站上发布了关于这次事件的文章，称《星期日电讯报》错误地报道了国际癌症研究机构的研究，因为报纸不加鉴别地就认同了报告的观点，该报纸有可能曾接受一家大的烟草公司的资助。

这早已成为反吸烟协会回击不接受“共识”的人们的惯用伎俩。没有一个人敢于挑战这种集体的正统说法。《星期日电讯报》对这一消息的传播是受到了烟草业的腐蚀。这种情况是不能容忍的。*

第三阶段：反对者的沉默

21世纪初，反被动吸烟的阵营取得了巨大进展。在先前的十几年，英美两国都认为吸烟是为社会所不接受的。大部分的工作场所如今或者规定只能在指定房间抽烟，或者完全禁止吸烟。所以，我们经常看到城市中三五成群的人们聚集在办公楼外的街上抽烟。** 餐馆、酒吧等场所也通过设立“吸烟处”将吸烟和不吸烟的人分开。而且许多人已经不允许在自己家里抽烟。

在整个西方世界，吸烟已经成为一个社会禁忌。20世纪80年代的新闻片段中，一些重要的政治人物（比如像施密特大法官和德国总理科尔）总会在会议桌前高兴地点起香烟。如今，看到这些画面甚至让人不由一怔。到了2000年的时候，没有哪个政治家敢在公众面前这么做了。

除去这些社会压力，法律因素也很重要。现在所有的香烟制品必须带有警告的标志（欧盟89/622号指令使其从1989年起成为一种强制性规定）。但是依然有四分之一的人在吸烟。经过前几十年吸烟人数的锐减后，美国和英国的吸烟人数

---

* 这种情况在1998年再次发生。一个独立的顾问机构——科文斯实验室让欧洲一些城市中超过1000多人进行携带个人空气质量仪器，利用可替宁水平，精确测量不吸烟者吸入环境烟雾的量。结果显示，不吸烟者暴露在这样的环境下就相当于每天吸0.02支烟，也就是每年6支烟。科文斯所做的这个大型的研究受到了英国反吸烟协会和其他反吸烟组织的强烈谴责。他们说科文斯公司受到了烟草公司的资助。然而，科文斯的顾问团辩解道，根本没有一个产业可以影响研究的自然结果。2004年的时候，一个更小型的实验在威尔士进行。这个实验是在伦敦大学流行病学和公共健康学院的监督下进行的。实验证实了科文斯的结论，认为一个不吸烟的人如果每个星期有20个小时在酒吧度过，那么他每年被动吸烟19.4支（《威尔士星期日报》，2004年11月14日）。

** 地方政府在推行禁烟的过程中起到了很重要的作用。1998年，韦林市与哈特菲尔德市议会首次宣布，从2000年4月起，禁止所有工作人员（包括公园管理者和环卫工人）在工作时吸烟，即使在户外或自家车里也不能吸烟（BBC新闻，1998年7月16日）。

趋于平缓，大约保持在 25%。那些仍有烟瘾的人们不得不学着面对不吸烟者的异样目光；并且各种将他们分开的措施使得不吸烟者更加容易地避免接触二手烟。

然而，对于反吸烟阵营的人来说，这远远不够。2001 年的时候，当他们得知英国著名流行病学家理查德·多尔在 BBC 荒岛唱片的节目中说“在我面前吸烟的人对我的影响很小，我根本就不用担心”时，他们愤怒了。他们深信即使处在有少量烟雾的环境中，对健康也是有极大危害的。他们要求更多的公共场所禁止吸烟。他们相信，因为坚信自己的道德高尚地位，所以他们已经变得更加肆无忌惮地提出各种没有根据的观点。*

2002 年的时候，协会通过代表公共利益的组织来发表意见，将他们的阵营带到了一个新的层面。4 月，伦敦议会下属的公共场所委员会做了一项调查，发现伦敦每年有一千多人死于由被动吸烟引起的心脏病。但是委员会还没有做好全面禁止吸烟的准备[21]。

6 月，国际癌症研究机构由于之前没能发现被动吸烟和癌症之间的关系而变得尴尬至极。他们试图通过召开一次会议做一些补救。在这个持续五天的会议上，来自 12 个国家的 29 位专家检查了“所有对吸烟与癌症的重要研究”，并总结道，那些不吸烟的人如果接触“二手烟”的话，有 20% 到 30% 的人可能患肺癌。这一份报告与国际癌症研究机构四年前所作的报告的结果大不相同，而且违背了其先前遵循的方法规则。[22]

10 月，英国反吸烟协会也将他们自己所做的一个调查公之于众。报告称，80% 的英国员工不愿意被迫吸他人的二手烟（ASH 调查人群中有几百万人是烟民）；这也促使健康安全委员会呼吁新政策，并于 1974 年颁布工作健康与安全法，禁止在工作场所吸烟。[23]

11 月，英国医学会反复警告，英国每年有 1 000 多人死于被动吸烟（尽管伦

---

* 2000 年，英国第一铁路公司禁止在城际列车上吸烟就是个很好的例子。一个多世纪以来，英国的列车都曾为不吸烟的人保留了很多隔间，但是现在这个平衡开始倾斜，一列车大约有 12.5% 的座位是可以吸烟的。第一大西铁路宣布取消吸烟区时，称此举是为考虑其 90% 的乘客和员工。被问及这些数据从何而来时，公司闪烁其词，未能拿出任何证据。许多员工也证实，公司根本没有征求他们的意见，而且还说在火车上禁止吸烟是很不受欢迎的，即使是那些打扫烟头的人也不赞同禁止吸烟。有“90%”的说法全是虚构。

敦议会早先声称仅在伦敦每年的死亡人数是 1 000），并要求制定法律，以尽可能地在公共场所禁止吸烟[24]。英国医师协会科学与伦理学主任、坚定的反吸烟人士维维恩·内桑森医生说，如果不禁止在公共场所吸烟的行为，政府就是把大多数人的健康置于危险之中，同时这也是对英国国民健康保险制度的巨大负担。*

12 月的时候，发生了一个重大的事件。欧盟部长委员会做出重要决定，要使欧盟成为“无烟区”。委员会接受了 2003/54 号提案，要求所有成员国应制定法律保护不吸烟的人在工作地点、封闭的公共场所和公共交通中免受被动吸烟的影响。尽管这个决议没有法律效力，但这对欧盟政府全面提倡和推行禁烟起到了重要的作用。

2003 年 6 月，美国最积极的反烟人士詹姆斯·理沛斯，把目光从为加利福尼亚健康部门做研究转向了对英国的研究。他称自己的研究发现，大约有 900 名办公室职员，165 名酒吧服务生，145 名工厂工人因工作时吸入的二手烟而死去。像这样估算不同的职业死于二手烟的人数已成为了反吸烟协会的一个重要手段[25]。理沛斯又说，2002 年在英国死于被动吸烟的人远比 1952 年伦敦烟雾事件死的人多（最新的调查显示，在 1952 年伦敦大烟雾中死于窒息的人大约有 12 000 个）。

然而接下来发生的事证明了反烟人士的言论与诸多负责任的科学家提出的证据之间存在很大差异。

2003 年 5 月，历时最长、范围最广的关于被动吸烟的研究的结果终于得以在全世界公开。40 年前，是美国癌症协会基于加利福尼亚州 118 094 名成年人（包括 35 000 夫妻，夫妻中有一人是烟民）开始进行这项研究。两个研究者，加利福尼亚大学公共健康学院的詹姆斯·恩斯托姆教授和来自纽约州立大学预防药物学院的杰弗里·卡巴特教授，在这个庞大任务接近尾声的时候，告诉他们的赞助者说所有的证据都不是他们所期望得到的。研究结果明显表明，环境性吸烟和烟草相关的死亡人数之间没有什么因果关系。

这一结论如此令人意外又毫不含糊，可以将整个关于被动吸烟的辩论又重新扔回到熔炉之中。接下来发生的事可谓科学政治化历史上的典型案例。

---

* 近些年来，一个关于抑制吸烟的争论使得英国国民健康保险从二十世纪九十年代起每年花费六亿七千五百万英镑来治疗与吸烟有关的疾病。但与财政部门每年征收的 60 亿英镑的烟草税相比就很少了。

美国癌症协会试图撤出基金，中止这个项目。但恩斯托姆和卡巴特不忍心将投入了大半生精力的事业放弃，于是他们只好将目光转向能唯一给他们提供资金，并让他们能完成这一研究的美国烟草业，尽管他们是不吸烟的人。他们也知道这得冒着极大的风险，但这是唯一的能让他们的研究看到曙光的办法。

就在他们论文经过同行审阅评议而即将发表的时候，两位研究者又遇到了新的困难。由于受到先前事件的影响，没有一个有权威的美国科学期刊愿意出版这一论文。因此，2003 年 5 月，规模最大的对被动吸烟的研究成果终于得以在大西洋彼岸的《英国医学杂志》发表。[26]尽管杂志编辑理查德·史密斯博士是一个强烈反对吸烟的人。但是他说，他的杂志是为了科学而不是争论才发表这个论文。他知道美国的研究是正确的，是值得信赖的科学，科学遭到打压是一件很可耻的事[27]。

论文的摘要总结了其得出的结论：

> 实验的结果显示，环境性吸烟和烟草相关的死亡数之间没有什么因果关系，尽管他们不能排除有细微的影响。环境性吸烟和冠心病以及肺癌之间的关系没有我们想象得那么严重。

《英国医学杂志》也同时发表了一篇由布里斯托大学一位临床流行病学教授所写的社论。教授试图对那篇论文的结果进行证实，并且降低论文潜在的影响。然而，他也承认，被动吸烟对影响健康的问题尚未解决，并认为这一论文会使争论加剧。[28]

论文的发表不可避免的引发争论，领头的是美国癌症协会（据恩斯托姆说，早在论文没发表之前他们就写好了批评的草稿）。[29]《英国医学杂志》在接下来的几周受到各方批评，有人要求将论文撤掉。看到这些被恩斯托姆描述为“具有侵略性和刻薄的”行为时，史密斯仍坚持说，尽管《英国医学杂志》支持反对烟草，但并不反对科学。

4 个月之后，他在杂志上给恩斯托姆和卡巴特留出版面，让他们用来回应那些批评。之后还有一篇社论解释说道，“这一切是由在被动吸烟问题上的激烈交锋引起的”，他们的论文作出了有利的回击：

> 最令人不齿的反应是来自那些受到政治控制却假装公正的科学家，使用卑劣的手段去诋毁别人的研究。他们会毫不犹豫地进行恶毒的人身攻击与毫无根据的毁谤，从来没有按照是非曲直评判别人的研究。产生的混乱会误导很多读者，让他们忽视研究中的事实。[30]

恩斯托姆和卡巴特将重心放在了来自美国癌症协会的一个叫迈克尔·图恩写的一封信上。据他们说，信中的每一句话都有误导性。于是，他们系统地对其中的每一个问题进行了回答，并指出图恩的攻击不过是因为别人的观点与他的立场不同。他们坚持认为，关于被动吸烟的健康影响的证据不像图恩描述的那样可靠。被广泛接受的支持被动吸烟有害观点的证据是通过选择性地报告有利数据和抑制不利数据得出的。他们说，对他们论文的回应就是这些人所用策略的最好证明。

两位研究者还对由图恩、英国反吸烟协会以及其他人提出的关于研究资金的质疑作出了回答，声明他们没有受到烟草业的控制。他们指出，作为有经验的流行病学家，自己的职业操守从来都没有被质疑过，更不可能与烟草业有任何瓜葛，除了烟草业曾经给他们提供过一小部分资金。论文发表之前，烟草企业从来没看过论文的内容，也从没有做影响实验的事情。由于想就此问题作充分披露，他们要求图恩与美国癌症协会也公布其资金来源。

然而，事实上，恩斯托姆和卡巴特对批评的反驳根本没有什么作用。就公开辩论而言，他们报告的影响远没有国际癌症研究机构在五年前所做的那个实验的影响大。就政治影响而言，辩论完全被反吸烟协会的人所控制，他们有自己的事实和数据，而且这已经形成了一种正统的观点，根本无法再改变。像烟草业的宣传一样，任何异议都将遭到排除。

一旦一个在科学界有影响力的科学家出现摇摆不定的情况时，巨大的压力会促使他回到大众路线。理查德·多尔爵士最终放下了自己在《荒岛唱片》节目中的异端姿态，并解释自己不担心被动吸烟的言论只是个人见解。《英国医学杂志》的史密斯博士曾勇敢地发表恩斯托姆和卡巴特的论文，如今也不得不撇清与他二人的关系。他还说，自己对发现被动吸烟的致命危害感到满意。[31]

反吸烟大军的背后，各方的力量也在蓄积。2003 年 3 月 29 日，纽约继其他州之后，开始在工作地点、餐馆和酒吧中禁止吸烟。反吸烟协会的人称，这一举措会使他们的生意更好，但是好多州的成百上千的酒吧和餐馆的生意越来越差，到最后不得不关闭。

2003 年 9 月的时候，欧盟卫生事务委员、爱尔兰人大卫·伯恩——一个积极反对吸烟的人，说他的官员们在寻求制定法律禁止在公共场所吸烟的可能性，并且称禁止在酒吧和餐馆吸烟只是时间问题。[32] 2004 年 1 月 1 日，荷兰率先执行一年前的议会提案，禁止人们在办公室、火车站以及汽车站等公共场所吸烟。3 月 29 日，伯恩的祖国爱尔兰也效仿荷兰，推行禁烟，只不过他们的禁烟范围更广，包括酒吧、小酒馆和餐馆。

在美国，反烟人士对爱尔兰禁烟行为表示赞赏，并称爱尔兰酒吧生意将更加火爆。然而两年后，对禁烟令影响的研究报告揭露了现实。报告显示，67% 的爱尔兰酒吧已经没有生意可做。三分之二的酒吧损失巨大。只有那些通过在户外设立“吸烟区”的酒吧才引来顾客，例如天井。[33]

在英国，反烟游说团又有了新的支持者。来自澳大利亚的康拉德·亚姆罗齐克，一个学术上狂热的反对吸烟的人，正好来帝国理工学院工作。伦敦 33 个区委托他基于由英国反吸烟协会提供的最新的由被动吸烟导致死亡的数据进行一项调查研究。2004 年，他发现，英国每年死于工作场所被动吸烟的人数是 617 个。他还说，其中 54 个人（或每周一人）来自英国 110 万酒保、服务员以及其他服务业工作人员。[34]

比起以前那些模糊的“估算”声称死于被动吸烟的人是 1 000 人，或是 3 000 人，抑或是 12 000 人，这个精确的数据好似政治武器般令反烟人士更加兴奋。尤其亚姆罗齐克，在理沛斯的带领下，这个武器的作用就更加明显。亚姆罗齐克关注的是酒吧和餐馆里的男女服务生，他们只能无助地忍受工作环境中的有毒烟雾。如今议员以及大臣们的演讲中屡屡提及这些每周死亡一例的、罪恶二手烟的无名受害者。

然而，尽管压力持续增加，反烟人士期待的政治动作仍不见踪迹。2003 年 9 月末，据卫生部称，大臣们没有任何在英国的公共场进行禁止吸烟的计划。[35]

然而，正当这个故事快要结束的时候，卫生部却以惊人的速度完成这一计划。

游戏结束

就在 2005 年大选之前，工党发表了 112 页的宣言，其中第 66 页的一部分内容被去掉了。这部分内容写道，“我们知道有很多人想要一个无烟的环境，我们需要立法来让他们实现这一愿望。因此，我们要为他们的利益做一些政策倾斜”。

接下来的内容更加有戏剧性。为遵循欧盟 2002 年的建议，爱尔兰和荷兰也已经带头，工党承诺，新的法律规定，除了获得许可的地方，其他封闭场所或和工作场所都将成为无烟区。还包括办公室、工厂、商店、所有的餐馆、咖啡店、酒馆和酒吧等提供食物的地方。由于知道在很多地方禁烟不受欢迎，卫生事务大臣约翰·瑞德提出，在某些地方要作出让步。那些不提供食物的酒吧可以得到豁免。从伦敦蓓尔美尔街到北部的工人俱乐部，从高尔夫俱乐部到夜总会以及会员制的赌场，都可以自由选择是否容许在他们的经营场所内吸烟。只有一个地方是例外，根据亚姆罗齐克和酒吧侍女的建议，任何吧台区都要禁止吸烟。

尽管有所让步，看起来这二十年的反烟运动似乎即将大获全胜。几个月内，议会法案已经起草完备，并于 10 月 27 日送呈下议院进行第一次审阅。并附有一份政府声明：

> 科学证据证明吸烟、以及被动地吸二手烟对人类健康有害，加之公众舆论的压力，政府有必要采取行动，制定禁烟条例。

11 月 29 日，健康法案没有经过投票便通过了第二次审阅。新任卫生事务大臣帕特里夏·休伊特说，禁烟法案的提出会使 500 000~750 000 人不再吸烟，而且每年因工作场所吸烟死亡的人数只有 500~600 人。

到现在为止，被动吸烟是可以致命的事实已经逐步确立起来。再不像以前那样会受到质疑，也不会再要求提供科学的证据。仍有人对休伊特的法案表示反对，因为他们突然意识到，政府比人们预想的要更加过分，或者说，他们在质疑这样的举措是否合理或必要。

议会经过进一步的讨论后，于 2006 年 2 月 14 日进行关键的投票。当时，众多议员都在考虑对议案的各种修正。最具争议的问题是，由休伊特主导的政府迟来的决定：取消之前对不提供食物的私人俱乐部和酒吧的让步承诺。更引人注意的是，早在11月的时候，作为公民自由委员会主席的休伊特还在强烈呼吁政府作出这样的让步。她当初坚持认为，俱乐部有权利决定他们如何经营自己的生意。

威斯敏斯特周围的气氛是极度亢奋的，甚至有点歇斯底里。国会议员脸上泛着光彩，因为他们将要进行的事业是如此重大。关于即将得到拯救的人数数据像五彩纸屑一样飞舞。在这些喧闹人群中，有一个例外便是工党后座议员斯蒂芬·庞德。他发表的演讲被评论家们称为“机智巧妙地呼吁宽容和现实”。[36]另外一方面，各政党的反烟人士建立起来的“共识”甚至让托尼·布莱尔和戈登·布朗改变他们的想法，因为他们原本想否认在九个月前所做出的承诺。

废除先前对那些不提供食物的酒吧做出的承诺，得到328名众议院中的大部分代表的赞成。在私人俱乐部禁烟的提案被200名议员中的大部分人赞成。据报道称，欢呼的官员们声称与1948年建立起来的英国国民医疗保健制度所通过的法案相比，今天他们又取得了一个历史性的胜利。[37]

到夏天的时候，2006年健康法案已经作为法律开始生效。2007年7月1日，反对吸烟的法律已经生效，被当做恶魔的“环境性吸烟”已经在公众或员工所能接触到的公共场所完全消失。现在，在英国的任何一家酒吧、餐馆、公司、工厂或是其他封闭的公共场所吸烟都将被视作违法（2006年3月在苏格兰，类似的法律已经开始生效；威尔士在2007年四月，比英格兰早三个月就提出了禁烟的法案）。

公共场所中被列为无烟区的地方还包括公共汽车站、火车站的户外站台；一切为了商业目的使用的交通工具，比如轿车、厢式车、货车或是农用拖拉机；船舶和气垫船；帐篷和营帐；户外体育竞技场；以及其他人群聚集、相互接近的地方，即使他们都是男性吸烟者。只有那些被人们认为是永久的或是暂时的家的地方，才属于可以抽烟的封闭空间，比如酒店房间和监狱牢房。

在任何一个无烟的地方被发现吸烟就得在事发地点交50英镑的罚金（如果一个人在街头丢弃烟头时被抓则要根据另一个法律罚款80英镑）。为了确保最大限度的服从这一法案，在任何属于“无烟区”的地方，如果老板或经理故意让其他人在这个区域吸烟的话，最高可处以他们2 500英镑的罚款（为了方便员工和公共场所的人举报还开通了热线，以监督那些违法的人）。

如果在明显标有“禁止吸烟”的地方吸烟的话，也将被视作违法，最高可处以1 000英镑的罚款。在任何禁止吸烟的建筑内外吸烟都是违法行为。比如教堂、教会、清真寺、犹太教堂会、殡仪馆、手术室、供参观的古宅、历史遗迹、白金汉宫以及在其他法案所规定的地方都不能吸烟。* 在英格兰和威尔士的部分地区，议会甚至想将禁烟令扩展到公园或街道上去。几个星期内，威斯敏斯特市议会通过了这一法案，称再将雇用80个吸烟管理员，以确保在整个伦敦市中心严格执行法律。**

第二个这样做的欧盟国家是法国。2006年10月，法国总理多米尼克·德维尔潘宣布，法国将在包括酒吧和餐馆的公共场所分两个阶段实行禁烟，第一阶段早在2007年2月份就开始了。[38] 他说，每年法国有5 000人死于被动吸烟（或每天13个）。在法令生效后，任何人在禁烟区被逮到吸烟的话，都将处以75欧元的罚款，并且禁烟区的所有者也会被处以150欧元的罚款。就在第一部分法律生效的时候，有十七万五千“香烟警察”被派往法国各地监督法令的执行情况。[39] 这个数字甚至比法国军队的士兵人数还多，其士兵总共只有十三万六千人。

欧盟卫生事务委员马可·奇普里亚诺在1月30日发布了一份委员会绿皮书，称他对欧盟几个国家的做法表示赞同。这些国家包括马耳他、瑞典和意大利，这几个国家提议在整个欧盟推行公共场所的禁烟法令。他说，每年欧盟国家有七万九千人死于被动吸烟的事实促使这个法令必须实施。[40] 也就是说，在英国每年有一万两千人死于被动吸烟，这个数字是休伊特所称的死亡人数的20倍。但是现在有谁会为这模糊的数字而去争论不休呢，因为这些都是人们虚构出来的。

短短几年内，反烟人士在欧洲和世界其他地方所进行的禁烟事业取得了巨大的成就。这也成为现代社会政治运动最成功的案例之一。反烟运动人士率先庆祝自己取得的成就。

但是，他们这样做是为了什么呢？他们可以说，是为了让像四个世纪以前的金·詹姆斯一世一样不吸烟的人生活得更加快乐，而不用去闻那恶心的烟味。那些患支气管炎和哮喘的有呼吸障碍的人，也会感谢他们。因为他们让这些人不再

---

* 在2007年2月时，英国国教教堂提出，没有必要在教堂内外张贴禁止吸烟的标志，因为根本没有人在这里吸烟。但是健康部驳回了这一请求，说法律没有例外。

** 就在法案生效日子快要来临的时候，政府在2007年2月15日宣布，国会将花费2 950万英镑，让“数千官员”负责禁令的执行。他们可以以“卧底”身份在酒吧、餐馆、办公室、商店、门廊等地方巡查、拍照和录像，以获得证据。

遭受香烟的迫害。他们也可以说，禁烟法令让那些吸烟的人改掉了这一恶习。*

然而，那些反对“二手烟”的没有权利声称自己挽救了成千上万的人的生命，尽管这是他们一直在吹嘘的功绩。虽然他们付出了不懈努力，但是他们没能拿出一个可靠的证据证明二手烟对人们的健康有害。在花费了上万亿美元和英镑，做了成百上千次试验之后，研究者们仍然没有找到客观的可信的、或严格遵循科学原则的证据证明二手烟对人类健康是有害的。

正如多尔教授自己所指出的，所有的那些全面的、遵循客观的科学原则的研究得出的结论恰恰相反：吸入二手烟对人类健康的影响是微不足道的，甚至可以忽略不计。

反对二手烟运动的胜利为我们提供了最生动的例证，证明科学在意识形态和政治面前是如何被严重扭曲，提出毫无根据、有时与事实相悖的观点。从这一角度看来，这正是当今恐慌心理破坏力的最好证明。

注　释

1. S·格林，《新英格兰年鉴和农民朋友》（1836）。

2. N·瓦尔德，A·尼克莱代斯—布曼，《英国吸烟数据》（牛津大学出版社，1991）。

3. R·多尔，A·布拉德福特·希尔，《吸烟与肺癌：初步报告》，《英国医学杂志》，1950年9月30日（可供网络查询）。

4.《健康—吸烟》，国家统计局，2007年1月。

5.《华盛顿星报》，1980年4月5日。

6.《环境性吸烟的健康后果》，美国公共卫生服务部卫生处（1989），《环境性吸烟：它的测量以及对健康的影响》，美国国家研究委员会（1986）。

7.《被动吸烟：对证据的总结》，吸烟和健康组织（ASH）（伦敦，2004）。

8.《缩小吸烟对健康的影响：25年的进展》，美国公共卫生服务部卫生处（1989）；ASH总结（2004）。

---

* 英国禁烟法令生效后的首个周末，流行病学家理查德·佩托教授在一个新闻发布会上说，禁烟法令可以挽救五十万人的生命。他的理由是，有半数吸烟的人会被香烟所杀，但如果有一百万人不再吸烟那么他们在无形之中就拯救了五十万人的生命（第四频道新闻网站，“禁烟法令挽救五十万人”，2007年6月29日）。

9.《被动吸烟对呼吸的影响：癌症和其他病症》，由室内空气部、室内空气项目组、健康环境评估项目、研究发展项目、环境保护机构（EPA）资助（1992）。

10. 尼鲁帕·达塔尼、尼古拉·库伯，《婴儿猝死的趋势》，1971—1998，《健康卫生统计》，5（国家统计局，2000），10—16。

11. A·K·海克肖等人，《关于肺癌和环境性吸烟的数据》，《英国医学杂志》，315（1997），980—8。

12. S·A·格拉兹、W·W·帕姆利，《被动吸烟和心脏病》，《发行》，83（1991）。

13. J·赫等人，“被动吸烟和冠心病——对流行性学数据的元分析”，《新英格兰医药期刊》，340（1999），920—6。

14.《暴露在环境性吸烟下对健康的影响》，加利福尼亚环境保护署报告，烟草的控制专著10（国家癌症研究所，1999）。

15.《被动吸烟不能导致癌症——官方》，维多利亚·麦克唐纳，《星期日电讯报》，1998年3月8日。

16. P·布菲塔等人，《多通道实例——对欧洲吸烟和肺癌的控制研究》，《国家癌症研究所期刊》，90（1998年10月7日）19。

17. 世界卫生组织新闻稿，1998年3月9日。

18. 布瑞思洛、戴（1980），《癌症研究的数据方法》，第一版：《控制研究实例的分析》，国际癌症研究机构科学出版物32（里昂，1980），p.36。

19. 国家癌症研究所新闻稿，1994年10月26日。

20.《星期日电讯报》，1998年10月25日。

21.《被动吸烟让千人丧生》，BBC新闻网站，2002年4月9日。

22.《二手烟导致癌症》，BBC新闻网站，2002年6月19日。

23.《工人需要没有烟的工作地点》，BBC新闻网站，2002年10月5日。

24.《医生呼吁公共场所禁烟》，BBC新闻网站，2002年11月6日。

25.《被动吸烟杀死了工人》，BBC新闻网站，2003年4月7日。

26. J·恩斯托姆、G·卡巴特，《对加利福尼亚人环境性吸烟和相关死亡率的研究，1960—98》，《英国医学杂志》，2003年5月17日。

27. 蒂姆·克斯特，《被动吸烟：有证据能说明它是有害的吗》，《独立报》，2006年5月2日。

28. 乔治·戴维·史密斯，《被动吸烟对健康的影响》，《英国医学杂志》评论性文章，

2003 年 5 月 17 日。

29. 罗伯特·马修，《星期日电讯报》，2003 年 5 月 18 日。

30.《被动吸烟：作者的回应》，《英国医学杂志》，2003 年 8 月 30 日。

31. 拉克赫斯特，《被动吸烟》（2006）。

32.《经过考虑的欧盟禁言法令》，BBC 新闻网站，2003 年 9 月 19 日。

33.《爱尔兰的酒吧 2006》，一项基于 345 人密切观察的研究，《星期日电讯报》，2006 年 2 月 19 日。

34.《被动吸烟每周杀死一个酒吧工作者》，《新科学家》，2004 年 5 月 17 日。

35.BBC 新闻网站，2003 年 9 月 19 日。

36. 迈克尔·怀特，《卫报》，2006 年 2 月 15 日。

37. 同上。

38.《法国在公共场所禁言》，BBC 新闻网站，2006 年 10 月 8 日。

39.《每日电讯报》，2007 年 2 月 1 日。

40.《欧盟在整个地区强制禁烟》，《卫报》，2007 年 1 月 27 日。

第十三章

"一丝纤维也能致命"——石棉大骗局

石棉……世界上最神奇的矿物质。

——A·L·萨默斯,《石棉与石棉工业》1919 年

关于石棉的诉讼多是由一些根本没病的人发起的，为子虚乌有的伤病要求赔偿。他们的证词通常都是准备好的稿子，所讲的均是不实内容，辅以似是而非的医学证据……这是一个大型的欺诈集团，只有在美国这片欺诈圣地才能生存。

——莱斯特·布里克曼教授，2002 年[1]

本书所提到的所有故事中，最奇怪的莫过于 20 世纪尾声蔓延西方世界的石棉大恐慌。

与其他恐慌一样，这一次仍是起源于一个真实而严重的问题。二十世纪五六十年代，石棉已经被确认为是一个多重杀手。当人体吸入石棉后，其锋利的纤维会对人类肺部造成严重损伤，导致三大致命疾病，其中两种属于癌症。

这自然要引起人们极大的关注。此时，石棉的应用已经非常广泛，包括：刹车片、耐高温手套、水管、排水沟、屋顶石板瓦以及其他建筑材料。石棉几乎在人类环境中无所不在。现代社会几乎每个人都能接触到这种材料。

渐渐地，人们意识到，这种纤维状矿物对于人类来说是最危险的物质之一。到 70 年代，美国的律师已经为人们提出数千次索赔，因为这些人在工作时暴露

于石棉而造成健康损伤。1978 年，一份美国政府高级官员签字的报告预测，三十年内，单在美国因石棉死亡的人数会增加 200 万人。反石棉人士不仅开始游说实行更加严格的禁令，甚至要求对石棉实行全面禁止。

到八九十年代，反石棉人士已经成功地推销了自己的主张。世界上一个接一个国家开始禁止石棉，这一趋势从美国蔓延至欧盟。

到 21 世纪早期，美国的索赔次数已经超过 70 万次，总额超过 2 000 亿美元。大量公司被迫倒闭，而且据估算，索赔总数将最终达到 300 万次。英国政府通过法律，鼓励数百万建筑停止使用石棉，这样业主可能要损失数十亿英镑。

但是，随着对石棉威胁的担心愈加严重，要求证明其威胁的呼声也越来越极端，为整个问题加盖了一层更厚的误解迷雾。两个错误的概念使得起初真实的问题放大成为一场大型恐慌。

首先，人们错误地认为任何形式的石棉都存在固有的危险，任何接触都会对人类健康构成威胁。毫无疑问，粗心地接触石棉已经导致数千人死亡。但这反代表非常小的一部分人群，并且他们都是在工作过程中暴露于高纤维浓度的环境中的。尽管 1978 年美国报告预测三十年内将有 200 万人死于石棉，但是这么多年过去，因石棉而死亡的人数只是这一数字的一小部分。

这是因为，石棉要对人类肺部造成损伤，必须满足几个条件。最可能因石棉死亡的人都是那些长期暴露于高纤维浓度环境中的人。此外，光是吸入纤维还不够，人体自身的抗体会抵御部分石棉纤维。要造成严重损害，纤维必须是“可吸入的”，而且其大小及数量要足以战胜抗体，渗透肺组织，引发病原反应。

实际上，石棉会自然地产生，并在地球大气中无处不在，每个人每天都要吸入 14 000 条极微小的纤维。[12] 由于人体的小噬细胞以及其他防御机制，这些纤维都不会造成伤害。对于一个超过五十岁的人，他的肺可以容纳 200 万石棉纤维。然而，这还不足以影响我们的健康，因为它们没有达到构成威胁的条件。

这是石棉恐慌蓄积力量时首先被忽视的重要一点。反石棉人士对石棉的妖魔化太过彻底（尤其是他们的口号：一丝纤维也能致命），导致人们开始相信，少量接触这种“致命”物质也会与接触炭疽一样危险。

促进恐慌发展的第二个错误概念其实是词汇上的混淆。历史上，“石棉”一词被用来代表两种不同的矿物质。

第一种物质通常被叫做“石棉”，包括硅酸铁的五种变体，统称为“角闪石”。其中最常用到的是“蓝纤维”与“褐纤维”。进入人体后，其直、小、尖而耐酸的纤维会透过肺部以及周围组织，导致人体抗体不能将之溶解或清除。这些纤维可以长期存在于人体内部。据估算，其“半衰期”可达150年，或甚至更多。这种不可清除的纤维沉积，逐渐引起致命的疾病。*

另一种更为常见的不同种类的矿物质叫做“温石棉”或“白石棉”。这种蛇纹石棉的成分是硅酸镁，常用语滑石粉。它与角闪石的一些物理特性有相似之处，但是在其他方面，两者之间没有什么共同之处。较长的柔软、丝滑而弯曲的纤维很容易被酸腐蚀，所以即使人体肺部的弱酸环境也能将它溶解。它的半衰期只有几天时间。长期暴露于高浓度温石棉长纤维环境中，会对人类肺部造成损伤，甚至引起癌症。但是，短纤维没有什么危险。

此外，到目前为止，温石棉最广泛的用途是作为水泥与石膏的粘合剂，常见于屋顶石板瓦与墙面涂料。90%的石棉用来生产“白石棉水泥”产品。当温石棉与富含钙质的水泥混合后，其纤维表面会发生化学变化，使水泥与纤维紧密结合。即使被锯开或钻孔，紧紧粘在水泥上的纤维也不会轻易脱落，成为可吸入物质。因此，目前为止世界上应用最广泛的石棉材料（所含的石棉大部分人都曾接触过）对人类健康不构成任何威胁。

然而，由于用词上的混淆，导致人们把无害的材料当做化学性质不同、具有潜在威胁的角闪石，从而引发现代社会最具破坏力的一场恐慌。这一用词混淆不仅在催化恐慌上起到重要作用，还为史无前例地利用恐慌攫取利益者打开一扇方便之门。

在这方面，律师排在首位。尤其在美国，这些律师代表着“石棉受害者”索要巨额赔偿。起初，他们代表的原告的确患有疾病。但是，当发现一些州省的法院不问证据便轻易地判定巨额赔偿后，律师们开始招募更多的根本没有任何伤病的原告。最终，得到法庭支持的大部分原告被揭发为彻底的伪造。

被称作“2 000亿的美元的误判”（与伦敦劳合社的崩溃有重大关系），这个骗局

* 五种角闪石为：青石棉（蓝石棉），铁石棉（褐石棉），这两种石棉广泛应用于商业用途；其他不常见三种是透闪石、阳起石与直闪石。

可谓是美国法律历史上最臭名昭著的丑闻。令人吃惊的是，如此离奇的故事竟然没有引来大西洋彼岸媒体的关注，尽管英国法律公司没有像美国同行那样肆无忌惮。

另外一个群体便是承包商。他们看到此间巨大的利润空间，于是转而投身清除建筑物石棉的事业中。很多人都不失时机地夸大石棉的危险，即使根本不存在这样的危险，而且有时他们的行为不为法律所允许。在英美两地，承包商们的可疑行为都受到政府的宽恕，于是他们向私房屋主、公司、地方政府、住房协会、学校、慈善机构、教堂以及其他组织抬高服务价格，赚得盆满钵溢。其实在许多情况下，“致命”的石棉根本不存在。

同样在妖魔化石棉过程中贡献力量的还有那些跨国公司。因为，他们生产的一种纤维材料号称是“石棉替代品”。通常，这些物质都没有经过合适的安全测试，而且有些还与石棉一样危险。

其他受益人便是靠这次恐慌养肥的配角们，包括：工会、为虚假索赔作伪证的医生、给承包商揽生意的测量员。他们中间的同谋还有政客、官员以及媒体，这些人也逐渐变成一场时代大骗局的当事人。

这个奇异的故事分五个阶段逐一展开。

第一阶段：悲剧的产生

石棉作为地壳版块移动挤压而成的副产品，天然地存在于世界各地，与其他矿物别无二致。作为一种岩石，石棉具备两种形态：块状与纤维状。纤维状的石棉对人类大有用处。组成石棉的大量纤维极其微小，直到20世纪60年代使用电子显微镜才看得清楚，但是没人知道有多少纤维存在。*

石棉纤维是如此微小，一根头发粗细（0.001 5英寸**或40微米粗）的纤维束就可能包含200万细小的纤维或原纤维。一立方英寸所含的石棉纤维连起来的长度可达1 500英里。[3]正是如此，石棉才具备其三大属性，长久以来一直为人类社会所用。

石棉最著名的属性为耐火性。“Asbestos”在古希腊语中的意思就是“不可熄

* 纤维状石棉叫做“石棉状”。非纤维状或“块状”石棉构成地壳的六分之一（全部为角闪石）。

** 1英寸=2.54厘米。

灭的”。这种奇特的纤维可以像蚕丝、亚麻或羊毛一样制作织物。还可以与其他物质黏合，例如水泥，其抗拉强度比钢铁还要高。

有记载的人类使用石棉发生在四千多年前的芬兰，当时人们利用一种闪石使制作的陶器更加坚固。[4]

大约同一时期，地中海地区储量丰富的温石棉（希腊语意思为“金色的头发”），因其可织成柔软、丝滑的抗火布料。这种石棉还用于油灯芯，因为它不会被烧掉。还用于火葬服，这样就可以收集干净的骨灰，而没有其他灰烬混入。

在之后的古典时期，许多希腊和拉丁作家都对石棉称赞有加，从希罗多德到斯特拉博与普鲁塔克。罗马富人会炫耀地把自己的餐巾扔进火中，看它自己变得洁白如新。普林尼（公元23—79年）的《自然历史》中，有一段文字写道，“石棉稀世罕有，一旦发现，便被视作上等珍珠一样宝贵，石棉织成的亚麻布是世界上最好的布料。”[5]

到中世纪时，石棉布料神奇的特性为印度人以及中国人所知，许多作家也在著作中有所提及。马可波罗就曾提到，自己拜见大汉时就见到过这样的布料。到文艺复兴后期，越来越多的学者们提到石棉布料，包括托马斯·布朗爵士。1684年，一件据说来自中国的“抗火羊毛织物”上呈至新设立的皇家学会，以作研究。[6] 1725年，年轻的本杰明·富兰克林游历伦敦时，收藏家汉斯·斯隆爵士出高价买下他带的一个温石棉小钱包。*

正是在这个时候，石棉开始用在更为普遍而实用的领域（尽管在希腊和土耳其地区，石棉早就用于加固房屋外墙的石膏或灰泥）。18世纪，俄罗斯乌拉尔人开采温石棉矿，用于制作金属工匠的防火围裙和手套。1827年，意大利物理学家乔瓦尼·阿尔蒂尼将温石棉与汉弗莱·戴维爵士发明的金属丝网结合，制成消防员的防护服。这一发明迅速在欧洲流行开来。在之后的五十年里，石棉的用途更加广泛。

石棉的最重要作用莫过于推动19世纪的工业革命。这一时期，工厂、磨坊、矿井、轮船以及火车都在使用蒸汽机。锅炉需要热量，热量需要保温，因此石棉被冠以“神奇矿物”的美誉。

---

* 大英博物馆最初的藏品均来自斯隆的捐献（伦敦斯隆广场便是以他的名字命名）。

1871 年，兰开夏郡棉花小镇洛克代尔的一家特纳兄棉布纺织厂，决定使用棉塞阻止蒸汽从发动机汽缸中漏出。但是棉塞的性能远未能达到目的。1879 年，工厂老板之一萨缪尔·特纳决定，使用石棉会收到更好的效果。[7]

他选择的时机实在太好了。就在前一年，加拿大开始开采近期发现的大储量温石棉矿。1884 年，乌拉尔地区同样发现大型石棉矿。同年，南非开普省发现首个“蓝石棉矿”。又称“青石棉”或钠闪石，这是角闪石石棉进入大规模商业应用的开始。*

特纳开发了动力驱动纺织石棉纤维的技术，从而开始以空前的规模生产石棉织物。如今，他可以利用国外进口的廉价石棉。随着产品种类的丰富，市场需求也在不断增加。到 1900 年，工厂的工人数已经从五个增加至 50 个。

十年后，工人数增加至 300 个。产品也涵盖了从防护服到刹车片等的各种类型。而且，石棉又有了新的用途，甚至超过了其作为耐热材料的价值。1900 年，奥地利人路德维格·哈谢克发现，可以将石棉用作水泥黏合剂。于是水泥成为 20 世纪最有用、最受欢迎的建筑材料。** 1913 年，特纳创办英国首家大量生产石棉水泥的工厂。第二年，他的公司已经控制了整个英国石棉市场，而他自己作为洛克代尔市长，也被授予爵士头衔。

但是，一片阴影也悄悄袭来。1898 年，维多利亚女王政府的工厂检查人员露西·迪恩开始对一些工厂调查，因为这些工厂工人接触的粉尘可能对他们的肺部造成损伤。令她最为关注的是“石棉粉尘的恶劣影响”。“用显微镜便可清楚地发现这些锋利的、如玻璃一般的悬浮物。这些物质悬浮在空中会造成有害的影响”。[8]

第二年，查令十字医院的蒙塔古·莫雷医生见证了一名 33 岁男子忍受肺部疾病折磨。他曾在石棉厂工作 14 年，其中 10 年在粉尘浓度很高的梳棉间工作。1906 年，莫雷对政府调查人员说，“在那个车间工作的十个人中，他是唯一的幸

---

* 与温石棉不同，具有耐酸性的角闪石两大种类：蓝色与褐色石棉，作为燃煤锅炉的保温材料效果更好，因为蒸汽与煤炭中的硫磺结合会产生硫酸。这也埋下了 20 世纪健康灾难的种子。没人比这些用角闪石作保温材料的工人受的损伤更多，因为人体肺部的酸不足以溶解闪石纤维。

** 20 世纪，石棉的另一个广泛功用是制作输水或下水管道的无缝水泥管，由意大利人阿道夫·马萨于 1911 年发现。从上世纪二十年代起，石棉水泥成为行业内最常用的材料。

存者”。[9] 同年，一名法国工厂检查员也报告有五十名石棉纺织女工死亡。[10] 与英国的迪恩与莫雷一样，他的发现同样遭到忽视。

第一次世界大战期间，由于造船业的需求增加，萨缪尔·特纳爵士的公司迅速扩张。他的公司在非洲开办了首个自己的石棉矿，尽管，到1917年，他们还没有开始在德兰士瓦省开采“褐石棉”或铁闪石。这是另一种角闪石，通称铁石棉。与青石棉一样，铁石棉也要在即将发生的悲剧中扮演重要角色。

1918年，特纳的广告宣传将石棉比作“女神”，保护“文明”（造船业、工程、建筑、电）免受火灾威胁。最大的卖点是，在轮船、车辆、摩天大楼、办公室、剧院以及其他各种建筑中，石棉已经拯救了成千上万人的性命。1920年，经过兼并后，公司名称变为特纳与纽沃尔公司。1924年8月，萨缪尔·特纳于84岁时死去。人们为纪念他的成就，为他举行了一场盛大的葬礼。工厂初建时一无所有，如今已成为雇用五千人的大公司。[11]

特纳去世后六个月，一名33岁的妇女在同一个墓地下葬，她的墓碑竟然连一个字都没有。生于1891年的内莉·克肖一生都从事于石棉工作。从1917年起，她开始在特纳的公司工作。常年来，她一直忍受着不断恶化的疾病折磨。1992年，当地一名执业医生沃特尔·乔斯诊断她为“石棉中毒”。由于每年都要见到许多类似的病例，他已经对这种疾病非常熟悉。

无力工作、生活困窘的她，在乔斯医生的帮助下，寻求援助。而她雇主的回应是，邀请乔斯医生到他们的工厂，检查粉尘控制设施（“我们多次受到内政部的表彰”）。他们否认克肖的疾病与她的工作有关。他们写道，“我们拒绝接受‘石棉中毒’这样的词汇，石棉是无毒的，而且与疾病相关的概念和知识根本不存在。”[12]

克肖死后，验尸官发现她的确死于“石棉中毒”。当地报纸立即对这一消息进行了报道。特纳公司再次对这一结论表示否认（并拒绝为她的丧事捐钱）。验尸官要求对她的肺部做显微镜检查。病理学家威廉·克鲁克斯发现，她的肺部已经完全僵化，被石棉纤维刺得伤痕累累。在完成检查报告时，他将这种病命名为“石棉沉着病”。[13]

之后人们才更加了解到，在多年暴露于高浓度纤维环境后，石棉沉着病患者将最终呼吸困难，窒息而死。尽管这种疾病已经影响洛克代尔纺织工人多年，之前一直没能得到确认。内莉·克肖悲惨地死去，为她在历史长河赢得一席之地。

克鲁克斯医生公布的发现促使两位高级工厂检查员进行了调查，分别是E·R·A·梅里维勒和C·W·普莱斯。他们发现，四分之一的石棉纺织工人患有石棉沉着病。工作四年以下的工人无一发现患有疾病，但是工作二十五年以上的人患病率为66%。1931年，英国成为世界上首个对石棉立法的国家。法律为高纤维浓度环境工作的人们提供保护，要求为他们定期检查，并赋予获得伤病赔偿的权利。[14]

然而，这些并没有阻止特纳与纽沃尔公司胜利的脚步。到30年代末，由于石棉建筑材料销量飙升，公司的贸易已经扩展至世界各地，控制着全球20%的石棉市场，员工超过10 000人。洛克达尔工厂是世界上最大的石棉厂。

第二次世界大战（与第一次世界大战一样）刺激了石棉工业的进一步发展。从建造新船只，到制造数千万防毒面具，石棉需求急剧增长（英国民用防毒面具使用温石棉，军用则使用青石棉）。除特纳与纽沃尔公司外，另一个受益者（尤其是造船厂对石棉的大量需求）是美国的约翰–曼维尔公司。几十年后的七八十年代，诉讼增多时，人们才发现，当初这些大公司已经知道石棉对成千上万船厂工人的危害，但是他们对此都只字未提。

战后的建筑潮使石棉需求继续猛增。随着特纳与纽沃尔公司继续在全球扩张，他们的利润也达到历史新高。1953年，公司自信已经解决了之前的“粉尘问题”，决定对洛克代尔工厂工人的健康状况进行调查。他们请来了流行病学家理查德·多尔。他如今已经因发现吸烟与肺癌的关系而闻名。但是，在多尔公布调查结果后，公司并不满意。

多尔选择113名工人进行调查。这些人的工作时间都至少有二十年，他们的工作环境里全是未加工的温石棉纤维。多尔发现，其中11人不仅患有石棉沉着病，还患有癌症。这样的癌症发病率简直比普通人群高出11倍。过去二十年来，一直有人认为，石棉与肺癌可能存在关联（特别是1943年的德国）。如今，证据似乎出现了。

因为是特纳与纽沃尔公司为多尔的研究出资，所以他们想把事情隐瞒下来。他自己想办法独立地公布了研究结果。[15]然而，这样仍然没能影响公司的扩张势头。到50年代末，随着石棉工业迎来空前的大繁荣，特纳与纽沃尔公司也取代约翰·曼维尔公司，成为世界头号石棉公司。[16]

1960年，又一次打击降临。南非病理学家克里斯托弗·瓦格纳一直在研究一种叫做“间皮瘤”的罕见癌症，这种癌症在开普省青石棉矿场附近的发生率异常之高。与肺癌影响肺部内壁不同，这种癌症会导致肺部外细胞膜生长肿瘤。在对47个间皮瘤病例进行检查后，瓦格纳发现除两人外，其他人都曾接触高浓度青石棉。几乎所有人都曾在矿场工作。[17]

至此，三个与石棉相关的致死疾病都已确认。对于世界上最成功企业之一的命运，这是一个关键的转折点。

第二阶段：悲剧变为恐慌

石棉问题如今已经引起了科学界的普遍关注。伦敦的穆里尔·纽豪斯与纽约的欧文·施里科夫是对此特别感兴趣的两个人。在瓦格纳发现青石棉与间皮瘤的关联后，纽豪斯检查了东伦敦巴金区一家医院的记录。此地有一家工厂，生产大量青石棉。在76个间皮瘤病例中，她发现三分之二的人，要么曾在这家工厂工作，要么与在此工作的人一起生活，要么住在距离工厂半英里之内的地方。[18]

西奈山西学中心的施里科夫是肺部疾病方面的专家，五十年代时，因对肺结核的研究而成名。但是，从那时起，他就为肺部疾病的超高发生率感到震惊，有些是石棉工人，有些之前是船厂员工。尤其是在弗吉尼亚州的汉普顿水道，数千工人在第二次世界大战时建造与修补轮船的过程中，曾与石棉有重度接触。

施里科夫和他的团队无法得到足够的前船厂工人的信息，因为他们的雇主拒绝提供工人的记录。但是，所幸他们的协会提供了信息，他得以对1 500名船厂工人进行调查。所有人早在二十年前就已经接触过石棉。美国船厂保温水管与锅炉所用的材料几乎都是铁石棉，这也是美国海军自1937年起的强制规定。

施里科夫认为调查结果意义重大。1964年，他说服UICC（国际抗癌协会）设立了一个工作小组，并于10月份，在纽约科学院的主持下召开研讨会。纽豪斯、瓦格纳以及其他领域内的专家参加了这次会议。施里科夫提出了自己的发现：他调查的1 522个案例中，发现339例石棉沉着病。肺癌与间皮瘤的发生率分别是普通人群的七倍与三倍。[19]

很明显，经过激烈的交流后，科学家们分为两派。一方是像施里科夫与纽豪斯这样的，他们相信自己发现了重大的公共健康灾难。另一方是像瓦格纳这样，并不非常担忧。据称，施里科夫对企业将面临的索赔金额作了惊人的预测，他认为赔偿金额将达到数百亿美元。[20]

1965 年 3 月，工作小组发布了一份报告。报告认为，接触石棉纤维的确与肺癌与间皮瘤有关，其潜伏期很长，最长可达 60 年；而且，即使减少接触石棉，今后几年病例还会出现。需要进行进一步研究，尤其是评估各种石棉的威胁。还要确定疾病严重性与接触时间的关系。此外，还要找出其他相关因素，例如有多少因石棉患癌的人是吸烟者。[21]

对这份报告的首个严肃回应是加拿大麦吉尔大学约翰·考伯特·麦克唐纳德于 1966 年开始的研究。研究对象是加拿大温石棉工业的工人，时间将持续超过 30 年。但是，1971 年，麦克唐纳德与他的团队公布了他们的初步发现。他们追踪调查了 1891—1920 年在魁北克省石棉厂工作的 9 981 人。到 1966 年，2 431 人死去，但是只有 97 人（4%）死于肺癌，3 人（0.1%）死于间皮瘤。[22]

这样的调查结果与施里科夫与纽豪斯的研究截然不同，所以麦克唐纳德遭到西奈山团队的强烈鄙视。特别是，他们发现麦克唐纳德曾接受魁北克石棉矿业协会的资助。[23] 随后，《纽约客》杂志上出现大量批评麦克唐纳德的文章，这些文章之后汇集成书。[24]

以西奈山团队为首的“反石棉游说团”认为一些科学家故意淡化石棉的危险。双方不断扩大的分歧标志着事件进入新的阶段。但是逐渐升温的冲突之下，一个重要的事实被忽略掉了。麦克唐纳德的研究是基于“白石棉”，而施里科夫与纽豪斯研究的是“褐色”与“蓝色”角闪石。正是因为两种矿物都称为“石棉”，才会造成这种混淆。之后的争论基本是起源于这一混淆概念。

此时，大西洋两岸的媒体已经注意到石棉的潜在威胁。1971 年，《世界在行动》纪录片关注了一家叫做“城堡”的南非石棉厂。该厂位于约克郡海伯顿桥市，创建于 1939 年，已经用青石棉为军队生产 1 亿个防毒面具。据节目称，越来越多的前员工因石棉相关疾病死去，事件已经成为政治问题。

而在美国，随着石棉的臭名加剧，大量前保温工提出索赔。依据现行州和联邦法律，在不追究过失的基础上，只能向雇主索赔。成功的索赔则要由雇主的保险公司承担，赔偿金额非常有限。

然而，1973 年，波雷尔纤维板纸制品公司的案子（涉及死于石棉沉着病的一名工人）将这一切改变了。联邦上诉法院裁决，原告无须起诉雇主，而是可以直接向石棉生产商索赔。生产商还应对未充分告知员工吸入石棉可导致疾病负责。法院还发现，这些石棉企业早在 30 年代就知道石棉的威胁，却隐瞒了信息。因此，将造成不可估量的破坏。法院注意到，在美国，曾暴露于石棉的人多达 2 100 万人。

对波雷尔的判决使索赔的机会大增，一些处于事件中心的保险公司已经预见到末日的到来。伦敦劳合社（世界最大的保险集团，许多其他保险公司拿它当挡箭牌）一名高级员工告诉同事的一句话后来被频繁引用：石棉沉着病将改变国家财富。

通过施里科夫 1964 年的论文，他粗略地计算出，到 1990 年，索赔金额将达到 660 亿美元。到 2000 年，这一数字将达到 1 200 亿美元。他说，“最后，劳合社将可能破产”。[25]

从波雷尔判决之后，美国的索赔数量猛增，直指世界最大石棉生产商——约翰－曼维尔公司。美国石棉销量也从 1973 年的峰值 801 000 吨开始锐减。[26]

1976 年，英国议会监察专员艾伦·玛尔爵士报告了海伯顿桥的灾难。他发现，2200 工人中，12% 患有石棉相关疾病，并将此归罪于健康与安全监管不力。政府健康与安全委员会（HSC）指派一个咨询委员会复审石棉政策。1979 年，委员会建议全面禁止青石棉（1970 年，行业内已经自行停止使用青石棉）；空气中接触铁石棉与温石棉的最大容许度应减半为 1 百万纤维每立方米（1 个纤维每毫升）。[27]

与此同时，在大西洋彼岸，麦克唐纳德与西奈山团队之间的战争也在持续升温。为反驳麦克唐纳德于 1971 年对温石棉的发现，施里科夫越过加拿大边境，对工人的“死亡率”进行研究。这些工人生前都曾在塞特福德白石棉矿工作。他组织了一次研讨会。会上，麦克唐纳德报告了自己的最近论文。随后，西奈山团队提出自己的发现，否定了麦克唐纳德的观点。但是，施里科夫之后才抛出重磅炸弹——对美国与加拿大 17 800 保温工人从 1967 年到 1976 年的研究。这无疑是那个时候最大的关于石棉的研究。

施里科夫的最新研究结果是惊人的。在调查的十年间，2 271 个研究对象已经死去，比普通美国白人死亡率多出 612 人（或 27%）。他认为，实际上可以归因于石棉的死亡人数更多：843 人或 37%。[28]

然而，同年，美国政府的行为则要远甚于施里科夫。

第三阶段：恐慌开始

1978 年 9 月 11 日，一份油印的“文件”发送至美国各媒体。文件来自美国两个高级卫生机构：国家环境卫生科学院（NIESH）与国家癌症研究所（NIC）。文件标题为“对美国因职业因素造成的癌症数量的估算”。[29]

文件提到九个“职业致癌物”的例子，包括镍、PVC、汽油以及石棉等；并称，在今后的几十年里，这些因素引起的癌症可能占美国癌症病例总数的 38%。这一数字自然令人震惊，因为它比通常归因于职业接触的癌症病例估算数量高出太多（皇家学会的数据是 1%）。然而，更令人吃惊的是，文件估算今后三十年，接触石棉将造成两百万人因癌症过早死亡”。文件称，这相当于 1978—2008 年癌症死亡人数总量的 17%：每年死亡 66 000 人。

很明显，这份奇怪的文件是一次精心策划的政治举动，因为它恰好与美国卫生、教育和福利部长约瑟夫 · 卡里法诺在一次会议的发言发生在同一时间。卡里法诺在全国性工会联合会议上宣告了同样“惊人的事实”。他说，“新的研究报告将很快提交至职业安全与健康管理局（与英国的 HSC 和 HSE 职能相同）”。四天后，媒体与科学界收到一份更加详细的文件版本，由卫生部门的九位高级官员签字，包括 NIESH 的院长与 NIC 的所长。

虽然文件登上了报纸头条，但是奇怪的是，没人知道这是出自谁手。它没有经过任何常规的科学论文程序。最令人震惊的是，文件没有提出任何最新数据佐证其观点。

科学界人士纷纷表示谴责。牛津大学的理查德 · 佩托称之为“可笑”，因为他注意到，其数据要比施里科夫与他西奈山的同事 E.C. 哈蒙德提出的数据还要高出“1 000%”。哈蒙德自己都称“有点被搞糊涂了”。其他评论有“明显的愚蠢”“傻瓜”“丑闻”。理查德 · 多尔称之为“一派胡言”，卡里法诺则说“荒谬”。

1981 年，多尔与理查德 · 佩托共同发表了一份详细的文章，抨击职业安全与健康管理局的文件。他们写道，“其估算的数据错误百出，得出的任何论点都不可信”。该文件的根本错误在于，将多年来严重暴露于石棉环境的少数群体推断来的风险，强加于所有工人，不论他们的石棉接触有多么轻微。“这种忽视石棉接触的量与时间的论点根本站不住脚”。“这份文件不应被视为对科学思考的贡献”，很明显，撰写文件的人是出于“政治目的而非科学研究”。多尔与佩托担心，今后文件还会被用作同样的目的，尤其是那些媒体。[30]

他们的担心并不多余。之后的几年里，这份文件一直被广泛地引用，特别是工会运动。这些人已经迅速变成“反石棉游说团”最积极的拥护者。首先开始宣传文件预测的一个工会组织是英国 ASTMS（科学、技术和管理人员协会），很明显带头的是其秘书长克里夫·詹金斯。

然而，讽刺的是，多尔自己之前的研究如今受到质疑：1955 年那篇论文开拓性地确定石棉与肺癌的关系，让他确立了自己在石棉流行病方面的地位。之所以温石棉一直被当做健康威胁，是因为多尔以为三十年前他研究的特纳与纽沃尔工厂的肺癌病例都是由接触温白棉造成的。

由于在多尔做研究时，间皮瘤尚未被确认是石棉疾病，70 年代末，理查德·佩托的弟弟朱利安·佩托对工人状况进行进一步研究。与多尔一样，朱利安也认为，工厂只使用过温石棉。当他发现一些间皮瘤病例后，便迅速改变了对温石棉的概念，因为这种石棉到现在为止并没有被当做间皮瘤的病因。如此意外的发现对辛普森委员会于 1979 年建议的新“安全警戒”有重大影响，[31] 继而影响了 80 年代英国制定的石棉条例。

瓦格纳将佩托的论文收录在自己编写的一本书中。他是首先确认这种疾病的人，如今这一新的角度令他非常震惊，于是决定进行进一步研究。他与两位同事（包括后来的弗雷德·普利教授）可以充分利用电子显微镜检查的先进技术。他们选择在特纳与纽沃尔石棉纺织厂工作过的，并于 1964—1975 年死去的 103 名男女工人作为研究对象，检查了他们的肺部细胞样品。令他们吃惊的是，在这些细胞组织中发现大量青石棉纤维，是英国平均水平的 300 倍。结果证明，工厂不仅仅使用了温石棉，而且还在 1931—1970 年之间每年使用 60 吨青石棉，作为纺织程序的辅料。

这一发现意义重大。因为，与其他种类的石棉相比，青石棉与间皮瘤的关系最大。瓦格纳团队的论文并没有明确指出，青石棉一定是佩托所发现的间皮瘤的病因。但是，他们认为，不能再将疾病的原因归罪于温石棉。[32] 论文另外一个隐含的意义是，新的发现使人们不由得怀疑多尔 1955 年研究结果的可靠性，当时他认为温石棉是洛克代尔肺癌的唯一病因。*

这些发现促使佩托在多尔的支持下，对 3 639 名洛克代尔地区工人进行更进一步的研究。到 1985 年，他不得不彻底更正了自己的发现。当然，他不愿完全否定温石棉可能是间皮瘤病因的一种，但是，面对新的证据，他也认为，暴露于浓度为 1 纤维每毫升的石棉环境长达 35 年后，“可能 200 个工人中会有一个患上间皮瘤”。尽管他自己也承认，这一预测“不是非常精确”。[33]

此时，一些关于石棉的基本知识已经开始受到质疑。但是，同年，多尔与佩托公开地发表一份报告。 报告由健康与安全委员会委托，主题为“石棉接触对健康的影响”。报告承认，近几年来的研究提出了对立的结果。然而，他们认为，“蓝色”与“褐色”角闪石的威胁要比温石棉大得多。他们对施里科夫 1979 年的发现表示怀疑，并表明，接触角闪石的保温工人明显比其他人更加危险。

多尔与佩托将人们可能每天接触的白石棉水泥产品置于他们风险等级列表的最底部。据估算，普通人一生时间的死亡风险比例为 1∶100 000。即使五分之一的人口接触石棉水泥的时间长达二十年，全国范围内每年的死亡人数也不会超过一人。实际上，这一风险小到几乎可以“忽略不计”。[34]

他们的观点遭到了英国反石棉人士的嘲讽。这些人认为所有石棉一样危险，如今他们变得更加积极。1981 年，约克郡电视台一个两小时的节目《爱丽丝——为生命而战》引起了强烈反响。节目中的爱丽丝·杰弗森在海伯顿桥工厂短暂接触青石棉后，便因患间皮瘤死去。节目播出后，理查德·佩托预测，在今后的三十年里，英国将有 50 000 人死于石棉引发的疾病。两名主要反石棉人士在《新政治家》上攻击他严重低估了即将来临的灾难。一个是英国总工会健康与安全官员大卫·基；另一个是南希·泰特，她的丈夫于 1968 年死于石棉相关疾病。

---

* 奇怪的是，1955 年多尔还忽略了一个肺癌的重要因素：吸烟。1979 年，施里科夫与哈蒙德发表的论文认为，石棉与吸烟的协同影响非常大，石棉接触使肺癌发生几率增加 5 倍，而吸烟则可使增加 10 倍，两者结合可以使风险增加 50 倍（E.C. 哈蒙德等，“石棉接触、吸烟与死亡率”，《纽约科学院年报》，PP.473–90）。

监察专员对海伯顿桥事件作报告后，政府设立了一个顾问委员会。在委员会的建议下，政府采取三项措施，对英国范围内石棉使用的各个方面实行监管。

第一，一个新的职业诞生：清理石棉承包商。此后，所有与清理石棉保温材料或喷涂覆层相关的工作都必须由持有 HSE（健康与安全执行局）许可的承包商进行。[35] 第二，全面禁止角闪石石棉的进口、供应与使用（这一禁令几乎没有什么影响，因为行业内早已自行禁止角闪石）。[36] 第三，工作场所石棉控制条例（1987）要求企业保证工人免于受到任何石棉威胁，并对工作场所内每毫升的纤维数量制定更严格的限制。

这些措施看起来似乎是在慎重地解决真实的问题。从这方面讲，英国的节奏是远远落后于美国的。在美国，反石棉大军早已开始这一进程。从美国法院所发生的事情便可知一二。自波雷尔判决后，世界上最大的石棉生产商约翰－曼维尔公司成为律师们的主要攻击目标。但是，到 1982 年，索赔人数达到 16 000 人时，公司预感巨大的债务将超出自己的支付能力（尽管当年他们的营业额仍超过 20 亿美元）。于是，他们申请了破产保护（美国破产法第 11 章）。这就意味着，公司可以建立一个信托基金以限制其债务数额，并在复杂的诉讼开始后，延期支付赔偿。

这样，律师们不得不寻找其他目标。他们首先找到了建筑公司，因为建筑工人会直接接触到石棉。之后一系列的判决（吉恩公司案，1981）允许原告在没有损伤而只是接触到石棉的情况下，也可以索赔。形式变得更加有利。还有一些法院（尤其是某些州，如密西西比州、得克萨斯州以及西弗吉尼亚州）逐渐相信石棉的危害，于是在类似案件中偏袒原告。[37] 例如，1982 年，南卡罗来纳州一名年轻律师罗恩·莫特利在密西西比法院，为一名患有轻微石棉沉着病的船厂工人赢得 100 万美元的赔偿。他的理由是，自己的委托人担心病情会在未来的某天恶化而癌症，所以他应当获得赔偿。

到 80 年代中期，随着索赔案件数量不断增加，许多专门处理石棉案件的法律事务所也在四处搜罗新的客户。通常各个工会会与他们合作，派出 X 光车，一次为数百工人做检查。而这些工人都要签一份协议，承诺找某个法律事务所作代理。然后，这些 X 光检查结果会被送到法律公司自己的放射科医生手里。医生们开始筛选那些可能造成健康损害的石棉相关病迹象。

1985 年，司法生产线又有了进一步发展。当时，一个联邦上诉法院为节省时间，将四名原告的案件并作一件处理，因为他们都是来自一样的工作团队。有了这个先例，情况就变得一发不可收拾。两年内，得克萨斯州一名联邦法官便将 3 031 名单独原告并作一个案件处理。他称，自己将审理原告代表的案件，然后推断出其他原告的赔偿金额。*

由于采取这样的策略，到 80 年代末，新的案件成指数级上涨。加之人们逐渐认为，任何形式的石棉都与传染病一样，最细微的接触也会对人类健康产生潜在的致命威胁。正是某些政府部门的举措才导致这样的观念泛滥，如今他们已经加入石棉恐慌的“推手”行列。

在 70 年代，随着施里科夫研究结果的公开，环保署（EPA）与职业安全和健康署（OSHA）都在计划对石棉的使用进行监管。1979 年，OSHA 报告公布后，EPA 投入 1 000 万美元开始自己的研究。最终的报告竟然有 10 万页。[38] 80 年代初期，全面禁止石棉的要求变得愈加迫切，但是起初，里根总统在加拿大政府的请求下反对这样做，因为美国 95% 的石棉进口自加拿大。

至少，作为彻底解决问题之前的让步，里根政府不得不向不断升级的石棉恐慌让步，于 1987 年通过了国会的石棉危害紧急响应法案（AHERA）。这是美国有史以来最为严厉的石棉法律。法案要求检查全国所有学校，一旦发现石棉，必须采取措施消除威胁。[39]

据负责执行新法令的 EPA 估算，只有 45 000 所学校会受到影响，最终的花费将在 31 亿美元。但是，到 70 年代末，石棉已经广泛应用于学校建筑，包括管道保温材料、地板、天花板以及防火装置。很快人们发现，受到影响的学校数量远多于 EPA 估算。仅仅在加利福尼亚州，其政府就估算，为 7 000 所学校清理石棉的费用将达到 10 亿美元。全国学校委员估计全国范围内的花费将达到 60 亿美元（但是 EPA 只划拨了 20.2 万美元联邦补助）。

1989 年 7 月，EPA 终于要实现全面禁令的愿望了。他们宣布，将禁止进口或使用所有石棉或含有石棉的材料。理由是，“石棉是一种致癌物质，也是人类在职业环境和非职业环境中都可能接触到的危险物质”。

EPA 禁令无疑是反石棉人士迄今为止最大的胜利。没有其他国家会实行如此

---

* 这一判决遭到联邦上诉法院的否决，但是这种被称为“大型合并”的做法逐渐流行开来。

严格的禁令。事实上，禁令完全是针对白石棉的，因为对蓝色与褐色石棉的进口早已停止（如今，全美石棉使用量已经下降到1973年水平的十分之一）。

值得注意的是，石棉致癌是EPA禁令的主要原因。两年前，IARC（国际癌症研究机构）把石棉列为“一类致癌物”。从此，反石棉人士的辩论中总要提到这一点，好似这已经成为支持石棉禁令的终极证据。

他们没有提到的是，一类致癌物列表还包括镍合金、皮革、酒精、铬、锯屑、口服避孕药、聚氯乙烯、太阳辐射以及世界上、生活中见到的各种其他物质。

只要在安全警戒以下，这些物质都没有被禁止。没人会禁止使用五分镍币、一杯啤酒、锯木材或在阳光下散步。重要的是这些物质的形式决定着人类接触的性质与强度。正因为如此，潜在的危害会成为真实的危险；或与之相反，有潜在危险的物质也会变为无害。

这就是反石棉人士忽略的基本原则，他们只会高喊，“一丝石棉纤维也能致命”。这就是EPA在指定法律时所遵循的信条。就这禁令成为不可撤销的法律之前，美国有毒物质控制法要求，新法令必须通过美国12个上诉法院的法律挑战。

在一些法院，许多企业以及各环保组织纷纷前来挑战。但是管辖得克萨斯州、路易斯安那州以及密西西比州的第五巡回上诉法院才拥有最后判决权（此前该法院的许多判决都有利于石棉索赔案原告）。[40]

EPA在辩护自己的新法令时提到，禁止石棉水管以及房顶材料将在今后的三十年里挽救六个人的生命。但是据他们自己的计算，为挽救这些生命，在替换石棉水泥管方面要花费7 200万美元，在替换屋顶石棉瓦方面要花费1.51亿美元。法院提出，“在今后十三年，因咽下牙签死亡的人数将超过12人。这比EPA要挽救的人数多了一倍，只是他们需要花费2 000万去执行对石棉管道、石板瓦以及屋顶涂层的禁令。

EPA也承认，石棉替代品（如PVC与球墨铸铁管道）的风险几乎与石棉水泥管相当。法院总结道，禁令能够挽救的人数可能为零。

在禁止刹车片以及其他摩擦材料使用石棉方面，法院指出，EPA没能考虑到，替代品的致癌风险与使用效率较低的刹车材料所增加的交通死亡率。法院担心，禁止石棉刹车材料反而会带来危害。

1991年10月18日，法院裁决，“EPA没能提出足够的证据支持其禁令”。

其花费也是不可理的，不论是考虑到禁令的益处，还是这些资金用于其他目的产生的更多效益。法院认为，将一部分资金用于建立新医院，或为穷人提供医疗服务，将拯救更多生命。

EPA 禁令就这样被否决了。如今，想让禁令留在法典上的唯一希望是，向美国最高法院上诉。由于正是 EPA 自己提出的证据使其法令遭到否决，因此上诉的机会非常渺茫，判决似乎已成定局。

他们大肆吹嘘的禁令还没实行，就遭到完结。但是石棉恐慌远未结束。从其造成的破坏方面讲，故事尚未开始。

第四阶段：计算代价（1）

禁止使用石棉是一回事。处理数亿吨建筑中的石棉材料又是另一个难题。早在 1974 年，EPA 就规定，如果不清除“石棉”，所有公共和商业建筑都不得进行重新装修。而且，对石棉的恐慌如此盛行，以致于数百万业主不得不考虑，如果不清理自己房屋内的石棉，将可能面对巨大的经济风险。[41]

问题是这样做的代价太大了。在 20 世纪 60 年代，大量建筑物涂上了石棉作防火用，当时的价格是 25 美分一英尺。如今，把这些涂层去掉的价格是 25 美元一英尺，是当初价格的一百倍。

据 EPA 估算，清理全国公共与商业建筑的石棉将花费 510 亿美元。在纽约，世贸中心与拉瓜迪亚机场的业主们将面临 10 亿美元的支出。加州官员估计，清理加州建筑的石棉将花费 200 亿美元。行业分析师提出的数据要比 EPA 的估算高得多：2 000 亿美元。这听来并不令人吃惊，因为 EPA 曾在 1988 年估算，全国五分之一的公共与商业建筑（总数为 733 000 幢）含有危险的石棉。除非将石棉清理，否则每年将有 25 人因此死亡。

恐怖故事到处在发生。例如，洛杉矶一座办公大楼在卖给日本买家时，价格被砍掉 5 000 万美元，因为，就在交易之前，他们发现清除石棉需要花费这么多钱。另一家日本公司购买埃克森公司在纽约的大楼时，以同样的原因将价格压低了 1 亿美元。

迈克尔·福门托对此灾难作了长期而细致的研究，其揭露真相的文章于 1989 年发表于《美国观察家》杂志。文章开头提到了旧金山一所高中的故事。这所学校要停课三个学期，因为要清理石棉，清理费用高达 1 800 万美元。后来，有专家告诉校领导，其实学生们并没有什么危险，清理石棉的工程也没什么必要。

石棉恐慌蔓延迅速。其他国家也开始面临同样的问题。1991 年，欧盟委员会发现，其在布鲁塞尔的总部——贝勒蒙大楼的钢梁，在六十年代始建时被喷涂了作防火剂用的白石棉。3 500 名官员被撤离至其他办公楼。13 年后，大楼才恢复使用，为欧盟纳税人留下一张超过 10 亿美元的账单。[42]

石棉事件的主要受益人是那些清理石棉承包商。如今，他们在各个受到石棉恐慌影响的国家，如雨后春笋般出现。这些人可以任意地向不知情的顾客要价，他们提供的服务被普遍地认为非常危险，但很有必要。他们的利润几乎是天文数字。1983—1988 年，美国注册在列的四千家公司的营业额增加了 13 倍，从 2 亿美元增加到 27 亿美元，而且这一数字仍在上升。但是，对于他们的数万员工而言，这份工作却具有明显的负面效应。如果石棉纤维有潜在的威胁，那么这些在清理过程中频繁接触石棉的工人要更加危险。

尽管如今工作人员清理石棉时都要穿上防护服（通常被称作“太空服”），但是，OSHA 自己也估算，按照其 1986 年之前的安全标准，清理工作仍会导致每一千员工中会有 64 人患上肺癌。即使按照当年更为严格的新协议，每一千员工中仍会有 6 人死于癌症。清理石棉行业的暴利促使人们开始寻找捷径。

石棉清理行业的黑暗与腐败是出了名的。单是 1988 年，23 家公司的高管（代表着纽约大部分官方注册的石棉清理承包商）被指控贿赂 EPA 检查人员，让他们忽略安全标准。行业底层更是活跃着成百上千的“牛仔工人”（被称为“拆完就走的人”），他们更加明目张胆地无视安全规则。[43] 在纽约和其他城市，成千上万的移民工人愿意以每小时 50 美元的价格工作，这些人常常没有任何防护措施。

仅仅是因为政府机构公布的估算数据，与任由石棉在合适的位置发挥作用相比，清理石棉似乎使更多人的生命受到威胁。EPA 试图估量建筑物内石棉的健康威胁而提出了诸多奇怪数据。其中之一认为，石棉材料完好的建筑物内空气纤维浓度为 3.5 毫微克每立方米（0.001 个纤维每毫升）；而石棉材料受损的建筑物周围纤维浓度则只有 0.25 毫微克（0.000 1 个纤维每毫升），或者说小 14 倍。[44]

然而，40 年代的船厂工人的工作环境纤维浓度要比这高出一百万倍。1988 年，哈佛大学一项研究，将每 10 万人中一个人一生因建筑物内石棉致死概率的官方预测，与其他类型的死亡率作对比。在路上被人撞死的概率要高出 290 倍；飞机失事的死亡概率要高出 730 倍；车祸死亡率高出 1 600 倍；吸烟造成的死亡率高出 21 900 倍。

自然不会有人要求全面禁止汽车或飞机的使用，或全面禁止吸烟。但是对那些沉湎于石棉恐慌的人，加上媒体的煽风点火，这样的对比数据根本不值得关注。如今，人们几乎已经普遍地认为，任何形式的石棉都具有同样的危险。

这当然也是恐慌开始的关键因素。最初引起人石棉恐慌的严重健康损害，其实是由长期暴露于纤维浓度高达 50 个纤维每毫升的环境中引起的，尤其是角闪石（如 40 年代的船厂工人或南非青石棉矿工）。

然而，人们完全把这种石棉与另一种石棉搞混了，若不是因为历史上意外地把另一种矿物也叫做“石棉”，人们也不会这么担心了。美国建筑物中，超过 90% 的“石棉”是高密度的白石棉水泥（含温石棉 12%~88% 的水泥），实际上并不存在什么纤维漏出（EPA 在建筑物内外取得的空气样品实际上只是反映了自然生成的纤维环境水平，任何地方都能得到这样的样品）。

90 年代的时候，人们不是去寻找些客观的证据，反而更加疯狂地证明，温石棉的威胁远比想象的要大。这对于反石棉人士非常关键，因为温石棉是仅剩的仍在工业性生产的石棉种类。这不仅使 EPA 得以在美国恢复对石棉的全面禁令，还令大西洋彼岸的一帮游说团督促欧盟下达禁止温石棉禁令（欧盟已经于 1983 年禁止青石棉的进口，1991 年又禁止铁石棉进口）。

1991 年，在斯特拉斯堡的一次欧盟议会会议上，欧盟秘书处成立了一个新的游说团——禁止石棉组织。1994 年，在巴西圣保罗的一次国际研讨会上，游说团发展成为一个国际性组织，呼吁建立“无石棉世界”。支持他们运动的人包括：工会、“进步”政客、“表示关切的科学家”、环保组织（如绿色和平组织）以及“石棉受害者群体”。

并且，他们的运动竟然得到两家跨国公司的支持，分别是：位于比利时的埃特尼特公司与法国的圣哥班公司。这两家大公司本来一直都是石棉生产商。但是，如今他们却开始支持反对石棉的运动，因为他们希望控制迅速扩大的石棉替代品的国际市场。替代品包括合成物制成的水泥、玻璃纤维和石绒。*

许多科学家提出相关研究结果表示对运动的支持，称温石棉的健康威胁比预想的要严重，尤其是引发间皮瘤的风险。1994 年，一个由约翰·迪蒙特带领的团队在对一批石棉纺织工人进行调查后总结道，"到目前为止，温石棉是造成美国胸膜间皮瘤病例的主要原因"。[45] 1996 年，另一篇论文（史密斯与赖特）的题目同样是"温石棉——胸膜间皮瘤的主要原因"。[46]

这些研究得到反石棉人士的大力宣传，并于 1999 年促使朱利安·佩托发表一篇论文。他现在是卫生与热带医学伦敦学院的教授。他的论文预测，在今后的 35 年里，西欧地区的石棉相关癌症病例将会猛增，并导致 50 万人死亡。其中半数人是因间皮瘤而死。这一数字比之前的所有预测都要高。[47]

所有这一切为"反对石棉"游说团带来另一个里程碑式的胜利。90 年代时，一些欧盟国家已经对温石棉实行禁令，包括德国、意大利与荷兰。然而，在其 1999/77 号指令中，欧盟认为，"尚未确定温石棉不具有致癌威胁的界限值"。实际上，这正是把反石棉人士一丝纤维也能致命的信条体现在了法律之中。于是，该指令对任何白石棉产品的进口、生产或销售实行禁止。到 2005 年，这一禁令将在整个欧盟范围内生效。

在英国，环境大臣约翰·普雷斯科特立即施行欧盟禁令。具体负责执行的是健康与安全执行局，该局于 1996 年委托莫林·梅尔德伦对纤维毒性进行复查。列出不同种类石棉纤维的危险程度（角闪石要大于温石棉）以及纤维的尺寸长短（长纤维比短纤维更危险）后，她解释道，"毒物学证据不支持没有石棉引发肺癌阈值模型的观点。实际上这样的阈值是存在的。"

换句话说，代表 HSE 的梅尔德伦承认，存在一个石棉接触阈值，低于这个阈值时，石棉并没有危害。她认为：

* 埃里克·蒙汉姆是整个事件的主要推动者（据他自己叙述）。他是埃特尼特英国公司的常务董事以及比利时埃特尼特集团的一名董事。埃特尼特公司正面临着加拿大温石棉供应商的价格问题。蒙汉姆建议公司放弃生产白石棉产品，转而生产石棉替代品制成的水泥。他认为，要实现这一目标，支持反对温石棉运动是一个好办法。唯一令他担心的是，如果公司认同温石棉有害于健康的观点，美国律师会以此为证据进行索赔。在芝加哥的一次会议上，他与一帮美国顶级索赔律师达成协议，如果他支持禁令，作为回报，他们将不会对公司之前提供的石棉产品进行索赔。双方遵守了诺言，埃特尼特公司也没有受到任何索赔起诉（蒙汉姆对同事的证词）。

尽管成千上万的工人曾长期暴露于高浓度温石棉纤维环境，间皮瘤病例很少是由温石棉引起。相反，少量接触角闪石的工人当中，却发现不少间皮瘤病例。这种差异是因为，温石棉在肺部的存留时间很短。

她的每一个声明都与反石棉人士的观点完全相反。他们认为，各种石棉都一样危险；“一丝纤维也能致命”；温石棉是引发间皮瘤的主要原因。[48]

四年后，HSE 发表了其两位统计学专家约翰·霍奇森与安德鲁·达恩顿的论文。他们的研究全面地复查了之前二十年对不同种类石棉的主要研究，约有超过 70 项研究。他们的结论比梅尔德伦的更加详细。他们同样认为，温石棉引发间皮瘤的可能性很小，青石棉的危险系数要比白石棉高 500 倍，铁石棉则要高 300 倍。虽然他们认为，很难得出关于肺癌风险率的可靠结论，但是他们的研究已经表明，青石棉的危险系数至少比温石棉高 50 倍，铁石棉也要高出 10 倍。[49]

然而，这些数据都是从经常暴露于石棉环境的群体得来，例如保温工人、纺织工人以及矿工。当估量低水平石棉接触的风险时（例如大部分人在家或工作场所接触到的石棉），危险系数则要更小。霍奇森与达恩顿对生活中因接触石棉水泥而患间皮瘤的最高风险估值低到几乎可以忽略不计。至于患肺癌的风险则几乎为零。这正反映了科学家们对 90% 石棉材料健康威胁的一致考量。

这些结论的意义，不仅在全面否认反石棉人士的信条，更代表了 HSE 如今的官方意见。然而，HSE 正是负责在英国执行禁令的机构，但实行禁令的依据与他们自己的研究结果完全不符。

在之后的几年里，HSE 自己的科学评估与即将生效的欧盟法律之间的矛盾，将他们置于一个奇怪的境地。但是，在考虑其后果之前，我们要简单介绍同样是那些年发生的另一个故事。这个故事不同寻常，值得占用一部分内容作介绍。

计算代价（2）：史上最大的诈骗

从 70 年代早期起，不断加重的石棉恐慌逐渐导致了两场经济灾难。多年来，这两场灾难都未能引起公众注意。首先是美国法院猛增的索赔案件。90 年代期间，案件数量以每年翻倍的速度增加。

另一个经济灾难则源自要支付这些巨额赔偿的人。如今，赔偿金额每年都会增加数十亿美元。败诉的石棉公司已经受尽折磨。但是，大部分赔偿是由保险公司支付的；其中英国劳合社损失最为惨重。这是一个历史悠久的保险组织，为很多国际保险公司提供再保险。

劳合社可以动用其 6 000 个承保人的资产支付赔偿。但是，自从 1973 年波雷尔案极大地增加了可能赔偿金额，劳合社一些高级人员很快便感到，一场灾难将要来临。有人预测，“伦敦劳合社将因此破产，并且我们对此无能为力”。[50] 之后这句话也开始广为流传。

然而，知情的局内人已经采取措施尽量减小损失。他们一边隐瞒潜在的损失，一边放松成为承保人的财政限制，网罗了一大批新成员，尤其是在美国的承保人。这样，承担损失的人数就大大增加了。80 年代时，他们又将石棉索赔造成的潜在个人损失以及他们所属的辛迪加组织的潜在损失，通过再保险方式转嫁给其他辛迪加组织，但这些组织并不了解即将来临的灾难。他们隐瞒的文件中包括一份施里科夫 1982 年的报告。报告估算，美国接触过石棉的总人数为 2 700 万人。[51]

1988 年，当承保人数增加至 34 000 个时，劳合社首次公开承认，自己遇到了“石棉问题”。在之后的一年时间里，石棉索赔数量的膨胀，与同时发生的一系列灾难（如埃克森·瓦尔迪兹油轮的沉没以及旧金山地震），将危机彻底暴露出来。

1988 年、1989 年以及 1990 年，劳合社亏损达 45 亿美元。尤其是对于那些新增的承包人，他们的损失是现有承包人的两倍多，这简直是毁灭性的打击。大量公司破产，约 30 人自杀，房产被变卖来抵债。英美两国的上流社会经历了一波重击。四年内，承保人的数量几乎减半。

1995 年，纽约保险署报告，劳合社美国信托基金的赤字已达 180 亿美元。1996 年，劳合社首席执行官皮特·米德尔顿辞职，并承认公司高层出现诈骗情况。

面对来自自己成员的索赔浪潮，劳合社制订了“重建与复兴”计划，投资 120 亿美元建立新公司——Equitas，负责处理其 1933 年之前的石棉索赔债务。承保人的债务也减轻了，只要他们立即还清债务，并撤销起诉。

威廉·杰弗雷爵士之前是劳合社一名承保人。他坚持要求得到法律补救，并说道，“我们是这个大骗局的受害人”。另有人称之为“20 世纪最大的经济与政治犯罪”。代表纽约一批承保人的律师托马斯·赛弗特于 1997 年 10 月 7 日写信给托尼·布莱尔，称“劳合社犯下了史上最大的诈骗罪行”。[52]

世界上备受尊敬的保险组织是如何被推到了被毁灭的边缘？答案就藏在 90 年代美国法院系统上演的闹剧之中，事情的真相直到 2002 年才得以公开。

2002 年 3 月，美国《财富》杂志封面故事发表了罗杰·帕洛夫的文章，题为“2000 亿美元的审判不公”。[53] 文章开始提到了上一年十月密西西比一个农村法院审理的案件。陪审团判决六名原告得到赔偿。律师提出的证据完全不能证明原告在工作中接触到的石棉对他们的健康造成损害。他们每一个去过医院，或因病不能工作。被告方的四名医生，在对他们进行检查后，证明他们的肺部没有受到任何损伤。

但是，陪审团判决六名原告获得 1.5 亿美元赔偿，每人分得 2 500 万美元。60% 的赔偿要由宾夕法尼亚州一家小型绝热材料公司承担，但是他们从没在密西西比州有过办公室，从没在原告所称的工作地点有过项目，几乎从未出售石棉材料。公司成立 43 年以来的所有收益都抵不上 8 300 万美元的赔偿。这个账单要由保险公司来支付。

帕洛夫继续解释道，这个案子正反映了美国法院系统正在发生的事情，将石棉诉讼变成“彻底的闹剧”。专门从事索赔案件的相对较少的法律公司开创了一个大规模产业，成为美国最赚钱的领域之一。

律师们成功扩展自己的业务有两个原因。首先，随着一批遭到索赔的公司纷纷破产（如石棉生产商），律师们会逐渐扩大自己的攻击范围，寻找其他可以榨取钱财的公司和行业。最终，超过 1 000 家公司遭到起诉，囊括了美国经济 82 个行业类别中的 44 个行业。

来自加州奥克兰市的著名律师斯蒂芬·卡赞就曾说过，“要摘挂在低处的果子。诉讼初期，就去挑曼维尔公司。曼维尔完了，就是地区分销商。然后是购买产品的承包商。这些都做完之后，我们就去起诉五金店，因为人们从这里购买石棉合成物；或卖石棉瓦的木场；或瓷砖店。这些人会说，为什么是我？我们的回答是：二十年来都没搞你，算你走运。我们掌控一切”。

索赔大爆炸的第二个原因是，法官们与陪审团已经因盛传的石棉危害而失去自制能力，对原告证据的要求越来越宽松。

法律公司通过大规模X光检查、广告以及搜寻工会记录，找来数万客户。这些客户所要提供的证据非常简单，只要他们能够证明曾经在工作中接触过某种石棉即可。原告们对如何回答问题早已训练有素。1997年，一家著名法律公司的一份备忘录不小心落入被告律师之手。其中有这样的指示：让你的家人给你做测验，直到你能记住工作单上所有的产品。这些正是律师们计划起诉的、原告工作中接触到的石棉产品。

1990年，一位独立研究者检查了439名前轮胎工人（作为原告，他们的索赔已经使一家公司破产）的肺部X光片后，发现只有16人，或更准确地说是11人，曾频繁地接触石棉矿物。* 堪萨斯州一名法官称此为“法律和医学界的笑话”。后来才发现，90%或更多的索赔案，好的情况是可疑，情况恶劣的完全是诈骗。

针对一名被告的索赔从1999年的31 000次，增加到2001年的91 000次。几乎所有原告都声称，曾暴露于轻微或良性的石棉环境中。随着一个个被告宣告破产，律师们不得不更广泛地撒网，进一步寻找可以起诉的公司，尽管这些公司与石棉的关联往往非常细微。针对纺织工业的起诉在2000年与2001年增加了721%；造纸工业增加了296%；食品与饮料行业增加了284%。一名被告律师称此为“搜寻有支付能力的旁观者”。

然而，法律公司早已发现，如果他们选择在美国某些司法辖区提起诉讼，就肯定能胜诉。2002年年初，密西西比州有49 000索赔案等待审理，一些郡县的索赔人数比居民人数都多。2001年10月，这里的六名原告每人获得2 500万美元赔偿，但是没一个人能拿出可靠的证据，证明自己的健康受到损害。

2001年6月，国际商业资讯公司韬睿公司估算，对美国石棉案原告的赔偿金额将达到2 000亿美元。其中60%要由保险公司承担，然后通过更高的保险费转嫁给公众。据预测，索赔人数将达到310万人，其中记录在案的只有57万人。

到现在为止，申请破产的公司包括美国一些知名企业，例如康宁玻璃公司、巴

---

* R.B.瑞格尔等人，“石棉相关疾病案件：应用辐射学的再评估”，《职业医学杂志》，32（1990），1088-90。另一项研究检查了114名声称“曾遭受严重石棉接触”的电厂工人。结果发现，只有七人的肺部功能受损，其中六人烟瘾很大，另外一人原先也曾吸烟（约瑟夫·米勒，“电厂工人的良性石棉接触”（1990），为布里克曼所引用，见注释1）。

布科克 & 维尔克斯锅炉制造厂、化工巨头格雷斯公司汽车零配件制造商辉门集团。辉门公司的破产不是因为自己的生产出了问题，而是他们购买了特纳与纽沃尔公司的石棉产品。2001 年 10 月，公司申请破产保护时，面临着 36 万人的索赔起诉。

帕洛夫文章的意义在于，它终于使公众注意到被许多观察家以及不少律师称为美国法律史上最大丑闻的事实。纽约法律教授莱斯特・布里克曼一直以来都在批评其他律师的行为。本章开头的引文便是他对整个事件的总结：这是一个大型的欺诈集团，只有在美国这片欺诈圣地才能生存。[54]

文章以多年前的一个悲剧故事开始，并提到某些公司对员工所受损害长期隐瞒的事实。但是，这一事实早已被用来推动离真相越来越远的一场恐慌，最后演化为彻底的、空前的诈骗。

这场恐慌使三类人受益，他们做梦也没想到会变得如此富有。第一类是那些虚构健康受到损伤而获得巨额赔偿的原告。第二类是原告律师。据估算，他们会赚取 30%~40% 的赔偿费。[55] 第三类是专门工程承包商。这些人同样通过煽动恐慌、鼓励清理石棉而赚取数十亿美元。

到此为止，我们已经对美国的事情有了大致了解。但是，正如我们将要看到的，同样的事情也在英国上演。

第五阶段：恐慌受到挑战（1）

就在《财富》杂志发表帕洛夫的文章几周前，小企业联合会一名高级成员联系到我们。他想让我们与某个人取得联系，因为他会告诉我们一个值得关注的故事。

约翰・布莱德尔已经在石棉行业工作 40 年了。没人比他更了解石棉的知识。90 年代中期，当他卖掉自己的公司时，他是英国最大的白石棉水泥制品进口商之一。但是，反石棉游说团将白石棉比作大规模杀手的行为令他感到极为震惊。他曾联系许多独立的石棉学术专家。专家们也同他一样，对如今科学扭曲的现象感到失望。*

* 包括：卡迪夫大学的弗雷德・普雷教授；毒理学家约翰・霍斯金博士；病理学家艾伦・吉布斯博士；曾与瓦格纳共事的凯文・布朗博士；日内瓦一名国际会诊医师大卫・伯恩斯坦。

最令布莱德尔吃惊的是，2002 年 1 月，HSE 向石棉清理承包商协会（ARCA）咨询后，提出一整套新条例。ARCA 代表着在 HSE 注册的 800 家承包公司，这些承包商拥有清理任何形式石棉的专权。即使 HSE 自己都估算，其工作环境石棉控制法（CAW）将花费 80 亿美元。该法令也将成为英国代价最昂贵的两个法令之一。*

理论上讲，这些名义上是落实欧盟指令的条例看起来似乎完全合理。条例要求英国五百万座商业或公共建筑（包括公寓楼）的业主核查建筑物内的石棉，并保证其不构成威胁。

然而，对石棉的恐惧和迷惑使得许多业主不得不请来所谓的官方“专家”即石棉清理公司。布莱德尔所害怕的是，英国会重蹈美国的覆辙。承包商（或他们以高额佣金雇用的测量员）会竭力夸大石棉的危害，然后建议将之清理。他们收取的高额费用，顾客往往不敢质疑。

布莱德尔提出足够的证据，证明这样的事情已经开始发生，甚至在新法令生效之前。承包商会将或真或假地存在于建筑物内的石棉威胁夸大，然后收取 10 万英镑或更多的费用，而实际的费用远没有这么多。作为顾问，布莱德尔曾多次被请去为这些案例提供建议。很多时候，承包商的服务完全没有必要。

这种行为已经相当普遍。所以，布莱德尔曾试图向 HSE 领导反映这一问题。然而，他们从没采取措施，要求这些流氓承包商作出解释。实际上，在英国的很多地方，很明显 HSE 检查人员已经与承包商勾结在一起。

从各种层面看，HSE 与承包商协商的体系似乎都是以公众为代价，使他们的利益最大化。基于石棉清理行业提供的数据，HSE 起草了 MDHS100 协议。该协议严重地偏向将石棉清理，即使有时并没有必要。要做清理石棉的项目，必须持有 P402 证书。而且，获得证书不需要具备石棉方面专业知识，只要对 MDHS100 的流程熟悉即可。负责发证的是英国职业卫生专家学会（BIOH）。乍一听来，这似乎是个官方机构。其实它只是个慈善机构，与承包商以及其他反石棉人士联系密切。实际上，获得许可证书并没有什么法律要求。每当有石棉样品需要检测

* 唯一可以与这两个法令相比的是 1998 年为落实欧盟指令而制定的工作时间条例。据政府估算，实行条例要每年花费 21 亿美元。

时，都需要将其送往“英国皇家认可委员会”（UKAS）指定的一个实验室。这似乎又是一个官方机构，但实际上，它是一个私人公司，拥有许多实验室，与承包商关系甚密。即使 HSE 为公众提供咨询服务的“石棉热线”也是由一家大型承包公司经营的。

这就是潜藏的诈骗体系，CAW 条例的颁布使其更加强大，成功地捕获了数百万业主。新条例的真正破坏力在于，它允许承包商将白石棉产品当做危险的角闪石一样对待。要知道，英国 90% 的石棉材料都是白石棉产品。

将“装饰性花纹涂层”包括在内最能说明承包商对起草新法令的影响。例如，50 年代到 70 年代的建筑中都会用到的 Artex 饰面材料。这种材料由石膏混合白石棉而成。用到的白石棉量很小，不会对人类健康构成威胁。

ARCA 主席在 2000 年的一次会议上说道，当 HSE 最初建议将 Artex 列为“高危材料”时，他非常惊讶，并指出这种材料根本没有危险。然而，HSE 还是问他，ARCA 是否愿意将它包括在列。他的回复是，由于这将带来可观的收入，就只能表示感谢了。[56]

2002 年 1 月，我们《在星期日电讯报》开始对此事进行系列报道。[57] 我们详细地叙述了布莱德尔的故事，读者的反应是惊人的。先是数百封，到最后有数千封电子邮件发来，表达他们对承包商漫天要价的震怒。有趣的是，很多邮件来自私房屋主。这些人本不必受新条例的影响。但是，很明显他们已经与这一体系产生冲突。测量员、房地产经纪人和建房互助协会常常告诉他们，如果不清理石棉（即使是车库顶部的石棉板瓦），他们的房子可能最多会贬值 5 万英镑。

布莱德尔热衷于自己“裁判员”的角色。很多时候，他都愿意中肯的建议，帮助解决问题，却不收取任何费用（很多时候，不像商业建筑，房主有权自己清理建筑内的白石棉水泥）。当有些更为严重的案例需要检测时，布莱德尔便会收取一点费用；但是，即使这样，也帮助客户省了不少钱，因为承包商的要价会高很多。

很快我们就计算出，布莱德尔已经帮《星期日电讯报》的读者们节省了数百万英镑。伦敦一位商人就因布莱德尔的帮助节省了一百万英镑。他大为感动，于是决定创办“石棉监察人公司”，为公众提供服务，让他们免受官方体系的诈骗。

我们揭露 HSE 条例缺陷（以及对白石棉水泥危险的错误信息）的行为不可避免地激起了反石棉人士的抗议浪潮。这正反映了他们之间存在着共同利益。一方面是得到 HSE（将我们的行动称为“不负责任”）支持的承包商。另一方面是工党议员，如一直是反石棉运动积极支持者的迈克尔·克拉彭；如 GMB（英国总工会）这样的工会组织；位于伦敦、由劳里·卡赞－艾伦负责的国际禁止石棉秘书处，她的哥哥斯蒂芬·卡赞是美国著名的石棉案件律师。

这样一来，左翼政客与工会一道支持反石棉游说团的画面就显得有点奇怪了。这些反石棉人士的目的不过是要满足各种商业利益：第一是石棉清理行业；第二是律师，英美两国的律师已经通过可疑的索赔赚取了巨额佣金；第三是意在推销“石棉替代品”的跨国公司。

令这些批评家生气的是，我们的行动得到当时由伊恩·邓肯·史密斯领导的保守党的支持。2002 年 8 月，HSE 希望在暑假结束之前通过议会将 CAWY 条例变成法律。邓肯·史密斯立即给 HSE 的长官尼克·布朗写信，要求各议员先对此进行讨论。

政府已经一再降低对 CAW 条例花费的估算，从开始的 80 亿英镑，降到 51 亿英镑，后又到 34 亿英镑。如今，面临反对党领袖的要求，他们不得不作出让步。10 月，保守党前座发言人约翰·伯考言辞激烈地批评说道：“应该撤销新条例的再起草，因为从目前的情况看，一切都显得太过鲁莽。”[58] 他列举了公众已经被敲诈的几个例子，并强调新条例会给这些人进一步利用公众的无知而谋取利益的机会。政府承诺调查伯考提到的事例。但是，接着他又神奇般地把条例的花费降为 15 亿英镑。辩论刚结束，他便离开下议院会议室，将未作修改的条例签署成为法律。

两个月后，一场更加漫长的辩论在上议院开始。保守党昂斯洛勋爵再次强调，白石棉水泥的危害被严重地夸大了，这也将使公众受到更大的损失。[59]

到目前为止，布莱德尔试图揭露反石棉人士真实目的的行动已经令他们有点恼怒。于是，他们捏造了一些情节污蔑布莱德尔。三年前，在 HSE 的一次会议上，布莱德尔秘密地向他们透露自己代理的一家外国公司的商业信息，之后消息立即被埃特尼特公司知道。HSE 负责任蒂姆·沃克为消息的泄露极为尴尬。为补偿布莱德尔，他说自己可以帮助布莱德尔获得 P402 许可证书，因为这将是从事石棉行业的一个法律要求。随后，布莱德尔参加了一个关于 MDHS100 协议的培训课程。授课的是个完全不懂石棉的人。得知自己通过后，他立即打印了两个信头（包括 P402 证书），并寄送到 BIOH，告诉他们自己通过的消息。

然而，后来他又被告知没有通过，因为他认为 MDHS100 协议存在漏洞而拒绝执行。所以他再没使用过 BIOH 的资格证书。但是，两年后，他揭发丑恶的行动引来不少关注，于是 BIOH 开始向他施压，根据《商品说明法》起诉他欺骗性使用许可证书。突然间，布莱德尔就面临五项罪名，而且都与他使用早已寄给 BIOH 的 P402 证书有关。

他本来以为法院会否决如此荒谬的指控。但是事情竟然变得更加黑暗。HSE 称沃克承诺可以为布莱德尔获得 P402 证书的那场会议记录已经丢失。当时布莱德尔正在美国讲课，他的律师在未经同意的情况下承认了所有罪名。2004 年，案件重新审理。法官认为他们提供的材料令人迷惑，于是作出他认为令双方共同让步的决定。他认为，布莱德尔具有诚实而正直的品格，不会去欺骗别人，于是将四项罪名撤销。但是，对于其他两项指控，从严格的法律意义上讲，他的确有罪。

布莱德尔的敌人们高兴极了。各行业刊物纷纷报道了他犯罪的消息。从那时起，一旦他卷入石棉相关的纠纷中，关于他“犯罪记录”的匿名报告就会送到法官以及地方报纸那里。

然而，布莱德尔仍是无所畏惧地继续自己的事业。于是，他的对手们转而采取另一种策略。ARAC 主席说，他愿意支持“肃清行业问题”的行动，并为“石棉监察人公司”提供办公室和资金。HSE 突然又对布莱德尔恭敬起来。2004 年 11 月，HSE 任命他为政府合作者，为 HSE 以后的石棉政策提供咨询服务。*

在与 HSE 高级官员的例会上，布莱德尔总是把握机会，报告一些更为恶劣的诈骗和漫天要价的行为。受害人包括：私房屋主、教会、慈善机构以及一些家喻户晓的大商人们。仅英国中部的一家推土设备生产商，就因石棉监察人公司的帮助，节省了 600 万英镑。为清理英格兰东部一处建筑工地，承包商向一家英国

---

* 建议任命布莱德尔为政府合作者的是 HSE 石棉政策负责人比尔·麦克唐纳德。2004 年 11 月 27 日，HSE 法务部一封信件确认这一决定。

著名建筑公司要价 800 万英镑。监察人公司发现少量石棉水泥碎片后，一家诚实的承包商只收取不到 1 万英镑便将之清理。

很明显，因为许多公司除了找特许的承包商外别无其他选择，处理石棉问题的花费已经如布莱德尔预测的一样离谱了。据报道，仅皇家阿尔伯特音乐厅的石棉清理费用就达到 7 000 万英镑，而且大部分清理工作并没有必要。据另外一条报道称，王室宫殿的花费将达 1 000 万英镑。当然如果有人提出中肯建议，定能省一大笔钱。

遭受这场灾难的组织包括地方政府与住房互助协会。他们最严重的问题是建筑物内的 Artex 材料，根据 CAW 条例的规定，只有获得许可的承包商才能处理石棉问题。还需要将样品送至 UKAS 批准的实验室做昂贵的分析。仅此一项，住房互助协会的花费就要超过 13 亿美元。石棉监察员公司检查了哈默史密斯市的一处公营公寓，只在每个公寓的窗户下面发现了少量 Artex 材料。估计清理费用约为 70 万英镑。该市议会有几十处这样的公寓。[60]

HSE 高级官员仍然不愿对一些特别的诈骗案例采取措施。但是，Artex 问题已经变得非常严重，而且是本来没有必要发生的事，因此他们最终同意复审只能由特许承包商负责石棉清理的要求。

这对于 ARCA 可算是一个致命的打击，因为 Artex 的业务占他们收入的三分之一。因此，他们不停地游说 HSE，希望他们保留这一规定。2005 年 6 月，布莱德尔在伦敦酒店与 ARCA 高级成员见面时，他们向他吹嘘道，刚在楼上与时任 HSE 部长的亨特勋爵单独会面。他们确信，自己可以为所欲为了。[61]

然而，在之后的一年里，HSE 自己的健康与安全实验室（HSL）对 Artex 材料进行了彻底的检测，并最终确定了石棉监察人公司的调查结果：Artex 对健康不构成威胁。2006 年 7 月，HSC（健康与安全委员会）发布新闻，宣布为执行欧盟 2003/18 号指令，将要实施新的、修改过的 CAW 条例。

一方面，作为对反石棉人士的妥协，各种石棉接触的最大容许值降低至 1 条纤维每毫升。这是反石棉人士长久以来一直期盼欧盟作出的改变，因为他们认为温石棉与角闪石一样危险。另一方面，Artex 材料不再列为清理范围，因为研究表明，这种材料的石棉纤维接触量非常少。[62]

至少这对于布莱德尔而言是一个胜利。那一年，他都非常开心。2005 年 1

月，他为人们更好地了解温石棉所做的工作得到认可，被著名的俄罗斯医学科学院授予荣誉教授（俄罗斯与加拿大是世界最主要的白石棉产地）。

2006年，受泰国卫生部长邀请在曼谷一次会议上发言后，布莱德尔又迎来一次胜利。另一位发言的是享有国际声望的日内瓦毒理学家大卫·伯恩斯坦，他对石棉的研究受到国际社会的认可（他曾是欧盟顾问的一员）。

这次会议原来是劳里·卡赞－艾伦的国际禁止石棉秘书处组织的，目的是游说泰国政府禁止白石棉。当得知泰国政府请来了伯恩斯坦与布莱德尔发表不同见解，她坚持要求不能让他们参加会议。

卡赞－艾伦发言时，屏幕上出现了布莱德尔和伯恩斯坦的大照片。她称这两人都是加拿大温石棉行业的发言人，并将布拉德尔描述为江湖郎中。第二天，伯恩斯坦和布莱德尔与卫生部长的会议进行了很长时间。部长被他们提出的证据震惊了，并宣布泰国将重新考虑禁止白石棉的决定。

对于反石棉人士而言，这更加使布莱德尔成为他们憎恨的对象。他们决定，必须齐心协力地毁掉他的声誉，让他不能再妨碍他们的事业。

第一个征兆便是，HSE高级官员们突然间断绝了两年来与布莱德尔的友好关系。来自更为诚实的石棉清理公司的两位朋友告诉提醒他，BBC消费者节目《你和你的家人》的一名女性调查人员正在搜罗对他不利的信息，他才明白发生了什么事情。从目前的情况看，这名调查人员正受到一名热心的反石棉积极分子（卡赞－艾伦的盟友）的建议。这名反石棉分子曾在一家专门处理索赔案件的法律公司工作。

布莱德尔联系到调查人员，并问她目的何在，却发现他所说的根本无法改变节目早已计划好的立场。他拿出文件证据，证明自己没有像她指控的那样。而她的回应是，这没有必要。

10月18日，《你和你的家人》播出后，这一节目也成为BBC最不公正的节目。节目引用卡赞－艾伦在曼谷的发言，将布莱德尔描绘成一个江湖郎中、一个说谎者、一个骗子。他的敌人曾经对他的诽谤都一一在节目再现。他在2004年被定的罪名自然被拿来发挥一番，将他刻画成为有犯罪前科的“奸商”。反对他的人轮番上阵发表自己的看法，包括两名清理石棉承包商、两名HSE高级官员以及反石棉游说老手——国会议员迈克尔·克拉彭。

节目充斥着事实性错误。一名 HSE 官员否认布莱德尔曾被任命为 HSE“合作者”（官方确认此决定的那封信件是调查人员拒绝查看的证据之一）。但是，最具诽谤性的指控是，他经常自行检测石棉样品，而不是将其送至 UKAS 指定的实验室。

令人感到奇怪的是，这谎言杂烩的节目竟然出现在号称公正的 BBC 电视台上，而且节目声称保护“消费者”。布莱德尔四年来为揭露商业腐败的努力竟然被认为是犯罪。节目不是去调查真相，支持真正保护消费者免受欺诈的人，反而为每年诈骗公众数亿英镑的人们充当喉舌。

那些会因布莱德尔行动受到损失的人精心策划了这场攻击。他们立即将节目的文本与 CD 在行业内寄送，在网上公布，送给任何与布莱德尔有职业往来的人们：从他代理的公司到他作为专家证人的案件法官。

尽管节目是公然的诽谤，但有法律人士建议他，起诉 BBC 诽谤罪无异于赌博。BBC 资本雄厚，可以支付天文数字的诉讼费用，而以布拉德尔有限的预算看，他是玩不起这个游戏的。首先向通信管理局反应情况才是实际的做法，因为 BBC 已经违反了所有的职业准则。来自官方的谴责会迫使 BBC 退出。

于是，他正式向通信管理局投诉。几个月来，BBC 一直在设法拖延时间。直到本书出版之日，通信管理局仍没有作出裁决。同时，布莱德尔的行动仍在继续。曾接受他帮助的人们和公司纷纷发来信息，表示为 BBC 诽谤他的行为感到震惊。节目播出后的几周时间里，向石棉监察人询问的人多了三分之一。

恐慌受到挑战（2）

除了《星期日电讯报》，英国的其他媒体无一例外地受了恐慌推手的蛊惑。2006 年 4 月，《星期日快报》头版报道了骇人听闻的消息，标题为“石棉杀死 147 名老师”。文章称，1991—2000 年，英国有 147 名教师死于间皮瘤，因为他们的工作环境中到处都是石棉。[63] 据报道称，有一位名叫迈克尔·李斯的英国人在他做教师的妻子因间皮瘤死去后开始促使政府统计出死亡人数。

但是，只消看看 HSE 网站便可知道，在对李斯先生提出的观点进行调查后，HSE 发现“他所谓小学教师死于间皮瘤人数异常之多的观点没有事实依据。女性教师的死亡率与一般女性的平均死亡率一致”。[64]

然而，美国媒体却秉承了更为严格缜密的调查精神，在《财富》杂志发表罗杰·帕洛夫的文章后，又有一系列其他曝光报道出现。例如，2004 年 8 月，美国放射学专业期刊发表了约翰斯·霍普金斯医学院约瑟夫·吉特林教授指导的研究结果。六位独立的放射学专家重新检查了获得赔偿原告的 X 光胸片。律师们的医生专家发现 96% 的 X 光照片显示出石棉对人体造成的损伤。而独立研究小组却发现只有 4.5% 为异常，而且这些都是良性情况，极有可能与石棉没有任何关系。

9 月，《圣路易斯邮报》一篇文章报道，密苏里州一个小郡一家由兰德尔·博诺经营的法律公司，自 2000 年起通过为所谓的石棉受害人代理赚取了数亿美元。2003 年，麦迪逊郡就审理了总额达 10 亿美元的索赔案件。这里的法院由推选的民主党法官主持，而他们的活动资金大多来自民主党律师。2003 年美国记录在案的全部 1 500 个间皮瘤诉讼中，有 457 在麦迪逊郡审理，这其中又有 375 个案件是由博诺的公司代理。[65]

同样在 9 月，帕洛夫在《财富》杂志上继续他 2002 年的揭弊行动。这一次，他揭露的是另一家法律公司——莫特里·赖斯公司。这家公司已经通过石棉与烟草索赔案件赚取数十亿美元。20 世纪 80 年代，罗恩·莫特里因为一名客户赢得 100 万美元赔偿而年少成名，当时他的客户只是担心自己将来会患上癌症。1998 年，他与伙伴乔·赖斯合作，与一家烟草企业谈成一项价值 2 460 亿美元的协议，他们的公司可以从中获利 20 亿 ~30 亿美元。1999 年，好莱坞电影《惊爆内幕》就是以他与烟草大亨们斗争的故事为原型的。

自从帕洛夫的第一篇文章发表后，关于石棉的法律诈骗变得更加猖獗了。如今，大部分索赔都是由“未受损伤者”提出的。令超过 70 家公司破产后，律师们开始扩大其打击范围，即使与石棉有一丝细微联系的公司也被牵扯进来。例如，西尔斯·罗巴克公司就因出售含石棉产品而被起诉。3M 公司因其防尘面罩没能防止工人吸入石棉纤维而遭到起诉，但这种面罩从来不是为防石棉纤维而设计的。

对于需要承担大部分赔偿的保险公司而言，这简直是灾难性的打击。2002 年，皇家太阳联合保险公司宣布，由于石棉索赔，公司的半年利润额已经从 4.59 亿英镑降至零。[66]

甚至有一些律师也为目前的局势感到惊恐。2000 年，劳里·卡赞 – 艾伦的各个斯蒂芬·卡赞建立了一个委员会，抗议为未受损伤者代理的法律公司攫取巨额利润的行为。卡赞认为，他们这样做就可能使像他的客户那样真正受到伤害的人得不到足够的赔偿。[67]

为解决这场灾难，参议院司法委员会主席奥林·哈奇于2003年出台了石棉损伤公平解决法案（FAIR）。由企业出资设立的1 400亿信托基金将用于赔偿现有的以及将来的石棉索赔。这项法案遭到民主党参议员的坚决反对，因为他们都曾接受法律公司的巨额资助。2004年，他们阻止法案进入投票表决过程。*

2005年1月，乔治W·布什在国情咨文演讲中谴责道，“司法公平遭到践踏，轻率的石棉索赔已经影响了经济发展”。

直到2005年6月，问题才走向尖锐化。当时在得克萨斯州科普斯克里斯蒂法院上，法官詹尼斯·格拉汉姆·杰克作出长达249页的严厉判决，案件涉及250家遭到20 000人索赔的公司。杰克之前做过护士，她不理解每年造成全国200人死亡的疾病会引发如此之多的索赔。当得知99%的诊断都是来自代表法律公司的医生，她就更加怀疑了。被告方告诉她有60%的原告已经通过同样的法律公司为石棉沉着病索赔，她的怀疑进一步得到确认。因为她知道，从临床角度几乎无法将这两种疾病区别开来。[68]

早在2月，杰克就认为原告提出的证据有“诈骗的嫌疑”。提交法庭的全部的8 179名“硅肺病受害者”的X光照片中，有78%是由一名医生诊断的。这名医生还负责诊断了针对曼维尔公司索赔案中的52 600名石棉疾病受害者。他每天收费1万美元提供筛选病例服务。据估算，过去这些年里，他的诊断为被告带来超过30亿美元的损失。**

在判决中杰克提到，各项数据表明案件不符合医学常识与逻辑。她强烈谴责了一些医生的行为。有一名医生已经公开承认，自己并不知道诊断硅肺病的标准，而只是把为律师服务的筛选公司送来的数据插入自己的报告中。杰克说，“这些诊断既非出于医学考量，又没有体现公正原则，而完全是金钱孵化的怪胎。”[69]

---

* 曾接受法律公司资助、挫败FAIR法案的参议员包括：乔·拜登（达拉华州，873 116美元）、爱德华·肯尼迪（马萨诸塞州。654 000美元）、约翰·克里（马萨诸塞州，140万美元）、希拉里·克林顿（纽约州，200万美元）、约翰·爱德华（北卡罗来纳州，466万）。www.asbestoscrisis.com.

** R. 帕洛夫，“为钱而诊断”，《财富》，2005年6月13日。据帕洛夫介绍，大约在2001年，国会采取措施阻止石棉诈骗可能给石棉索赔产业蒙上一层阴影，于是法律公司纷纷转向硅肺病案件。

杰克最严厉的批评留给了法律公司。“这些人没有履行法律义务，而是专注于与搜罗原告，企图摧毁被告与司法系统。”

在处理硅肺病之前，她已经确信，这种情况可延伸至更多的关于石棉相关的案件上。几个月后，德克萨斯州和纽约州的大陪审团已经开始调查法律公司以及石棉索赔案中的医学证人。

对于这场腐化美国法律系统长达三十年的丑闻，无论这次判决有何种严重而持续的影响。至少可以肯定的是，在被告调查团队的有力支持下，终于有一位勤勉的法官敢于威慑法律史上最严重的集团诈骗案件。从这个角度看，她的判决不禁让人想起，1991 年联邦上诉法院毅然否决 EPA 全面禁止各种石棉的提议，因为仅仅是为了避免比吞食牙签的死亡威胁还要小的石棉风险，却要花费 2.5 亿美元。

史上最昂贵的一词

没有人确切地知道石棉恐慌造成的损失有多少，但可以肯定的是，这一数字至少达到数千亿英镑。各种社会群体均受到了不同的影响，包括被布什总统所称的“轻率的石棉索赔”搞垮的大公司；私房屋主（抵押放贷公司告诉他们，如果不清理房顶的石棉水泥，他们的房产就卖不出去）。几乎西方世界的所有人都受到了经济上的影响，因为保险公司为支付巨额账单不得不提高了保险费用。

恐慌的关键在于两种不同的矿物却有着相同的名字。起初，有数万人因长期暴露于高浓度角闪石工作环境中而遭受致命性损伤。但是，21 世纪以后，角闪石已经完全退出了日常使用领域，所以 1940 年后出生的人们很少会受到影响。

恐慌推手们的手段便是把角闪石的威胁强加于白石棉上：尤其是占石棉材料 90% 的白石棉水泥产品。多少年来，即使是科学家也不清楚，两种不同的“石棉”构成的威胁有多大。但是，21 世纪早期，少数独立科学家的研究已经得出确切的答案。

例如，2005 年，伯恩斯坦博士等人通过电子显微镜实验证明，即使是较长的温石棉也不会对肺部造成损伤，其半衰期只有 11.4 天。[70] 通过进一步研究，他们发现，即使暴露在浓度 5 000 倍于美国最大容许度的温石棉环境中，也不会有病原反应。[71]

由伯恩斯坦与约翰·霍斯金博士进行的单独调查发现，温石棉纤维在人类肺部可以迅速分化为小纤维，其影响与粉尘相同。这就是为何“长期暴露于高浓度温石棉环境中可以导致肺癌的原因”。动物实验在“石棉纤维密度非常高的环境中进行，导致肺部超载”，使科学概念混淆。实际上，这些实验与人类的关联“非常有限”。他们总结道，“少量接触温石棉没有明显的健康威胁”。[72]

2007年，伯恩斯坦、霍斯金、普雷教授以及其他四位备受尊敬的科学家发表了一篇更为权威的论文。论文指出了IARC将温石棉列为1类致癌物的错误概念。他们批评IARC没有将“隐患因素”与“危险”区别开来，从而使政府与施压集团将“隐患数据”误传为“危险数据”。他们尤其指责IARC没有区别温石棉与角闪石的概念，“当时已有足够证据证明可以安全地使用温石棉”。他们强调了进一步的白石棉禁令对发展中国家造成的破坏，因为在这些国家，水泥制品（如水管和楼板）是非常重要的材料。如果他们不能再使用白石棉材料，其代价将比拯救生命还要严重。[73]

恐慌盛行的那些年里，人们已经将石棉当初被称作“神奇矿物”的原因遗忘了。石棉的耐火特性挽救了多少人的性命。从另外一个角度看，石棉就是个救世主，以最廉价、最有效的方式为世界上数十亿人口提供生活用水，解决他们面临的最大问题。

即使现在也没有足够的证据证明号称“石棉替代品”的合成材料比石棉更安全。* 不仅有压倒性的证据证明白石棉水泥非常安全，而且它可能比任何替代品都要安全。

由于语言上混淆，两种不同的矿物被以同一个词汇命名。这场恐慌也让“石棉”成为史上最为昂贵的一词。

注 释

1. 莱斯特·布里克曼，《石棉诉讼：法庭上的恶性病》，《民事司法论坛》，第40页，2002年8月。

* 1998年，INSERM（法国国家健康和医学研究院）一个关于“石棉替代品对健康的影响”的报告声明，由于石棉纤维结构是一种主要的病原因素，因此任何石棉替代品（或作任何用途）因其纤维结构自然地成为嫌疑病原因素。值得注意的是，几乎没有关于石棉替代品对健康威胁的研究。要知道，这在将来的某一天也可能成为一场“恐慌”的主题。

2.《石棉以及其他天然矿物纤维》,《环境卫生标准》, 第 53 页,(世界卫生组织, 日内瓦, 1986)。

3. 杰弗里·特维代尔,《神奇的矿物变为致命粉尘:特纳 & 纽沃尔公司与石棉威胁》(牛津大学出版社, 2001 年), 本部分内容大多出自此书。

4. 马尔科姆·罗斯与罗伯特 P·诺兰,《发现与使用石棉的历史以及石棉蛇纹石棉出现后产生的石棉相关疾病》, 美国地质协会, 第 373 页 (2003)。

5. 普林尼,《自然历史》, 第十九卷, 4。反石棉人士认为, 普林尼曾提到矿工会受到石棉的危害, 但这是一个误读。普林尼所说的是朱砂矿与水银矿的矿工 (K·布朗与 R·莫雷,《石棉与罗马人》,《柳叶刀》, 336 期, 第 445 页)。石棉纺织物从古至今的历史见于克莱尔·布朗,《沙罗曼陀毛线:石棉纤维织物的历史证据》,《纺织物历史》, 34, (1), 64–73 (2003)。

6. 布朗, “沙罗曼陀毛线” (2003)。

7. 本部分内容大多来自特维代尔:《神奇的矿物变为致命粉尘》(2001)。

8. 露西·迪恩,《关于石棉以及其他矿物对工人健康影响的报告》,《1898 年度报告》, HM 工厂及作坊检查长。

9. 蒙塔古·莫雷,《作证记录》, HM 职业病赔偿委员会 (1907), 第 127 页。

10. M·奥利宝特,《法国劳工检查员年度报告》, 1906 年。

11. 特维代尔 (2001)。

12. 同上。

13. W·E·库克,《摄入纤维粉尘后的肺部纤维化现象》,《英国医学杂志》, 1924 年 7 月 26 日, ii,147;《英国医学杂志》, 1927 年 12 月 3 日, ii,1024–5.

14. 大卫·基与莫里斯·格林伯格,《石棉:从神奇到有害》,《早期预警得来的教训:1896–2000 预警原则》(欧洲环境局, 2001)。

15. R·多尔,《石棉工人肺癌死亡率》《英国独立医学杂志》, 12,(1995),81–6。

16.《英国石棉:防卫指南》, 由一组精算师编写, 2004 年 (www.actuaries.org.uk)。

17. J·C·瓦格纳等人,《开普省西北部胸膜间皮瘤的扩散与石棉接触》,《英国独立医学杂志》, 第 17 卷 (1960), pp.260–71.

18. M·纽豪斯与 H·汤普森,《伦敦地区接触石棉导致的胸膜及腹膜间皮瘤》,《英国独立医学杂志》(1965)。又见, D·基与 M·格林伯格 (2001)。

19. I·J·施里科夫等人,《美国保温工人中出现的石棉沉着病》,《纽约科学院年报》, 132 (1965) 139–55.

20. 罗杰·布拉德利的证人陈述，犹他州劳合社，1996 年 7 月 19 日。（www.truthaboutlloyds.com/litigation).

21.《石棉与癌症工作小组：国际防癌联盟工作小组报告与建议》,《纽约科学院年报》, 132（1965），706–21.

22. J·C·麦克唐纳德等人,《魁北克省温石棉矿场与工厂的死亡率》,《环境卫生档案》, 22（1971），677–86.

23. F·M·K·林德尔,《神奇、威胁、虚构与阴谋》,《职业卫生年报》, 41,1（英国职业卫生协会，1997），pp.3–17.

24. 保罗·布罗德,《骇人的不公：受审的石棉企业》（万神殿书局，1985）。

25. 布拉德利，证人陈述，在前面引述中提到。布莱德利报告他与著名承销商拉尔夫·洛克比–约翰逊在 1973 年 10 月打高尔夫时的谈话内容。

26. 精算师工作小组（2004）。

27. D·基与 M·格林伯格（2001）。

28. 施里科夫等人,《1943—1976 年，美国与加拿大保温工人死亡率》,《纽约科学院年报》, 330,91–116.

29. 伊迪斯·埃夫隆,《启示录：环境政治是如何控制我们对癌症的了解》（西蒙–舒斯特出版公司，1984），pp.437–49.

30. R·多尔与 R·佩托,《美国可以避免的癌症风险》,《国家癌症研究所期刊》, 66（1981）。

31. J·佩托,《温石棉工人胸膜间皮瘤患病率》，收录于 J·C·瓦格纳,《矿物纤维的生物效应》，国际癌症研究机构，科学出版物，No.30（1980）; J·佩托,《温石棉的卫生标准》,《柳叶刀》, 1978 年 3 月 4 日，pp.484–9.

32. J·C·瓦格纳等人,《石棉纺织工人相关的间皮瘤与石棉种类》,《英国医学杂志》, 285（1982）。

33. J·佩托与 R·多尔等人,《石棉纺织厂内治理环境石棉污染的措施与死亡率的关联》,《职业卫生年报》, 29（1985），305–55.

34. J·佩托与 R·多尔,《接触石棉对健康的影响》,（HMSO，1985）。

35. 1983 石棉（许可）条例。

36. 1985 石棉（禁止）条例。

37. 本部分内容的两个主要出处：罗杰·帕洛夫,《2 000 亿美元的审判不公》,《财富》,

2002 年 3 月 4 日；布里克曼，《石棉诉讼》（2002）。

38. 环境工作小组：“美国的石棉流行病”，www.ewg.org/reports.

39. 迈克尔·福门托，《石棉敲诈》，《美国观察家》，1989 年 10 月。

40. EPA 防腐配件，947F2d 1201, 1991 年。

41. 本段中数据见福门托，《石棉敲诈》。

42.《星期日电讯报》，2004 年 8 月 8 日。

43. 福门托，《石棉敲诈》。

44. 同上。

45. J·M·迪蒙特，《温石棉接触：癌症与肺病风险》，《新解决方案》，第五卷，No.4（1994）；《石棉纺织工人的肺癌死亡率》，《职业卫生年报》，38.

46. A·史密斯与 C·莱特，《温石棉是引起胸膜间皮瘤的主因》，《美国工业医学杂志》（1996）252–66.

47. J·佩托等人，《欧洲间皮瘤流行病》，《英国癌症杂志》，79（1999）。

48. M·梅尔德姆，《关于石棉毒性复查》（HSE 出版社，1996）。

49. J·霍奇森与 A·达尔顿，《接触石棉引发间皮瘤与肺癌的量化风险》，《职业卫生年报》。

50. 布拉德利，证人陈述，前面的引述中提到。

51. I·J·施里科夫，《美国石棉相关疾病赔偿》。摘要信息见于美国承保人协会网站 truthaboutlloyds，“伦敦劳合社诈骗年表”。

52.《时代欧洲》，特别报道（2000）。

53. 帕洛夫（2002）。

54. 布里克曼，《石棉诉讼》（2002）。

55. R·帕洛夫，《带你了解新的石棉丑闻》，《财富》，2004 年 9 月 6 日。

56.ARAC 主席特里·杰戈在伯明翰阿斯顿大学一次会议上的讲话，2000 年 11 月 1 日（目击证人报告）。又见《星期日电讯报》，2003 年 7 月 20 日。

57.《星期日电讯报》，2002 年 1 月 13 日。

58. 英国议会议事录，下议院，2002 年 10 月 24 日；《星期日电讯报》，2002 年 10 月 27 日。

59. 英国议会议事录，上议院，2002 年 12 月 5 日。

60.《星期日电讯报》，2003 年 7 月 20 日。

61.《星期日电讯报》，2006 年 8 月 6 日。

62. 健康与安全委员会新闻通稿，2006 年 7 月 27 日。

63.《星期日快报》，2006 年 4 月 2 日。

64.《星期日电讯报》，2006 年 4 月 9 日。

65.《圣路易斯邮报》，2004 年 9 月 18 日。

66.《星期日电讯报》，2002 年 2 月 10 日。

67. 帕洛夫（2002、2004）。

68.《华尔街日报》，2005 年 7 月 14 日。

69. P・班亚德，《多米诺骨牌效应：石棉对美国公司的打击》，《信用管理》，2006 年 11 月。

70. D・伯恩斯坦等人，《摄入加拿大温石棉后的存留时间》，《吸入毒理学》，17（2005），1–14.

71. D・伯恩斯坦等人，《巴西温石棉的毒理学反应》，《吸入毒理学》，18（2006），313–32.

72. D・伯恩斯坦与 J・霍斯金，《温石棉的健康影响：基于最新数据的观点》，《管制毒理学与药理学》，45（2006），252–64.

73. D・伯恩斯坦、A・吉布斯、F・普雷等人，《国际癌症研究机构对‘致癌物分类’的错误概念及误用：以石棉为例》，《室内与建筑环境》，16,2（2007）。

Saving the planet

第十四章

全球变暖——又一次妖言惑众

据观察家报所获得的一份被美国国防部高层截留的秘密报告称，欧洲的各大主要城市将会被升高的海平面淹没。而英国，则会在2020年遭遇犹如西伯利亚一般寒冷的气候。到那时，核战争、超大规模的干旱、饥荒和骚乱将会席卷全世界……全世界的人口将会因为战争和饥荒，以百万级的速度减少，直到一个地球可以承受的程度。对水资源的争夺异常激烈……那些富庶的地区，比如欧美国家，为了防范因为海平面升高而无地可种，从而如潮般涌入的难民，不得不把自身变为防止入侵的壁垒。

——《观察家报》2004年[1]

如果我们现在仍然无动于衷，那些科幻小说里所描写的灾难就会发生在当下，发生在我们的时代，而不是许多年以后的将来……而且灾难所造成的毁灭性的后果，是无可挽回的。

——英国前首相托尼·布莱尔，2006年10月29日[2]

在这个时候，还在质疑环境问题的严重性，这是不负责任的做法，更是不计后果、没有道德的做法。现在不是对问题进行评估的时候，而是必须做出行动的时候。

——挪威前首相布伦特兰夫人，2007年5月9日[3]

否认气候变化就像否认犹太人种族大屠杀一样愚蠢，也无法令人接受。在世界上几乎任何一个地方都是如此。

——《卫报》专栏作家乔治·蒙博 2006 年 9 月 21 日

有人说，世界会在烈焰中毁灭，也有人说，那将是在寒冰之中。

——罗伯特·弗罗斯特《火与冰》

全球变暖这个概念，最早是由加州大学伯克利分校一位备受尊敬的政治学教授阿伦·威尔达夫斯基，在 1991 年提出的。他把全球变暖描述为“最可怕的环境危机”。[4]

其实，类似的论调早在 20 多年前就已经出现了。一群科学家和环保主义者首先预言，地球将可能会经历一场毁灭性的气候变化。媒体也曾对此进行过报道。

1972 年 12 月，在美国某顶尖大学召开的学术研讨会结束之后，其中的两名会议召集者向尼克松总统致信。他们警告总统说，世界气候有极大的可能性向更恶劣的方向发展，而且“其变化的剧烈程度，是人类历史上从未遇到过的”。[5]

《新闻周刊》在稍后的报道中是这样描述的：“有一些不吉利的征兆表明世界气候已经开始发生戏剧性的变化了，而且这些变化可能会导致粮食产量的明显下降，这将影响到几乎世界上所有的国家。”[6]

《新闻周刊》还援引了一篇美国国家科学院的报告。报告中称，一次大规模的气候变化将会在世界范围内对社会和经济造成一定影响。支持报告中观点的证据非常繁杂，从“英国粮食生产季度自 1950 年来首次缩短两周”到“美国历史上最大的龙卷风频发年份”。那是在 1974 年，共有 300 多人在 148 次龙卷风袭击中丧生。

《时代周刊》的科技板块也报道了“越来越多的科学家”是如何观测“过去几年中那些奇怪的和不可预知的天气现象”的，又是如何判定“全球气候的剧变”已经处在发展之中的。[7] 文章是这样开始的：

“在非洲，干旱已经持续了六年，遭受饥荒的人口因此大幅度增加。1972 年，美国、巴基斯坦和日本的部分地区遭受了本世纪以来最大的洪水。在加拿大，小麦种植带因为春天的极端寒冷阴雨天气，已经推迟播种……另一方面，雨水丰沛的英国，正处于不明原因的干旱时期……在美国远西部，反常的寒冬已经主导了本地区的天气，而在新英格兰和北欧地区，人们正在享受着从未有过的、最温暖的冬天。”

但是，他们所描述的恐怖事实，不是地球在变暖，而是在变冷。人们已经注意到，在过去的三十年间，全球的平均气温一直在下降。就像《纽约时报》的一篇头条新闻标题所说的，“世界气候变化研究新进展：气温大幅下降或不可避免。”[8]《时代周刊》报道说，“气温下降征兆随处可见，冰岛附近海域惊现大块浮冰，犰狳等热带生物向南迁徙。”

早在1973年，《科学文摘》已经先行一步，刊发了一篇文章——《为下一次冰河时期做好准备》。在这篇文章的描述中，地球将逐渐变冷，格陵兰岛和南极的冰盖逐渐增大，最后冬季将持续终年，城市“被冰雪掩盖，冰层将从北至南覆盖整个北美大陆，就像辛辛那提一样”。[9]

出于对气候变冷的恐惧，这类题材的文章和书籍若干年一直充斥着科学界，比如斯蒂芬·施耐德的《创世纪战略》和英国外交官克里斯宾·迪克的《气候变化与世界》。美国科学作家洛威尔·庞特在他的著作《全球变冷》中指出，全球气温下降已经造成贫穷国家成千上万的难民死亡。1975年，《新科学家》前任编辑奈杰尔·凯德写道，“新冰河时期应该和核战争并列作为可能给全人类带来痛苦和死亡的巨大威胁。”[10]

然而，大概从1978年开始，全球气候又非常突然的开始上升了。而对于气温下降的恐慌，也以比它产生的时候还要快的速度销声匿迹了。

忽冷忽热对于人们在20世纪70年代的这次气温危机中所表现出的不安，其实有一个非常简单的解释。那就是，预测未来。我们都知道科幻小说的由来，人们喜欢把当代一些已有定论的事件的发展趋势折射到小说里，并且大加渲染。

在20世纪初期，尤其是1920—1940年，许多年来气温一直在上升的地球突然又开始变冷了。在英国，三十年来我们已经习惯了寒冷的冬天，积雪可以在12—3月一直保持不化，比如1946年7月和1962年3月。这段时期被科学家们称为“小寒”，以区别这段时期前后的、总体上温度更高的时期。

对于气候来说，我们能确定的只有一件事，那就是气候一直处在变化之中，并且现代科技使我们可以用多种方法，比如树木年轮的宽度、海洋沉积物中的有机残留物，以及千万年前的冰芯年代等等，来测定历史上的气候变化。从这些数据中我们可以得到一百万年前冰河时期甚至更久以前地球气温升降的清晰轨迹。

人类仍然生活在所谓的“冰河时期”中，我们也已经接受了这种观点。从更新世开始，我们的世界在过去的一百万年里已经经历了至少四次的长时间的低温时期。最严重的时候，陆地面积的30%都被冰雪覆盖着，海平面也因此显著降低，露出海面的陆地也大都因低温而成为冷酷、干燥的沙漠。* 但是这样的低温时期之间也夹杂着温暖的间冰期。间冰期在下一次冰期来临之前，将会持续两万年左右。而我们现在所处的时期，就是一个开始于大约一万八千年前的间冰期。**

大约在一万五千年前，地球的温度上升到足够使冰川融化时，水又流回大海，海平面也随之上升。自从上个冰川时期结束后，地球的平均气温已经上升了8.8摄氏度，海平面也上升了300英寸（这也导致了八千年前，亚洲的西伯利亚和北美洲的阿拉斯加被上升的海水分隔开来，不列颠群岛和欧洲大陆之间亦是如此）。

但是这次气温的回升远谈不上持续。随着地球整体气温的上升，地球的气候出现了冷热之间的波动。在人类历史上温度最高的时候，也就是全新世，或被称为气候最宜期的时期，有证据显示那时的气温平均起来要比现在的气温高。那是在大约公元前7000—公元前3000年。

从那之后，地球的平均气温开始缓慢下降，在公元前700—公元前400年左右下降速度更甚。这一时期也被称为“前罗马寒冷期”。然而随之而来的还是气

* 尽管在更新世期间公认的冰川时期一共有四个，在其中还有其他十四个独立的冰川时期。

** 过去一万年的大致气温和气候变化是从非常广泛的数据来源进行测定并得出的。详情请参阅弗雷德·辛格和丹尼斯·艾弗里所著的《势不可挡的全球危机：一千五百一轮回》(2007)。其中第七章的62处引用是基于历史记录，第九章的121处引用解释了这些结论是如何被证实的。其方法是通过大规模的物理实验手段对各大陆和大洋的各种数据进行研究，如花粉、石笋、溶洞和林木线等等。

温的回升，这是在公元前200年—公元6世纪之间。巧合的是，这次还是处在罗马时代，而且是罗马强盛的时代。这个令人惬意的时代被称为“罗马温暖期”。藤类植物的生长范围首次从意大利延伸到了欧洲南部，向北一直到不列颠群岛。截止到公元4世纪，地球上许多地方的气温都比现在要高。[11]

罗马温暖期在公元6世纪末期戛然而止，这也正是一次重大气象事件发生的时间。公元540年，又一次剧烈的降温开始了。这次降温同时标志着长达三个世纪的黑暗时代的开始。可是在大约公元900年，气温又再一次的上升了，并且延续了400年左右，这个时期被称为中世纪温暖期。在这400年间，格陵兰岛上首次出现了维京人的身影，藤类植物的势力又退回到了不列颠。中世纪的欧洲文明开始繁荣起来，欧洲在精神上和艺术层面的自信，催生出了伟大的哥特式大教堂。在世界范围内，都有证据显示中世纪温暖期的气温是高于现在的气温的。

在公元1300年，也就是在1347年8月黑死病席卷欧洲之前，气温又有了显著的下降。这次降温也是下个被称为“小冰河时期”的低温期的开始。这次降温持续了4个世纪，温度在1 550年之后下降的尤为剧烈，当时的平均气温是继上一次冰河时期结束以来最低的一次。

像以前一样，气温的升降仍然在不断反复。比如在18世纪30年代的英格兰，当时的精确记录显示，自1659年到当时的八次高温记录，有七次出现在这个区间内。[13]然而实际上，这次所谓的小冰河时期一直持续到19世纪早期。对我们而言，人们可以从历史的遗产中领略那些寒冷时代的记忆。比如老布勒哲尔的雪景画，泰晤士河上的坚冰，以及欧洲和冰岛冰封的海岸线。全世界的冰山都在我们并未察觉的情况下移动着，格陵兰岛也变得不再适合居住。所有的这一切都证明，在历史上的确存在不同寻常的低温时期，而且世界范围内所发现的证据也说明，它的存在是有迹可寻的。

泰晤士河最后一次结冰是在1813—1814年，法国皇帝拿破仑的集团军，也大都在前一年的冬天里死在了俄罗斯的冰雪之中。纵贯整个19世纪，地球的平均气温一直在回升，现代温暖期便从此开始了。

像以前一样，在刚开始时，情况总是有些异常的。19世纪末的一些零星的冰山移动首次引出了人们的推测。有人认为一次新的冰河时期即将来临，并且可能持续好几十年之久。1923年，随着一条头条爆出“科学家称北极冰山将横扫加拿大”，《芝加哥论坛报》也刊登了耶鲁大学格雷戈里教授的观点。格雷戈里教授警告说，从南至北，直到五大湖之间的北美大陆将会消失不见，亚洲和欧洲大部也可能将被“夷为平地”。

其实在现在看来，在两次世界大战之间的几十年里，气温一直在快速上升，其上升幅度远远超过现代温暖期中的其他阶段，到20世纪20年代末，这个现象也引起了人们的注意。一名美国政府的气象学家在1933年说，在华盛顿特区过去的21个冬天里，有18个是比正常情况下温度更高的。鉴于这个“稳定的，且范围广大的气温上升趋势”，他质疑道，“难道这能说明地球的气候在变冷吗？”[15]

在十年之内，他就得到了答案：气温的迅速下降导致了一个40年的小型低温期的产生。然而没过多久，“这个地球将进入下个冰河时期”的说法还没流传开来的时候，气温在20世纪70年代又一次开始反复了。截止到80年代，气温又有了显著的上升。渐渐的，两个陌生的词汇逐渐出现在了我们眼前，这就是“全球变暖”和“温室效应”。

温室效应

早在1827年，一位法国数学家兼工程师——约瑟夫·傅立叶就已经总结出了一整套的理论。他认为地球的大气对地球的表面温度具有非常重要的影响。大气层可以保存来自太阳辐射的热量，并阻止热量散发到宇宙空间之中。这种“温室效应”对于地球上的生命来说至关重要，如果没有这种效应，地球的平均气温将会由15摄氏度骤降到零下18摄氏度，地球将会变成一个极度寒冷的星球。[16]

1860年，一位爱尔兰物理学家，约翰·廷德尔在他的报告中指出，在大气中，只有某些特定的气体拥有这种宝贵的属性。由于地球的热量均来自于太阳，而大气中比例最大的氮气和氧气，并不能阻止热量以红外放射的形式逃离地球。但是一些“温室气体”却可以做到这一点，从而为地球留住宝贵的热量。在这些温室气体之中，最重要的是水蒸汽，这种气体维持着温室效应中大约95%的机能。接下来是二氧化碳（CO_2），占3.62%；一氧化二氮（N_2O），占0.95%；甲烷（CH_4），占0.36%；以及其他气体，包括氯氟烃、含氢氯氟烃等。[17]

在 1896 年，瑞典化学家阿列纽斯想要计算人类因为大规模使用化石燃料而释放到空气中的二氧化碳总量，并把其结果与自然中原始的二氧化碳总量进行相加。他认为，如果空气中的二氧化碳的总量增加一倍，地球的平均气温将上升 5 摄氏度。这些二氧化碳所提供的热量足够地球从冰河时期上升到现在的温度。

在 1938 年，英国气象学家盖伊·凯伦德在 20 世纪 20—30 年代气温上升的事实基础上，提出了自己的观点。他认为气温上升的原因，可能是工业化时代大量使用化石燃料造成的，另外，发电和汽车尾气排放也对气温有一定的影响。与其他人相反的是，他并不认为气温上升将酿成一场灾难，而会"对人类带来益处"。也许气温的上升不能提高农业产量，但可能会阻止下一次冰河时期的到来。[18]

凯伦德的贡献在于，他指出虽然与氮气、氧气和只占 0.04% 份额的其他气体相比，二氧化碳在空气中只占有极小的比例，但它却对生命的生存起着绝对性的作用。距估计，每年以各种形式进入大气的二氧化碳总量约为 1 860 亿吨。这其中，只有 3.3% 的二氧化碳来自人类活动。

1 000 亿吨（57%）以上的二氧化碳来自于海洋，710 亿吨（38%）来自于动物的呼吸，包括我们人类自己。而地球上所有的生命都要依赖于这些二氧化碳的供应。如果没有这些气体，地球上的生命就无法生存。

树木和其他各种植物从大气中吸收二氧化碳，并通过光合作用将二氧化碳转化为所有动物赖以生存的氧气。凯伦德也意识到，二氧化碳总量的上升会促进植物的生长，所以他认为更高的二氧化碳浓度会大大推动粮食产量的增长。

然而，凯伦德还没来得及做出预测，小冰河时期就来了。随着气温再次下降，对全球变暖的担忧似乎也变得毫无意义了。但是，他和阿列纽斯话中的重要信息却并没有被人们所遗忘。尤其到了 20 世纪 60 年代，随着环保运动的高涨，他们的话更显得意义深远。人们认为，无休无止的贪欲就是植根于人类灵魂深处的罪孽，现如今这种罪孽已经延伸到了对我们星球资源的贪婪掠夺上，并且已经到了危及人类生存的程度。

到了 70 年代，下一个冰河时期的传言所带来的危机愈演愈烈。在一篇早些时候从科学文摘引用的文章中，两名地质学家称，人类对环境的粗暴干预和破坏会导致相反的结果：一股因为二氧化碳过量排放而引起的"席卷全球的热浪"。科学家说，所谓的“温室效应”可能会导致气温急剧上升。北极圈和格陵兰岛上900万立方米的冰块将因此融化，海平面将会上升，淹没所有的海滨城市。

不久之后的测量显示，地球表面的温度又剧烈的上升了。这一切又导致了一种观点的复兴。这种观点认为，由于人类对地球资源的大量开发，不断增长的二氧化碳排放量将导致一场完全潜在的、人为的、灾难性的地球变暖。这种说法也得到了一组美国科学家的研究结果的支持。二十多年来，他们一直在位于夏威夷莫纳罗亚火山的一个气象站中，对大气中的二氧化碳含量进行系统的记录。

加州大学斯克里普斯海洋研究所的罗杰·雷维尔博士，是海洋学领域中一名杰出的科学家。他和他的同事们都十分清楚，海洋作为地球气候循环的一部分，不仅向外排放大量的二氧化碳，而且同时也从海面上的空气中回收着二氧化碳。在1957年的国际地球物理年大会上，科学家们推测，以海洋的容量，可能很难全部吸收从化石燃料燃烧中产生的如此大量的二氧化碳。又或许超量的二氧化碳会导致二氧化碳在大气中的浓度上升？

为了证实这种推测，雷维尔委托查尔斯·科林博士和一个斯克里普斯专家组对莫纳罗亚火山所采集的数据进行了精确的研究。在1959年，他们开展研究的第一年，科学家们测量了百万分之三百一十六（316 ppm）浓度下大气中的二氧化碳浓度。到了1980年，这个数字已经上升到了将近340 ppm。在仅仅二十年的时间里，二氧化碳的浓度就上升了7%以上。由于二氧化碳在组成大气的各种气体中所占的比例只有不到三千分之一，这份数据可能并不显得十分重要。然而，从南极洲东方站采集的数据表明，事实并非如此。这份数据显示，二氧化碳的浓度在过去的65万年冰川时期之间，一直保持在较低的180 ppm，仅仅在间冰期气温回升时曾偶尔上升到最高300 ppm。

另外，科学家们普遍认为，一直到18世纪，二氧化碳在过去一万年间的浓度都从未超过280 ppm。直到工业革命开始之后，随着化石燃料的用量大大增加，二氧化碳浓度才开始上升。截止到现在，根据科林博士的研究，如果二氧化碳浓度继续以现在的速度上升，那么在短短几十年后，其浓度将达到400 ppm以上。*

* 在地质年代中很长的一段时间内，也就是过去60亿年中的约25亿年间，同位素读数和其他证据表明，大气中的二氧化碳浓度为3 000 ppm，远比更近的年代高。这种地质年代的最后一个代表就是侏罗纪，也就是“恐龙的时代”。这个时代大约在15至20亿年之前。

那么，既然我们现在已经有了确凿的证据。这就证明，二氧化碳浓度达到历史警戒线的原因就是：人们以史无前例的规模使用着煤炭、石油和其他化石燃料，从而加剧了“温室效应”。这种行为创造出了过量的二氧化碳，使得海洋和陆地上的植物难以完全吸收它们。地球的天然循环系统遭到了破坏。结果就像阿列纽斯和其他人所预测的那样，地球的气温升高了。

如果我们仍然不采取积极的措施来控制二氧化碳的排放量，气温可能很快就会上升到灾难性的程度。极地的冰盖将会融化，海平面也会上升，沙漠的范围将会扩大。全世界的气候将陷入一片混乱，对全球变暖的恐慌也就诞生于此。

政府间气候变化专门委员会 1：“共识”的达成

人们在 1988—1989 年所发起的、大规模宣传全球变暖的浪潮中，有两个主要特点：一个是，它成为主流思想的速度非常之快；另一个是，这种观点的坚持者们坚信他们所坚持的观点是不证自明的，以至于他们更不应该受到质疑。为了证明他们的事业是非常重要的，他们认为一定要反复重申一点。那就是，他们的行动的依据是科学家们“压倒性的”一致共识。

对于这两点来说，再没有什么能比 1988 年发生的事情更能说明问题了。为了应对全人类共同的全球变暖问题，联合国成立了由世界气象组织和联合国环境规划署主导的“政府间气候变化专门委员会”（IPCC）。委员会的任务有三个：第一，评估气候变化的各种科学数据；第二，评估全球变暖可能对环境、社会和经济所造成的冲击；第三，如何在政治层面上做出应对措施。

克里斯宾・迪克爵士，曾任英国驻联合国常任代表。他现在是一名气候保护主义者，也是支持成立 IPCC 的积极游说者（然而，在十年前他曾在他的书《气候变化与世界》中警告说，要警惕气温下降带来的威胁）。他曾经警告过英国前首相撒切尔夫人，说全球变暖是目前最为重要的问题。然而作为一名曾经的科学工作者，撒切尔夫人坚持认为，任何政治上的动作都必须基于“良好的科学基础，这样才能有好的效果”。[19] 约翰・霍顿爵士是英国气象部的部长，他被选为 IPCC 事务委员会的第一位主席。

1988 年的美国，夏天尤为炎热。在田纳西州参议员艾尔・戈尔主席的主持下，华盛顿的参议员科学技术及空间委员会也讨论了当时的热门话题——气候变化的问题。

戈尔于 60 年代在哈佛大学第一次接触到了全球变暖的概念。当时他正在听罗杰·雷维尔博士的讲座。也就是在那时，他第一次听到了雷维尔博士在莫纳罗亚火山的研究成果：大气中的二氧化碳浓度正在快速上升。当时的讲授者还有一位，就是詹姆斯·汉森——戈德达太空研究所的主任。在他用电脑模拟了一个“人造温室效应”的数据之后，他在理论上几乎可以肯定，地球的气温将会上升。[20]

尽管汉森的结论并不确定，他的观点还是得到了戈尔的肯定，并且广为流传。相比之下，莱斯特·勒夫就没有那么好的运气了。他是一名经济学教授，他认为全球变暖仍然是一个争议未决的问题，也就是说，因为没有得到每位科学家的同意，就不能下定论。但是他的观点并没有引起人们的重视。由于被从委员会中除名，勒夫感到非常的惊讶。他写信给理查德·林德森，一位美国的顶尖气候学家——麻省理工学院的气象学教授，希望证明自己是正确的。林德森肯定了勒夫的观点，他认为，全球变暖问题不但存在争议，而且在他看来，更是“难以置信的”。[21]

1992 年，林德森写了一篇非正式的论文。在文中他回顾了 80 年代末期以来人们为了所谓的“科学上的共识”而做出的各种努力。他描述了那些环境保护组织是如何热情的宣传他们的目标的。比如绿色和平组织、地球之友组织，还有环境保护基金，这个组织宣称投入了数亿美元的预算，并且得到了“许多政治家的高度评价”，比如戈尔。

1989 年，一个名为“忧思科学家联盟”的团体组织了一次请愿活动。这个组织成立的初始目的是为了支持核裁军运动，现在，他们的活动转向了反对利用核能。他们要求政府承认全球变暖是人类面临的最大的潜在威胁。在 700 多名参加者中，有诺贝尔奖得主，以及很多美国国家科学院的院士。只有三个或者四个人是气候学家（在 1990 年国家科学院的会议上，院长敬告人们“不要为了一些根本不了解的事情，而去拿着自己的名誉冒险”）。

请愿在好莱坞和演艺圈的大腕们之间也相当流行。1989 年夏天，罗伯特·雷德福德在他位于犹他州的圣得西农场召开了一次宣传性质的研讨会，主题就是全球变暖问题。他声明说，“现在不是研究的时候，而是行动的时候”（林德森事后评论说，“这对一个演员来说，或许的确是一个合理的建议”）。芭芭拉·史翠珊承诺将会为环境保护基金提供经济支持。梅丽尔・斯特里普也出现在电视上，为减缓全球变暖而大声呼吁。

虽然联合国和政治家们的呼声很高，一大笔公款也突然流向了气候研究领域。事实很快证明，任何质疑全球变暖的声音都是不会受到欢迎的。林德森后来回忆，在 1989 年冬天，美国国家科学基金会从他的一位麻省理工学院的同事，雷金纳德・纽厄尔教授那里撤出了所有研究经费。这是因为，当时纽厄尔的数据分析不能证明上世纪以来，地球的气温一直在升高（评审员说他的研究结果简直是在“危害人类”）。*

林德森自己也向美国科学进步协会的《科学》杂志提交了一份反对全球变暖的文章。但是他的文章被退了回来，理由是“无法引起读者的兴趣”。随后《科学》杂志居然还公开批评了他未发表的文章。然而，这篇文章最后还是在《美国气象学会公报》发表了。编辑为了发表这篇文章，可谓是“力排众议”。反对者中还包括斯蒂芬・施耐德，他也是一名全球变暖问题的强烈支持者，然而，在十年前他还在警告地球气温将会下降。

公报的读者来信显示，主要的质疑都集中在全球变暖是否是人为引起的。随后的一次，由美国气象协会和美国物理联盟发起的盖洛普民意调查显示，不少于 49% 份额的人反对全球变暖是人为因素导致的。只有 18% 的人认为全球变暖有部分的人为因素。另外 33% 的人表示并不清楚。

作为世界上最杰出的气候学家之一，林德森对于全球变暖理论的质疑是影响深远的。他并不否认气温在 20 世纪曾经上升过，也不否认大气中的二氧化碳浓度有所升高，但是他认为，全球变暖问题的支持者们所使用的电脑模型太过粗糙了。如果不能体现出气候系统的细微变化，那么他们的结果就可能会把我们带入歧途。

另外有一点特别需要注意的是，人们的注意力都集中在二氧化碳和其他人造温室气体上，而他们可能忽视和低估了水蒸汽在其中的作用，因为水蒸汽其实是温室气体中最重要的一种。水蒸汽包含了所有各种气体，但是其所占的份额并不

* 与此同时，当林德森参加另一所大学所举办的全球变暖研讨会时，他惊讶的发现只有他一人是专业的环境学者。人们对科学表现的毫无耐心，不断发出震耳欲聋的口号声，要求立即采取行动。一位来自罗德岛的国会女议员喊道：“科学也许帮不了我们，但是我们一定要倾听大地母亲的声音”。

多。人们同样忽视了云量所带来的负面影响。[22] 在这些问题上，电脑模型均不能达到物理上和数值上的准确性，从而也就不能给人们足够的理由来做出结论。林德森认为，如果把这两个因素列入公式，就会发现，所谓的二氧化碳浓度上升导致的温室效应其实已经被严重的夸大了。而且，林德森的这个观点可以通过电脑模型的逆运算来证实，这样我们就可以“预测”整个 20 世纪的温度应该是多少。

结果很明显，过于简单的电脑模型并不能正确的演示出地球在 20 世纪的实际温度变化。在 20 年代和 30 年代温室气体排放量相对较低的年代里，电脑显示的气温反而剧烈的升高了。但是在温室气体排放量陡增的小冰河时期，也就是 40—70 年代里，电脑显示的气温反而下降了。

事实上，如果按照电脑的计算，我们将会得到一个高于 20 世纪实际气温 4 倍以上的数字（这种结果还是在大气中的二氧化碳没有达到实际浓度的情况下得出的）。在这种电脑模型的基础上，我们怎么能相信这种模型所演算出的任何结果，从而去预测未来的气候呢？

很明显，设计者们遗漏了一些重要的因素，这些遗漏导致他们对全球变暖做出了过度的预测。但是全球变暖的支持者们显然已经对林德森这样的怀疑者们失去了耐心。戈尔参议员在《纽约时报》上发表了长篇大论，来批评质疑者们的观点。戈尔把自己和所谓“真正的支持者们”比喻为当代的伽利略，即为了真理而与愚昧的宗教进行斗争的勇士们。1990 年，全球变暖的支持者们赢得了最有力的支持，这就是联合国政府间气候变化专门委员会所发布的“第一份评估报告”（FAR）。

在 IPCC 成立之初，一系列这样的报告已经成为了争论的焦点。如最初的报告一般，这些报告一般要经历两个精心的制作过程。第一步是在 IPCC 规程的指导下，编辑一个由三部分组成的科学报告。报告的主要内容是评估气候变化、对人类的影响以及建议的应对措施。这份技术性报告由三个工作组负责，成员包括科学家、经济学家和各领域的专家等等。这些“作者们”在“首席作者”的领导下完成一些章节，然后由更高级的“章节首席作者”进行汇总。最终的稿件将会被发送到世界各地数以百计的“专家审核员”手中，并对稿件进行审核，提出相关的意见和看法。

第二步是为决策者们起草一份总结性文件。这份文件由 IPCC 主席约翰·霍顿爵士进行指导。整个工作从向政府提交技术性报告开始，当然这些政府都是支持气候变化观点的。然而结果总是非常明显的。尽管这份报告最后是要在世界范围内发布的，并且会有众多的人去阅读和引用，政策的制定者们还是经常在技术性报告的一些关键问题上产生分歧。

IPCC 的第一份报告显示出了它在实际中的作用。决策者们所发表的总结性报告的内容，正是那些全球变暖支持者所希望的。IPCC 称，可以“肯定”，温室效应是存在的，而且因为“人类的活动”，其效应正在加强。IPCC 可以“保证”，单二氧化碳一种气体，就应该为温室效应的加强“承担一半以上的责任”，而且人类世界必须“马上减少 60% 以上的二氧化碳排放量。只有这样，才能使气温维持在现在的水平”。

“在现有电脑模型的基础上”，报告预测称，如果不采取行动，地球的平均气温在 21 世纪将会每十年上升 0.2~0.5 摄氏度。这个上升幅度，“在过去的一万年间，是从来没有过的”。在过去的一百年里，地球的表面温度上升了 0.3~0.6 摄氏度。为了让人们采取积极的行动，IPCC 就预测了一个类似的数值。

同时，报告中也承认，20 世纪气温的上升可能与自然的变化“有很大关系”。这一点，与 IPCC 之前所说的，二氧化碳浓度的上升至少要为温室效应加强承担一半以上的责任的说法，显然是自相矛盾的。随后报告中又指出，自然，和“其他人为的因素，可以抵消一大部分由人类造成的温室效应”。这使得整个报告变得更加令人困惑了。最后，IPCC 也做出了一点让步。报告给出了一个含糊的结果，认为在未来的十年或者更长的时间里，温室效应可能不会再加强了。

和 IPCC 报告最后的总结相比，报告前面几百页的主体部分的一些模棱两可的结论在某种程度上至少是解释得通的。编写这部分报告的专家们显然更加小心谨慎，但是也更加矛盾。他们的数据到最后，无非也是在直截了当的支持报告最后总结部分的观点。

事情就像林德森说的那样：

这份报告自相矛盾，既有正面观点，又有反面观点。从方法上来说，这篇报告过于依赖大型数据模型，而且报告中的模型在与其他模型比较过之后，也做过大量的修改。假设模型之间的协调性比模型与实际环境之间的协调性更好（即使是“调试过的”），那么这种做法就没有什么意义了。另外一名报告的修订者已经证明，他们被要求在报告中突出有利于当前形势的结果，并压制其他不利于证明全球变暖的数据。这种做法被证明是非常有效的。一份调查显示，报告的修订者之间一直对报告的最后版本持有不同的意见。

林德森强调，由诸如总编约翰·霍顿爵士这样的决策者们做出的总结部分，和科学家们做出的技术部分之间有着令人惊讶的差别。他说：他的总结几乎否认了报告中的不确定性，也否认了把真正源自于科学的警告呈现在世人面前的努力。[23]

另一位批评家也有了类似的看法，他解释了“为什么反对者的声音几乎是不可能驳倒那些报告的主要作者的”。[24] 他也引用了霍顿爵士的话，霍顿爵士自己也承认这一点。他是这样说的：主要作者们都在努力自圆其说，有些时候，这些说法会汇集成一些少数派的意见，而这些意见是不可能被大多数人接受的。[25]

不管这个共识到底是真是假，IPCC 的报告把全世界的全球变暖支持者们带进了一个伟大的时代。两年之后的 1992 年，在里约热内卢召开的“地球峰会”就是最好的证明。

在绿色和平组织、地球之友组织等环保团体的大力宣传之下，两万名环保志愿者将齐聚里约热内卢。民间的强大支持使得 170 个国家首脑参加了这次峰会，其中包括不少于 108 名总统和首相。

当大多数的环保主义者在附近进行名为“非政府组织论坛”的盛大集会时，各国元首签署了气候变化框架公约。2 400 名环保主义者被邀请到主会场，见证这一历史性的时刻。这是一个志愿性质的条约。签约国承诺，到 2000 年，本国的二氧化碳排放量将不会超过 1990 年。签署这份公约的目的旨在催生更多的协议，从而设定控制温室气体排放量的强制指标（第一份协议在 5 年之后的京都签订）。[26]

对于全球变暖的呼吁者来说，这是一个令人兴奋的时刻。而在这时，显然没有人能比艾尔·戈尔更加急于将这个工程迅速开展开来。因为这时的戈尔已经不再是参议员，而是和比尔·克林顿一起，成为了民主党的副总统候选人。

戈尔现在已经把气候变化当成了自己政治生涯的筹码，为了成功的赢得候选人的位置，他出版了一本书，名为《濒临失衡的地球》。像他的其他环保著作一样，他的这本书里也点缀着一些他的个人经历。在书中他回忆到，在他生命中最重要的一个时刻，就是当他见到哈佛大学的雷维尔博士的时候。这位气候变化研究之父向他介绍了气候变化的重要性，并且也向全世界展示了碳排放对于世界所产生的划时代的影响。

戈尔所不知道的是，其实雷维尔博士在最初对于全球变暖的态度是十分谨慎的，他并没有草率的将这个问题列入自己的研究计划。当戈尔在1988年夏天在参议院举行气候变化的听证会时，雷维尔已经给多名国会议员致信，要求推迟任何针对全球变暖所采取的行动。这是因为，当时他并不清楚气候系统的详细作用机制。[27]

1990年，在新奥尔良召开的美国科学进步协会会议上，雷维尔提交了一篇论文。论文的主题是，在海洋中播撒营养素，比如铁屑，来促进海洋中浮游生物的生长，从而增加海洋对二氧化碳的吸收量。会议结束之后，雷维尔的一位老朋友弗雷德·辛格找到了他。弗雷德·辛格是弗吉尼亚大学的一名环境科学教授，他还曾经担任过美国国家气象卫星部部长一职。第二天两人继续碰面，商讨共同发表一篇关于全球变暖的非正式的论文。随后他们又邀请了乔西·斯塔尔博士——一名资深的能源学家，加入到他们的团队中来。

经过讨论之后，辛格开始起草论文。他们选择了一个名为《宇宙》的发行量较小的新杂志。在讨论证据方面的问题时，雷维尔表达了对电脑气候模型的怀疑（辛格向他保证将会在十年内极大的改善电脑系统）。之后他们又对论文做了多次修改。这篇文章在1991年4月发表了，标题是："如何面对温室效应：三思而后行"。论文的主要结论，与早前雷维尔写给国会议员的信是大致相同的。结论的大致内容是：

> 对于温室效应的科学研究还并不成熟，因此在现在采取行动还为时过早。且推迟行动的风险是非常之小的。

这篇论文当时并没有引起什么反响。三个月以后，雷维尔博士与世长辞，享年82岁，他的科学生涯也就此划上了句号。不久之后，辛格被邀请参加一本关于全球变暖书籍的编写。由于他事务繁忙，他建议将这篇论文重新发表。

第二年夏天，正当戈尔为副总统候选人的位置而努力奔走之时，《新闻周刊》的一篇文章将他新书中所援引的雷维尔的观点与雷维尔在《宇宙》杂志上发表的论文中的观点进行了对比。这篇文章随后被媒体翻了出来，并且出现在了一次电视选举辩论节目上。戈尔非常愤怒的对此进行了抗议，他说，这篇文章对雷维尔的观点理解完全是在“断章取义”。

在这场尴尬的闹剧发生时，戈尔的助手，哈佛大学的贾斯丁·兰开斯特找到了辛格，要求他去掉雷维尔在这篇论文上的署名。在被明确告知不可能之后，兰开斯特坚持认为，雷维尔并没有真正参与这篇论文的编著。他的署名是在他本人的严正抗议被无视之后而强加上去的。他宣称，辛格在这位病重的老人精神状态持续下降的状态下，一直在强迫他参与论文的编著。

戈尔的手下也一直在对这本书的出版社做出类似的控告。当时这本书即将再版印刷。戈尔提起了诉讼，要求出版社立即停止印刷。到 1993 年 4 月，戈尔已经当选为美国副总统，而这件案子依然纠缠不休。辛格向法院起诉兰开斯特，控告他对自己进行诽谤。在法庭调查阶段，兰开斯特终于承认，在《新闻周刊》发表那篇文章之后，他接到了戈尔的电话，询问他雷维尔临终之前的精神状态到底如何。他也承认，雷维尔的精神状态其实“一直到去世的时候”都处于良好状态。兰开斯特还说，在雷维尔的论文发表之前，他就已经看过了。论文中并没有任何失实之处，而且“对于温室效应的不确定性也是显而易见的”。*

其实对戈尔来说，这已经不是他第一次做出这种歪曲事实和打压反对者的事情了。在他所主持的最后一次参议员听证会上，林德森教授作为听证人也出席了会议。在讨论到一个关于对流层水蒸汽功能转换的晦涩问题时，林德森坦言他将对他两年前的关于水蒸汽在云层中的作用的一个观点进行修正。后来的研究显示，云层中的冰晶可能也会参与到云层的形成过程之中（但是冰晶并不会影响最终结果）。

戈尔同意了林德森要求修正的请求。戈尔询问他，这是否意味着林德森本人

* 这些最后的细节来自于一张电脑软盘。软盘内存有兰开斯特发给戈尔的一封电子邮件的草稿（辛格，“雷维尔与戈尔的往事”（2003））。

要推翻自己两年前的观点。林德森表示同意。随后戈尔要求秘书对此进行记录，称林德森教授已经“收回了对全球变暖的反对意见”。[28]

在座的其他人向戈尔保证，林德森并没有做那种事情，戈尔这么做，只会让事情变得更复杂。然而不久之后，一位知名的记者，同时也是戈尔写手的汤姆·维克在《纽约时报》上把林德森收回反对意见的事情大加宣扬。林德森写了一封公开信，并在一个月之后发表，希望能澄清这件事。但是戈尔依然无视林德森试图让事情回到正轨上的努力，继续在自己的书里反复强调林德森收回反对意见的事情。*

1994 年 2 月，ABC 新闻的主持人泰德·科佩尔在他的节目《夜谈》中首次披露了一个消息。他说，副总统戈尔先生曾经致电给他，希望他能够把“反对环境运动”组织幕后的政治和经济推手揭露出来。戈尔同时要求他披露一些事实，就是几个一直对全球变暖问题持反对态度的科学家，一直在接受煤炭企业的贿赂，还有一些来路不明的钱财。

这样的指控对科学家们来说，是再熟悉不过的伎俩了。任何敢于对全球变暖问题持反对意见的科学家都可能会面临类似的指控。比如，他曾接受能源企业的赞助，或者是石油巨头的资金，甚至还有可能是烟草企业。**

科佩尔不仅在电视节目上披露他接到了戈尔的威胁电话，他还说：

> 令人感到讽刺的是，可以称得上是这个世纪以来科学素养最高的美国副总统，现在坐在白宫里的戈尔先生，其实暗地里一直在用政治手段来解决一个实际上完全应该在科学层面上解决的问题。区分一件事是否符合科学规律的标准，并不在于科学家们的政治素养，也不在于科学家们到底站在谁的一边。真正的标准

---

* 汤姆·维克并不是第一次牵涉到这种歪曲事实的报道之中。在一年前，前美国气象局局长罗伯特·怀特曾经为《科学美国人》撰写了一篇文章，他认为对于全球变暖的预测是完全没有科学基础的，因此也不应该浪费金钱采取什么行动。人们唯一需要做的，就是循证据而动，即使最后证明，其实现在并没有气候变暖的威胁。随后维克在《纽约时报》做了报道，但他并没有实话实说，而是称，怀特要求立即采取行动，来应对全球变暖（林德森，“全球变暖”（1992））。

** 辛格就是这种诽谤伎俩的受害者之一。他和国家科学院杰出的前院长弗雷德·赛茨，均被指控曾经参与了一份报告的编著。报告中批评环境保护局妖魔化了被动吸烟的后果。这份报告的作者被描述为“腐败者”，因为他们“接收了来自所谓的合作伙伴，烟草公司的资金”。

在于，我们的假设是否能够通过事实的检验。这也许很难做到，但这是唯一有效的方法。

戈尔试图利用一线媒体来诋毁竞争对手的做法被披露以后，引起了政界的极大尴尬。随后，兰开斯特就以撤诉了结了他和辛格之间的纠纷，并且向辛格正式道歉。*

在12年后的2004年，兰开斯特在一个网站上“完全否认了”他之前的“撤诉声明”（“宇宙之谜”，http://home.att.net/~espi/Cosmos_myth.html）。然而，他在声明中完全省略了在法庭调查阶段所披露出的事实，包括他之前承认的。雷维尔曾经告诉他，雷维尔本人同意那篇文章的主要观点，即：全球变暖的科学证据还并不充分，因此不应该立刻采取针对全球变暖的应对措施。

试图推广所谓“共识”的企图失败了，然而很快，另一个计划就又开始了。这次这个计划变得更加公开，而且在整体上变得更有说服力了。

政府间气候变化专门委员会 2："指纹图谱"

到了90年代中期，克林顿－戈尔政府一直在努力的向全世界推广美国的能源战略。其中具有代表性的，就是得克萨斯州的能源巨头——安然公司。安然公司同时也是民主党重要的赞助者之一。华盛顿向安然公司拨放了40亿美元的联邦贷款，用于帮助其在世界各地的大型项目中进行竞标，这些项目包括新油田、发电厂以及输油管道的建设。地点则包括印度、俄罗斯、中国、菲律宾、南非和非洲大陆。

戈尔对这些项目非常热心。尤其是在1995年12月，为了支持南非的新任总统纳尔逊·曼德拉，他访问了南非。实际上，他此行的目的是为了代表安然公司参加在莫桑比克筹建的新油田的竞标。**

---

*（详情请参阅网址 ecosyn.us。这个网站还曾经指控，乔治·W·布什总统的家族曾经在第二次世界大战期间对希特勒进行资金援助，并且还支持了对犹太人的种族屠杀）。

** 详情请见“安然门”,www.craigslist.org。戈尔个人和他的家族与石油业之间的关系要追溯到很久之前。他的父亲，参议员阿尔伯特·戈尔与西方石油公司的阿默德·哈默一直保持着良好的师生和朋友关系。哈默还帮助阿尔伯特·戈尔建立起了戈尔家族的商业基础。同时，哈默也是俄国领袖列宁的友人。因为他与苏联之间的异常紧密的关系，哈默在冷战期间一直处于政府的监视之下，直到他于1994年去世。

然而，我们的副总统并没有就此放弃与全球变暖问题的斗争。他这次出访南非，正是各国要签署授权协议的时候，协议签署之后，IPCC 的报告就会在下一年的五月发布了。

第二份 IPCC 报告（SAR）在人为导致全球变暖这个观点上显然走得更远了。各大报刊的头条位置都空了下来，准备留给 IPCC。IPCC 的报告称，证据的平衡性显示，人为因素对全球气候的影响是可以鉴别的。这句话被引用的次数比报告中其他的任何句子都要多。但是这句话是如何得出的呢，要说起报告背后决策者们的故事，那就说来话长了。[29]

这句话来源于报告的第八章，也就是技术性数据部分。这次的首席作者是本·桑特，一位比较普通的、来自美国政府劳伦斯利弗莫尔国家实验室的科学家。这一章的措辞大多是重复的。比如："统计数据的主体现在指向了人为因素，人为因素对气候变化有一定影响"。

当这份报告发布以后，那些前一年曾经参与过这一章修订的审核员们感到很诧异。因为这些文字在当时他们审核过的草稿里根本没有出现过。这样看来，这些文字应该是首席作者后来自己添加进去的。另外，桑特还删除了审核稿件中一系列关键的陈述，这些被删除的内容主要是对人为因素造成全球变暖所提出的疑问。以下是其中一段：

·以上的研究中，没有任何明确证据显示，观测到温室气体的增加是由于人类活动造成的。

·到目前为止，没有研究将气候变化的部分或者全部原因归结为人类活动。

·任何宣称发现气候有显著变化的说法都是存在争议的，除非我们去除气候系统中的环境不确定性变量，否则是不能做出结论的。

·到什么时候，我们才能确定人为因素的确对气候的变化有一定影响呢？如果有人回答说不知道，那其实一点都不奇怪。

所有的这些话都已经被从原始的版本中删去了。更奇怪的是，新版本的参考文献中，只有两篇有桑特署名的论文，而且还没有发表。报告中经常出现的所谓"人为因素对全球气候的影响是可以鉴别的"这句话，其实是来源于一种叫做"指纹图谱"的研究方法。这种研究的主要内容是将计算机模拟预测的地球气候变化与实际观察得到的气候变化数据进行对比。如果两种数据正好吻合（也就是“指纹相同”），那么就说明计算机所模拟的情况是正确的，可以作为科学的证据。[30]

但是，当桑特和其他几个同事发表了他们第一个如此重要的报告之后，有两名科学家，帕特里克·麦克斯博士和他的一名同事却发现了问题。在检验了桑特的数据之后，他们惊奇的发现，报告中所做出的有利于全球变暖的结论，都是在只基于一部分数据的情况下得出的。在使用指纹图谱对演算结果和实际结果进行对比时，只采用了 1943—1970 年的数据。如果套用全部数据的话，也就是 1905—1970 年，桑特和同事在报告中所称的气温上升趋势根本就是不存在的。[31]

以这篇报告的重要性看来，桑特根据决策者们总结的要求，而对第八章所做出的修改是令人震惊的。在阅读过报告的公众看来，这也是无法接受的。像桑特这样一个低级别的报告编著者，竟然可以在原稿通过审核后，对报告私自进行如此重大的改动，这无疑引起了世界范围内的波动。

甚至连负责出版桑特的报告的《自然》杂志社也表示了不满。他们对桑特这种为了使报告和决策者的总结保持一致，而私自对报告第八章内容进行改动的行为，表示相当失望。《华尔街日报》也发表了社论《“温室效应的背后”》和前美国国家科学院院长弗雷德里克·塞茨的标题为《全球变暖，最大的骗局》的批判文章，以各种形式表达了对这个骗局的出奇愤怒。[33]

更令人惊奇的是整个事件的发展情况。似乎有些人早在报告发布之前，就已经预料到了一切。就在报告最终定稿前的 1995 年 12 月，在马德里召开了一场阵容空前的大会，来自 96 个国家的代表、官员和政坛人士以及 14 个非政府组织成员参加了这次会议。会议的目的就是逐行逐句的审阅这份“可以接受的”报告。

后来经披露，就在这次会议召开前不久的 11 月 15 日，IPCC 工作委员会的主席——首席编辑约翰·霍顿博士，收到了一封来自华盛顿的美国国务院的来信。信中说到：

> 在马德里的 IPCC 一号工作委员会全体大会没有得出结论前，不得完成报告的最后阶段。另外，在大会做出结论后，必须说服各章节的作者以合理的方式对报告进行修改。[34]

要求“说服各章节的作者以合理的方式对报告进行修改”的这位高级官员，是与美国负责全球事务的副国务卿提莫西・沃斯一同共事的。沃斯不但是一名全球变暖问题的积极支持者，更是副总统戈尔的一个密切政治盟友。[35]

第二份 IPCC 报告的主要目的，是为日后将在日本召开的一个大型国际会议打下基础。根据在里约热内卢签署的气候变化框架公约，在日本召开的这次会议的主题是签署一份协议，从而确立全人类为全球变暖危机而采取行动的事实基础。

在 160 个国家签署协议之前漫长而复杂的讨论过程中，最重要的成果就是，把北半球的工业化国家，和那些仍处在发展阶段的第三世界国家进行分类。其中，北半球的工业化国家要为温室效应承担绝大部分的责任。这个决定得到了发展中国家的坚定支持，因为他们不能接受限制其经济增长的条件，这将阻止他们在经济上追赶发达国家。

在这场充满忧虑的谈判中，戈尔扮演着一个非常活跃的角色。然而，他也在 1997 年夏天遇到了挫折。那是在 7 月 21 日，美国参议院以 95：0 的票数通过了一个抵制这份协议的提案。现在看来这个一边倒的结果实在是太明智了。因为现在的协议已经有了变化。以美国为首的发达国家将不得不接受非常严格的温室气体减排措施。而与此同时，诸如中国和印度这样的发展中国家，却被排除在外。虽然他们还是发展中国家，但是他们的经济发展速度却非常快。也就是说，用不了几年，这些国家也将成为二氧化碳的排放大国。

参议院推测，如果这个协议将第三世界国家排除在外，那么发达国家所要承担的减排责任就会变得相当之大。这足以“严重影响美国的经济，导致更高的失业率、更大的贸易损失和更高的能源消费成本”。

尽管世界上的几大发达国家有可能拒绝签署这份协议，协议还是在按照既定的时间表执行着。在 1997 年 12 月 8 日，来自 160 个国家的代表齐聚日本，签署了“京都议定书”。美国副总统戈尔在大会的开幕式上做了发言。他对广大的听众们说到：

我们曾经在 1992 年齐聚里约热内卢环境保护大会，无论是为了达成科学上的共识，还是为了达成政治上的诉求，我们都付出了巨大的努力。如果我们停下来环顾四周，我们就会发现，我们所作的一切是多么的伟大。今天，我们又一次进入了一个人类文明发展的新纪元。也正是因此，为了能使人类与我们的地球和谐共处，我们要在此做出一个对人类的现在和将来都影响深远的改变。

“现在，地球环境最薄弱的一环”，戈尔继续说到：

就是附着在地球表面的那一层薄薄的空气。然而现在，我们依然在肆无忌惮的向空气中排放废气。这将会打破地球与太阳之间的平衡，因为我们不停的污染着环境，更多的太阳辐射会留在地球上，这也会最终导致我们世界的毁灭……就在上个星期，我得知在3个月后就将到来的1997年，将会是历史上最热的一年。

事实也的确如此，历史上最热的十年中，有九年是集中在上个十年里的。这个趋势是显而易见的。这是人类肆意妄为的代价，是经济快速发展的代价。如果我们再不采取行动，后果是无法想象的。越来越频繁的洪水和干旱，疾病和虫害肆虐全球，粮食减产、饥荒横行、冰山融化、狂风大作，海平面也会升高。

在戈尔激情洋溢的演说鼓舞下，代表们都深受感动，并且签署了经过数月艰难谈判而苦心设计出的协议。签约国可以在下一年的三月正式批准该协议。

京都议定书附录I适用于所有的发达工业国家（包括俄罗斯和原来苏联的各加盟国）。这些国家承诺，到2008年12月，将减少5.2%——相当于1990年温室气体的排放量。鉴于这些国家的温室气体排放量也会随着发展而增长，最终确定的目标大约是，在2010年减少29%的排放量。

而发展中国家，比如中国和印度，并不适用于此议定书。他们的二氧化碳排放量依然可能增长。一些工业化国家被允许增加气体排放量（如澳大利亚被允许增加8%的排放量）。国际间航空和航海所产生的大量气体也不算在内。这个协议只有在被足够多的发达国家批准后才能生效。这些国家的气体排放量占到了1990年世界总排放量的55%。

至于如何才能达成这些目标，目前任何人都没有答案。可能要靠各国自己的努力才能达成这些目标。但是京都议定书还提出了一个新的概念，就是“排放贸易”。那些没能够完成减排目标的国家，可以从完成目标甚至超额完成目标的国家那里购买“碳信用额”，从而抵消掉那些没有达成的目标，“顺利完成任务”。

京都议定书最重要的目标之一，就是减少例如煤炭、石油和天然气等化石燃料的使用，并转而推行一些不会产生温室气体的“可再生能源”（风能、潮汐能、太阳能、水能等）。另外，与其他能源相比，核能能提供更高效、规模更大且无碳的能量。但是京都议定书的支持者们大都强烈反对使用核能。这是因为他们认为核能会产生危险的核废料，从而以其他的形式污染地球。

具有启发性的是，官方并没有说明发达国家的经济会因此付出多大的代价。在一个由国家科学基金会和美国能源部出资的研究项目中，来自耶鲁大学的经济学教授威廉·诺德豪斯预测，京都议定书的第一部分减排计划就会造成约 7 160 亿美元的损失。作为世界首位的二氧化碳排放国，这损失中的三分之二将会落在美国身上。但是，这一切都是基于美国将会在议定书上签字的情况下。不过根据参议院的投票结果来看，似乎不太可能。[36]

从“拯救地球”的角度来看，这份议定书能解决什么问题呢？人们都普遍认为，即使完成了所有的减排目标，到 2050 年，地球的气温只能下降大约 0.05 摄氏度，也就是二十分之一摄氏度，即使是议定书的支持者们也必须承认这一点。根据预测，到 2100 年，即使京都议定书的目标都能完成，也只能将变暖的时间延缓六年。

在意识到这一点后，全球变暖的支持者们显得十分失望。他们认为，这是京都议定书所制定的目标太低而导致的。然而不久之后，他们就把希望寄托在了将于 2012 年签署的“新京都议定书”上。他们希望到那时，将会出台更严格的减排标准。

对戈尔所营造的“共识”而言，这的确算得上是他的一个大成就。然而政治家们并不会满足于现状，他们会继续加大筹码。接下来所发生的，就是历史上最令人称奇的，把科学政治化的事件。

政府间气候变化专门委员会 3：“曲棍球棒”一败涂地

一直以来，全球变暖的支持者都宣称，他们的观点是由“科学界所达成的共识”所支撑着的。坚持这一点对他们来说当然也是相当重要的。但是，想要找到证据来自圆其说，也并不是一件容易的事。

比如在1996年，联合国的《气候变化公报》刊登了一份样本为400人的调查，调查对象是美国、加拿大和德国的气候学家。当被问到“你是否认为全球变暖的过程现在正在进行中”这个问题时，只有10%的人表示完全同意。将近一半，也就是48%的人说，他们对那些电脑所模拟的气候模型并没有很大的信心。[38] 在1997年，一份调查统计了美国50个州的气候学家对于这个问题的看法。90%的人认为，科学证据显示，地球气温的变化可能是一种自然现象，而且是一种长期的循环现象。[39]

对于那些想要把人类活动和气温剧烈变化联系起来的人们来说，最头疼的问题之一，可能就是如何解释“为什么有大量的历史和科学证据表明，早在人类向大气中排放温室气体之前，气温就曾经有过剧烈的波动了”。更难解释的是，为什么中世纪温暖期的气温比20世纪末期的气温还要高。

即使在IPCC的两份报告中，也没有解决这个问题，只是附了两张图表，列举了关于过去一千年的气候变化的研究成果。报告中显示，中世纪温暖期的温度要高于20世纪90年代的温度；之后的小冰河时期气温又迅速下降；在19世纪的现代温暖期气温又再次上升；在1940—1975年的“小寒”时期气温又下降了，而这时的二氧化碳浓度有了显著的上升。

全球变暖的狂热支持者们非常急于强调人类活动对于气候变化的影响。他们试图通过一种说法来解决这个最大的难题。这种说法是，因为在“小寒”时期，从发电站燃烧的煤炭和石油中产生的二氧化硫中的气溶胶粒子“弱化”了二氧化碳的排放量。他们宣称这些粒子已经挡住了足够量的阳光，因此足以抵消当时产生的温室气体所造成的气温变化。但是IPCC在第二份报告中承认，大部分的粒子被排放到了北半球。如果北半球的气温因此下降，那么南半球的气温应该在继续上升。而事实上，全世界都经历过“小寒”时期，也就是说，南北半球在这一点上并无区别。*

另一个需要解释的问题是远古时期的气温波动问题。1998年，整个问题的争

* 第三份IPCC报告承认，在1900年到1940年间，世界气温上升了0.4摄氏度；在1940年到1975年间下降了0.2摄氏度（“小寒”时期）；从1975年往后，气温又上升了0.4摄氏度。所以，整个20世纪期间，气温上升了0.6摄氏度。

论被一种新的研究方法打断了。这种方法的创始人是迈克尔·曼，一名马萨诸塞州大学从事物理学研究的气候学家。他刚刚才取得了博士学位。

迈克尔·曼在《自然》杂志上发表了一篇关于前600年气候变化的论文。[40] 1999年，他和他的同事共同发表了一篇更加深入的论文，把研究范围延长到前1 000年。[41] 这些论文使他们能够制作出一张前所未有的气温图表。与以往的显示气温升降的图表不同，这张图表所显示的地球平均气温在九个世纪里几乎是没有波动的。但是在图表的末端，曲线突然上升到了有史以来的最高点。

在迈克尔·曼的图表中，我们所熟悉的例如中世纪温暖期和小冰河时期之类的时期都消失不见了。所有这些令人感到尴尬的现象仿佛使人们产生了幻觉。而在他们的研究中，唯一的波动就只剩下了20世纪的这次气温上升，这次上升终结于千禧年中最热的那一年，1998年。

迈克尔·曼的图表中有许多奇怪的特征点。很快，因为它的曲线形状，这副图就被人们命名为"曲棍球棒"，它有着一根笔直的长线，而到了末端又有一个很大的弯曲。[42] 可是，比"曲棍球棒"更奇怪的事是，这名年轻的科学家和他的图表以飞快的速度，成为了新的主流。

在一年之内，迈克尔·曼的图表就改写了气候学的历史。他的图表也成为了全球变暖争论中的主要论点。2000年，这份图表出现在了由美国政府和美国国家气候变化潜在影响评估委员会主办的重要报告中。

在随后的2001年，IPCC一号工作委员会（仍然由约翰·霍顿主持工作）发布了第三份报告（TAR）。迈克尔·曼的"曲棍球棒"图表也被提升到了前所未有的高度。它不但占据了决策者总结的首页，而且还超额印刷了四倍。甚至在报告的其他部分中，这一份图表也占据了半页的位置。在IPCC 1990年和1996年发布的前两份报告所附的图表中，中世纪温暖期和小冰河时期也消失了。就像温斯顿·史密斯在《1984》里面所写的文章一样，他们已经被从历史中清除出去了。

迈克尔·曼成为了一个时代的英雄。他成为了IPCC的首席作者，还兼任著名杂志《气候变化杂志》的编辑，他也理所当然的成为了媒体关注的焦点。然而随后就有人根据他的研究结果向他提出了严肃的问题。

一开始，他宣称他为自己的电脑历史模型引用了其他数据。但是后来人们发现，他的数据很大程度上来源于五年前对于一棵老狐尾松的年轮研究。这棵树生长在美国加州内华达山脉中的一处山坡上。1993 年的论文显示，这棵树在 1 900 年之后的生长速度显著加快了。但是这个项目的本来目的并不是为了研究过去的气温变化。这一点论文题目中也明确说明了，这个项目的目的是为了研究二氧化碳浓度的升高对 20 世纪树木生长率的影响。[43]

这篇论文的作者特别指出，气温的变化并不能导致高龄树木快速生长。树木的生长状态只和二氧化碳的浓度有关。之所以选择这棵松树作为实验对象，是考虑到它较高的位置。由于这棵树位于山顶，位置偏高，因此可能因为空气富含的二氧化碳而产生与其他树木不一样的变化。

众所周知，把年轮作为测定气温变化的标的，是非常不可靠的。因为年轮只会在一年中的很短一段时间内形成，因此并不能体现当时环境的全貌。如果要把这份发生在 1993 年美国一个不起眼的小地方、没有什么代表意义的研究作为测定 1 000 年前地球气温的依据，那显然是太站不住脚了。*

另一个问题就是，迈克尔・曼在进行研究时，不加甄别地使用了世界各地上百个气象站的气温数据。他就是这样得出了那个被人们所广泛接受的观点：气温在 20 世纪急速上升，并且在 1998 年达到顶点。

但是这份图表已经被很多专家和科学家质疑过了。他们认为，迈克尔・曼的一些从气象站收集来的数据受到了热岛效应的严重干扰。他所接触的大部分气象站，都位于一些正在增长的大型人口聚集区。很明显，这些地区的大气气温要比一些孤立的区域高得多。

在这个问题上，有一个例子再合适不过了。通过对比地球表面的温度和美国航天局自 1979 年以来通过卫星和气象气球采集的温度数据，真相就显而易见了。这种测量方法是由美国航天局马歇尔航天中心的罗伊・斯宾塞博士和阿拉巴马州大学的约翰・克里斯蒂博士所共同研发的。结果显示，在 20 世纪的最后 20 年里，地球的温度并没有像想象的那样上升，而是略微下降了。[44] 斯宾塞煞费苦心的指出，这些数据不会受到地面上热岛效应的影响。他说，尽管 IPCC 不愿意面对这个事实，但他们的态度恰恰证明了许多科学家的质疑是正确的。IPCC 对于

---

* 迈克尔・曼和他的同事在把他们的第二篇论文标题中的词语“全球范围内的气温形态”换成“北半球的气温”时，至少在某种程度上承认了这种说法。

全球变暖的姿态更多的受制于政治家和决策者们，而不是科学家。[45]

对于IPCC来说，像迈克尔·曼这样能够证明20世纪的气温处于急速上升阶段，并且使1998成为史上最热的一年的图表，是再受欢迎不过的了。然而，就像许多科学家所预测的一样，因为强烈的厄尔尼诺现象，1998年出现了异常的炎热现象：太平洋上的气流不能用更冷的海水代替来自美洲西海岸温暖的表层海水，这样的结果就是导致地球某一区域的温度大大超过其他地区。

"曲棍球棒"另一个令人称奇的方面是，在众多人的质疑声中，它是如何成功的驳倒了大量被人们所接受的、过去几个世纪里气温波动的证据。就像前文中指出的，把年轮作为测定气温变化的标的，是非常不可靠的。与年轮相比，有许多更直接且更可靠的证据，这些证据在非洲、南美洲、南极洲等几乎世界上所有的大洲和大洋中都可以找到。*

无论是从湖泊沉积物中、冰芯中、安第斯山脉的冰川遗迹中，亦或是从格陵兰岛的溶洞中所采集的证据都始终可以让人们确定，这些相似的观点都是正确的。全世界都曾经经历过小冰河时期，同样中世纪温暖期也是存在的，有许多证据表明中世纪早期的气温比1998年的温度还要高。[46]

如果迈克尔·曼和他的同事们一直以来都是大错特错的，那么将他们彻底击垮的，就是一份2003年由两名外行的加拿大科学家所发表的研究报告。这两人分别是斯蒂芬·麦金泰尔——一名矿产领域的金融顾问，以及罗斯·麦特里克——一名经济学家。他们也许并不了解气候科学，但是显然他们知道怎么利用计算机来鼓捣数据。对摆弄这些像曲棍球棒一样的曲线的人们，他们也是再熟悉不过了。这些人只会把曲线的最后部分抬高一些，从而可以把东西卖个好价钱，或者为自己大吹大擂。

麦金泰尔和麦特里克向迈克尔·曼和他的同事们索要研究的原始数据。整个过程可谓是颇费周折，不过好在最后他们还是拿到了数据。然而，即使是他们得

---

* 在最初回应"曲棍球棒"理论时，第一批试图总结上述说法的人是威利·苏恩和萨莉·巴留纳斯。他们在2003年1月的《气候研究》杂志上发表了论文。在审阅了240份不同的研究记录后，他们认为，根据证据显示，20世纪并不是过去一个千禧年中最热的年代。这篇论文惹恼了全球变暖问题的推行者们，并且最后导致杂志社的十名编辑因此而辞职。这件事被其中的一个编辑，东英吉利大学气候研究小组的克莱尔·古德斯记录了下来，并发表在SGR（全球科学家义务协会）的网站上。

到的数据，也是不完整的，因为他们没有得到用于计算结果的源代码。这个问题也说明，以前从来没有人向他们索要并审核过这些源代码。而按照规定，为迈克尔·曼发表论文的《自然》杂志社的审核员，乃至IPCC本身，都应该要求作者提供这些代码，以便审查。[47]

将这些数据输入自己的电脑后，他们发现这些数据根本不能计算出迈克尔·曼所宣称的结果。据迈克尔·曼等人所说，这是由于"校对错误、对源数据进行的不当截断和推断、错误的淘汰资料、错误的地理位置、对主要数据的错误计算以及其他们在质量控制问题上的缺陷"所造成的。[48]2005年，麦特里克在上议院委员会的调查中是这样描述的：

"如果IPCC在当时，对他们所吹嘘的这些结果进行严格审核的话，他们就会发现其中有一步常规计算是错误的（主成分分析）。这一步错误的计算会导致数据呈现出类似曲棍球棒一样的形状，就像他们所得出的结果一样。这个有缺陷的程序甚至可以从任何随机的数字中伪造出一个类似曲棍球棒的数据。"

通过采用迈克尔·曼的算法，两名科学家往这个程序中输入了大量随机和无意义的数据。结果每次的运算都呈现出曲棍球棒的形状。即使把电话簿输入到程序中，也会得到同样的结果。对迈克尔·曼的研究所进行的再现的结局就是："所有具有统计意义的基本测试都失败了。"

当他们剔除了迈克尔·曼赖以成名的、错误的狐尾松数据之后，程序可以正常工作了。这一回，真实的中世纪温暖期又回来了。他们的"发现"是，中世纪的气温已经超过了20世纪任何阶段的气温。

但是麦金泰尔和麦特里克把他们最严重的谴责留给了IPCC。IPCC不但没有对迈克尔·曼的论文进行任何正规、专业的审核，反而还对此大加赞扬。IPCC竟然还把曲棍球棒数据当作地球气候研究史上的典范。在一系列的数学错误和非正常的审核程序以后，IPCC居然还能将错就错，得出一系列错误的结论。他们怎么能犯下如此严重的错误？[49]

这个研究所暴露出来的事实实在是太令人难堪了。2004年，迈克尔·曼和他的同事等人发表了一份勉强的"勘误表"，他们做出了让步，承认他们的代用数据中的确存在错误。然而他们依然坚称“这些错误不会影响到他们之前所发布的研究成果”。

IPCC 也从来没有承认过它的错误，曲棍球棒依然是 IPCC 整个全球变暖问题中最重要的理论基础。尽管这张图表现在成为了科学假设的反面教材，IPCC 似乎决意要站在它的这边。*

就像奥威尔在《1984》中所写的一样：

一切都已隐入迷雾之中。历史被人抹去，而篡改者也将被遗忘。最后，谎言就成了真相。

IPCC 工作一瞥

尽管“曲棍球棒”事件已经引起了人们对于 IPCC 最基本的、在科学上的信任危机。但这也绝不是 IPCC 唯一遭人诟病的地方。一个简单的例子比长篇大论更能说明问题，因为这个简单的例子就可以从内部向人们揭示，IPCC 到底是如何得出那些决策者们所需要的结论的。

保罗·赖特出生于英国，是巴黎巴斯德研究所的一名教授，同时也是世界卫生组织的高级顾问，世界上研究蚊虫媒介疾病的顶尖科学家之一。他在 2005 年来到上议院作证时，披露了在 1996 年的报告发表之前，他是如何受邀参加 IPCC 二号工作委员会并参与编写第十八章，也就是评估全球变暖对于人类健康冲击的报告的。[50]

他吃惊的发现，在他的同事中，有些人的主要研究领域是“摩托车头盔的效能”（另外还有一篇关于手机对健康影响的论文），不止一个的首席作者曾经在蚊虫媒介疾病方面撰写过论文。还有两个是全职的“环境保护主义者”，其中一个还涉猎颇广，他所写过的论文，从汞中毒到地雷，无所不有。

很快他就明白过来，这些首席作者的当务之急就是证明，全球变暖可能会扩大媒介疾病的传播范围和强度（通过昆虫和其他携带者进行传播的疾病）。而

* 当 IPCC 的第四份报告在 2007 年发布时，曲棍球图表已经被刻意的删去了。但是在科学界、环境保护主义者之间和媒体中，依然有很多人继续狂热的支持着曲棍球棒理论。当时的一份记录展示了迈克尔·曼的支持者们是如何紧密的团结在一起的。他们对任何敢于批评曲棍球棒理论的人都会进行诋毁和指责，这样的行为经常会演变为人身攻击。（“曲棍球棒，1998—2005，销声匿迹”，www.worldclimatereport.com）

这些结果都是由一个“相当简单”的电脑模型所预测出来的。赖特试着向人们说明，疟疾并不会只局限在热带国家，这对任何精通人类疾病史的人来说，都是再熟悉不过的常识。然而，他的呼吁只不过被人们当作了耳旁风而已。

当他看到最终的版本时，他感到非常震惊。他无法想象“这样外行的报告是出自何等无知的 21 名作者之手”。唯一的一篇所谓的参考文献也是模棱两可的，文中几乎所有的建议都认为，温暖的气候可能会更加有利于疾病的传播。整篇报告都“充斥着作者的无知”。比如文章中称，当一个地区冬季的气温降至 16~18 摄氏度时，可以传播疟疾的蚊子将不能存活（赖特指出，某些种类的蚊子，在零下 25 摄氏度依然可以存活）。

另外，他们还极力想要证明，正在变暖的气候已经使疟疾向更高海拔的地区蔓延了。这些作者们还引用了环保主义者们一直在强调的要求，可是这些要求在科学著作面前，根本站不住脚。

赖特说：“总的来看，IPCC 对于这些问题的态度是毫不负责的、有偏见的，而且无法令人接受的。”“然而，决策者的总结仍然是在政治层面上制定的。他们可以利用这些章节来支持他们的观点，就是气候变化可能会对人类的健康造成广泛的负面影响，甚至可能危及生命。”这份报告还预测，气温变化如果达到 IPCC 所预测的上限，就会使全世界易于感染疟疾的人口比例上升到 60%，也就是，每年的疟疾感染者将新增 5 000 万 ~ 8 000 万例。

随着报告的发布，赖特更加吃惊的发现：

> 这些自信的声明，完全不受细节的复杂性和研究对象的限定性的影响。而且竟然还自称这是经过 1 500 名世界顶尖的科学家讨论后所达成的共识（实际上报告中写的是 2 500 名）。这种行为明显是违背人类健康宪章的。与此同时，只要打开网站，网上十有八九都把这些疾病列在了因气候变化而对人类所造成的负面影响清单的首位，而这一切都要归功于 IPCC。

赖特继续进行着描述，当他受邀继续参与 2001 年第三份报告的准备工作时。他的一位同事，也是其中唯一一位了解媒介传播疾病的作者，发现自己无法与这些人共事，他们总是坚持要发表权威性的声明，尽管他们在专业领域几乎没有任何知识可言。然而当第一份草稿出炉之后，赖特吃惊的发现他的名字仍然在作者名单之中。最终他辞去了这份工作。随后他还费了很大的工夫，才把自己的名字从名单中除去了。

2007 年，在 IPCC 准备发表第四份报告时，赖特被美国政府提名作为这次报告的“首席作者”。可是，“IPCC 第二工作委员会办事处”却拒绝了这个提名，理由是他们已经聘用了另外两位首席作者，一位卫生学家和一位化石排泄物专家。他们两位虽然并不了解热带疾病，但是都曾参与过环保领域文章的编写。当赖特向 IPCC 一位相关官员（此人在英国气象部埃克塞特办事处工作）质询此事时，得到的答复是，她个人非常感谢赖特对于 IPCC 的一贯支持，但是人选是由政府决定的。“IPCC 是由各国的政府联合建立的，因此也必须在经过各国政府同意的 IPCC 框架和程序下，进行资金援助和指导等一系列的工作”。至于为什么首席作者的人选是和本章节无关的外行人士，赖特并没有得到答案。

在这样的遭遇下，赖特沉思道：

达成共识的关键在于，要了解 IPCC 的底线。他们所需要的共识，不是科学上的共识，而是政治上的……在这样一个信息时代里，民众对于科学常识的认识——尤其是有关健康和环境的常识，都已经被这些专业的科学家们的“大假话”所误导了。那些大惊小怪的激进主义者在误导民众这个问题上也是难辞其咎的。他们组织完善，而且资金充足，在很多情况下，他们都在利用情绪化和谴责性的声明来误导公众的视线。除此之外还用各种危言耸听的言论来吸引媒体的注意……这些人还经常利用所谓审核过的文章来支持他们自己的观点，全然不顾这些文章是否得到过科学界的认同。任何试图反对这些人的科学家都被诋毁成是怀疑论者，而且他们几乎没有机会在媒体上申诉。

现在的社会是民主的社会。随着社会的进步，人们会要求这些被选作代表的人去关心人民所关心和担忧的问题。人民的要求显然是不能无视的，即使这些要求可能是非常荒谬的。正确的做法应该是，让人们表达出他们的要求，建立新的规章制度，然后去投资进行研究……

在现实中，因为人类对未来和环境的关注，所以我们需要求证精神以及准确性和怀疑精神并存的真正的科学。如果民众不明白这一点，他们就很容易被人误导。

赖特对于现状的分析无疑是十分准确的。作为一名真正的科学家，赖特不禁感到非常疑惑，这个世界现在为何变得如此疯狂呢？

风能的美好幻想

如果世界真的像 IPCC 的“共识”中所说的那样，人类即将面临一场全球变暖的危机的话——起码根据“曲棍球棒”末端的那个可怕的向上的弯曲来说，事情的确应该是这样的。那我们这个世界到底应该如何应对呢？

尽管京都议定书已经签订了七年，但是实际上，这份议定书根本还没有在各国间生效。这是因为，那些在 1990 年占到世界二氧化碳排放量 55% 以上的发达国家，根本还没有批准这项计划。想要使议定书生效，除非先让美国和俄罗斯其中的一个做出行动才有可能。对美国来说，从 1997 年压倒性的投票看来，想让美国批准议定书，估计是不可能了。至于俄罗斯，弗拉基米尔 · 普京总统在 2003 年 12 月反复重申，他没有任何意向对京都议定书进行批准，这份协议在科学上是有缺陷的，而且即使能百分之百的完成议定书的目标，也不能改变气候变化的趋势。[51]

实际上，虽然京都议定书的施行一推再推，但是欧盟的一些主要发达国家，在欧盟创始国的带领下，已经在根据议定书的目标开展减排行动了。但是，只要京都议定书一天不能实现，这些国家所做的努力就只能产生非常有限的效果。

还有一个问题，因为议定书只限定了发达国家，因此对于世界上无数的其他排放点，议定书是无能为力的。比如，世界第二大的人为二氧化碳排放量，来自于对森林的砍伐。这部分排量只占到全世界的 18%，也就是五分之一。但是砍伐行动大都集中在像印尼和巴西这样的国家。在砍伐森林时所排放的排量相当于他们本国排量的 70%~85%。可是，像这样的国家却并没有受到京都议定书的约束。

紧跟森林砍伐之后的就是农业、工业和交通，这部分排量占到全世界排量的约 14%。同样，农业方面的大部分排放量都来自于那些“密集排放型”的水稻种植国家，而他们也不受议定书的影响。一部分世界上最严重的工业污染来自中国和印度，而他们也同样不受影响。发达国家已经开始采取一些边缘性的措施来减少碳排放量，比如限制轿车和卡车的尾气排放。但是航空（大约为 3%）和航海（比航空略高）活动所产生的排量也不在议定书限制之列。

目前来说，二氧化碳排放量最大的部分就是化石发电。这部分排量占到全世界排量的40%左右，也就是五分之二。因此这部分也就自然而然的成为了各国显示减排决心的重点。

想要生产清洁能源，最有效的方法就是使用核能。然而近20年来，也就是在1979年美国较轻的三里岛核电站事故和1986年苏联更加严重的切尔诺贝利核电站事故发生以后，核电在人们心目中的地位就大大降低了。世界上最依赖于核能的国家是法国。在70年代的第四次中东战争结束后，由于对未来的能源供应感到恐慌，法国新建了58座核电站，这些核电站可以为法国提供83%的电力供应。虽然核能可能是目前解决这些环保主义者们最关心的温室气体问题的最好方式，但是对于现在正处于活动上升阶段的环保主义者来说，任何重新提起核能的人都会导致他们异常的愤怒。

在剩下的可再生资源中，环保主义者们选择了太阳能、潮汐能还有最重要的风能作为实现他们目标的新手段。无论怎么来看，“绿色能源”都是非常具有吸引力的。这些能源完全取自于自然能量，比如阳光、水和风。这些能源是清洁的，也不会产生污染性的温室气体。更重要的是，除去一些初始的投资，这些能源都是完全免费的。

所以从1990年开始，许多西方国家都热衷于这个观点。他们认为，政府应该大力的推广这种可再生的能源。其中最早的是英国。英国政府在1989年就签署了“非化石燃料公约”（NFFO），根据这份公约，所有新成立的私人电力供应企业都必须为可再生资源缴纳电价补贴。

1997年，对京都议定书响应最为积极的恐怕就是欧盟了。欧盟很快就根据议定书制定了自己的目标。在13年内，欧盟10%的能源供应都将来源于可再生能源。到2001年，成员国们提出了更高的目标，他们规定，到2010年，在欧盟的全部电力供应中，必须有不少于22.1%，也就是五分之一的能源必须来自于可再生能源。[52]这促使英国政府在2002年出台了新的公约，来代替以前的NFFO。新的公约规定电力供应企业每年都必须缴纳一份不断上涨的可再生资源电价补贴。这样一来，电力企业不得不面对飞涨的费用，这么做的目的是鼓励他们把更多的投资用于可再生能源。这样一来，差价就转到了消费者的电费里，电力企业就不再需要为此买单了。

在欧洲，最丰富的可再生能源显然是风能。* 丹麦、德国和西班牙三个国家首先建起了数以千计的风力涡轮机。到 2002 年，并不是很大的丹麦已经宣称其 20% 的电力都来自于风能，丹麦的田野和海岸上已经建满了风力涡轮机。

但是也就在此时，风能的劣势也开始显现出来，实际上它似乎并没有想象中那么完美。风能最大的问题就是，风的速度没有保证，有时甚至是没有风的。风能公司总爱宣传说，他们的涡轮装机容量有二百万瓦。政治家和媒体也总是在说，单单一个涡轮机，就可以产生二百万瓦的电量。

因为风速是非常不稳定的，这也就意味着英国境内风力涡轮机的平均功率输出只有设计容量的四分之一（这个被称为“负荷系数”）。实际上，这种情况也的确经常发生，尤其到了冬天，电力需求是最高的，而这时又没有足够的风力来发电。

短期来说，风能显然是靠不住的。从长期来说，由于风向总是变幻莫测的，风能还是难以为继的。这意味着，为了保证电力的持续供应，人们必须寻求其他可以替代的永久性能源，或者是备用能源，这样当风能出现缺口时，备用能源就能在第一时间内补上。可是，当风力涡轮机在正常运转时，这些备用发电站也不能停止工作，这样当风力涡轮机停机时，发电站的涡轮才能迅速跟上。但是这些发电站往往是用火力进行发电的，因此也要使用燃料，并且会产生水蒸汽和二氧化碳。

对于这件事，风能支持者们一直讳莫如深。因为当初他们在宣传风能时，可没有提到风能也会带来二氧化碳的排放。一些备用发电站的存在是不可或缺的，因为这些发电站必须为风能提供备用的常规能源。可是风电厂的规模越大，就意味着配套的备用发电站越多，而这些发电站一直在空转，只是为了为风电场提供 24 小时的备用电力。当开发者们想要获批新建一座风电厂时，他们肯定会大力宣扬，说这座风电厂将会减少一万吨二氧化碳的排放，可以为延缓全球变暖做出很

* 除了一些像瑞士一样拥有足够山地，并且可以充分利用水力发电的国家外，根据英国贸易工业部 2006 年的能源统计数据（DUKES 7.4）显示，水力发电占所有可再生资源所提供能源的 29%。这些水能主要来源于上世纪 50 年代在苏格兰高地所建设的一系列水利工程。另外生物燃料贡献率 53%，而风能只贡献了 17%。

大的贡献。而实际上，一座风电厂根本不能减少那么多的气体排放。

事实上，从电力和减排的角度来看，风能所做出的那点贡献实在是少的可怜。截止到 2005 年，英国自豪的宣布，已经在国内建起了 1 200 个风力涡轮机，覆盖面积达到了数百平方英里。但是这些涡轮机所产生的电量，还不到一座 12 亿瓦核电站发电量的一半。和装机容量为 47 亿瓦的约克郡德拉克斯火力发电站比起来，风能的发电量只有这座火力发电站发电量的八分之一。

随后又有新的项目出现了，这个新项目计划在坎布里亚郡的温拿莎建设一个英格兰最大的风电厂。项目中包括 27 个巨型的涡轮机，每个涡轮机的高度都相当于布莱克浦塔的三分之二。这个项目的推动者相信，这个项目每年将会减少 17 万 8 000 吨的二氧化碳排放量。连《卫报》的专栏作家 – 英国媒体中最知名的全球变暖斗士乔治 · 蒙博都不得不承认，“从伦敦到迈阿密的一架大型客机每天往返所产生的温室气体，相当于 52 万吨二氧化碳所造成的后果。也就是说，一架波音 747 客机所产生的温室气体就可以抵消掉 3 座风电厂所减少的二氧化碳排量。[53]

风能带给人们的另一个错觉，就是它非常的廉价。其实，通过风力发电的价格要比使用常规电力的价格高得多。一个由皇家工程学院在 2004 年开展的研究显示，包括待机成本在内，一个向岸风涡轮风机每生产 1 千瓦 / 时电力需要花费 5.4 英镑，是天然气（2.2 英镑）和核能（2.3 英镑）发电成本的两倍多。与效率更高的火力发电站（2.5 英镑）相比也是如此。另一个风电厂额度数据显示，一个涡轮风机的成本是 7.2 英镑，是其他能源成本的 3 倍还多。[54]

而这么昂贵的成本却似乎并没有引起人们的注意。原因在于，政府以一种巧妙的方式掩盖了他们给予涡轮机所有者的高额补贴。根据可再生能源公约，电力供应企业必须缴纳比风能企业更高的可再生能源电价补贴。这个高出的百分比从 2002 年的 3% 一直涨到了最近的 15%。另外，每通过常规能源生产 1 千瓦 / 时的电量，他们还必须负担额外的气候变化税，而风能企业则不需要缴纳这些费用。

这种做法的结果就是，同样作为电力供应企业，常规电力企业必须要付出比风能企业高两倍的资金。2005 年，这个数字达到了 90 英镑每千瓦 / 时，而风能企业只需要缴纳 45 英镑。对于这部分额外费用，公众并不知情。实际上，消费者每年都要多付将近10亿英镑的电费。[55]

对于风能发电涡轮机的拥有者来说，这显然是一件好事。每一个装机容量为二百万瓦的涡轮机，虽然平均只能产生500千瓦的电量，但是却能带给他们40万英镑的年收入。这其中，20万来自于电费收入，另外20万就是补贴带来的灰色收入。一个大的风电厂拥有很多的涡轮机。比如位于南格拉斯哥的怀特里，是欧洲最大的向岸风风电厂。在这里，矗立着140个巨大的涡轮机，每个机组的装机容量都为230万瓦。整个风电场位于荒野之中，占地30平方英里，总装机容量为三亿两千两百万瓦。这个风电场每年仅补贴就可以得到三千两百万英镑。可是它的发电量却只有占地不到它三十分之一的一座核电站的7%。*

在很多人看来，风力涡轮机还有一个重大的缺陷。打着环保的旗号，这些机器插遍了英国的优美乡村，无论是苏格兰的高地还是威尔士的中部，这些机器都无所不在。具有讽刺意义的是，虽然这些涡轮机是为了保护环境，但是他们本身也严重的破坏了他们所处的自然环境。这些庞然大物高达400英尺，足可与城里的摩天大厦、甚至索尔兹伯里教堂的尖塔相媲美。这些与环境极不协调的铁塔矗立在原野间，扇叶在转动时，还会不断的发出低沉而缓慢的呼呼声。这一切对曾经优美的乡间景色来说，都是严重的破坏。

可是这些铁塔在一些人看来，仍是美观的。最重要的原因是，这些塔象征着人类为“拯救地球”而做出的努力。可是，即便是那些最积极的风能支持者，也会在内心思考一个问题。那就是，人们做出如此之大的努力，到底能不能解决那个他们最为关心的问题。随着数以千计的风力涡轮机被建设起来，另一个更大的缺陷也变得愈加明显了。

最开始在欧洲建设风力涡轮机的国家是丹麦和德国。到2002年，丹麦宣布，由于在风能的利用上操之过急，现在国内的电力供应处于失衡状态。因此丹麦决定不再继续建设风力涡轮机。到2004年，尽管风能在名义上仍然占到丹麦发电量的20%，但是由于风能非常的不稳定，实际上只能向国内提供需要用电量的

---

* 2005年，前苏格兰电力公司董事长唐纳德·米勒爵士声明说，如果英国想要在2020年完成欧盟把可再生能源在全部能源消耗中的比例提高到20%的目标，就必须再给予风能企业额外的300亿英镑补贴。而这些补贴最终都会转化为民众的电费。

6%。因为在特定的时间，风力要么太大要么太小。丹麦不得不从其他国家以相当高的价格进口电力，要么就得把风力发电产生的电量以很低的价格出口给挪威（因为没有方法可以储存这些电量），在这种情况下，损失就更大了。2004 年，丹麦通过风能所产生的电量的 84% 都是以这种方式处理掉的。[56]

如果一个国家在风力发电的问题上愈加独立，那么这个国家就愈发可能陷入电力失衡的窘境，因为常规电站为了应对风能发电的突发情况，总是处于走走停停的状态之下。也就是因为这个原因，继丹麦之后，爱尔兰在 2003 年也决定暂停任何额外风力涡轮机的建设。

通过可再生能源的使用来延缓全球变暖，这种方法在现在看来似乎已经越来越使人们怀疑了。更加令环保斗士们失望的是，签署了七年之后，京都议定书仍然没有在世界范围内施行开来。

"地球拯救者"大战"屠杀否认者"

在这种形势下，2004 年，温度又上升了。不过这次并不是地球气温的问题，而是全球变暖这个问题的热度上升了。截止到 2004 年，1998 年因厄尔尼诺现象而导致的高温仍然是历史上的最高记录*，但是气候变暖问题已经逐渐主导了政治家们的思想和观点，对于争论的焦点也是如此。批评家们了解到的事实更多了，对于官方说法的态度也变得更加直截了当了。

对于政界来说，最大的成功就是督促各国批准京都议定书。英国政府试图在这个问题上占据主动位置。2004 年 1 月，英国政府的首席科学家兼托尼·布莱尔首相的亲密顾问戴维·金爵士在《科学》杂志上发文警告说，气候问题是"现在人类所面临的最重大的问题，这个问题甚至比恐怖主义问题还重要"。[57]

金爵士说，仅仅在英国，到 2080 年，因气候变暖而受到洪灾高度威胁的人数就会翻倍，达到 350 万人。财产损失每年可能会达到上百亿英镑。他认为美国要为全球 20% 以上的温室气体排放量负责（与美国相比，英国只占全球份额的 2%）。他还指责布什政府没能承担起一个大国所应承担的责任，拒绝在京都议定

* 这些数据来源于世界气象组织和英国的气候研究小组。戈达德空间研究所的詹姆斯·汉森的研究称，2005 年的天气将会比 1998 年更为炎热。

书上签字（他没有提到其实是在克林顿－戈尔政府时期，参议院就通过了决议并拒绝在议定书上签字）。

2004 年 4 月，布莱尔首相本人也加入到了呼吁之中。他说，现在的人类所面对的情况“的确是非常、非常危急的”。在五月出席一个由政府、商界和压力集团组成的，旨在延缓全球变暖的组织的成立大会上，布莱尔首相说：“全球变暖问题是国际社会现在所面临的最大的长期性问题，我想不到还有什么其他问题比这个问题还重要”。[58]

金爵士也出席了这次大会。他认为，地球的气温已经上升到了近 6000 万年以来的最高水平，到 21 世纪末期，南极洲很有可能会成为世界上最后一块适合人类居住的大陆。他说，在 6 000 万年以前，二氧化碳浓度就曾上升到 1 000 ppm，从而导致地球上的生物“大量减少”。

得到了布莱尔政府的全力支持，金爵士开始了他坚定的行动，来推动俄罗斯政府改变对京都议定书的看法。2004 年 7 月，他率领了一个小组抵达莫斯科，参加一个俄罗斯国家科学院主持的国际气候变化研讨会。在会上，他对俄方展开了猛烈抨击。金爵士反复重申，反对京都议定书的科学家们都是不良分子，这些人也不应该有权发言。他给出了最后通牒，要求俄罗斯国家科学院取消对其他三分之二的人的邀请。金爵士的小组成员也不断的打断其他人的发言，要么就在发言时间结束后继续长时间的为自己的观点申辩。会议记录显示，在四次情况下，会场一度陷入混乱之中。但是对于赖特教授提出的“为什么乞力马扎罗山的冰雪融化现象经研究显示，并不是全球变暖导致的”这个问题，金爵士却答不上来，最后夺门而出。

在会议结束时，普京总统的首席经济顾问亚历山大·伊拉里奥诺夫严厉的指责了金爵士和他小组成员的所作所为。他们的行为，震惊了与会的其他成员。[59]

他声明说，“欧盟向俄罗斯施加压力，试图让俄罗斯批准京都议定书的这种行为和宣战没有什么两样。这是一场关于真相、科学和人类福祉的斗争”。[60] 与普京总统在去年 12 月的讲话相比，他的声明更加清楚的重申了为何俄罗斯不能批准京都议定书。俄罗斯政府和其科学顾问们并不认为气温的升高是由二氧化碳造成的。在罗马温暖期和中世纪温暖期都曾有过更高的气温记录，可是那时的二氧化碳浓度却是非常低的。他们也认为气候变暖与海平面升高、疾病传播范围的扩大以及极端天气的发生之间并没有直接的联系。而他们的观点是，与二氧化碳排放量升高相比，气候变暖与太阳活动辐射增强有关的可能性更高。

虽然俄罗斯科学家们对于这个问题的立场非常坚定，可是四个月后，普京总统的态度却突然有了 180 度的大转变。因为他和欧盟达成了一笔与气候问题无关的政治交易。俄罗斯希望以“发展中国家”的身份加入世界贸易组织，从而可以享受一系列的优惠条件。作为欧盟支持俄罗斯入世的条件，普京总统同意批准京都议定书。他很清楚这意味着什么。在 1990 年苏联解体以后，由于俄罗斯已经关闭了大部分污染严重的工业设施，它的二氧化碳排放量已经急速下降了。这也就是说，每年俄罗斯都可以从“碳信用额”的交易中轻松的拿到数十亿美元。而这也是京都议定书的一个关键部分。

在这笔奇怪的交易完成后，京都议定书终于跨过了 55% 的门槛，可以正式开始施行了。历史的车轮也终于快速的转动起来了。政客和他们的顾问们也开始迫不及待的宣传全球变暖的威胁了。这次他们不再需要任何掩饰了。

2005 年，布莱尔首相在他担任 G8 集团轮值主席时把呼吁全球变暖问题作为他的重要工作内容。在宣布这些内容时他说：“科学证明，危险正在逼近。全世界面临洪灾威胁的人口自 60 年代以来，已经上升了二十倍。”[61]

那一年之后，反对党，也就是保守党的候选人戴维·卡梅隆成为了新任首相。他也马上宣布说，解决全球变暖问题将成为保守党的第一要务。为了显示他的环保热情，他专门拍摄了骑车到下院的照片（他的司机穿着简单、驾车谨慎的跟在他身后）。他还拍摄了乘飞机飞越斯匹兹卑尔根岛，并在飞机上观察冰川融化情况的照片。另外还有他乘着狗拉雪橇横跨快速融化的北极冰川的照片。他还申请在他位于诺丁山的家里的烟囱上，安装一个微型的风力涡轮机。这样看来，似乎他的唯一政治目标就只有解决全球变暖问题。

然而，在所有醉心于向民众展示他们“拯救地球决心”的政客中，没有任何一个人能比得上这个在这场斗争的风口浪尖里坚持了将近 20 年的人。他现在将向全世界的人介绍自己，而且只有一句话：“我一定会成为下一届的美国总统。”

2006 年夏天，在好莱坞公关力量的支持下，艾尔·戈尔在世界范围内开始了他史无前例的宣传全球变暖威胁的公开活动。他所写的书，《难以忽视的真相》

的电影版在很短的时间内就成为了史上票房最高的纪录片电影（在2007年2月，这部影片获得了两项奥斯卡金像奖）。而这本书的纸质版本也迅速成为了最畅销的书籍。

在《难以忽视的真相》的首映礼上，卡特是这样致辞的：

人类，现在坐在一颗定时炸弹上。如果世界上大多数的科学家是正确的，那么我们只有十年时间，来避免一场将会导致我们整个星球天翻地覆的可怕灾难。这场灾难中无所不有，极端的天气、洪水、干旱、传染病，和我们从来没有经历过的、致命的热浪。

正如戈尔所做的每一件事一样，他的致辞中总是点缀着浓重的个人色彩。包括他的妻子、孩子、父母和姐姐的照片（他着重强调的是他的姐姐，他的姐姐死于吸烟引起的癌症，因为她相信了那些烟草公司的鬼话）。他回想了当他在60年代参加雷维尔教授的讲座时，是如何第一次接触到全球变暖这个人类最大的威胁的，以及雷维尔教授是如何警告人们，二氧化碳的浓度在急剧上升的。

在极为震撼的图片展示之后，戈尔顺利的结束了煽情的部分，开始正式介绍他的观点。他列举了地球的脆弱，消失的冰川和乞力马扎罗山迅速消融的冰雪。接下来他介绍了他精心修改过的迈克尔·曼的曲棍球棒理论，在他修改过后，中世纪温暖期在图表上变成了一个"小点"。接着他又向大家展示了气温在图表的末端突然上升到了一个前所未有的高峰。在全球变暖质疑者的问题上，他只打了一个擦边球，称有一些科学家一直在猛烈的抨击曲棍球棒理论。但是幸运的是，其他的科学家很快就从多个角度证明了迈克尔·曼的基本观点是正确的。[62]而这些抨击者们"消失的比冰川还要快"。

戈尔的演说真是毫无破绽：北极熊为了生存而苦苦挣扎的心酸照片，甚至还有的因为冰盖融化而溺水；企鹅数量锐减70%，因为南极的冰盖在持续坍塌；当几个月前卡特里娜飓风横扫新奥尔良后，人们揪心的哭嚎。

戈尔用来支持他观点的那些可怕的事情，大致可以分成三种：第一种是冰雪的融化，包括极地、格陵兰岛和世界上其他地方的冰川。这样会生成更多的液态水，海平面会上升20英尺，淹没地球上许多极为繁华的城市。电脑处理过的卫星照片显示了哪些城市会被部分淹没或者全部淹没。从上海到北京、纽约以及旧金山，这些城市都将被淹没。仅仅在加尔各答和孟加拉就将有 6 000 万人无家可归，在中国还有 2 000 万人。由于气候系统陷入混乱，已经有证据显示旋风、龙卷风和洪水将会以前所未有的密度席卷全球（暗示新奥尔良的洪水）。

第二种是在地球的其他角落，问题则是缺水。随着喜马拉雅山冰层的融化，以其为源头的七条主要水系将会干涸，这将使全世界 40% 的人口陷入缺水的困境。非洲的乍得湖曾经是世界上的第六大湖，而现在因为全球变暖，已经不复存在了。这可能会给非洲的那个地区带来极大的破坏和痛苦，引起饥荒，甚至是达尔富尔那样的种族屠杀。

第三种是由气候变化引起的对自然的大规模破坏。这可能会导致许多的物种灭绝，而即使在现在，物种灭绝的速度已经是正常速度的 1 000 倍了。另外还会导致媒介传播疾病的暴发，比如蚊子和其他携带者将会大大扩大他们的活动范围，进入其他气温更低的地区。而在这些地方已经出现人员和树木死亡的报告了。

如戈尔所说，这些启示现在已经被全世界的科学家们所认可（当然，那一小部分的质疑者是被排除在外的，而且他们消失的比冰川还要快）。戈尔还援引了最近内奥米·奥利斯克斯的一项研究，并展示了一份图表。图表中显示，在过去十年里，由同行进行审核并发表的有关气候变化的文章数量是 928 篇；而怀疑气候变化的文章署名是“零”。

但是人类还有希望。现在人们需要做的就是采取史无前例的大规模行动，来避免这场灾难。温室气体的排放必须减少 60%，而且有各种方法可以达成这个目标：出现在美国和欧洲的成千上万的风力涡轮机和气体排放的贸易计划（欧盟已经接受了美国创造的这种新的方法，而且在努力使它高效的运作起来）都说明，人们正在积极的做出努力。

戈尔鼓励大家说，每个人都可以为这场星球大战做出贡献。人们可以（他列出了这些项目）使用节能灯泡；为房屋做隔热处理；放弃汽车，步行或者骑行出行；少食用肉类；用剩余的食物施肥；拔掉电视和电脑的插头，不要让电器处在待机状态。

在这样的感召下，支持戈尔观点的人们对质疑者的厌恶也自然提升到了一个新高度。一直以来，他们与戈尔一样，都认为那些反对全球变暖趋势的科学家背后一定是有石油巨头和能源公司资助。然而在 2006 年 4 月，他们找到了一个抨击这些反对者的新理由。斯科特・佩里是一名来自哥伦比亚广播公司、他长期支持全球变暖的人士。当被问到为什么他在《60 分》的最近的两篇报道中没有提到反对者的声音时[63]，他回答说："如果我去参访埃利・威塞尔（指一名集中营的幸存者，他在 1986 年获得了诺比尔和平奖），我难道还要问他是否否认犹太人大屠杀吗？"

这句本来是用否认希特勒对六百万犹太人所进行的大屠杀来讽刺那些全球变暖反对者的话，很快就激起了波澜。9 月份，《卫报》作家乔治・蒙博（在这章开头，作者引用了他的话）在文章中写道："现在，否认气候变化就像否认犹太人种族大屠杀一样愚蠢，也无法令人接受。"他这么说，也许是因为在两天前，他受到了一个美国绿色博客作者的表扬。他夸赞了蒙博最近的一本书，在书中，蒙博深化了这个观点。蒙博在书中大声疾呼（文字是用母语书写的，这样可以流传的更广）：

> 现在我们终于能够正确的看待全球变暖的问题了，当这个问题给我们带来冲击时，全世界的人们都在试图把损失减到最小。
>
> 我们应该把那些混蛋送上法庭，在气候变暖这个问题上，他们就像纽伦堡的那些战犯一样可恨。[64]

不管他们是否否认大屠杀，媒体对戈尔电影的一致赞扬声已经引起了一些完全不同的意见。这其中就包括鲍伯・卡特教授，一位直言不讳的澳大利亚古代气候学专家。卡特对于戈尔陈述事实的方法深感震惊。在戈尔的纪录片首映之后，他很快就在接受记者采访时爆发出了自己对于戈尔的不满。卡特说，"戈尔的宣传攻势，简直就是建立在一堆科学的垃圾上。他的论据不堪一击，简直令人感到悲哀。这样的电影居然能诱导公众的注意力，真是令人难以置信。"[65]

难以忽视的真相

在接下来的几个月里，其他的学者开始对戈尔的观点进行更细致的分析。总体来说，他们都认为，戈尔的观点并无新意，他只不过是把一些以前的例子重新编辑了一下，老调重弹而已。戈尔仔细挑选了一些他能找到的、最极端的例子，然后把这些例子继续夸大。正是在人们把他的各个观点与最新的科学成果进行对比时，他观点中的缺陷才逐渐的暴露了出来。

首先要说的，就是他一直无耻的利用着迈克尔·曼的曲棍球棒图表。尽管众所周知，这个图表已经完全是臭名昭著了，戈尔还是仔细的重画了这张图表。他在图里1100—1400年加入了三个小的气温上升点。然而即使是这样，为了达到是中世纪看上去是在1200年开始的，而不是通常的两个世纪前，只能有一个点可以被看作“中世纪温暖期”。

接下来就是代表性的“乞力马扎罗山的雪”。这个证据也曾经被希拉里·克林顿和约翰·麦凯恩在参议院引用过，用于证明“全球变暖是无可辩驳的事实”。[66]事实上，观测者们在1889年首次登上这座非洲最高峰后不久，就注意到了山上的冰雪一直在减少。由一支国际研究组开展的更加详细的近期研究显示，冰雪减少并不是因为气温升高，而是因为当地的气候从1880年开始，就在变得越来越干燥。而越来越干燥的气候可能是由当地的森林砍伐引起的。[67]

在戈尔的纪录片中，最令人震惊的影像应该就是安第斯山脉中、阿尔卑斯山脉中和美国境内不断萎缩的冰川了。这说明全世界的冰川都在萎缩。但是纪录片忽略了一个最近研究中发现的数字，从而忽略了一些更加复杂的事实。[68]几千年来，冰川一直处于持续性的萎缩和移动状态中。这不是因为大气中的二氧化碳浓度变化，而是因为同期的太阳辐射一直在变化。[69]在中世纪温暖期，冰川总体上在萎缩，但是到了15—19世纪的小冰河时期，冰川又在显著的扩大。现在的这次萎缩开始于现代温暖期，而现代温暖期早在任何一次剧烈的二氧化碳浓度升高前就早已开始了。但是这种情况也有例外，尤其是在格陵兰岛和南极圈。在这两个区域之间，存储着地球上99.4%的冰。在不同情况下，尽管南极大陆外围的冰块有所融化，在内部，冰的总量实际上有所增加，而且其中的许多冰川也处在移动之中。[70]

在戈尔的理论中，两极地区显然是非常重要的。其中的部分原因是，两级地区可以为他提供多种多样的可能（溺水的北极熊、大片的冰盖融入海中）；还有一部分原因是，那些大量融化的冰可以提供大量戈尔所需要的海水，并且把海平面提升到史无前例的高度。然而，他所设想的场景中的每一个细节，都与专家们的证据是互相矛盾的。

例如，一系列研究证明，在1920—1940年这个温暖期的末期，北极的温度要比60年前的温度高。[71]在经过小冰河时期的数十年后，气温有所下降。在20世纪80年代往后，气温又上升了，但是还达不到30年代的水平。北极大部分地区的北极熊种群非但没有面临灭绝，反而非常繁盛。在加拿大东部的13个北极熊种群中，有11个种群的数量在稳定增长。只有2个种群的数量在下降（这其中，有一个种群是西哈德逊湾的环境学家们经常观测的）。[72]2007年，一个由美国国家生物局开展的广泛研究活动的结果也显示，加拿大西部和阿拉斯加地区的北极熊数量是非常多的，甚至已经达到了最佳的可持续水平。[73]

后来人们发现，那些所谓溺水的北极熊，其实只是一个个体事件。有一次，在猛烈的风暴过后，人们在阿拉斯加发现了四头因为风暴而溺水死亡的北极熊。[74]

对于储存着世界上9.9%的冰的格陵兰岛来说，事情大概也是这样。有证据显示，这里的气温在20世纪30年代比90年代的气温要高。[75]在戈尔用计算机所绘出的图上，世界上最大的岛屿的外围，尤其是气温偏高的南部的冰块，正在快速的融化。他的这张图是基于另一份更早发表的论文。那篇论文称，仅在2005年，岛上的冰就在以每年200立方千米的速度融化着。[76]

虽然这个数字听上去很大，但是实际上，每年格陵兰岛融化的部分只有整个冰层质量百分之一的千分之八（而且可能有更多的冰，早在中世纪温暖期到来之前就融化了，那时候岛上还没有人类居住）。但是戈尔和这篇论文都遗漏了一个细节，那就是在一年前，同样发表在这份杂志上的另一篇论文的研究结果。这篇更早的论文称，在格陵兰岛外围的冰层融化的同时，它内部的冰层也同时在增长。[77]

在地球的另外一端，事实被歪曲的更加严重。戈尔在他的纪录片中向观众们展示了更多有关南极边缘的冰层融入水中的画面，南极洲存有世界上89.5%的冰。

南极半岛比欧洲还要大，是世界的第五大大陆，向上一直伸展向南美洲。然而，几乎所有关于全球变暖问题在南极洲的研究都集中在了那一小块融化的冰层上。

的确有证据显示，南极的气温在升高。这是因为南部海域的海水温度升高了0.3摄氏度。但是一份南极其他地区的气温记录表显示，在过去的几十年里，南极几乎所有的地方气温都在显著的下降。南极周围的沉淀物正在增加，而南极周围的海水温度却在上升。把这些因素综合起来分析，就会得出类似于格陵兰岛的结论。南极大陆的冰层在加厚，而且许多冰层的范围也在扩大。[78]

戈尔错误的向人们宣称，极地冰层正在融化，这进一步导致他荒谬的夸大了海平面的上升程度。他预测到本世纪末，海平面将升高多达 20 英尺。那些他声称能够证明世界上的主要城市都将被淹没的电脑图片，都是基于他的预测而绘制的。

可是即便是以大胆著称的 IPCC，也只敢预测说，海平面将会上升 4~17 英尺。*

伦敦泰晤士河的防洪堤坝在最近几年里，不得不频繁的加高。当戈尔把这一现象归咎于全球变暖时，他似乎忽略了一个问题：这些堤坝是在 70 年代建立的，而当时人们还在担心的问题是全球变冷。当时建设堤坝，是因为伦敦一直在以每年几英寸的速度下沉，而下沉是由地下隐秘的含水层中的水流和不列颠岛东海岸的缓慢沉降造成的。为了支持自己的观点，戈尔还拿出了自己的图表，图上显示一直到 1930 年，最近的几十年间都没有洪水警报。他断章取义的手段由此也可见一斑。只要他把时间再往前推两年，也就是 1928 年，他就不得不去面对有史以来泰晤士河最严重的洪水。**

然而，戈尔对于新奥尔良最近的洪水记录的运用是十分成功的。他利用紧跟其后的卡特里娜飓风来支持自己的观点。他认为全球变暖使飓风和其他极端天气发生的频率大大提高了。可是他的这个观点和事实明显是矛盾的。记录显示，200 年以后，也就是"小寒"时期的头十年。大西洋上 3 到 5 级的飓风的形成频率实际上要低于 20 世纪 50 年代的频率。2000 年之后飓风发生的频率要低于 20 世纪 60 年

---

* 第三份 IPCC 报告（2001 年）发现，20 世纪海平面上升的速度约为 1.5 毫米每年（B4，海平面变化观察），而且"没有观测到在 20 世纪海平面上升的速度有明显的加快"。20 世纪海平面一共升高了 6 英寸。IPCC 预测，在 21 世纪海平面会升高 11~43 厘米（4.3~16.9 英尺）。IPCC 还预测诸如图瓦卢这样的珊瑚礁将会很快被淹没。然而后来证实，这个速度有所减缓，因为之前 IPCC 没有考虑到珊瑚礁的增长速度比海平面的最低升高速度快的多。

** 关于堤坝合拢的次数的实际情况要复杂的多。在最近几年，尤其是比较奇怪的 2000—2003 年，堤坝合拢的次数要比打开的次数更多。这么做是为了留住河水，而不是像设计的那样去挡住海水（英国国会议事录，HC，书面问题栏，1251W，2007 年 1 月 18 日；还请参阅 www.ecn.ac.uk/iccuk//indicators/10/htm）。

代和90年代。但是随后它又上升了。总之，也许现在人们还不知道导致飓风发生频率来回震荡的原因。但是可以确定的是，这个原因肯定不是全球变暖。*

实际上，戈尔的每一个观点都在歪曲事实，甚至是反其道而行。根据美国航天局的数据，研究者们发现，乍得湖（在水量最大时也只是一个浅水湖，而且在历史上曾经多次干涸）的缩小是人类和动物过度利用的结果，并且会导致干旱，但这些都与全球变暖无关。[79]

而所谓的因全球变暖而导致的大规模物种灭绝这个谣言，也是被戈尔夸大过的。而这个谣言的主要来源，是一些从美国和中美洲地区采集的误导性的数据（如果这些数据是真实的话，那么就是说，气温上升使许多物种的活动范围扩大了）。[80] 如果像戈尔所说的那样，全球变暖会导致疟疾等30种疾病的泛滥，那么就说明戈尔是在继续夸大IPCC那些错误的观点。而这些观点早已经被赖特教授驳斥过了。[81]

令人感到烦恼的，不仅只有戈尔的胡编乱造，还有他所提出的、人类应对全球变暖的措施。在臆造出水淹城市、狂风暴雨、干旱和疾病横行这些灾难性的场景之后，戈尔提出了他的方法，他说通过这些方法，人类就可以避免这场灾难。而他所提到的方法，无非就是使用节能灯泡、关掉电视和电脑等等。

他还提到了另外两种可以在很大程度上延缓危机的方法。一种是使用可再生能源，比如风力涡轮机。另一种就是让全世界国家接受新的气体排放贸易计划，这样就可以大大减少二氧化碳的排放。欧盟在这个问题是已经为世界开创了先例。而通过这个计划，我们最能够看出戈尔和他的盟友们的观点是如何与事实相违背的。

付出代价

到了这个时候，虽然全世界都在积极的讨论全球变暖危机，但对绝大多数人来说，也不过就是说说而已。然而现在，时机已经成熟了，而政治家们也终于可以行动了。

---

* 显示1900年到2005年的飓风活动的图表，来自于美国海洋和大气局（NOAA）和美国国家飓风中心（NHC）。海洋学家和气候学家们一直认为气候变化对于极地地区的影响要大于赤道地区。这样会消除海水温度在各区域间的差异，从而减小飓风和旋风发生的可能性。戈尔的纪录片夸大了美国近年来的龙卷风数据。如果想要了解更多戈尔是如何歪曲这些极端天气数据来为自己的全球变暖观点服务的细节。请参阅迈克的书《2006》（注释70之前）。

2006年10月，也就是戈尔的电影上映几个月以后。布莱尔首相发表了一份570页的报告。这份报告的作者是前财政部的经济学家尼古拉斯·斯特恩爵士。布莱尔说："这一定是英国政府有史以来所发布的最重要的报告。"[82] 这份报告列举的事实证明，全球变暖危机现在是"多么的严重"。如果不采取措施，后果将是灾难性的。

斯特恩在这个问题上走得比戈尔更远。他的报告推测，因为干旱，将会有2亿人流离失所。海平面上升导致的洪水会使1亿多人无家可归。融化的冰川会使世界上六分之一的人口陷入干旱。另外世界上40%的物种可能会灭绝。气候变化也同样会对世界经济造成危害。全球GDP可能因此会下降20%。

但是如果人们现在采取行动，就仍有希望。斯特恩如是说。而人类只需要花费不到GDP的1%，就可以避免这场灾难。

其中一种可以采取的方法，就是大力推广可再生能源。然而，在斯特恩的报告发表后不久，出现了一个小插曲，从而暴露出了这种方法的一个重大缺陷。在世界上，没有任何国家在风能的投入上可以超过德国。尽管有丹麦的教训在前，德国一直在快速的建设风力涡轮机。截止到2006年，德国发电量的31%都来自于风能。[83] 但是能源专家们都非常清楚，尽管风能现在拥有2 000亿瓦的装机容量，可实际上这么多涡轮机的发电量却只有200亿瓦，还不如一个中型的化石燃料发电站。

为了生产这一点点可笑的电量，德国不得不开始考虑资金问题。他们不仅需要购买涡轮机，还要购置用于传输电力的高压输电线路。为了和这些新的风电场配套，他们还得再购进额外2 700千米的输电线。[84]

另外，由于风能的不确定性，电网的稳定也受到了威胁。在2006年11月4日，一个普通的星期六，西欧的一大片地区突然陷入了黑暗之中。这次停电的原因就是风电造成的。因为风力突然增强，大量电流涌入了全欧电网的德国节点。备用发电机因此不得不紧急停车，而这部分发电机在重新入网时发生了问题。在法国和意大利，这次停电被报道为，"一场真正的灾难险些就要成为事实了"。汉斯·库柏，奥地利电网的负责人坦率的承认，由于在过去两年中建造了过多的风力涡轮机，本国的电网正在失去平衡。如果这样继续下去，很快全欧洲都会面临"严重的电网连接故障问题"。[85]

尽管发生了这些可怕的事情，但是政治家们对于风能的盲目信心显然是不可动摇的。2007 年，在苏格兰议会的电力提案中，当时的执政党工党承诺说，到 2020 年，苏格兰将从可再生能源中获得不少于 40% 的电量。当时，这个数字只有 12%，而且基本上都来源于 50 多年前兴建的水利工程。640 台风力涡轮机的发电量只占这 12% 的很小一部分。

为了完成这个新的目标，需要再建造至少 8 000 台涡轮机。占地也会达到苏格兰全部面积的 7%。即使这么多的涡轮机，所产生的电量也只有 330 亿瓦，只相当于牛津郡迪科特一座火力发电站的发电量。[86]

沉浸于对风能利用的幻想之中，就像唐吉诃德把风车当成巨人一样不切实际。为了向民众宣扬风能的作用，在 2007 年 3 月 9 日，欧盟 27 个成员国的首脑在布鲁塞尔召开会议，并制定了一个强制目标。他们承诺，到 2020 年，可再生能源在欧洲总消耗能源中的比例必须不低于 20%(他们一定忘了一件事，就是他们在 6 年前就已经制定过类似的目标了)。

从他们虚无缥缈的公告中就可以看出，所有人对于如何完成这样的目标，都毫无头绪。但是在欧盟委员会主席若泽・曼努埃尔・巴罗佐看来，这并不重要。用他的话来说，重要的是，“欧洲现在可以在气候问题上引领世界了”。*

如戈尔在纪录片中所说的，欧盟已经在减排问题上采取了其他措施，并且走在了全世界的前面。2005 年 1 月 1 日，根据京都议定书的规定，世界上最大的气

* “欧盟表决通过了可再生能源的新目标”，新闻来源于 BBC 新闻网，2007 年 3 月 9 日。欧洲理事会在这次会议上也决定，从 2009 年起，在欧盟境内制造或销售常规白炽灯泡的行为将被视为是非法的。只有寿命长并且耗能低的节能日光灯（CFLs）才会被允许制造和销售。在这个提案上，政府明显是被误导了，因为他们并不了解节能灯的一大缺点，那就是为了使节能的使用寿命最大化，必须一直使灯泡处于通电状态。这样一来，节能灯泡所节省的能量就显得微乎其微了。另外，节能灯在许多情况下都无法使用（例如在微波炉、烤箱、冰柜等等的密闭空间内）。一个由英国的环境、食品和农村事务部在 2005 年开展的调查（照明方面的能源状态）表明，只有不到 50% 的英国家庭使用了节能日光灯，而为其他家庭更换节能日光灯的费用高达 30 亿英镑。许多人不喜欢节能灯所发出的刺眼的白光。另外，节能灯的体积和重量也超过了普通的白炽灯泡，而且当人们在节能灯下阅读时，频繁闪烁的灯光会导致眼部疲劳。欧洲理事会的这个决定，显然是一个在全球变暖压力下所做出的愚昧的决定，而且想要在 2009 年落实这个目标也是不可能的（即使是欧盟最大的照明公司飞利浦公司，也不认为全部灯泡的更换能够在十年内完成。飞利浦公司一直在积极推广节能灯泡的更换，因为它已经在节能灯的领域进行了重金投资）。

体排放贸易计划（ETS）启动了。每个签约国都同意将本国的二氧化碳排放量控制在一定范围内，而且各国的企业都将会分到自己的“排放定量份额”。如果有企业超过了自己的排放定额，他们可以继续排放温室气体。但前提是，他们必须从那些没有超过排放定额的企业或国家那里购买“碳信用额”。

这个计划有一个缺陷，就是每一个欧盟国家都可以自由制定本国的排放定额。而在这个计划的前 3 年中，排放定额都是固定的。在京都议定书协议的规定下，有一些国家，比如英国所规定的排放定额远比实际的排放量要低。还有的国家，比如德国，制定了比本国实际排放量更高的排放定额。当时整个欧盟的排放定额是 12.29 亿吨，比实际的排放量 17.85 亿吨要低。[87]

一年之后，这个不平衡的计划的弊端就显现出来了。诸如波兰之类的一些国家根本就没有参加。只有四个国家被迫从其他国家购买了碳信用额，用以使本国的气体排放量维持在自己所制定的排放定额之内。最倒霉的国家应该是英国，它要向其他国家支付 47 亿英镑。德国是最大的赢家，通过向输家出售碳信用额，它获得了 30 亿英镑的收入。据计算，在计划的最初 3 年里，英国公司不得不向他们的竞争者支付 15 亿英镑。

然而，在将英国各个单位的收支进行比较后，人们发现了一个更加异常的现象。比如，拿英国国家医疗服务系统的下属医院来说，医院必须花费 130 万英镑来购买碳信用额。而在同时，大型石油和能源公司却可以通过出售碳信用额获得相当可观的利润。英国石油公司面向全欧盟，出售自己 140 万吨的碳信用额。也就说，公司什么都不需要做，就可以白白拿到 1 790 万英镑。而这点“小钱”和电力公司所挣到的钱比起来，简直就是小巫见大巫。根据英国政府计算，他们可能拿到了 13 亿英镑的意外之财。[*]

报纸杂志的商业版上很快就填满了有关“二氧化碳交易市场”的文章。在文章的描述中，这种交易要么是最好的投资方式，要么就是一钱不值的垃圾。当

---

* “气体排放贸易计划失败了”，新闻来自 BBC 新闻网，2007 年 6 月 5 日。大部分公司的“排放许可证”是免费获得的。而这些公司则利用排放者的身份，从中大大获利。在欧盟范围内，把所有电力企业通过气体排放贸易计划所获得的这些横财加起来，大概每年有 136 亿英镑（《金融时报》，2007 年 6 月 18 日）。

然，这是因为作者的立场是不同的。渐渐的，消费者们发现，自己不知在什么时候成为了这个计划的冤大头。他们的电费都上涨了7%~12%，[88]可是没人知道这是为什么。与此同时，在因为拒绝签署京都议定书而名声败坏的美国，气体排放量反而在2006年下降了1.6%。[89]

在这样的局势面前，我们应该回忆一下过去。以安吉拉·默克尔为首的欧盟领导人们曾经呼吁，到2050年，把世界的二氧化碳排放量降低60%。[90]麦肯锡公司在2007年3月的一个研究显示，仅对欧盟来说，如果想要在2020年完成20%的减排，就要花费1.1万亿欧元（合7 470亿英镑）。[91]在这种情况下，2004年欧盟国家依然花费了560万欧元，用于煤炭生产的补贴。2006年，德国在鲁尔区建设了一个新的大型煤矿，用于生产褐煤。而褐煤是化石燃料中对空气污染最为严重的。

还有一件事需要提一下，就是那些京都议定书限制范围之外的气体排放者。他们在全世界排放量中所占的比例也是非常可观的。这其中包括航空航海活动，以及气体排放量第二的森林砍伐活动，当然还有两个世界上最大的潜在排放国，中国和印度。

在这么多矛盾面前，把戈尔的问题在这个时候暴露出来实在是再合适不过了。2007年2月，当戈尔受邀参加好莱坞的一个拯救地球的活动时，他被披露在田纳西州纳什维尔的住所有严重的环保问题。戈尔的家有20个房间，每年消耗的电量高达22万1 000千瓦/时。这个数字是美国平均数值的20倍。

当戈尔正在呼吁每一位美国公民减少个人的“碳足迹”时，他自己的问题却暴露了出来。对于这个问题戈尔的唯一回应是，作为一个身家颇丰的富人，他购买了足够的“可再生能源信用额”来抵消自己住所的碳排放量。然而随后人们就发现，他的这些信用额都是从伦敦一家名为世纪投资管理的公司处购买的。而这个公司是由他以前的一名手下运营的，公司的董事长就是戈尔本人。这个公司的主要业务就是服务于金额高达数十亿美元的大规模“碳补偿”活动。[93]

历史上再没有什么事件能更清晰的体现出人类的虚伪了。现在全球变暖问题就处于这样的虚伪的迷雾之下。全球变暖这个所谓的“正教”的势力是如此之大，以至于没有任何一个西方的政客敢于去挑战它。

尤其是在欧盟，全球变暖成为了政府的正义令牌。不论是提高税费，要求业主缴纳能源费，还是无视已经通过的法案和人民的要求，建设更多的风电场，政府的任何行动都可以归到这个正义的旗帜之下。然而，欧盟的碳排放量还是居高不下，这种情况继续刺激着政府，政府不断出台新的法规，并且继续在各种领域进行投入。而在欧洲新建机场以容纳更多旅客的计划也没有受到什么影响。

各国的政府每年都斥资数十亿的美元、英镑和欧元进行各种各样额度的有关全球变暖的研究。但是显而易见的是，政府只会对那些能得出他们所希望结果的研究进行投资。当然，对于那些正直的科学家来说，他们是不会接受这种做法的，所以人们需要等待的，就是看看会有多少科学家即使背负着怀疑者的骂名，依然选择坚持表达自己的观点。[94]

对于主流媒体来说，事情也是如此。一些大的媒体公司，比如 BBC、CBS、NBC 等等每天除了对全球变暖大加宣扬之外，几乎没什么其他可报道的。如果有任何人敢于提出反对意见，就会成为头条新闻。比如在 2007 年 3 月，英国第四频道播放了一部片长为 90 分钟的纪录片《全球变暖：惊天骗局》。这部纪录片引用了大量欧美顶级学者的反对言论。后来，这条新闻一直火了好几天。*

然而，在这个由政界、科学界和媒体达成的“一致共识”中，还有一个很重要的矛盾。一方面，支持者们非常乐于对外宣传，如果不采取积极行动延缓温室效应的发展，地球将会面临史无前例的毁灭性灾难。另一方面，再看看人类所实际采取的行动，即使是支持者们也必须承认，这些努力的效果几乎为零。即使把所有的这些努力放到一起，恐怕对气候变化也不会有什么影响。即使京都议定书的目标能够全部完成，恐怕也只能把 2100 年预测的气温升高推迟 6 年。根据目前的完成情况来看，恐怕连完成京都议定书的目标都是遥不可及的。

发达国家的政治家们一直在要求发展中国家加入他们的环保计划。然而这么做，只会剥夺发展中国家赶上发达国家的希望。难道人们应该要求贫困的非洲继续保持他们的赤贫状态吗？那样每年都会夺取成千上万人的生命。难

---

* 大多数媒体都是坚持同意全球变暖观点的。每当有任何例如高热、风暴、干旱或者洪水之类的反常的天气情况发生时，一些天气预报员就会把这些天气描述为“气候变化的证据”。这些行为是非常可笑的，因为他们总是不假思索的把这些天气描述为截止到某一个日期最冷的/最热的/最潮湿的天气。他们全然没有意识到，这意味着这些极端天气在全球变暖开始之前就出现了。比如在 2007 年，他们毫不犹豫的把这一年的 4 月作为“英国 1865 年以来最热的 4 月”，而且还是“1912 年以来最潮湿的夏天”。

道类似中国和印度这样的快速发展国家，会同意暂停他们的繁荣发展进程么？答案显然是不可能的。即使他们的快速发展会带来碳排放量的井喷，而且可能会很快赶超美国成为最大的温室气体排放国，他们也不会因此而停滞不前。

在这个问题上，没有比中国更加生动的例子了。在2006年一年的时间里，中国的发电容量就增加了25%，在原来4 000亿瓦的基础上又增加了1 020亿瓦。也就是说，中国在一年间发电量的增长就相当于法国一年的发电量，约为1 120亿瓦。而且这些新增电量的88.5%来自于污染严重的新建火力发电站。截止到2007年年中，中国每四年就会新建一座火力发电站。在四年内，中国的发电总量就会超过美国的9 780亿瓦。而且，中国可能在更短的时间内，就会成为世界二氧化碳排放的头号大国。[95]

富裕的发达国家，可能已经准备好在本国大力兴建风力涡轮机了。要达到这个目标，就要提高飞机旅客的税率，通过新的法规来控制汽车尾气排放，另外还有“气体排放贸易计划”。可是就像风力涡轮机毫无作用的结果一样，事实是，航班和汽车的数量正在变得越来越多。与他们经常挂在嘴边的、即将到来的子虚乌有的灾难相比，他们的所作所为只能算得上是惺惺作态。*

2007年6月，G8集团峰会在德国的海利根达姆召开了。领袖们充满信心的表示，世界气温的上升将被限制在2摄氏度以内。** 一想到这些伟大的领袖居然可以精确的决定并且调控地球的气温，就让人感到兴奋。如果英格兰的克努特国王能听到这句话，那他一定会非常高兴。因为他曾经坐在他的王座上向大臣们承认，即使是他自己这样伟大的统治者，也无法阻止潮汐的到来。

---

* 然而欧盟似乎有时候也会干点实事。2007年欧盟决定，到2020年，生物燃料必须占到所有交通燃料消耗量的10%。生物燃料的主要来源是小麦（英国石油公司在2007年宣布将在赫尔种植价值为20亿英镑的小麦，并用这些小麦每年生产一百万吨的燃料）。如果只单用小麦来完成欧盟的目标，英国每年要再种植1 400万吨，而英国在2006年的小麦粮食产量只有1 100万吨。这样，到2020年英国需要每年再从国外进口1 300万吨小麦。但是随后这个计划搁置了。因为世界范围内的小麦减产，价格也在两年内翻倍。如果用其他比如甜菜一类的植物来补上这10%的缺口，那么英国还需要一片类似规模的农田来种植（周日电讯报，2007年7月22日）。

** 这个提案是由他的同僚，G8成员，德国总理安吉拉·默克尔提出的。当时她担任G8的轮值主席。尽管有多名首脑表示赞成她的提案，但是这份提案最后没能得到批准。

那么地球到底还有希望获救吗？也许只剩下最后一线希望了。一些科学家把所有的这些问题都归咎于人类，是人类导致了二氧化碳浓度直升到了 383 ppm。虽然他们所有的恐慌都建立在全球变暖问题上，但是他们可能已经完全把事情都搞错了。

丢失的拼图碎片

地球的温度在 20 世纪明显上升了，没人能否认这一点。据 IPCC 所说，这个数字是 0.6 摄氏度。人们普遍认为，大气中的二氧化碳浓度在 200 年间由 280 ppm 上升到了 380 ppm 以上。

根据正统的全球变暖理论，第二个证据为第一个证据提供了充足的解释和说明。关于气温上升唯一说得通的解释，就是二氧化碳和其他温室气体浓度的升高。

而对于二氧化碳浓度上升这个问题，唯一的解释就是人类活动。这反过来又无可辩驳的证明，如果有办法能够降低气体的浓度，全球变暖的过程就会停止。

这个理论最让人担忧的是，为了达到他们的目的，这些支持者们到底歪曲了多少真相。一个最显著的例子是，为了找到气温波动的证据，他们所需要的时间样本到底有多长，比如中世纪温暖期、小冰河时期和 20 世纪的“小寒”时期。这是因为这些历史时期可能会与他们理论的正确性产生矛盾。中世纪温暖期远远处于二氧化碳浓度升高的年代之前，而小寒时期的二氧化碳浓度则恰好正处于上升阶段。

那么，还有没有其他原因能够解释这些事实呢？在 21 世纪初所展开的辩论中，有一个观点引起了人们的兴趣。世界各地的众多科学家都提到了这个观点，这个观点就是，人们忽视了其中一个重要因素的作用。而这一点，就是联系着两个地球气候决定性因素之间的一环。

每当我们谈到气候，或者仅仅是谈论天气时，有两个因素总是比任何其他的东西都重要。一个是太阳，另一个就是天上的云。就是这两个因素，决定着地球直接暴露在阳光下的程度。

关于全球变暖问题，所有人的注意力都集中在了人为因素上。大家认为是人类导致了温室气体的产生，并阻止热量散发到宇宙空间中去，从而最终影响了气候的变化。但是人们并没注意到，最初的热量到底是从哪里来的。答案就是那个挂在天上的、发光的大火球。就是那个没有生命能在上面存活、离我们十万八千里、却又拥有决定地球气候的无穷威力的太阳。

第一个注意到太阳与天气状态有明显关系的人是天文学家威廉·赫歇尔。他在 1801 年首次提出，在太阳黑子的数量与小麦价格之间，似乎存在着某种联系。这些东西就在太阳表面上，看起来像是暗色的斑点，还伴随着着强烈的磁场活动。他们总是以规则的、重叠的环状出现。最短的周期为 11 年。*

在随后的 19 世纪，一位德国天文学家古斯塔夫·史波勒，和负责记录太阳黑子活动的格林尼治皇家天文台的天文学家爱德华·蒙德都发现，在 1645—1715 年，太阳黑子的活动明显衰减了。在一个 30 年的周期中，只观测到了 50 个太阳黑子，与平时的 4 万到 5 万相比，这实在是太反常了。现在，这种现象被称为蒙德极小期。而那个周期与小冰河时期的年代刚好是吻合的。

尽管许多领域中的众多科学家们为这幅拼图贡献了许多可能非常重要的碎片，但一直以来，依然没人能解释，太阳黑子到底是以何种形式来影响地球气候的。这些科学家中包括维克托·赫斯，一名澳大利亚的物理学家。他曾在 1936 年因为发现了不停射向地球的射线，并将其命名为“宇宙射线”，而获得了诺贝尔奖。这些射线，其实是速度极快的高能原子粒子流。这些粒子流来源于宇宙各处的各种天文事件，比如行星爆炸。其中，有一部分粒子可以穿透地球的低层大气（也就是表面），并转化为次级粒子，也就说我们所说的 μ 介子，或者是“重电子”。

在这个拼图中，有两个碎片是非常重要的。一个是太阳黑子活动的发现。太阳黑子的运动形成了太阳风，并可以影响整个太阳系。太阳风决定了有多少粒子会到达地球。当来自太阳黑子的磁场变强时，宇宙射线就会偏离地球。相反，当太阳黑子磁场变弱时，到达地球的粒子质量就会加大。**

---

* 经济学家威廉·斯坦利·杰文斯（1835—1882）具备一些科学背景。他认为，在太阳黑子的强弱与经济周期之间，也似乎存在着某种联系。

** 早在 1962 年，一份由华盛顿大学的生物物理学家，慕斯·斯特文所发表的标志性论文中显示，在过去 1000 年里，年轮的生长都与太阳活动密切相关。这说明在太阳活动活跃时，会产生更大的太阳风来偏转宇宙射线，从而导致树木所能吸收的碳 -14 的数量减少。

其他近期的研究也显示了这些宇宙粒子是如何穿过云层到达地表的。这些粒子对与地球气候的改变起着决定性的作用。许多科学家都参与了这个现代科学史上最伟大的研究。[96]

1991年，两名丹麦气象局的科学家克纳·拉森和埃吉尔·弗里斯·克里斯坦森发表了一篇论文。他们发现，20世纪北半球的气温升高与太阳黑子活动的加快有着非常明显的联系。[97]在1995年年末，他们的同事，物理学家亨利克·史文斯马克，开始研究来自于美国航天局戈达德研究所的国际卫星云气候学计划的文件。这些资料来自于卫星从全球各地所拍摄的照片。科学家将这些照片制成图表，这样就可以显示从1983—1990年云量的变化。图表显示，宇宙射线的强度与云层的厚度之间的关系非常紧密。

1996年，史文斯马克和弗里斯·克里斯坦森认为，他们的发现是非常重要的，因此一定要将这个发现公之于众。[98]然而直到1997年，他们才能正式发表这个发现，因为在这之前，他们一直受到那些气候变暖支持者的打压。他们希望看到的是，二氧化碳是导致气候变化的唯一原因。在1992年，一个丹麦代表团向IPCC建议，应该把太阳对于气候的影响因素加入到高价值研究项目的列表中。但是这个建议随后就被拒绝了。1996年，这个发现被送到了伯明翰英国皇家天文学会所召开的会议上进行讨论。当IPCC的总主席伯特·柏林教授被问到，他是如何评论这两名科学家的发现时，他生气地驳回了这个观点，并且认为这个发现“在科学上，是极度天真和不负责任的”。[99]

两名科学家面临着失去研究经费的威胁，而且在不久后，史文斯马克在一次北欧召开的科学会议上发言时，还受到了同行的嘲笑。然而，在人们都以为国际云层和降水委员会的主席，芬兰人马库·库马拉会继续嘲弄这个观点时，他却做出了令所有人吃惊的举动。他认为，史文斯马克观点有“可能是正确的”。

在1997年年底，弗里斯·克里斯坦森成为了后来的丹麦国家航天中心的主任。1998年，他邀请史文斯马克和另一名英国同行奈杰尔·马什，加入他的研究，从这里，他们可以得到更加系统化的、将关太阳辐射和全球云量联系起来的数据。

到2000年，他们的结论出炉了：太阳活动与底层云层之间的关系是“绝对存在”的。

到了这个时候，其他的研究开始倾向于这种理论。宇宙射线的波动可能会影响到地球的气温。这种现象不仅发生在现在，而且在史前时期也同样存在。

2001 年一个由哥伦比亚大学的地质学家杰拉德·邦德带头的研究小组，发表了他们的重要观点。他们确认，根据在不同的冰川时期，从北大西洋的冰山群中脱落的沉积岩心中的铍 –10 同位素水平，可以证明前面的观点。[100]

虽然邦德和他的瑞士同事于尔格·比尔并不认同史文斯马克关于云量的最终解释（他们不是云层领域的专家），但是他们的发现实际上大大巩固了这个理论。过去一万年间的气候变化，很大程度上是由太阳辐射和宇宙射线造成的，而并非二氧化碳。气温的升降情况与太阳活动的强弱更为符合，包括现代的主要几次气候变化也是如此。

之后的研究也就变得更多，也更细致了。美国地质局的查尔斯·佩里和肯尼·舒的研究方向是太阳辐射和 90 000 年前树木年轮中碳 –14 的读数之间的关系。他们发现这些数据非常吻合，也就是说，把二氧化碳浓度升高作为气候变暖的唯一原因这种观点，肯定是有待商榷的。[101]

2003 年，耶路撒冷大学的天体物理学家沙维夫和渥太华大学的地质学家简·维泽共同开展了一项跨学科研究。在分析了 50 亿年前至今的世界气温数据后，他们发现地球的气候和二氧化碳之间的浓度并无太多的联系（有些年代的二氧化碳的浓度高达现代的 18 倍，甚至是奥陶纪冰川时代的 10 倍以上）。[102]

随着越来越多的证据被发掘出来，太阳活动和宇宙射线可以解释的现象也越来越多。曾经的难题，诸如中世纪温暖期、小冰河时期（时间与蒙德极小期正好吻合）、小寒时期（时间与太阳磁场活动减弱的时间也恰好吻合），还有近几十年来的气候变暖，这些问题现在都迎刃而解了。[103]

这样的巧合对人们的研究是有巨大推动作用的。但我们还缺少一个合理的解释：星际间的宇宙射线粒子，可能也参与了云层的形成，为什么他们对地球的气候的形成如此重要呢？在所有已知云层形成条件的基础上，2004 年，史文斯马克在哥本哈根根据 19 世纪英国工程师约翰·艾特肯的研究结果，继续进行试验研究。终于，他找到了一条线索。

众所周知，天空中的水分子需要一个原始的“种子”，才能聚合起来。通常情况下，只需要几分钟，大气中的硫酸液滴就会使云层形成。但是还有一个问题没有解决：这些“种子”是由什么组成的，是否有更细微的物质参与了它们的形成过程呢?

史文斯马克和他的同事们造了一个大箱子，里面充满了人造空气，还加入了二氧化硫和臭氧，这样是为了模拟未受到污染的大气的真实环境。接下来的几个月里，他们在这个箱子里进行了严格的实验，试图复制大气中的硫酸液滴形成云层的过程。到 2005 年夏天，在反复验证试验细节以后，他们成功的制造出了人工云层。这个实验的意义，比他们想象的更加重大。

这个天空实验证明，使整个变化开始并促使水蒸汽形成云层的种子，来自于宇宙射线。这些宇宙射线穿透了箱子，其中的 μ 介子释放出了电子，从而导致整个反应开始。目前看来，这些 μ 介子在云层形成的过程中作用很大。穿过地球大气的宇宙射线越多，可能形成的云层就越多，而地球上的气温就可能会下降。太阳活动所导致的射线偏离越多，云量就越少，而气温也就会上升。[104]

史文斯马克的实验，对于全球变暖理论是一个巨大的挑战，许多科学杂志都拒绝刊发这个发现。最后，伦敦的英国皇家学会在 2007 发表了这个实验的研究结果，标题是“实验证据显示大气条件下离子会参与凝结核的形成”。2006 年 10 月，皇家学会在网络上发布了修正过的论文。

稍后丹麦国家航天中心发表了对此事的短评，还有弗里斯・克里斯坦森主任的评论：

很多气候学家认为宇宙射线与云层的形成，还有气候变化之间的联系，是未经证明的。有人说，不管以什么方式，宇宙射线都是不可能影响到云量的。而现在，这个天空实验向人们证明，一切都是有可能的。而且这个实验会促使国际气候研究者们将宇宙射线列入他们的研究范围。[105]

到 2007 年年初，史文斯马克的理论受到了人们的高度关注（还包括英国第四频道的节目“全球变暖：惊天骗局”）。当然，他的理论也必然会招致气候变暖支持者的攻击。7 月 11 日，反击开始了。在精心的策划下，以 BBC 和《自然》杂志为首的媒体（两者都是全球变暖的坚定支持者）突然发表了大量新闻。新闻的方向都指向一个最新的研究。这个研究证明，它可以完全推翻史文斯马克的“太阳辐射变暖理论”。[106]

这篇论文由皇家学会在网络上发布，作者是来自卢瑟福·阿普尔顿实验室的麦克·洛克伍德教授和来自瑞士达沃斯世界辐射中心的克劳斯·弗洛林奇。[107]

他们说，根据他们对近100年的数据的最新研究，史文斯马克的太阳数据是完全错误的。他们承认太阳的磁场活动在20世纪时比其他时间更活跃，在1985年，磁场活动达到巅峰，然后开始减弱，而这也的确影响到了地球的气温。但是在1985年后，气温仍在升高，所以他们认为，太阳活动并不是导致最近地球气候变暖的原因。

官方说法支持者们，对于这时出现的反击言论是欣喜若狂的。“这篇论文对那些认为是太阳导致气温升高的人来说，是钉上他们棺材的最后一颗钉子。”一位德国科学家对《自然》杂志如是说。[108]

但是这篇皇家学院的论文也有一些不正常的问题。这篇7页的论文文笔十分晦涩难懂。它大量的引用了其他观点，给读者的感觉好像作者的主要目的就是在让文章的标题能够自圆其说。

比如，他们尽量绕开一些事实。大量研究证明，一直到近代，太阳活动都对地球的气温有着很大的影响（这篇论文的作者不愿意承认这个事实，于是就换了个角度，认为观察气候变化是太阳运动引起的情况是“不现实的”）他们关心的主要是从1985年以来，太阳活动是否会导致当代地球的气温上升。因为这个时间段，太阳活动减弱了。所以他们的中心思想就是，在太阳活动减弱的这段时间里，气温仍在上升，所以气候变暖与太阳活动并无联系。

但是在他们的论文中还有更奇怪的地方。为什么他们的论文中只有一张最近地表气温的图表，却连一张卫星数据图都没有呢？美国海洋和大气局自1979年至今的低层大气气温卫星数据显示，在1998年厄尔尼诺现象之后，气温明显的下降了，在2000年甚至下降了一个数量级。2007年5月的气温比1998年同时期的温度低0.6摄氏度。这个温度的确比1983年的温度略低。[110]

不但他们的图表令人生疑，洛克伍德和弗洛林奇用来支持他们观点的地表气温数据也是有选择性的。仔细观察后，人们会发现，东英格兰气候研究小组的最新数据与他们论文上所列出的数据是截然不同的。研究小组的数据显示，在2000—2006年的6年间，就连地表温度也没有升高过，而且这6年的气温一直在水平范围内浮动，平均起来比1998的水平还要低0.2摄氏度。

为什么这两位作者会选择长期的平均数据，而不选择更加易于观察的年均数据呢？因为后者，会暴露出他们论文中的一个重大缺陷：如果二氧化碳浓度的升高是全球变暖的主要原因，那么气温应该一直在升高。而如果当气温在水平线上徘徊时，二氧化碳浓度却依然在升高，那么整个人为因素导致全球变暖的理论就站不住脚了。

现在对于20世纪气温升高的原因有两种截然不同的理论。他们各自的支持者相互攻击，都认为对方对地球的气温上升了0.6摄氏度这个事实负有责任。然而真相只可能有一个。

那么到底哪一个更接近真相呢？接下来的几年里，人们所发现的一个线索就会告诉我们，到底哪一个才是真相。

新马克思主义，还是新世俗宗教？

在20世纪初期，全世界的天文学家都在观测着太阳系中一个非常奇怪的现象。

在1998年，麻省理工学院的科学家首先发现，根据哈勃望远镜的观察，海卫一——海王星最大的卫星，似乎正在变得炎热起来。在1989年旅行者探测卫星访问过这颗卫星后，人们还是第一次发现这种现象。在这个星球地表固态的氮气似乎已经被加热成为了气态。[111]

2002年，有发现称冥王星的大气压在14年内上升了3倍，并导致气温上升了2摄氏度。[112]2006年，塔斯马尼亚岛上的天文学家确认，如果说有什么变化的话，那就是在2002年发现的基础上，冥王星的大气层变得更厚了。[113]

美国航天局开展了奥德赛计划，其主要目标是围绕火星轨道进行探测。2003年，该项目的主任报告说，有证据表明火星的温度也在升高。[114]2005年，美国航天局确认，位于火星南极的“干冰冰盖”在最近三年的夏季里，正在不断缩小。[115]位于圣彼得堡的俄罗斯科学院普尔科沃天文台的负责人哈布波罗·阿布杜索马托夫认为，这个现象就足以证明，地球变暖是由于太阳活动造成的。他说：“人为的温室效应现象，对于近年来地球气温升高的影响是微乎其微的，而且也无法与太阳辐射造成的影响规模相提并论。”

2006年伯克利大学的科学家称，来自哈勃望远镜的证据显示，木星爆发了一场新的“红色风暴”，木星的温度也因此上升了10摄氏度之多。[116]

换言之，人们吃惊的发现，整个太阳系间的行星温度都在升高。尽管这种作用机制现在还并不清楚，但是这个现象说明，地球上所发生的一切和其他星球上发生的现象间可能有着共同的原因。到底有多少围绕着太阳的星体现在也在遭受着人造温室气体造成的高温困扰呢？

如果人为造成的全球变暖事实上只是杞人忧天的话，那么这个恐慌显然是人类历史上最大的恐慌。它所带来的恐慌如此之大，几乎无法衡量。

有一个科学家一直都是这么认为的。他就是奈杰尔·维斯，剑桥大学杰出的太阳物理学家和前英国皇家天文学会会长。早在1999年日食之前，他就指出，越来越多的证据显示，地球气候变化会受到太阳磁场的影响。2006年，他指出，20世纪末的太阳活动是非常活跃的，也是十分反常的，不应该持续太久。这种极度活跃期不会持续很长时间，长度可能在50~100年，然后就会突然减弱。太阳的活动总体上就是这样一个波动系统。他预测它的活动很快就会减弱。*

如果说，太阳活动和地球气候之间的确有着显著的关系，而在2007年，太阳活动又的确是近几十年来最弱的。那么剧烈的变化可能很快就会到来，到那时，全球变暖的趋势很快就会颠倒过来。

十多年来，科学家已经注意到，全球变暖的支持者们一直热衷于宣传他们的案例与事实是非常符合的。他们始终坚信，灾难就悬在人们的头顶上，而他们把这一切的责任都归咎于贪婪的、物质至上的西方富裕国家。尤其是美国和那些大型企业，责任更甚。

当他们得知乔治·W·布什总统拒绝在京都议定书上签字时，这些人表示出

---

* 我们在《加拿大金融报》上看到了维斯在劳伦斯·所罗门一篇文章中的评论（《太阳会让我们冻僵吗？》2007年1月12日）。这篇文章是转自皇家天文学会出版社（1999年8月5日）和新科学家报（2006年9月16日）的。当这本书刚刚出版时，《观察家报》的一名科学编辑罗宾·麦基（2007年12月9日）对这本书提出了反对意见。他莫名其妙的指责我们和所罗门先生乱编乱造。麦基说，维斯从没有说过这样的话，这样不负责的话是很难说得出口的。后来维斯在写给《周日电讯报》（12月23日）的一封信中确认他的确说过这样的话（他现在相信太阳活动减弱所导致的地球气温下降会抵消掉人造温室气体的效果）。所罗门致信《观察家报》，说明麦基诽谤他人的罪名。但是《观察家报》拒绝发表这信件，理由是这封信的措辞太过激烈了。

了前所未有的、发自肺腑的仇恨。不论之在欧洲还是在美国国内，这个行为都招致了所有环境保护主义者和进步派政治人士的敌意。因为欧洲一直在帮助美国分担着敌意，并且在政治、经济和文化上帮助美国维持着它的霸权。

任何敢于质疑全球变暖说法的科学家都会立即被人指责为石油巨头的帮凶或者其他嗜财如命的、为了自己利益不顾后果继续开采地球资源的资本家们的走狗。

在他们所谓“绿色”的观念的旗号下，环保主义者和他们的同盟们一直梦想着能够达到一种更纯净、更简单、更自然的生活方式。那样人们就可以通过各种各样的方式减少他们的碳足迹。比如骑自行车出行，从风、潮汐和太阳光里获得电能。但是，他们更希望看到的是，把那些富人奢侈的生活方式彻底的清除掉。比如他们大排量的汽车和污染严重的飞机，费电的小玩意还有所有其他自我放纵的、以消耗地球资源为前提的生活方式（但他们不知道的是，戈尔总统实际上正在从西方这种物质的社会中获利）。

然而，显而易见的是，这种情绪在西方发达国家以外的其他地方，并不是那么的重要。以中国和印度为首的快速发展中国家，被要求限制本国的经济增长速度。而这么做是为了拯救我们的星球。显然，他们对于这样的限制是十分不情愿的。虽然欧盟的一些国家也开始限制自身的经济增长（例如，在几十年内，使碳排放量减少 60%），虽然这些措施可能会导致生活标准降低。可他们还是不明白，为什么他们必须自愿放弃追求那些西方社会已经在享受着的、富裕的物质生活。

更不公平的是，西方世界竟然还在劝说那些贫困国家，比如非洲国家，放弃自己摆脱贫困的努力。而放弃这些努力就意味着，数百万的人在成年之前就会死亡。不过，在英国四号频道的节目“全球变暖：惊天骗局”中的结尾，就插播了这样一段介绍。

肯尼亚一位负责农村地区医疗工作的医生说，他的诊所现在只允许使用太阳能。由于太阳能产生的电量既少又很不稳定，他都不知道是该把有限的电量留给电灯给病人看病，还是把电留给冰箱来保存所需的医疗物资。这两者间，他只能选择一个。然而，在离这里不远的内罗毕会议中心，我们看到 6 000 名在联合国赞助下的官员和来自于各种非政府组织的“环保主义者”们，坐在开着空调的会议室里，讨论着如何应对全球变暖的危机。当然，他们是坐着大排量的 SUV 汽车来到会场的。*

这样看来，毫无疑问，现在这些崇高的环保主义者们就如同 20 世纪的那些心怀理想的马克思主义者们一样。他们都痛斥政府的腐败，痛斥美国贪婪的资本主义体制，痛斥美国正在无情地剥夺地球的资源，直到世界毁灭。全球变暖理论最崇高的部分在于，它提供了一个崇高的目标。而这个目标可以把全世界分成两派。一边是已经受到感召并积极行动的“好人”。另一边是权力过大，需要推翻的“坏人”。而这场战斗的代价是无法估计的，人们付出的代价将会是整个星球，以及这个星球上本应该被拯救的所有生命。

从这个角度看来，现代环境保护运动从 20 世纪 60 年代开始兴起，在冷战的核威胁淡化以后，本应该在 90 年代就达到它的顶峰，而且成为唯一值得全球的完美主义者们为之奋斗的使命。

在刚刚跨入 21 世纪的今天，几乎没人可以否认，在过去的时间里，人类不停的从地球上攫取资源，以飞快的速度和极大的规模制造了各种各样的可怕的问题和灾难。而这一切都只会加快人类自己的灭亡。也没人可以否认，我们必须节约使用资源，并且以合理的方式来分配资源。更不能否认的是，为了自己的利益，人们把世界塑造成他们希望的样子，完全忽视了地球上的其他生命。人类，已经成为了地球这个所有生命的巢穴中最可怕的那只布谷鸟。而这么下去的结果，只有自取灭亡。

但是把人类所造成的所有问题都归结到这一个目标上——从全球变暖危机中拯救地球，是有些滑稽的。这些人想到了历史上一个更早的例子，来支持他们的目标。对于那些相信全球变暖危机的人来说，他们有一个更明显的特征：他们都是“信徒”。他们把自己献给了他们的信仰：全球变暖危机是存在的，而这是人类

* 这一点正是丹麦政治学家比约恩·隆伯格所强烈主张的。这一点在他的著作《多疑的环保主义者：还原世界的真实状态》中，也有集中的体现。这本书与 1998 年在丹麦出版。在书中，尽管他承认人为因素对于全球变暖有一定影响。但是他认为因此而采取的措施是不现实的，而且会对贫困国家造成更加严重的伤害。2004 年，他召集了一次有 8 名顶级经济学者参加的会议，并发表了后来的“哥本哈根共识”。这份列表列中，列出了他们认为人类当前所面临的最重要的 20 个经济问题。排在第一的是 HIV/AIDS，第二位是第三世界人口营养不良的问题，以及接下来的贸易壁垒、疟疾。而应对全球变暖的措施，比如京都议定书，只能排在最后一位。

的原罪，而且将毁灭这个世界。想要避免世界末日，除非人们能够及时的忏悔，并且改变他们的行为。

在信仰面前，其他都是微不足道的。把这些所有的证据叠加在一起，并以IPCC 报告这种形式把令人惊讶的事实公布出来，其目的不是为了探索科学上的真理，而是像神学文章中所说的那样，是为了为人们的信仰提供支持。这就是为什么当有人质疑我们的信仰时，就会被贴上“亵渎者”的标签。这些人是异教徒，他们总是中伤他人，传播黑暗。他们企图掩盖事情的真相，是人类的罪人，就像那些在纽伦堡接受审判的第二次世界大战的战犯一样。

一直以来，受到人类宗教的本能堕落的影响的人们为京都议定书中的气体排放贸易计划所隐藏的虚伪而感到震惊。1997 年签署的这份协议，就像是中世纪教皇随颁布的法令。这个法令使得任何人都可以购买“赎罪券”，来消除自己的身上的诅咒。

这使得他们可以合法的继续犯罪，现在看来，就是继续向大气中排放二氧化碳，全然无视已经千疮百孔的地球生态环境。

其实在许多方面，本书中所叙述的全球变暖的警告，只是人们众多恐慌中比较极端的一个。接下来的事情就再熟悉不过了，人们会臆造出某种影响人类生存的大危机，之后又会被所谓的科学证据夸大；媒体也会恰到好处的添油加醋，使得这个危机不断酝酿和发酵；政治家们也会动用所有的政府机器来支持这个观点。最后，政府会做出完全错误的回应，从而导致经济和社会的重大损失。而这所有的一切，都是为了某些不可告人的利益。

这么看来，现在是时候以更广阔的视野来看待发生在世界上的这些离奇的现象了。我们将会在后记中叙述这部分内容，但是在那之前，作为本书的最后一章，我们需要再分析一个故事。事实上，这是一个“从未发生过的故事”。从试图理解这些恐慌现象的角度来看，这个故事可以称得上是能够证明所有规则的故事。

最新消息

如今，随着这本书的付印，全球变暖的传奇有了 3 个新的进展。

第一进展是，斯蒂芬·麦金泰尔，“曲棍球棒”的颠覆者，发现了由戈尔的盟友詹姆斯·汉森负责的戈达德空间研究所一项研究中的严重缺陷。这项研究的基础是一份意义重大的数据——自 1880 年以来美国的地表气温记录。这个错误非常明显，以至于戈达德空间研究所不得不重新发布一个修订过的图表。在错误的图表上，20 世纪最热的一年不是 1998 年，而是 1934 年。在自 1880 年以来最热的十年中，有 4 个年份居然是处于 20 世纪 30 年代的，只有 3 个年份处于最近的十年。

第二个进展是，一份本应递交给部长的、遗漏掉的报告。这份报告是由英国贸易工业部根据欧洲理事会在 2007 年 3 月的决议制作的。报告说，到 2020 年，欧盟的可再生能源发电量必须达到全部发电量的 20%。这意味着，英国消费者每年必须再额外缴纳 220 亿英镑，这相当于英国 GDP 的 2%（这比斯特恩所预测的停止全球变暖的费用还要高出一倍）。实际上，官员们预测，从长远看来，这个目标根本就不可能完成。

第三个进展是，根据耶鲁大学教授诺德豪斯的最新计算，戈尔所倡导的，减少温室气体排放量的行为，可以为全世界节省 12 万亿美元（合 120 万亿英镑）。

但是，全世界需要的花费是 34 万亿美元，是 12 万亿美元的 3 倍还多。

注 释

1.《五角大楼告诉布什：气候变化会毁灭我们》，《观察家报》，2004 年 11 月 11 日。

2.《英国独立报》，2006 年 10 月 30 日。

3. 美联社，2007 年 5 月 9 日。

4. 引自理查德·林德森的《全球变暖：所谓科学共识的来源和本质》（1992）。

5. 罗伯特·W·里福斯等，《全球变冷和冷战》，美国大气管理局，美国国家气象局，www.meteohistory.org/2004polling_preprint/dos（2004）。

会议在 1972 年 1 月年由两名高级地质学家在罗德岛的布朗大学组织召开。科学杂志在 1972 年 10 月报道了这次会议。

6.《新闻周刊》，1975 年 4 月 28 日。

7.《时代周刊》，1974 年 6 月 24 日。

8.《纽约时报》，1975 年 5 月 21 日。

9.《科学文摘》，1973 年 2 月。

10.《国际野生动物杂志》，1975 年 7 月 /8 月。

11. 这个最先是由赫伯特·兰姆提出的。他是东英吉利大学气候研究中心的创始人，为过去 2000 年气候变化数据进行记录的先驱者（H·兰姆，气候，历史和未来（1977））。他的记录都已经被物理数据证实了。

12. 弗雷德·辛格、丹尼斯·艾弗里，《势不可挡的全球危机：一千五百一轮回》（2007）

13. 来源于气象部作为证据递交给上议院选择经济事务委员会的数据，《气候变化中的经济学》，第二卷：证据（2005），229–231 页。

14.《芝加哥论坛报》，1923 年 8 月 9 日。这部分引自一个娱乐性的研究选集。选集的主要内容是从 1895 年到现代，美国新闻报道中关于气候变暖的预测。作者是 R·沃伦·安德森和丹·盖纳，由商业与媒体研究所发布于 www.businessandmedia.org.

15. J·B·肯瑟，《每月天气评论》，1933 年 9 月。

16. 戴维·金爵士作为证据递交给上议院选择经济事务委员会的数据，《气候变化中的经济学》，第二卷：证据（2005）。

17.《全球变暖：近距离观察》（2003），www.geocraft.com。这些数字不代表数量，但是使各种不同的温室气体可以保留其物质中的热量。

18. G·S·卡伦德，《人造二氧化碳及其对气候的影响》，英国皇家气象学会季刊 J 卷，64（1938），223–240 页。

19. 玛格丽特·撒切尔，在英国皇家学会的讲话，菲许蒙格大厅，1988 年 9 月 27 日。

20. 理查德 S·林德森，《全球变暖：所谓科学共识的来源和本质》，OPEC 环境研讨会会议记录，1992 年 4 月 13 日 –15 日（再版发布于卡托研究所的网站）。

21. 同上

22. 同上

23. 同上

24. C·R·弗雷塔斯，《大气中的二氧化碳浓度升高真的那么可怕吗》，《加拿大石油地质学公报》，50，2（2002 年 6 月）（www.friendsofscience.org 可见）。

25. J·T·霍顿等，《气候变化：IPCC 科学评估》（剑桥大学出版社，1990 年）。

26. 辛格和艾弗里（2007）。

27. 弗雷德·辛格，《雷维尔与戈尔的往事：企图压制科学的政治》（胡佛出版社，2003），hoover.org 可见。接下来的叙述大多以辛格的视角进行，且不可避免的遭到了全球推动者的野蛮攻击。

28. 林德森，《全球变暖》（1992）。

29. 由弗雷塔斯修订（2002），辛格和艾弗里（2007）。

30. 桑特等，《关于人类活动对大气热力结构影响的研究》，《自然》，382（1996），39–46。

31. P·J·迈克尔和P·C·库本伯格，《人类活动对于全球气候的影响》，《自然》，384（1996），522–3。

32.《华尔街日报》，1996 年 6 月 11 日。

33.《华尔街日报》，1996 年 6 月 12 日。

34. 引自辛格和艾弗里（2007）。

35. 辛格和艾弗里（2007）。在 IPCC 1996 年版报告中，递交给美国小型企业委员会的部分，显现出一些政治因素。当时是 1998 年 8 月，委员会主席是国会议员詹姆斯·塔伦。

36. W·D·诺德豪斯和J·G·波伊尔，《京都追思：对京都议定书的经济分析》，摘要（耶鲁大学，1999 年）。

37. M·帕里等，《接受不可能的现实》，《自然》，395（1998）。也可见诺德豪斯和波伊尔，《京都追思》（1999）。

38. 丹尼斯·博雷和汉斯·凡·斯多赫，《1996 年气候学家对于全球变暖及相关问题的态度调查》，《美国气象学会公报》，80（1999 年 3 月）。

39.《调查显示国内专家对人类活动和全球变暖间关系持怀疑态度》，健全经济体制下的公民，华盛顿特区，通讯稿（1997）。

40. M·E·曼等，《过去 6 个世纪全球气温模式和气候形成》，《自然》，392（1998），779–87。

41. M·E·曼等，《上个千禧年的北半球气温：预测，不确定因素和限定因素》，《地球物理研究通讯》，26（1999）。

42. 术语“曲棍球棒”指迈克尔·曼的图表。图表由杰瑞·马尔曼制作，他是美国海洋和大气局的负责人。

43. D·A·格雷比尔和S·B·艾得索，《发现富二氧化碳大气下对树木年轮的增长有辅助作用》，《全球生物化学周期报》。辛格和艾弗里（2007）第 5 章可见。

44. 国家研究委员会,《重新批准全球气温变化观测》(美国国家科学院出版社，2000 年)。

45. 罗伊·斯宾塞,《当科学与政治在全球变暖问题上相遇》,《华盛顿时报》，1998 年 9 月 3 日。

46. 如欲查看代表性的证据总结，请查阅辛格和艾弗里(2007)，第 9 章；约翰·达利，《"曲棍球棒"：气候科学的新底线》，www.john-daly.com;《"曲棍球棒"，1998-2005，销声匿迹》，www.worldclimatereport.com。

47. R·麦特里克，递交给下议院的关于经济问题的证据，气候变化经济学，卷 2：证据(2005)。

48. S·麦金太尔和 R·麦特里克,《迈克尔·曼等人的〈代用数据与北半球平均气温之间的关系，1998〉》,《能源与环境》，14(2003)。他们的论文被世界古气候学数据中心收录了。

49. 麦特里克，递交给下议院的证据(2005)。

50. 保罗·赖特递交给上议院选择经济事务委员会的书面证据,《气候变化中的经济学》，第二卷：证据(2005)284-288 页。

51.《纽约时报》，2003 年 12 月 2 日。

52. 命令 2001/77/EC(官方公报 L 283，2001 年 19 月 27 日)。

53. 乔治·蒙博,《生态学的丑恶嘴脸》,《卫报》，2006 年 4 月 26 日。

54.《发电的代价》，皇家工程学院，2004 年。

55. 数据由约翰·艾瑟林顿博士提供，他是《国家守护者》的技术顾问。

56. ABS 能源研究处关于风力发电的报告，2006 年，其中引用了埃尔特公司的首席执行官的话。

57.《科学》，2004 年 1 月 9 日。

58.《独立报》，2004 年 5 月 2 日。

59.《莫斯科京都议定书研讨会上的恶劣行为》,《金融邮报》，2004 年 9 月 1 日。

60.《欧盟将这视为关于真理和科学的战争》,《环境新闻报》，2004 年 9 月 1 日。

61. 八国集团 2005 年官方网站。

62. 这个总结基于《难以忽视的真相》印刷版(布鲁姆斯博里，伦敦 2006)。

63.《新闻 60 分》，CBS，2006 年 3 月 19 日。同时可见"公众视角"，CBS 新闻网，2006 年 3 月 23 日。

64.《磨坊，环境新闻博客》，http://gristmill.grist.org，2006 年 9 月 19 日。

65.《加拿大自由新闻报》，2006 年 6 月 12 日。卡特是一名资深研究教授，他就职于昆士兰州詹姆斯·库克大学的海洋地球物理实验室，以及阿德雷德大学。

66. 二氧化碳和全球气温变化研究中心，www.co2science.org，2004 年 3 月 10 日。

67. T·莫格、D·R·哈迪和 G·卡泽尔，《根据冰层辐射几何学综合模型，太阳辐射导致乞力马扎罗山的冰川不断缩小》，《地球物理学研究杂志》，108（2003）；G·卡泽尔等，《乞力马扎罗山现代冰川缩小或是气候变化原因：观察与事实》，《国际气候学杂志》，24（2004）。

68. 欲知来源，请参考辛格和艾弗里（2007），第 9 章。

69. 如 P·J·波里索尔等，《太阳活动影响了小冰河时期位于热带的安第斯山脉的气候》，《美国国家科学院院刊》，2006 年 6 月 13 日，24。

70. 帕特里克 J·麦克尔，《天真的要塌了吗？近期全球变暖传言回顾》，《政策分析》，576 号，卡托研究所，2006 年 8 月 23 日。麦克尔曾任美国国家气候学家协会会长。

71. 如伊格尔 V·波利考夫等，《北极海洋地区气温变化及趋势，1875–2000》，《气候杂志》，16（2003）。

72. 米歇尔·泰勒博士是努特维野生动物研究所的主任，在 2006 年 4 月 6 日写给美国渔业与野生动物局的报告中，他要求绿色和平等环境保护组织将北极熊列入“濒危物种”名单。

73. 斯蒂芬·安斯特拉普等，《阿拉斯加的北极熊》，阿拉斯加科学中心（2007）。

74. 这是在圣迭戈的会议上宣布的，随后《星期日泰晤士报》在 2005 年 12 月 18 日对此进行了报道。

75. W·克拉比尔等，《格陵兰岛冰层：升高的总量与缩小的外围》，《科学》，289（2000）。

76. E·里格诺和 P·卡纳格拉特姆，《格陵兰岛冰层增减的速率结构》，《科学》，311（2006）。

77. 欧拉 M·约翰内森等，《格陵兰岛冰层最近的内部增长》，《科学》，310（2005）。这项研究基于对内部冰层的直接观测。后一篇论文在推测了整个海岸上冰川运动的情况后，采用电脑模型来模拟内部冰层的运动。

78. 如欲查看气温表和对矛盾问题的分析及其来源，请参考麦克尔（2006）。

79. J·A·福勒和 M·T·柯伊，《乍得湖的萎缩》，《地球物理研究杂志》（大气），106（2001）。

80. 如欲查看更详细的讨论和这些错误的研究，请参考麦克尔（2006）。

81. 这是一篇社会批评家所写的关于这篇文章的有趣分析，如欲查看，请参考玛丽·艾伦·蒂芬妮·吉尔德的“好消息，戈尔先生，灾难已经被推迟了”，www.sitewave.net。

82.《斯特恩数据基础上的运行规则》，BBC 新闻网，2007 年 1 月 26 日。

83. 欧洲风能协会通讯稿，2007 年 2 月 1 日。

84. ABS 能源研究处，前面所引用的书中。(2006)

85. 来自 www.financial.de/newsroom，在 2006 年 11 月 5 日的新闻报告。

86.《星期日泰晤士报》，2007 年 4 月 8 日。

87. 这篇文章中的数据来源于《热气流的高昂代价：为何欧盟气体排放贸易计划是环境和经济上的双重失败》。《开放欧洲》报道，2006 年。

88. BBC 新闻网，2007 年 6 月 5 日。

89. 美国能源部数据，于 2007 年 5 月发布。

90.《德国表示在 2050 年将二氧化碳排量减少 60%》，《欧盟观察家报》，2007 年 3 月 5 日。

91.《卫报》，2007 年 3 月 28 日。

92.《每日电讯报》，2007 年 2 月 28 日。

93.《戈尔的在自己的公司花钱抵消了他的碳足迹》。《世界网络日报》，2007 年 3 月 2 日。

94. 请参考理查德 S·林德森的文章，《华尔街日报》，2006 年 4 月 12 日。

95.《国际能源署（IEA）修正了中国的 2Q 要求》，《能源论坛报》，2007 年 4 月 26 日；《到 2007 年或 2008 年，中国将成为头号二氧化碳排放国》，路透社，2007 年 4 月 19 日。

96. 以下的多数故事来自于亨利克·史文斯马克和奈杰尔·考尔德的《寒冷的行星：气候变化的新理论》(图标出版社，2007)。

97. E·弗里斯·克里斯坦森和 K·拉森，《太阳活动周期的长度：与气候密切相关的太阳活动指南针》，《科学》，254 (1991)，698–700。

98. H·史文斯马克和 E·弗里斯·克里斯坦森，《宇宙射线流量变化与全球云量——太阳与气候关系中忽略的一环》，《大气和日地物理学杂志》，58 (1997)，1225–32。

99. 史文斯马克和考尔德，《寒冷的行星》(2007)。

100. G·邦德等，《全新世太阳活动对北大西洋气候的持续影响》，《科学》，294 (2001)，2130–6。

101. C·帕里和 K·舒，《太阳辐射输出对气候变化影响的地质、考古和历史证据》，《美国国家科学院院刊》，97 (2000)。

102. N·沙维夫和 J·维泽，《宇宙影响或是显生宙气候变化主因？》，《美国地质学会会刊》，13 (2003)。

103.《美国航天局研究发现趋于活跃的太阳活动可以影响气候变化》，戈德达太空飞行中心通讯稿，2003 年 3 月 20 日。

104. 天空实验的细节在史文斯马克和考尔德的《寒冷的行星》(2007）中有详细叙述。

105. 同上

106.《太阳活动与气候变化并无关系》，BBC 新闻网，2007 年 7 月 11 日；《太阳活动不是全球变暖怀疑者的救命稻草》，《自然》，2007 年 7 月 11 日；《太阳活动并不是气候变化的原因》，记录网，2007 年 7 月 11 日，已经更多其他报道。

107. M・洛克伍德和 C・弗洛林奇，《气候形成原因和全球平均地表气温的反向趋势》，《英国皇家学会学报》，2007 年 7 月 13 日。

108.《自然》，2007 年 7 月 11 日。

109. 记录网，2007 年 7 月 11 日。

110. http://vortex.nsstc.uab.edu/public/msult/t2lt/tltglbmam_5.2。

111. 麻省理工学院新闻办公室，1998 年 6 月 24 日。

112.《科学家对冥王星变暖的困惑》，www.spcae.com，2002 年 10 月 9 日。

113. ABC 新闻，2006 年 7 月 26 日。

114. 位于帕萨迪纳的美国航天局喷气推进实验室，

http://mars.jpl.nasa.gov/odyssey/newsroom，2003 年 12 月 8 日。

115.《国家地理新闻》，2007 年 2 月 27 日。

116.《今日美国》，2006 年 5 月 4 日。

第十五章

有机磷化学危机——政府设计好的悲剧

玛尔女伯爵：陛下，对于您的回复，我深表感谢。从我第一次提出有机磷酸酯的问题到现在，已经有 13 年了……如果有机磷酸酯通过了安全实验，并且是优质高效的，那么您能否解释为什么农民在接触这些物质时还要穿上防护服呢？另外，为什么他们在买消毒水的时候，还需要技术证书呢？如果这些东西都是安全的，为什么还要采取预防措施呢？

英国上议院议事录，2005 年 3 月 9 日

在开始最后一章之前，我们所讲的这个故事可能让人完全摸不着头脑，因为这个故事和恐慌根本就没有关系。但是，正是通过这种颠倒一切事实的方法，我们才能够以更长远的视野来看待这些令人们产生恐慌的现象。

恐慌的实质，大家都知道，就是一些可能威胁到人们幸福生活的事物。这些东西要么是被严重夸大过的，要么就是完全凭空捏造的。恐慌是怎么来的，这并不重要。问题的关键在于，政府到底会不会相信这些东西，而政府如果相信了，又会怎么应对这些问题。

本章开头的故事则恰好相反，故事中所曝光的公共卫生事件是一场真实的灾难。有上千人成为了这次卫生事件的受害者。这次事故严重的影响了他们的健康

状况和生活状态，甚至可能造成许多人的死亡，而且这次的死亡数量可能比前几次食品恐慌造成的死亡数量加起来还要多。

在正常情况下，这样的大事故肯定会成为各种媒体的头条新闻。“受害者”的照片会以很大的篇幅出现在报纸的头版上。政府机器也会迅速运转起来，开展一系列的调查，查明情况到底是怎么回事，为什么人们会生病。如果最后查明，这次事故是由滥用剧毒化学品造成的，那么卫生安全部门立刻就会遭到猛烈的批评，因为这些工作地点的安全检查是由他们来负责的。政府也会立即出台新的规定，从而确保人们不会再接触到这些危险物质。

但是在这个案例中，以上这些理所当然的事情一件都没有发生。对于受害者们的遭遇，媒体似乎完全没有什么兴趣。即使当这件事被一些知道真相的竞选者、医学专家以及科学家们捅到了政府那里以后，反响也依旧平平。这些人要求政府立刻采取行动，但是政府的反应却出奇的冷淡，甚至拒绝承认这次事故曾经发生过。

对于这种结果，原因只有一个。因为政府上上下下的人都十分清楚，实际上，这场灾难的责任就在于政府。如果政府承认这次事故的真实性，就会导致严重的政府内部危机，后果也是不堪设想的。政府不但会处于非常尴尬的境地，还必须和化学品生产商一同面对数额巨大的经济索赔。因此，政府不但不会承认这次事故的发生，还会尽一切可能来阻止相关的调查活动。而对政府来说，这种手段显然是他们再擅长不过的了。

这场由有机磷化学品引起的事故（也被缩写为“OPs”）向我们展示了一个当机立断的政府是如何高效的阻止了一次事故由健康威胁向恐慌的转变的。这是因为，在这种情况下，政府不但要应对来自于事件本身的威胁，还要同时应对就在自家大门口的，来自于舆论的威胁。

埋下伏笔的悲剧

说到这个奇怪事件的开头，还要回到20世纪30年代。一名在德国IG法本化学品公司工作的化学家，格哈德·施罗德，当时正在研究一种基本成分为磷和碳的混合物的杀虫剂。这种有机磷杀虫剂可以扰乱昆虫的神经系统，从而达到杀虫效果。具体过程是，这种化学物质可以抑制胆碱酯酶的形成，而这种酶控制着动物体内所有神经和免疫系统的生物信号电流。如果这种酶不能继续生成，那结果就可想而知了。[*]这种致命的潜在作用被发现后，IG 法本公司的科学家们继续在此基础上研制出了一系列有机磷化合物，如特普、沙林、还有塔崩。但是，这些化学品在奥斯维辛集中营的犯人身上进行了人体实验，最后被用于战争。

尽管第二次世界大战结束之后，人们主要使用的是 DDT 和以有机氯化合物为主要成分的其他杀虫剂。但是与此同时，有机磷化合物也开始被广泛的应用于杀虫和除草。但是人们也发现，如果不能正确的使用这种化合物，它将对人体健康造成非常严重的损害。

1951 年，由英国政府的首席科学顾问，索利·祖克曼所领导的工作组向英国农粮渔业部递交了一份关于“农业生产中的有毒化学品”的报告。尽管报告中承认了有机磷对于粮食的增产作用，但是同时也指出，某些有机磷化合物可能对人类健康有着极为严重的威胁。这些化合物可以通过多种方式被人体吸收，比如进食、呼吸和皮肤接触。索利还特别指出，直接接触高量的有机磷化合物会造成急性的有机磷中毒，并最终导致死亡；如果持续吸收低剂量的有机磷，也可能会造成慢性中毒。而慢性的有机磷中毒会对神经系统造成严重的慢性损害。[1]

祖克曼惊讶的发现，经常接触有机磷化制品的人，会表现出对自身人身安全的“极度疏忽”。他建议对农民、承包商和其他相关人员进行详细的安全程序培训，包括穿戴合适的防护衣物，比如“橡胶手套、橡胶靴、护目镜、带有兜帽的白色棉质工作服等。如果在密闭环境下，还要戴上口罩”。虽然祖克曼做出了警告，但是后来发生的事情证明，他在之前所做出的各类建议早已经被人们抛在脑后了。

---

* 人体的大部分正常机能都依赖于神经脉冲的转换。只有这样，大脑才能控制肌肉和其他器官。每次进行转换时，都需要一种化学成分乙酰胆碱的参与，才能将脉冲传递给神经元。而这种化学反应每秒钟不能超过 1000 次，否则神经冲动就不能重复工作，从而造成神经系统的紊乱。这种反应次数的限制，就是通过胆碱酯酶实现的。胆碱酯酶由肝脏生成，并通过血液被输送到全身各处。有机磷的化学性质会抑制胆碱酯酶的生成。如果胆碱酯酶的生成受到抑制，就会迅速或者缓慢的对神经和免疫系统造成损害，从而使机体对肌肉的控制能力减弱（包括心脏和肺），造成全身系统的功能失常；因此，有机磷化合物既可以当作杀虫剂也可以当作化学武器（详情可以参考康奈尔大学网站上的“胆碱酯酶”词条）。

到20世纪60年代末，有机磷的时代终于到来了。在《寂静的春天》这本书中，作者警告人们，因为对环境的污染太大，人们不能继续再大规模的使用DDT杀虫剂了。和DDT的主要成分有机氯相比，有机磷在土壤和水中的残留量要低得多，因此有机磷很快取代了DDT。环保主义者非常欢迎这种新的化学品，还把它看作是“环境保护的一大进步”。[2]在十年之内，有机磷就会成为世界上使用率最高的杀虫剂。在这个时候，祖克曼和其他科学家担忧，也就是对有机磷可能对人类造成的威胁，早已被扔到九霄云外了。

有机磷化学品最大的使用领域，就是用来除掉那些给农场上牲畜带来麻烦的寄生虫。1976年，为了应对一次在羊群中快速蔓延的寄生虫害（疥螨和绿苍蝇），英国农粮渔业部规定，英国3亿7 000万只羊中的每一只，每年都必须用有毒化学品进行一次消毒。在杀虫剂的问题上，人们有两个选择，一个是原先的有机氯杀虫剂，另一个就是由财大气粗的大型制药公司生产的各种品牌的有机磷杀虫剂。到了1984年，当有机氯杀虫剂退市时，农民们被要求每年对羊群进行两次次消毒。而这时，人们就只能选择有机磷制成的杀虫剂了。

对大多数农民来说，给羊群消毒，就是用含有杀虫剂的溶液给羊好好的洗一澡。然而，要让羊群乖乖的排队等待洗澡，这对农民们和他们的帮手来说，显然是非常困难的。当然，农民们的帮手大多数都是他们的家人。而在给羊洗澡的过程中，他们都会不可避免的接触到溅出的化学溶液。而在由生产商提供的保存化学溶液的容器上，所标出的安全信息也是非常有限的，无非就是类似易燃和腐蚀性之类的几个字，至于溶液的毒性更是连提都没提。有的人穿了防护服，也带上了手套并且穿上了靴子，但是更多的人在进行作业时，没有采取任何防护措施。这也就意味着，这些有毒化学品可能会通过多种方式损害他们的健康。也许毒液会通过口腔进入人体，也许会和皮肤接触，人们甚至可能吸入从容器中逸出的气体，或者吸入羊身上的残留气体。而这些都会导致中毒。

最初，没什么人会想到，这些化学品可能会损害他们的健康。包装上也没有任何标识能警告人们，这些东西是有危险的。政府要求农民们对羊群进行消毒，所以农民们认为，政府一定会考虑到人们的安全问题。最重要的是，这些杀虫剂都是经过动物用药协会测试的，并且是安全的。而且英国农粮渔业部的兽医产品委员会也批准了这些产品。杀虫剂的罐子上都写着，“通过农粮渔业部认证”

的字样。

然而毋庸置疑的是，政府里的一些官员实际上一直都非常清楚有机磷产品的毒副作用。这一点从一份传单上就可以看出来。1981 年，负责监管工作场所安全的英国卫生安全局（HSE）制作了一份传单，MS17，标题为："对暴露在有机磷杀虫剂环境下人员的生物监测"。这份传单警告说，"任何与有机磷杀虫剂有关的工作人员，都会成为直接或者间接的吸收源"。另外，传单中也提到了慢性中毒。传单中解释说，反复暴露在有机磷环境下，即使是非常小的剂量，也会稳定的累积在人体内，并最终对人体造成更大的损害。传单中也承认，比如羊的消毒剂这样有机磷化学品中，含有有机溶剂，可能会穿透防护服。传单还说，慢性中毒对神经系统所造成的损害是"不可逆的"。

奇怪的是，没人曾经看见过这份传单。直到许多年后，这份传单才被人们发现。这份传单也从来没有提供给任何使用有机磷化学品的人，也没有提供给兽医、普通医生、医院，或者专业人士。事实上，就连为什么要印制这份 MS17 宣传单也是一个谜。HSE 从来没有宣传过它，但是如果想要买到这份传单也并非难事（但是 HSE 的其他传单都是免费在各地发放的）。这样看来，只有一种可能，虽然 HSE 的一些工作人员了解了事情的真相，并且认为应该将事实公之于众，可是最后却有人将这份传单压了下来。

这就是 80 年代的事实，成千上万的农民必须每年对羊群进行两次消毒。随着日子一天天过去，渐渐的，有一些小道消息出现在了当地的报纸上。报道称，有一些农民和给羊群消毒的人染上了一种"羊流感"。很多人都发现，每当他们用有机磷溶液给羊消毒后，就会生病。大多数人很快就好起来了，但是随着时间的推移，越来越多的人病情都加重了，也不能再继续工作了。他们感觉非常疲惫，很虚弱，还感到恶心。他们的关节处和身上的肌肉也经常发痛。他们经常出汗，唾液分泌也增多了，并且伴随着慢性的呼吸困难。他们的记忆力、语言能力和视力也出现了衰退。病人的力量开始衰退，无法控制身体，手和腿经常产生不受控制的抽搐。病人的牙齿也开始脱落，有些病人还有严重的心脏疾病。病人的情绪波动极大，有的产生了暴力倾向，还有的感到抑郁，有自杀的冲动。其中有几个病人已经自杀身亡。

即使在这种情况下，还是几乎没人会想到，造成这一切的罪魁祸首，就是早已通过政府审核的那些有机磷制剂。以上的这些，都是有机磷慢性中毒的症状，是由长期暴露在低剂量的有机磷环境中引起的。这些化学物质会影响控制机体的那部分神经系统。虽然这样的症状早已经被专家们和医学杂志发现，并记录在案了。但是对大多数没有学习过毒理学的医生而言，还种病是非常陌生的。所以，当患者向医生描述病症时，并没有引起医生足够的注意。有些人的病情被诊断为不知名的病毒症。其他人则被告知这是一种心理上的疾病，甚至有医生认为这可能是患者偷偷饮酒造成的。

一年年的时间就这样过去了，但是农民们的病情却是每况愈下。到了这个时候，政府也很难再掩饰如此之大的问题了。

1991 年，英国全国农民工会在英格兰西南的分支机构开展了一项系统性的调查。在所调查的 300 名绵羊饲养者中，有三分之一以上的人表示他们有过因消毒而引起的不适。一项在坎布里亚郡开展的调查显示，有 40% 的人染病。农民们所叙述的不良反应中包括类似流感的症状，这种症状可能让他们一到两天都下不了床。还有更严重的身体上和精神上的症状，这些症状与多发性硬化和 ME（慢性疲劳症候群）的症状十分相似。[3]

HSE 这时也意识到了事情的严重性。在 1990 年，HSE 已经委派了两名官员开展一个秘密的内部调查。1991 年 5 月，这份名为“羊群消毒实地调查”的报告出炉了，但是只在他们的 16 个同事之间进行了传阅。如此看来，他们的发现一定是非常令人震惊的。

HSE 似乎早在 1987 年就知晓了有机磷消毒液的问题。起码报告中是这样说的。他们发现农民们的健康状况受到了严重的损害（据报告中所说，HSE 的官员仅仅是从远处观察了农民们为羊群进行消毒的过程，就已经出现了不良反应）。[*] 他们还发现，消毒液中已经被加入了含有剧毒的酚类溶剂。这类溶剂早在 80 年代就已经被加入了有机磷类化学品中，以提高杀虫的效果。另外，农民们也没有被告知这些危险。他们也曾经向生产商抱怨，认为他们没能提供合理的防护措

---

* 我们被告知，观察员在代表农粮渔业部对羊群消毒过程进行观察时，曾不止一次的出现过更为严重的不良反应。观察员们的主要责任是确保农民们遵守法规，一年为羊群消毒两次。而这一点也引起了民众相当大的反应。

施。人们问道：“如果连各种资源都这么健全的公司，都不能给我们提供合理的防护装备，那你们能指望我们这些农民做些什么呢？”报告中还说，反复的吸收低剂量的有机磷，会使化学物质在人体累积，并且会对神经系统中的胆碱酯酶产生抑制作用。更严重的是，他们还发现残留在羊毛上的有机磷残留物，即使在消毒之后，毒性仍然会保持很长一段时间。因此，当农民们照看他们的绵羊时，可能还会再次接触到有毒的化学物质。

这些事实对政府官员们的震动非常大。因为根据1968年通过的药品法案，这部分事务都是由他们来负责管理的。于是，在1991年3月12日，他们与化学品生产商进行了一次会谈，把已经发生的事实通报给了这些药物公司。政府报告的一份副本也被递交给了兽医产品委员会。而当年，正是在兽医产品委员会的建议下，英国动物用药协会（VMD）才批准了这些化学品的安全认证，这份报告很快在政府的各个有关部门间引起了轩然大波，包括农粮渔业部、卫生部、以及英国动物用药协会本身。

在他们心目中，最重要的问题是，如果有机磷消毒液真像HSE所发现的那样，具有非常大危害性，那么政府现在面对的就是一场灾难，而引起这场灾难的主要责任，都要归结于政府本身。但是，如果政府现在公开承认HSE所发现的事情是真实的，那么这就是一个无比难堪的政治丑闻。除此之外，政府和生产商还要面对巨额的经济索赔。很明显，政府决不会做出这种决定。而HSE报告中所包含的令人震惊的事实，也绝不能进入公众的视线。

从此，一个规模宏大的、掩饰有机磷中毒事件的行动就拉开了序幕。

政府的掩饰

官员们所采取的第一步措施，就是确保HSE的报告一直处于保密状态。一份平淡无奇的“报告总结”已经被杜撰了出来，准备用于最后的公开发表。当然，其中那些可怕的发现已经被删掉了。而原版的报告则被妥善的保管起来。*

* HSE的原始报告到底是否存在，这一直是一个谜。直到我们在2002年3月10日的《周日电讯报》上报道了此事以后，真相才得以大白（官员们隐瞒了这份关于消毒液危险性的报告）。即使我们现在拿到了由玛尔女伯爵提供的原始报告的完整版本，HSE还是试图说服人们，他们那份清洗过的所谓“总结”才是唯一存在的版本。

第二步发生在1991年10月，动物用药协会要求生产商们限制酚类和其他添加剂的使用，因为这些添加剂会使消毒剂的毒性变得更高。*之后，农粮渔业部发表了一份乏味的声明，称正在根据有机磷消毒剂产品的分子式对其中可能包含的成分和溶剂进行复查。实际上，从1976年开始就要求农民必须对羊群进行消毒处理的也正是农粮渔业部。**

第三步开始于1992年6月8日。尼古拉斯·索姆斯，一位农粮渔业部级别最低的官员，发表了一份令人吃惊的声明。声明中宣布，现在不再强制要求农民们对羊群进行消毒了。但是像以前一样，这次声明仍然没有给出任何理由。他说，政府现在认为，是否采取行动消灭寄生虫的决定权应该在于农民，而不是政府。[4]

这就是政府掩盖事实的整体战略，一切都是为了使这次事故不至于演变成为一场完全意义上的恐慌。在没有公布任何事实的情况下，政府就采取了各种措施（所谓各种措施，也不过就是在很短的一段时间里禁用了有机磷消毒液）来减小农民可能暴露在有毒物质中的可能性。首先，有机磷化合物中毒性最大的物质将会被移除。第二，消毒是自愿进行的，这样就可以把责任从政府身上转接到农民自己身上。

1993年，政府开始了他们隐秘战略性撤退计划的下一个步骤。打头阵的是农粮渔业部的兽医产品委员会，也就是VPC，当时也是他们保证，有机磷消毒液是可以安全使用的。在这个委员会的17名成员中，有不少于11人与这些生产有机磷产品的公司有着经济或者其他问题上的联系。而且这些人把他们自己的安全问题几乎全部孤注一掷的压在了这些公司所提供的数据上。

政府已经委托VPC对有机磷消毒液的安全问题进行复查。这些消毒液是在去年被农粮渔业部批准进行生产的。现在，VPC建议农业大臣约翰·格默可以继续允许这些产品的销售，但是有一个新的条件。因为有许多农民在使用消毒液时

---

* 动物用药协会的K·伍德沃德博士在1991年10月5日给生产商的信件。这封信开头就警告生产商们说“现在最重要的问题是，这些产品无论在使用者还是消费看来，都必须是安全的。”另外他还要求化学品公司开展大量的测试，来观测他们的产品在用户身上所产生的效果。

** 英国农粮渔业部通讯稿28/92。在接下来几年里的这些案例中，有机磷化合物大部分时候都是作为农药地亚农使用的。地亚农经常和硫特普混合使用，硫特普本身也是一种毒性很大的有机磷化合物。

没有采取必要的防护措施，因此，消毒液应该只向那些拥有消毒操作资质的人进行限制销售。政府还出台了一个新的规定，就是农民们必须在取得消毒操作技术证书后，才能够购买有机磷消毒液。如果一个人持有技术证书，这就说明这个人知道应该如何进行操作。另外，如果消毒液在标签上没有给出详细说明，那么所有的消毒液都有可能会造成危险。因此，应该采取措施，减少人们暴露在有机磷环境下的可能性。除此之外，应该加强对有机磷化合物有毒性的宣传，使人们都了解这一点。[5]

此外，VPC 还建议设置一个医疗科学委员会，来评估这些产品是否可能会影响人类健康；还有，应该让爱丁堡的职业医学研究所开展一个目标明确的流行病学研究项目。研究经费由动物用药协会、卫生部和 HSE 共同支付。

所有的这些动作都只是整个战略的一部分。这个战略的目的，就是隐藏一个事实。而这个事实就是，政府系统内部曾经发生过一场灾难性的失职事故。在公开层面上，有一条底线是政府一定要守住的。那就是，有机磷化合物不会对人类造成慢性和长期的影响。1993 年夏天，首席医疗官唐纳德·埃奇森发布了一份新的宣传单。这份宣传单承认，有机磷化合物可能会引起急性中毒。但是他在宣传单中并没有提到有机磷化合物会不会导致慢性中毒。

总而言之，现在看来最重要的是，政府中的任何一个人都不需要承认这个事实。而事实就是，关于有机磷的危险性，消毒液的使用者从来没有被政府或者任何生产商警告过。如果的确有健康问题发生，根据官方程序，这只能是农民们自己的问题，因为他们没有采用必要的预防措施。

政府试图制造一个假象，让人们相信它一直在积极的为开展进一步的科学研究做准备；但是显而易见的是，政府摆出这样一个姿态的时间实在是太长了。在有机磷危机上，有两个问题是需要彻底调查的。一个是，需要开展临床和流行病学研究，来分析出这次危机的本质和规模；另一个是，开展一个诊断测试，来确定病人们的症状到底是不是由有机磷化学品引起的。而政府和生产商们，显然不愿意看到任何可能把他们牵连进去的发现。

政府对于这个问题的掩饰，显然是用尽了全力。然而，受害者们已经从他们影响力极大的朋友那里收集到了足够的证据。在这个问题上，他们一定要给政府狠狠的一击。

揭露黑幕

故事说到这里，我们也要被卷入进来了。在1993年春天，我们看到了伊丽莎白·西格蒙德夫人。在她生命中的前60年里，她可是住在康沃尔农场上的一个非同寻常的人物。在一段时间里，她一直在研究英国在波顿镇的秘密化学武器的研究中心。这个研究中心在50年代，被指曾经将数百名神智不清的军人暴露在沙林毒气和其他有机磷化合物中。在随后，有几百人都出现了慢性的健康问题，而这个研究中心显然有着不可推卸的责任。*

因为西格蒙德夫人住在一个以畜牧经济为主的镇上，所以她也经常听到有关农民生病的消息。为此，她专门对数百例患者的具体情况做了一份记录。她还建立起了有机磷信息网，把各地关心这个问题的专家们召集到一起，交流彼此的信息，并且协调大家的步调，共同向政府即将采取的措施施压。

其中她一名在南格拉斯哥总医院工作的同志，格伦·贾马尔，是一名出生于库尔德的神经病学家。他在工作中经常接触到有机磷中毒的患者，并根据他的经验探索出了一套针对慢性中毒的可靠诊断方法。对一个库尔德人来说，投身于这个反对使用有机磷的活动中是非常有意义的。因为在1998年3月16日，萨达姆·侯赛因在伊拉克北部哈莱布杰杀害了数千名库尔德人。他所使用的，正是用沙林、塔崩与芥子气的混合毒气。

还有一位北康沃尔的自由民主党议员也是她的同志，这个人叫保罗·泰勒。他在1992年发起了一个反对使用有机磷化学品的各党联合团体，来发出反对的政治声音。与他一起的，还有来自上议院的玛尔女伯爵。玛尔女伯爵是英国历史上最悠久的贵族封号的第31任继承人。她不仅是一位养羊人，更是一名有机磷中毒的受害者。

1993年5月，当我第一次在西格蒙德夫人的引荐下，在上议院见到玛尔女士时，她向我描述了她的遭遇。她说，在1989年的时候，只不过是有那么“一丁

* 在1945年至1989年间，波顿镇在3400人类“小白鼠”身上开展了化学武器试验。在同时期，这是世界上规模最大的试验。在许多年以后，也就是21世纪初期，这些事被一项持续了四年的警方调查披露了出来。2004年对飞行员罗纳德·麦迪森的尸检显示，导致他死亡的原因是“非法的”。罗纳德·麦迪森在1953年因为暴露在沙林毒气中而死亡。

点”的溶液溅到了她的靴子里，她就中毒了，并且出现了各种典型的有机磷中毒症状。[6]两年多来，她一直忍受着病痛和折磨，一连串的大夫都把她的症状归结为更年期、带状疱疹或者 ME。甚至还有大夫认为，“这完全是心理问题”，还建议她去看看心理医生。直到 1991 年，在偶然的机会下，她看到了一份关于有机磷中毒症状的报告，她才恍然大悟。这才是导致她症状的真正原因。后来她找到了贾马尔博士，并惊讶的发现，有机磷中毒会导致神经系统永久性的、不可逆的损伤，而且是无法治疗的。但是在得知实情之后，她至少有了一个可以为之奋斗的目标。在接下来的几年里，她带着病痛继续进行反对活动，并且逐渐成为了全国最具权威性的有机磷问题活动者。当然，政府也把她当作了眼中钉，肉中刺。

当我见到女伯爵时，这只是这次事件长期报告的第一步。现在，整个事件已经具体化为一个核心的问题，这个问题就是，政府作为一个掩盖者，还能把这个悲剧隐瞒多久？人们应该怎么做，才能逼迫政府承认这个事实？

在这个问题上，活动者们有两条殊途同归的路，这两条路都可以打破政府的封锁。一条路是通过科学证据来证明有机磷中毒是绝对发生过的。另一条路是通过法律手段来揭开政府的掩饰。

接下来的几年中，我们接触了许多受害者，而他们的遭遇几乎都是相同的。在接触消毒液以后，他们都渐渐发现自己的健康状况在以相同的形式恶化，有些人的病症甚至是急性的。对于这些病人的病况，医生们的诊断结果也是如出一辙。在我们接触到的一些患者中，对他们的病情，医生并没有一个明确的诊断。但是总而言之，不管病因是什么，反正肯定不是有机磷的问题。相反的是，我们还遇到一些病情非常严重的人，他们的病因并不清楚，但是症状与有机磷中毒非常吻合。直到问起这件事时，人们才发现这些患者都曾经在不知道其危险性的情况下接触过有机磷化学品。*

---

* 这里有一个突出的例子。这个例子的主角是一名非常著名的记者。在她的文章中她描述到，在经历了一次伦敦地铁站的塌方事件后，她被诊断患上了 ME。因为她的症状与有机磷中毒十分相似，我们就联系了她。这位记者表示，她对有机磷中毒这个问题一无所知。但是，很快我们就发现了问题的关键所在，那就是这位记者曾经与一名农民结过婚，并且经常帮忙给羊群消毒。在萨默塞特郡的一个小地方，我们发现了 4 名受害者。这 4 人都曾因为接触消毒液而导致中毒，其中两名相对年轻的人，最后因为中毒而死亡了。

这些患者的经历都令我们非常痛心，但这还不是最严重的。戴维·雷登是拉德诺郡的一位普通农民。在1989年中毒之后成为了残疾人，不能正常行走。接下来的5年中，他的3个儿子都出现了类似的情况，卧床不起。孩子们的母亲翻阅了以前的日记，发现他们所有的症状在给羊群进行消毒之后就马上发生了。

在南威尔士，里斯一家遭受了两次重大的打击。家里的男主人汤姆是一名40多岁的健康勤劳的农民。他发现在消毒之后，自己感到非常疲惫，还伴有抑郁和抽搐症状。到了1992年，他的健康状态出现了明显的恶化，以至于他大部分时间都只能坐在椅子上，忍受着“焦虑性抑郁症”给他带来的痛苦。他曾一度想要自杀来结束自己的痛苦。汤姆19岁的女儿曾经在肯特郡一个狩猎场的狗舍里工作过。在那里，她被要求用含有有机磷成份的溶剂为动物进行清洁处理。结果，她的健康也受到了严重损害，并不得不结束工作回到家里，甚至在随后的几个月中都无法下床。

很快人们发现，有机磷化学品所引起的麻烦，远不止绵羊消毒液一个问题。我们报道了一系列的案例，这些案例中的受害者都产生了类似的症状，但是他们所接触都有机磷物质，都是用于其他领域的。比如运动场的除草剂、儿童医院的杀虫剂，还有普通的农药，这些农药中的有毒物质是从地里直接飘到农民家中的，还有治疗儿童头虱的药水和治疗眼病眼药水。* 甚至在超市出售的宠物项圈上，也能发现这些物质的存在。

几乎所有的受害者都有一个共同遭遇，就是医疗机构都不能准确的诊断出他们的症状其实来源于化学品中毒。许多中毒者都被卫生部推荐到了一个名叫国家有毒品治疗中心（NPU）的单位。这个似乎没什么名气的组织是由卫生部拨款成立的，地点设在伦敦的盖伊医院。

和许多患者一样，汤姆·里斯也感到非常困惑。他刚到医院，就被要求填写一份冗长的心理调查表。而这张表看起来显然和化学品中毒没什么关系。这种表（由美国设计）实际的设计目的，只是想看看填报者的精神状态是否稳定。看

* 我们曾经报道过的一个案例，是关于贝德福德郡的一名退休老人的。作为个人爱好，这位老人饲养了一群纯种羊。当他按政府要求对羊群进行消毒后，他仍然经常接触这些他喜爱的羊群。但是没有任何人曾经警告他，羊毛在消毒后几个月内可能依然还有毒性。在他的眼睛受到损伤后，提供给他的治疗眼病的眼药水居然也含有有机磷成份。显然，这些药品只会导致老人的病情更加严重。

起来，NPU 似乎并不想证明患者们的症状与有机磷慢性中毒有关。实际上，卫生部要求全国的医生在遇到类似中毒症状的病人时，都要把这些病人转到这些单位来。而这些单位当然不会把病人确诊为有机磷中毒。这些行为与政府要求否认事实存在的政策，当然也是吻合的。

然而，却有一名中毒者意外地找到了这么一个医生。而这名医生，恰恰就认出了这些症状正是由有机磷中毒引起的。这位受害者名叫加里·库姆，是肯特郡一位 30 多岁的农民。1992 年，他因为严重的心脏病发作被送到了梅德斯通医院，当时他的心搏停止，几乎就要丧命了。在此之前，每当库姆对羊群进行消毒之后，都会感到心脏不适。他的主治医师理查德·本哈特博士相信，有机磷中毒正是引起库姆心脏发病的主要原因。随后他把他的病人转到了伦敦的圣乔治医院。在那里，世界上水平最高的心脏病学专家威廉·麦肯纳教授对库姆进行了救治。在对库姆的症状进行研究之后，麦肯纳教授于 1995 年 3 月证实，库姆所患的病症是"有机磷中毒引起的心肌炎"。在掌握了这份证据以后，库姆的律师向制造和销售这种消毒液的制药公司提起了诉讼，要求公司对库姆所遭受的永久性的心脏损害进行赔偿。

另一名受害者也希望从法律途径获得赔偿，他的名字是布莱恩·安德森。他曾在非洲当过警察。回国后，作为一名基督教的大使，他在佩斯郡管理着一个小型的宗教团体。此外，他还热爱运动和园艺。1989 年，附近的农民将用过的消毒液随意倾倒在了外面。这些液体深入了这个团体的饮水井中。在饮用了被污染的水后，安德森突然病倒了。他不但出现了常见的极度疲劳和肌肉疼痛症状，还出现了非常严重的幻觉。例如，他曾在半夜醒来，以为自己马上就要被一列城际列车从身上碾过。到 1993 年，他的病情已经非常严重，从而也丧失了工作的能力。

安德森向布鲁塞尔的欧洲理事会提出了正式投诉。控告英国政府违法了两项社区水质管理条例，并且放任人们随意的处置这些剧毒化学品。1993 年 5 月，欧洲理事会做出了回应。根据法定程序，绕过英国政府直接向欧洲法庭提起申诉的行为是不合法的。但是在私下，布鲁塞尔 DG–XI 的官员们都表示，他们对于英国政府竟然允许使用"如此危险的神经性有毒化学品"的行为，感到"震惊和恐惧"。[7]

对于那些想要揭露政府黑幕的人来说，现在最缺乏的就是能够证明消毒液中的有机磷成分可能导致慢性中毒的科学证据。1995 年 5 月，《柳叶刀》杂志发布了一份专门针对有机磷中毒的流行病学研究报告。一组来自伯明翰职业健康研究所的科学家对 146 名曾经接触消毒液的农民进行了测试，并将他们的数据与 143 名没有接触过消毒液的挖掘工人的数据进行了对比。

他们发现，农民们在进行关于"持续性注意力"和"信息处理反应"的测试时，表现明显要比工人更差。而且他们更容易产生精神失调的症状。最后报告总结说，持续接触以有机磷成份为主的消毒液，与人们神经系统的慢性变化之间是有一定联系的。报告还建议在进行农业生产活动时，人们应该采取措施来减少与有机磷物质的接触。[8]

尽管这份报告的研究范围比较局限，但是这些发现仍然引起了政府的忧虑。因为报告中确认，接触有机磷化学品会对人体健康造成长期慢性的影响。VPC 很快就开始了回应，摆出一副不会承认任何事情的样子。7 月，VPC 发表了一份报告，报告中认为，职业健康研究所的发现完全没有任何价值。VPC 宣称，研究所的报告没有提供足够的科学证据，来支持他们关于有机磷物质会造成慢性中毒的假设。VPC 利用他们的官方权利，直接否决了职业健康研究所已经确认了的发现。而研究所甚至连争辩的机会都没有。[9]

看起来，VPC 的做法似乎有些矛盾。它应该在这个时候尝试去掩护自己，并且强调，农民们应该按照 HSE 新发布的安全宣传单上的指示为牲畜消毒。但是很遗憾的是，这份 AS29 宣传单上的内容和 HSE 以前发布的 MS17 宣传单相比，内容实在是太少了。AS29 忽略了所有以前的警告事项，比如防护服、慢性毒性和有机磷中毒等。它甚至还忽略了，有机磷物质可能会危害神经系统这一条。换言之，这份传单是故意发表的，目的是为了掩盖那份 14 年前的宣传单上的大部分信息。

事实证明，VPC 完全打压了来自独立研究组织的严重威胁。这也证明了政府试图掩盖真相的决心。由此可见，如果政府坚持要做一个坚定的掩盖者，那么对于这些受害者来说，想要战胜政府将会是多么的困难。因为政府一定会采取一切措施，来消除任何对于政府的威胁。

斗争在继续

现在，战争进入了消耗阶段，对双方来说都是如此。越来越多的证据表明，接触到有机磷物质的人们，不但在健康上会遭受到严重的损害，甚至有些人会因此而丧命。从最近显著上升的自杀人数上，就可以看出这一点。许多病人产生了临床抑郁症状，从而自杀，而这都是因有机磷造成的血清素指数下降引起的。

一些研究者们一直在研究这些受害者的情况。鲍伯·戴维斯博士也是其中之一，他一个人就对200多名有机磷中毒者进行了研究。据科学家们的研究显示，农民们自杀的现象，与他们曾经接触过有机磷的事实有很大的关系。这也使得农民成为了自杀率第二高的职业（第一是退伍军人）。

这里有一个悲剧的例子。一名牛津郡的年轻农民由于有机磷中毒产生了严重的精神症状，并因此在精神病院内被限制活动。结果他将一扇窗户的玻璃打破，并跳了出去。他的尸体漂浮在泰晤士河上，在几天之后才被人们发现。[10] 一个三岁的男孩被送到了医院，因为他的肺部遭受到了永久性的损伤，而且整个人处于崩溃状态。这个男孩曾经失足跌到了一个废弃的消毒池中。而在一年前，一个农民的女儿也杀身亡，这个女孩生前也曾接触过有机磷消毒液。[11]

尽管这样，政府仍然无动于衷。在随后被披露出来的两件事中，我们就可以看出政府是如何处心积虑的想要掩盖事情的真相。政府所掩盖的范围之大，真是令人无法想象。许多年以来，在工伤补贴目录中，社会安全部一直保留着一个特别的分类，就是C3类别。而这个类别指的就是因为有机磷中毒而导致的工伤。

最近有一些人已经被划到了C3类别中，并享受着C3补贴。安妮特·格里芬是柴郡医院的一名护士，1992年，她所在的病房喷洒了浓度很高的有机磷杀虫剂，从那以后，她就失去了工作的能力。经过几名医生的初步诊断，她的症状应该是由有机磷中毒所引起的。在1993年5月的一次医疗事故评估中，社会安全部批准了她的申请。但是在随后的一年间，有关部门都没有安排她接受检查。随后她被告知，她的申请可能不会实现了，因为许多医疗资料都已经“丢失了”。

罗伯特·谢坡德是杜伦郡的一位农民。经过贾马尔博士和其他两位医生的检查，罗伯特被确诊为因有机磷中毒而引起的严重残疾。随后，他出现在了法庭上，并且接受了聆讯。事后他形容说：“当时我的感觉就像一个等待审批的罪犯。”

之后，他的案件就进入了无限期的休庭阶段。一对来自德文郡的农民夫妇也因为严重中毒而无法工作，所以他们在1992年申请了政府补贴。两年后，他们被告知，因为“无法测定他们因有机磷中毒导致的残疾程度”，所以他们的伤残程度只能被定为5%。而按照规定，取得补贴的最低伤残的程度为14%。1994年9月，当我询问政府部门，到目前为止有多少人成功的申请到了C3补贴时，得到的回答是：“没有”。[12]

1995年7月1日，我们曾经报道过，从那一天开始，任何买卖消毒时所穿戴的防护服的行为都是非法的。这是因为，为了贯彻欧共体的个人保护装备条令，89/686，新的法律已经开始实行了。新的法律规定，买卖这些装备在现在是非法行为，除非这些物品上面有CE标志。这些标志证明，这些物品都是被“独立检测机构”测试过的，是安全且可以使用的。据我们确认，当时全英国已经在地方销售这些未经认证的物品了。

上议院的英格尔伍德勋爵是HSE的主管官员。他认为我们的报道有失准确。他还说，我们的报道已经“引起了相当大的担忧和不幸”。[13]鉴于他的评论，我们要求他提供详细的数据表，来证明我们的报道是错误的。HSE的官员提供了两种产品的数据，并宣称这些产品达到了新法规所要求的标准。其中的一件产品的确通过了检测，但是另一件由金伯利·克拉克提供的产品却有一些问题。这件产品上面的确附有CE标志以及详细的说明，上面写着“绵羊消毒专用”。数据表显示，这件产品只在工厂里进行了测试，而没有经过独立检测机构的测试。也就是说，销售这件产品是违法的。[14]

换言之，英格尔伍德勋爵严重的误导了议会。而他本人也受到了HSE官员的故意误导。而这些官员现在却矢口否认，说，“监督条令的施行并不是他们的责任，CE标志只是一个市场营销的概念。”然而在当初，也是这个HSE一直在积极的履行着条令的要求。就在不久之前，莱斯特郡的一位种植土豆的农民差点因为自己的机器而丧命。HSE一直等到这位农民出院，然后对他提起了刑事诉讼。最后，这位现在已经残疾了的农民不得不支付5 000英镑的罚款。[15]

与此同时，玛尔女伯爵在范围更广泛的新问题对上议院展开了无情的质询。人们发现，3 000名曾经参加第一次海湾战争的军人身上出现了非常严重的、可以导致伤残的疾病症状。其中一部分原因要归咎于他们曾经集体接种过一种未经测试的疫苗。但是更多人的症状与有机磷中毒的症状非常相似。这是因为他们在宿舍中曾经不加选择的在衣服上喷洒杀虫喷剂。

玛尔女士和其他呼吁者要求国防大臣解释此事。而国防大臣也多次向他们保证，在海湾战争中从未使用过有机磷化学品。但是在1996年8月，她得到了一份贾马尔博士提供的文件。这份文件的原始作者是参加过海湾战争的沃辛顿军士。他是一名负责环境与人员健康的技术人员。根据这份文件，毫无疑问，政府曾经无视士兵们的人身安全，在海湾地区大量的使用包括地亚农在内的有机磷化学品。还有一个证据是政府无法否认的，在1996年10月，尼古拉斯·索姆斯，一名低级的国防大臣，曾经被迫向下议院承认：

有机磷杀虫剂曾经在海湾地区被广泛的使用过，其范围比我们所知的还要大。

在这件事上我们受到了误导。我非常后悔把这些信息告知给国防委员会和其他官员。他们在过去几年中的所作所为现在被证明，是错误的。[16]

对于一个大臣来说，能做出这么直白的陈述实在是太难能可贵了。因为这份陈述证明，他和他的同僚们以前所说过的话都是虚假的。[17]虽然如此，在2个月前的国会会议上，索姆斯试图给自己寻求借口的行为还是震惊了国会。他解释说，他本人也是被其他官员所误导的。然而在5年前，这名官员曾经让索姆斯在农粮渔业部试图掩盖有机磷事件的行动中担任重要角色。而他现在又说自己是被人误导的，这真是太具有讽刺意味了。[18]

虚幻的曙光

1997年夏天，全世界都流传着一个消息。据说有大事要发生了。而且这件大事将会改变整个问题的局面。

克里斯坦·菲利普斯是一名美国的音乐家。在十年前，他就和香港爱乐乐团合作表演过定音鼓。一个星期天的早晨，当乐团正在排练时，一群人也正好来到了楼外。这些人穿着全套的防护服，还戴着面具。随后，他们开始对整个建筑喷洒地亚农杀虫剂。许多乐团的成员随后感到了不适，排练也被迫中止了。当时30多岁的菲利普斯症状严重，并且马上被送到了医院。根据初步诊断，他的症状是由急性有机磷中毒引起的。

在接下来的几个月中，他的健康状况持续恶化，以至于他不得不放弃他的音乐事业并最终转院到怀俄明州。他的症状是典型的有机磷慢性中毒，包括严重的心脏并发症和全身的肌肉萎缩。在多年无助的情况下，他联系上了一位身在香港的英国律师皮特·鲁宁，他此时正和贾马尔博士在一起活动。在一位英国高级质检员丹尼尔·布雷南的帮助下，他们共同起草了一份索赔诉状，被告是所有与喷剂有关的责任人，包括世界上最大的制药公司之一——地亚农的生产商西柏·盖吉公司。

法庭听证持续了半年，贾马尔博士担任了菲利普斯的首席专家证人，被告方中还包括瑞士的跨国化学品公司等等。被告的代理律师十分清楚，这个案件将会是一个判例案件，并将对全世界的类似案件产生影响。他们竭尽全力的诋毁贾马尔博士，而贾马尔此时正在应对5个律师组繁重的交互询问，其中每个组都安排了一名质检员。

终于，在7月31日，法官康纳德·苏格拉特宣读了他长达211页的判决书。他排除了那些对于贾马尔博士诸如虚假的，不了解情况，没有说服力，无法令人满意等等的人身攻击的干扰，并高度赞扬了贾马尔在科学上的权威性。法官认为，必须承认菲利普斯仅仅接触到了微量的有机磷物质，就导致了他的中毒。而且菲利普斯一直承受着中毒造成的慢性身体损伤。他判决被告向菲利普斯赔偿190万美元。而整个案子的花费是4 000万美元。[19]

对于世界上每一个关心有机磷问题的人来说，这都是一个历史性的时刻。在判决宣布4天前，一名退休的农粮渔业部官员在写给《周日电讯报》的信中，还指责我们在有机磷问题上“煽动人们的情绪”。在这之后的第二天，一名工党议员格雷厄姆·麦克马斯特就自杀身亡了。他的主治医师确认，麦克马斯特也是一名典型的有机磷中毒受害者，在80年代，当他还是一名议会的园丁时，他经常接触有机磷化学品。

很快，在澳大利亚，另一个案子又宣判了。这个案子的专家证人也是贾马尔博士。这个案子涉及3名受害者，他们在剪羊毛时，都接触到了羊毛上的地亚农，并且在健康上受到了严重的不可逆损害。新南威尔士州最高法院在10月份做出了有利于原告的判决，判令被告向他们支付30万英镑作为赔偿。

11 月 1 日，在伦敦高级法院，第三个案子也开庭了。同样，法院也比较支持原告提起的关于有机磷中毒导致健康损害的诉讼。这次的原告是詹姆斯·希尔，他在粮仓里使用杀虫喷剂时受到了有机磷的影响。这次当法官征集科学意见时，负责此案的专家证人依旧是贾马尔博士。可是，本案的法官史密斯女士，发现在这次审理过程中，贾马尔所提出的技术观点似乎很难得到她自己的认同。法官批评贾马尔的技术性观点是“错误”的，而且“缺乏客观性”。虽然如此，法官最后还是支持了贾马尔的意见，并判决希尔胜诉，获赔 5 万英镑。贾马尔在这 3 个案子中所发挥的关键作用，引起了那些试图掩盖真相的人们的注意。这些人认为，必须马上让贾马尔停止他的所有活动。

接下来的几周里，史密斯法官在法庭上对贾马尔的几句批评被广泛地流传开来。散播消息的大多都是想要诋毁他的人（包括一些政府官员）。这个情况在《英国医学杂志》的奇怪反应上就可见一斑。这个杂志原本主要报道的是一些重要的与医学有关的判例。然而这次，杂志并没有报道之前在香港和澳大利亚的案子，而是盯上了希尔的案子。杂志详细的报道了法官对于贾马尔的批评。这份奇怪的一边倒的报告刊发后，自然引起了来自医学、科技和法律领域的学者们的抗议，因为他们对这三个案子的情况都十分了解。在这些人中就包括两名教授和丹尼尔·布雷南，他就是香港案件中赢得判决的质检员（随后他很快就成为了行业委员会的主席），但是《英国医学杂志》拒绝刊登关于这个案件的报道。[21]

然而在这时，英国正迎来了一个政治上的分水岭，因为，新的工党政府上台了。与一系列的法庭判决一样，新的政府也同样支持对有机磷问题做出一些政策上的改变。1996 年 10 月，工党的下任环境大臣麦克·米切尔发表了一份工党的官方文件，标题为“危险的消毒液——关于有机磷化学品的真相”。对于他自己在这个问题上的立场，他没有丝毫的犹豫。他的建议也的得到了众多有机磷使用反对者的响应。

米切尔建议，应该停止有机磷物质在消毒液中的使用。政府应该立即在农民受到有机磷毒害的地区开展对这次事故的调查。HSE 和卫生部应该马上启动对公众的教育和宣传活动，对使用有机磷化学品可能导致的潜在危害进行说明。另外，政府应该对医疗从业人员进行科普培训，使他们能够做出正确的诊断，并且给予病人合理的治疗。认证机构应该进行改革，杜绝对生产商的有毒物品数据的依赖。含有有机磷成分的产品应该在给出正确建议的前提下进行销售，这样使用者就会得知自己所面对的风险，并且采取预防措施。

对于一个即将在 7 个月后成为布莱尔政府中负责全国环境保护事务的官员来说，这可能代表政府将会在这个问题上改变政策。其他工党议员的言论也从侧面证明了这一点。然而，当新政府真正要上台时，新任农业大臣坎宁汉博士（他的博士研究方向是有机磷化学品）的一番言论却给人们浇了一盆冷水。尽管他在某种程度上也表示了可能要对此政策进行改革的想法。可是在 1997 年 7 月 14 日与有机磷化学品信息网会谈时他说，他不会禁止有机磷的使用，"因为这是来自政府委托律师的建议"。

从 1993 年开始，泰勒的国会团体已经和大臣们私下见过许多次面了。泰勒比任何人都更担心这些即将开始的改革会变成事实。但是在实际情况中，之前的那些承诺都随着"来自政府委托律师的建议"一起，消失得无影无踪了。对新上台的工党政府来说，也是如此。米切尔之前那些英勇的举动，在他踏进大臣办公室的一瞬间，就像柴郡猫一样消失了。剩下的只有一个依依不舍的微笑，似乎在嘲笑那些可怜的幻想者。

从此开始，那个精心策划的阴谋又能够继续下去了。而这一切早在 5 年之前，就已经精心的设置好了。表面上，新上台的政府会假意为人们着想，努力解决有机磷危机，而实际上，却在小心翼翼的应付着大众，生怕接触到问题真正核心的部分。

1998 年 11 月，一份来自皇家内科和精神科医生学院的报告首先发表了。这份报告是在去年由首席医务官委托学院编写的。这份报告承认接触到有机磷化学品的人们可能会出现严重的并发症，并建议这些患者应该受到精心的治疗。然而奇怪的是，这份报告并不承认有足够的证据表明有机磷化学品是导致这些症状的必要成分。报告中还建议 NPU 确定是否应该扩大专家建议的范围。

1999 年 7 月，爱丁堡的职业医学研究所关于流行病学的调查报告也出炉了。这份报告时 VPC 在 4 年前委托研究所编写的。与上一份报告一样，这份报告中指出，在调查对象中，有五分之一的农民出现了神经系统上的症状，报告也同意这些症状可能是由有机磷中毒引起的。但是报告中并没有对这些症状进行更深入的调查（这在 VMD，农粮渔业部和卫生部所共同开展的一个项目中早就有所预测）。农粮渔业部的大臣，杰夫·鲁克严肃的保证，这些发现将会交由毒性研究委员会（CoT）的有机磷毒性研究组进行复核，并在秋天发布结果。

由于 CoT 的组织中有许多成员都与制药公司有一定联系，[22]因此我们不难想象他们给出的结果会是什么样子。1999 年 10 月，他们的报告发布了。和想象的一样，报告只是重复了一遍官话，比如没有足够证据证明长期低剂量的有机磷物质会导致慢性疾病。在故意将那些足够停止他们工作进程的那些严重的受害者案例去掉以后，CoT 总结认为，低剂量的接触有机磷物质会导致人体严重疾病的可能性并不高。

2 个月后，一件使有机磷危害性继续降低的工作展开了。农粮渔业部宣布，所有含有机磷成份的绵羊消毒液将会暂时停止销售，直到生产商重新设计溶液容器之后才能继续上架出售。重新设计过的容器可以使使用者在倾倒溶液时被溅到的概率降到最低。宣布这个决定的大臣是拜伦尼斯·海曼。在与有机磷使用反对者私下沟通时，她显得比任何人都更加关心这个问题。在宣布这个决定以后，她很快就辞职了。

这个问题再一次的反映出了政府可笑的矛盾心理。一方面，政府始终坚持有机磷化学品不会对人体造成长期慢性的损害。但是在另一方面又不断的采取各种安全措施，希望减少有机磷对人们的伤害。在不到十年间，政府给农民们提供的安全建议的变化大得出奇。在早些年，如同 HSE 在 1991 年的报告中所承认的那样，农民们几乎没有的得到任何有关人身安全的警告，以至于许多人在没有保护措施的情况下进行了消毒作业。而现在，政府的安全建议已经一步步的完善起来，甚至要求农民穿上像“宇航服”一样的防护服进行作业，另外还要戴上口罩。虽然，防护措施已经达到了如此地步，但是政府仍然没有澄清，到底有机磷对人体的伤害程度是怎样的。[23]

与此同时，在英国各地，成千上万的农民和他们的家庭，还有更多的受害者们，仍然生活在痛苦的悲剧之中。从 1997 年开始，人们开始提起集体的法律诉讼，要求各个政府机构和消毒液生产商对他们的伤害进行赔偿。但是长期以来，他们中的许多人因为索赔一直失败而承受着更大的折磨。

在最多的时候，有 1 000 多名索赔者签名参加了这个团体行动。这次行动的法律援助资金最终也达到了 200 万英镑。* 这笔钱中的大部分落到了在不同时期为他们进行法律服务的律师们的手上（当然，被告们在应对法律诉讼上所花的钱更多）。

对这些诉讼案的处理陷入了一片扭曲的混乱之中，而在这种情况下，坚持把这些在案情上回转曲折的官司继续打下去也是十分痛苦的。对受害者们来说更是这样，因为他们不知道他们的律师到底会把他们引向何方。律师们后来做出了一个重大的决定。他们认为，无论个案之间的区别有多大，他们都必须把所有不同的小案子合并成为一个大案子。还有一个决定，就是案件的焦点必须集中在有机磷物质上，而其他一些也很重要的添加剂，比如酚类溶剂之类的，应该被忽略掉。而事实后来证明，这对他们的大案子来说，是一个致命的弱点。

由于人们总是一而再，再而三的更换律师事务所，法律援助委员会最终停止了所有未来的公共资金资助。尽管后来人们做出了改变，原告数量也大大减少了，但是负责审理的法官们发现，由于受害者们没有有力的论据和更强大的医学或科学证据支持，他们的诉讼显然毫无胜算可言。

2002 年 1 月 29 日，法官贾斯廷斯·莫尔兰在高级法院宣判，这件案子必须要终结了。一周以后，一份 HSE 1991 年报告的副本流出了，报告说明，政府对他们手头这件公共健康事件的情况其实一直都非常清楚。

与其他的东西相比，这份报告显然是政府隐瞒事实做法的核心文件，目的就是为了抵赖对受害者们的索赔。随着这次团体诉讼活动的失败，事实再一次证明，政府的计划是非常成功的。如果 HSE 的报告能早日曝光的话（并且被一些能够打赢官司的律师，比如香港案子里的那些律师拿到），那我们可以想见，这唯一一个正式向英国政府提起有机磷中毒索赔诉讼的集体活动，最后的结果可能就不是现在这样了。

---

* 如果法律援助的具体条款想要得到批准，就必须包含所有关于消毒液的索赔要求（之前提到加里·库姆的案例就是如此），并且将这些要求合并成为一个单独的法律行为。而这对政府来说是有利的，因为如果这个团体的诉讼失败了，那么它其中的每个受害者的诉讼也就都失败了。

理论无知与学术腐败

通过这次事件，其实反映出另一个更大的悲剧。虽然这次中毒事件的受害者只是全社会中一个很小的人群，但是事实证明，这些化学物质对人们的健康所造成的危害早已经开始向其他人群延伸了。由于这种和神经毒气相关的物质的使用范围很广，所以可能会有更多人以其他的途径接触到这些有机磷化合物：可能是花园里的除草剂；可能是厨房的捕蝇纸；可能是治疗头虱的洗涤液；也可能是宠物的项圈；可能是农田农药喷洒后的漂浮物；还有可能是果园里给蔬菜和水果使用的杀虫剂。在英国一个医疗协会 1991 年的报告中，我们发现了一个惊人的事实，有研究显示，有机磷化学品被用于给储存在粮仓里的粮食消毒，而这些化学品会在面包粉里留下残余物。[24]

人们还发现，最近染上未知疾病的人数正在显著上升，而这些病人的症状与有机磷中毒的症状非常相似。尽管这些疾病看起来像是 ME、哮喘或者其他种类的过敏反应，但事实并非如此。在 1993 年，我们曾经会见过格拉斯哥大学的神经病学家，皮特·贝汉教授。他曾在数年的时间里对 ME 进行过大量的研究。据估计，在英国约有 15 万人患有这类疾病。在对许多 ME 患者进行检查后，他和他的研究小组惊讶的发现，患者们所患的并不是 ME，而是他们在工作中染上的有机磷中毒症。[25]

1999 年，鲍伯·戴维斯博士和其他两名科学家发表了一篇论文。论文比较了三个群体之间的神经病学症状：接触过有机磷消毒液的农民；在其他环境中接触到有机磷化学品的人；以及没有接触过有机磷消毒液的农民。接触过有机磷物质的两个人群都产生了类似的病症，而在第三个人群中则完全没有类似的症状。戴维斯和他的同事们指出，与没有接触过有机磷物质的人相比，接触过有机磷物质的人的发病的概率会提高一万倍。也就是说，他们的研究为有机磷中毒与神经失调之间的因果关系提供了有力证据。[26]

然而，由政府主导开展的研究中，却没有任何哪怕与此有一点点类似的发现。他们始终坚持着政府的底线，就是只承认高剂量的有机磷物质可能导致神经系统的急性损害，但是低剂量的有机磷物质不会引起对人体的慢性损伤。除此之外，官方的科学家们拒绝承认任何其他的结果（尽管在 1981 年发布的 MS17 宣传单和1991年发布的秘密报告中，HSE并不是这么说的）。

这就是我们要描述的政府战略。在法律概念上，这叫做“推定驳回”，也就是“推定无视”。政府我行我素，公然的无视或者打压那些与政府结论相违背的证据，并且阻挠那些可能会导致上述结果的研究的正常开展。这样做的原因很简单。市场上每一种附有安全标准的有毒化学品都是由政府机构自己认证的，无论是兽医产品委员会和毒性研究委员会下面的动物用药学会，还是负责认证非兽医产品的农药安全理事会，都是如此。如果有一种市场上的产品被证明并不安全，这就是政府机构的失职。

而失职的责任就会不可避免的落在官员们身上，而这些官员本身又与生产商有着共同的利益关系。所以，他们必然会尽力掩盖能证明自己失职的证据。

在这个问题上，他们是一个敌对于公众的阴谋集团。政府官员与生产商之间的其他紧密关系也能证明这一点。VPC中的许多成员与生产有机磷化学品的制药公司之间都有着经济上或其他方面的联系，CoT也是如此。负责检查这些产品是否安全的VPC，在检查时所参照的数据完全都来自于生产商本身。更重要的是，对于负责颁发执照的VMD来说，它的大部分收入都来自于在发照过程中收取的各种手续费。官员们与生产商之间的关系是如此的紧密，从中产生了一个非常典型的所谓“规制俘虏”的问题：一个个体的发展要取决于它和另一个更大、更有实力的机构之间的关系，因为这个机构统治着整个行业。*

这个问题上我们也有证据。因为现在并没有一个独立的机构来监督是否一切事情都在有序的工作之中。这个监督的职能也被划给了相同的机构，它的任务就是检查自己的工作，所以检查的结果也就不言而喻了。在有机磷消毒液这个事件上，受害者们被要求提交一份“疑似不良反应报告”（SARR）。在报告中，受害者们需要写明他们和有机磷物质接触的详细细节，还有因此导致的不良反应。但是，这份报告随后会被递交到VMD手中，而VMD显然不会承认，自己之前认证为安全的产品其实根本就是不安全的。

我们注意到，相同的情况也曾经在60年代发生过。当时，凯恩斯所领导的委员会正在调查航空安全问题。[27]凯恩斯严厉地批评了民用航空局，认为航空局

---

* 这个词是被右翼经济学家弥尔顿·弗里德曼发扬光大的。具有讽刺意味的是，这个概念的发明者是马克思主义历史学家加百列·克尔克（轨道与规制，1877—1916，（普林斯顿大学出版社，1965年））。

要为飞机的性能检测和发生的飞行事故负责。凯恩斯认为，因为有一架不安全的飞机通过了安全检查，所以民用航空局肯定不能客观的面对自己的责任。

1962年，凯恩斯把这场利益的冲突描述为“道德丧失”。三十年后，玛尔女士在上议院又一次提起了这个概念。她说，对于现在VMD在有机磷消毒液事件上的做法，人们正好可以用这四个字来形容。VMD从生产商那里得到了类似航空局那样的既得利益，因此它必然不会承认，受害者们的遭遇是由VMD验证的安全产品造成的。[28]

她的观点，从VMD的行为中得到了生动的阐述。VMD用来监督有机磷消毒液对人体造成的不良反应的发生率的系统，是非常奇怪的。填写SARR的步骤非常烦琐，以至于许多申请者因为连表都填不完，不得不放弃了索赔。另外，在90年代，SARR的填写数量急速上升，在1991—1992年，填写申请的人数几乎上升了4倍，从63人飙升至227人，其中154人是有机磷中毒的受害者。但是，VMD以几乎一样的理由驳回了这些申请。3年后，当下议院农业委员会的议员们对VMD的工作进行审查时，一名VMD的普通官员私下向委员会主席表示，他们的确不知道应该如何处理这些SARR报告。“我们只是把表格归档整理起来，然后就放在一边了。”这位官员如是说。[29]

然而还有一种模糊的可能性。或早或晚，可能会有一些法院或者独立的调查机构想要对SARR表格进行复查，并且可能会查出一些令人尴尬的结果。2003年，VPC被要求对SARR系统的工作情况进行复查。这次复查的主要结论是，在以后的工作中，SARR表格不应被送到VMD手中，而是应该交给“市场上的独立机构”，也就是说，应该交给制药公司。政府现在则可以从整个过程中抽身出来，而受害者们现在不得不直接向制药公司投诉，而制药公司，是最不愿意承认这些产品有毒的的一方。这就成了一个完美的循环。对于政府和生产商来说，这件事在他们看来就像是一个游戏，准备，开始。

新的灾难：民航飞行员

就在有机磷消毒液事件快要尘埃落定的时候，没有人会想到，另外一个由有机磷物质引起的更大的问题又出现了。代表航空从业人员的团体组织，包括英国航空公司飞行员协会和美国空乘人员协会对最近发生的一些事情产生了警觉。一些飞行员和机组人员因为一些未知的疾病而不得不暂时停止工作。

后来人们发现，这次病情的传播是由于飞机上的驾驶舱和乘务员休息间的循环空气遭到了污染而引起的。从飞机引擎中排出的气体，被证实“又是”被多种化学物质所污染的。这其中包括一种有机磷化合物，磷酸甲苯（TCP），这种物质作为一种防止引擎磨损的添加剂，被加入到了航空燃油之中。由于持续地暴露在低剂量的神经毒性物质中，许多飞行员和机组人员都产生了精神上和身体上的失调症状，而这些症状对我们来说显然是再熟悉不过了。[30]

有机磷所导致的这次事件后果是十分严重的。不但因为这些有毒的气体可能会使飞行员中毒，丧失行为能力，从而影响整个航班的安全。更可怕的是，如果这些被污染的空气会影响到机组人员，那么对乘坐飞机的亿万旅客来说，这又意味着什么呢?

在 1977 年，类似的问题就曾经发生过，而且险些造成重大的伤亡事故。当飞行员准备在美国明尼阿波里斯——圣保罗降落时，“突然失去了知觉”。随后对飞行员进行的检查几乎可以确定，引起飞行员精神和神经肌肉紊乱的原因就是航空燃油中所包含的一种 TCP 物质。被 TCP 物质污染了的空气进入了驾驶舱，并导致飞行员中毒。这种 TCP 的名称是：三邻甲苯基磷酸酯。[31]

到 80 年代末期，在对此事毫不知情的情况下，英国以及其他国家的许多飞行员和机组人员也患上了这种“类似流感的疾病”。症状主要有恶心、强烈的疲劳感、视觉模糊、记忆和语言混乱，甚至还有暂时性的昏厥。人们都认为，他们所得的病，一定与飞机在更换内部空气时充满机舱的那种难闻的烟气有关。苏珊·米歇利斯也是受害者中的一员，她驾驶的是澳大利亚航空的 BA146 航班。

1997 年，在忍受了 3 年的短期症状后，她想到，自己的病基本可能与驾驶舱的空气循环有关。米歇利斯产生了严重的不良反应，因此不得不停止飞行。在丢掉了飞行员执照之后，她开始寻找让她患病的真正原因。

一个澳大利亚机组人员协会非常支持她的行动，并为她提供了大量的数据。数据显示，有许多其他飞行员和机组人员也出现了类似的症状。现在已经调查清楚，导致人们患病的原因是，燃油产生的油烟污染了引擎排放到机舱中的空气。之后，她把这些证据交给了澳大利亚交通部和 50 多名政府官员，然而应者寥寥。最后，只有一位心怀良知的议员约翰·伍德利做出了回应，他在 1999 年组织了一个议会委员会，专门调查此事。[32]

伍德利的委员会对此事进行了非常深入的调查。委员会采集了大量证人的证言，其中包括美孚，世界上绝大部分飞机所使用的航空燃油的生产商。美孚提供的技术证据证明，在他们的产品中的确含有 TCP 的化学成份，而这种成份早在 20 年代就已经被确认为是一种危险的神经性毒素。

美孚的证据表明，TCP 物质中包含有多种同分异构体，其中有三种非常重要。三邻甲苯基磷酸酯（TOCP）被确认就是造成 1977 年事故中，飞行员突然晕厥并险些导致航班在明尼阿波里斯坠毁的元凶。然而在 1958 年，德国化学家迪特里希·赫施勒就已经发现了另外两种更加危险的同分异构体：双邻甲苯基磷酸酯（DOCP）是 TOCP 毒性的 5 倍，多邻甲苯基磷酸酯（MOCP）是 TOCP 毒性的 10 倍。另外，由于航空燃油中 MOCP 的含量要远远高于 TOCP，因此这些物质的毒性叠加起来，是原来毒性的 600 万倍还多。[33]

从此，另一个与绵羊消毒液如出一辙的掩盖事件也将开始了。TCP 中不同的同分异构体在日后政府的隐瞒政策中的作用是非常重大的，政府将其称为“航空中毒症候群”。因为政府机构和两大行业，飞机制造商和航空公司，都卷入了这次事件，所以他们很快就学会了只抓住 TOCP 不放，因为 TOCP 在这几种物质中的毒性是最轻的。另外，他们也开始打压任何不利于他们的消息。

然而，在事情刚发生的时候，英国政府却被澳大利亚议会的调查搞了一个措手不及。澳大利亚议会在 2000 年 10 月宣布，BA146 航班所遭遇的“机舱空气中毒事件”是由在飞机引擎中的润滑油燃烧所产生的有毒气体造成的。对于如何处理这次事故，议会给出了 8 项建议（但是几乎最后都没有落实）。

然而，在同年开展的另一项调查反应却完全不同。这个调查由英国上议院的科学技术委员会负责，主要的调查方向是乘坐航班的旅客们的安全问题。尽管英国航空公司飞行员协会（BALPA）向委员会递交了证据，说明英国的飞行乘务人员正在遭受类似的空气污染问题，但是收效甚微。和 BALPA 的证据比起来，委员会似乎更愿意采信来自行业内部和其他证人的证据，比如国家有毒品治疗中心（NPU）的证据。NPU 认为，不应该把这些现象的原因归结为空气污染。在一个简单的空气质量说明性报告里，NPU 总结认为，“对于航班机组人员和旅客的健康问题的担忧是完全没有证据的。”[34]

接下来的几年里，越来越多的飞行员和机组人员出现了因吸入被污染了的空气而造成的不良反应，而且范围也比人们所预计的更广。这些问题都出现在特定机型上，比如 BA146，波音 757 和空客 A320 等。

现在看来，国际航空业来目前所面临的危机的严重性，已经远远的超过有机磷绵羊消毒液。成百上千名的飞行员和机组成员因为失业和健康问题，都会提出索赔要求，这会给航空公司和飞机制造商带来巨大的经济压力。更严重的是，如果数以百万计的乘客们得知他们一直暴露在被污染的空气中，他们的日子就不会好过了。

制造商非常明白这个问题的严重性，有一件事能说明这个问题。在 2004 年，波音公司启动了新型 787 梦幻客机的生产线，而在新机型上，波音对空气供应系统做了完全不同的设计。在新的设计中，引擎所产生的气流不会再被排放到机舱之中，而是通过压缩风扇直接排到机舱之外。但是如果向公众承认机舱中空气会影响旅客健康，整个行业都将遭受巨大的损失。因此，他们一定要坚决否认这个问题曾经发生过。

2004 年，在两场因为飞行员吸入有毒气体而导致的严重事故发生之后，负责民用航空行业安全的民用航空管理局（CAA）开展了单独的、更加深入的调查。他们报告指出，虽然事故是由有毒气体引起的，但这只不过是在燃油燃烧过程中所产生的一种“刺激性气体”。他们还认为，事故并不是由 TCP 引起的，“因为燃油中的 TCP 物质浓度不大可能造成这么严重的后果”。接下来的事情更是故伎重施了，在报告中只提到了 TOCP，也就是三种同分异构体中毒性最弱的一种。[35]

对于 CAA 所发布的这样一份推卸责任的报告，人们感到非常失望。一名资深的英国飞行员，特里斯坦・洛林上尉在驾驶波音 757 飞机时，也曾经历过类似的化学中毒事件。作为一名 BALPA 的前任国内执行官，他现在正在代表该组织搜集关于“航空中毒症候群”的资料。在这个过程中，他受到了在澳大利亚的米歇利斯在资料上的帮助。在收集了几百例“航空中毒症候群”事件的详细资料之后，特里斯坦非常清楚，这个问题一定是被严重的淡化报道了。

2005 年 4 月，BALPA 在伦敦的帝国理工学院召开了“机舱空气污染会议”，来自全世界的 200 多名代表出席了这次会议。与会者中包括了大量的科学家，医生，还有正在从各个角度研究这个问题的人士。

克里斯·凡·内登教授是加拿大英属哥伦比亚大学的一名流行病学家。他在大会上讲述了他的研究过程，例如，他曾经分析了上百份从各大航空公司的飞机上所提取的样本。在这些样本中，有 80% 检测出了 TCP 的成分。大会的另一个成果贡献者是莎拉·马更些·罗丝博士，她是伦敦大学学院的一名临床神经心理学家。在 2003 年，她曾经在环境、食品和农村事务部的资助下开展了大量关于如何在临床上治疗有机磷中毒症状患者的研究。而现在，她已经将她的研究范围扩大到了关于民航飞行员因有机磷和其他化学品中毒的问题上。她的初步研究结果是非常令人担忧的。根据 CAA 2004 年的数据库资料，因为人们一直持续的暴露在受污染的空气中，因此她估算，在事故发生的一年间，就有 197 000 名英国航空公司的乘客可能吸入了神经性毒气。[36]

会议上展示出来的无可辩驳的证据说明，很多航空公司已经违反了国际条例的规定。按照规定。如果机舱内部充有一定浓度的有害或危险气体以及蒸气，这架飞机就不能起飞。另外，机组成员必须配有“足够量的纯净空气”，以保证他们在有意外情况发生时，不至产生不适和疲劳感，从而可以继续工作。[37]

在巨大的压力面前，交通部和卫生部不得不抛出另一套伎俩，而如果一个人对政府在有机磷消毒液问题上所采取的隐瞒事实的政策非常熟悉的话，那么这些伎俩对他来说也应该是一点都不陌生的。政府命令 CoT 对 BALPA 所提出的问题进行复查。复查的主要内容是机舱内的空气环境、机组成员的健康问题以及这些健康问题与有毒的气体或者烟雾之间可能存在的联系。

2005 年夏天，当这项复查正在进行中时，洛林发病了。当疾病袭来时，洛林正在驾驶波音 757 飞机。当时他的症状非常严重，因此他不得不停止操纵飞机。之后，一批专家对他进行了检查，其中包括贾马尔和默罕默德·阿布·多尼亚教授。多尼亚教授是北卡罗来纳州杜克大学的一名享有国际声誉的专家，尤其擅长对于有机磷中毒症状的研究。专家们发现，洛林的症状有：部分脑细胞死亡、认知困难、TCP 物质中毒、以及免疫系统受到抑制等，另外还发现了致癌物。

阿布·多尼亚曾经发明了一个术语，OPIND（有机磷造成的神经反应迟缓及精神失调），用来描述有机磷中毒造成的长期性的神经损伤。贾马尔则创造了另外一个词，COPIND（慢性有机磷中毒引发的精神失调）。*然而，两人都认为，洛林的免疫系统和认知能力都遭到了严重的损伤。但是航空公司的医生还在安慰他，说他的身体并无大碍，而且很快就能继续飞行了。

2006 年 4 月，在继续驾驶波音 757 几个月后，洛林又产生了严重的不良反应。CAA 要求他停止飞行，以便继续观察治疗。然而当他后来又找到贾马尔等专家时，对他的检查显示，从去年起，他的健康状况一直在继续恶化。他之前一直在代表 CAA 对这件事情进行调查，没想到，最后这些症状却在他自己的身上应验了，而他付出的代价，则是他的健康和他所热爱的事业。

但是至少，洛林现在已经意识到了问题的真相。由于航空公司和类似的政府机构，比如 CAA，都拒绝承认这个问题实际存在，大部分的飞行员仍然在不明真相的情况下继续飞行，全然没有察觉到自己已经染上了这种疾病。这其中最典型的例子当属约翰·霍伊特上尉。从 80 年代起，他就一直在驾驶 BA146 型的客机。然而最近，他却不时的感到不适，而造成他不适的原因就是机舱里面的“烟雾”。有时他甚至无法说话，大脑感觉也好像不受控制。2004 年的一天，他发生了强烈的不良反应，并且昏了过去，而当时他所驾驶的飞机正在飞往萨尔斯堡的路上。返回地面后，他立即被 CAA 的医生要求停止飞行。随后他被 CAA 的一名精神病医生特恩布尔教授诊断为“紧张过度”。2005 年，在经过又一次的类似事件后，他本人决定不再继续飞行。[38]

霍伊特并不清楚他的症状和 TCP 之间的关系（但是在沃里克郡，他的一名邻居也有类似的遭遇。他的邻居曾经是英国航空公司波音 757 上的一名乘务员，在出现了与他类似的症状并晕倒后，他的邻居被强制退休了）。

然而，在 2006 年 1 月，洛林找到了霍伊特，并邀请他参加伦敦大学学院的马更些·罗丝博士所开展的一个项目。2006 年 5 月，在洛林也被停飞之后的一个月，检查发现霍伊特也存在认知困难等其他的异常情况，而这些症状与有机磷和

* 贾马尔现在就职于伦敦帝国理工学院的神经学部，在 2002 年，他曾经发布了一篇迄今为止研究最为透彻的论文。论文的主要内容就是低剂量长时期接触有机磷化学品对人体产生的神经影响（COPIND）。在 30 项研究中，有 26 项研究证实这些症状与神经毒素有关。他的论文最后总结，毫无疑问，现在所掌握的证据足以证明有机磷中毒会导致人体神经系统的损伤（G.A. 贾马尔等，《毒理学》，2002 年 12 月 27 日，181-2，223-33）。

其他相关化学品中毒的症状非常相似。而结束伦敦大学学院检查的其他飞行员也都带有类似的症状。直到这时，霍伊特才真正知道，导致他病倒的原因不是什么“精神疾病”，也不是什么“压力过大”，而是因为他已经接触了将近20年的、他一直在呼吸着的、机舱里的被污染了的空气。

另一名飞行员朱利安·索迪上尉也对自己在驾驶146型飞机时所产生的不良反应一无所知。直到有一次，他也因为急病被CCA要求停止飞行。他与公司还有CCA的首席医务官都进行了沟通，这名医务官还是他的一位朋友。但是他们两人在讨论之后，都觉得他不应该再继续飞行了。之后，他又犯病了，据他自己描述，当时他整个人“就像植物人一样毫无知觉”。随后他找到了一名医生，这位医生的父亲是一名威尔士的养羊人，同时也是一位有机磷中毒的受害者。当这位医生发现索迪和他父亲的症状非常相似时，他感到非常惊讶。后来，当索迪经这位医生介绍找到了贾马尔博士后，他的病因才得以真相大白。CAA虽然承认这些症状“可能会证明你在BAe 146型客机上接触到了某种化学物质”，但是他们最后还是认为，索迪现在的状态已经不再和他的飞行员健康状况证明相符了。最后出于对索迪安全的考虑，索迪被停飞了，也就是说，他丢掉了一份年薪十万的工作。[39]

当CoT在2005年刚刚开展调查时，飞行员们还都感到十分高兴。他们没有想到，事实根本没有他们想象的那么美好。实际上政府一直在利用CoT隐瞒有机磷消毒液事件的真相。而飞行员们还以为，这次政府会真正的帮助他们发掘出他们所希望看到的事实。然而，伴随着接下来两年里不停召开的各种会议，人们才逐渐发现了委员会的真正目的。

在这一系列会议中，BALPA和CoT秘书处之间的一次会议是非常典型的例子。这次会议于2006年2月在英国卫生部召开。[40]BALPA一方的代表都是国际上著名的专家，比如来自北卡罗莱纳州的阿布·多尼亚教授，华盛顿州西雅图的遗传学家克莱姆·弗隆等等。但是CoT这边对专家们的意见毫无兴趣，只是一味地想要把讨论的方向从TCP和有机磷化学品等问题上转移开来。他们一直紧紧的掌握着会议的方向，努力地避开关键的问题。最后，他们承诺将会发布一份报告。可是直到一年多以后，这份报告也没能实现。

2006年6月，政府采取了进一步的措施，希望能够停止人们对这件事请的关注。马更些·罗丝博士被环境、食品和农村事务部告知，她的这个进展良好的项目即将被取消。博士说，她被告知，项目取消的原因是，VMD 认为她的研究协议有问题，尤其严重的是，她选择了养羊的农民作为实验对照组。她提交了 12 个选项作为实验对照组的补充选项。而 VMD 把这些选项全部驳回了，而且也没有向她解释，到底什么样的实验对照组是合适的。这些建议的背后，实际上是政府的阴谋。政府妄图破坏那些可能产生不利言论的实验，从而避免使自己处于尴尬的境地。2006 年 12 月，环境、食品和农村事务部宣布，对该项目的拨款可能会继续，但前提是，项目必须在政府新的严格限制条件下进行。[41]

政府试图掩盖有机磷中毒事件真相的努力，看起来是非常成功的。然而在 2007 年 6 月 18 日，3 名影响力最大的有机磷事件活动者联合在了一起。他们是前飞行员米歇利斯上尉、洛林上尉和苏霍伊上尉。而在他们身后的，是广大的飞行员、机组人员和乘客们，另外还有 110 名国会议员，以及其他志同道合的人们。其中包括资深的活动家，玛尔女伯爵和（保罗）泰勒勋爵。他们和另外 20 多名受到侵害的飞行员们共同来到威斯敏斯特，见证航空中毒者联合会的成立。这个组织的目标只有一个，就是为了所有受害者的权利和事情的真相而斗争。*

在同一周，CoT 发布了另一场在 3 份月召开的会议的记录。这次会议的记录没得出什么明确的结论，简直就是自娱自乐。尽管这份会议记录一开始就提到，BALPA 已经递交了关于有机磷问题的数据，但这也就是全文中唯一一处和主题有关的话。在剩下的 20 多页里，都是一些不着边际的话，比如，需要解决什么一氧化碳的问题，需要复核飞行员的训练程序等。很明显，CoT 对于机舱内的空气到底有没有被燃油中的 TCP 物质污染这个问题一点也不关心。这次会议的唯一目的就是尽可能的转移话题，以保证这个最重要的问题不会出现在最显眼的位置上。[42]

看起来，掩盖者们似乎又一次取得了胜利。

---

* 国会议员们曾经签署了一份早期动议，要求飞机制造商们在所有出现问题的机型上安装过滤系统。他们还要求，不论何时，如果乘客们吸入了被污染的空气，他们必须马上得到通知。

事情的全貌

到现在为止，这章所讲的所有问题，都围绕着政府和他们的各界同盟是如何谋划着来消除证据、掩盖真相的。而真相就是，这种化学品已经损伤了无数人的健康。那些本来为了保护民众远离危险而成立的管理机构，却是如此地腐败，甚至是倒行逆施。

在我们看来，有机磷物质只是现代社会中人们可能接触到的无数种有毒化学品中的一种。绝大多数的人们可能并没有意识到，他们每天都有可能会接触到这些物质。与此同时，那些本来应该保护我们不受有毒物质伤害的部门，其实和生产这些消毒液的公司狼狈为奸。一旦任何有毒的化学品通过了有关部门的认证，并且贴上安全的标签，生产商和管理者之间已经形成的既得利益关系就会迫使他们消除所有的可能让人们发现这些物品仍然具有毒性的罪证。

为了证明这些话，我们再举两个例子。从中我们可以看出，当坚定的反对活动者们尝试揭露政府管理机构的基本缺陷时，官方是如何回应的。

第一个例子是关于另一种非常特别的有毒化合物。这种化合物的使用范围也很广，它的名称是三丁基锡，也就是 TBT。这种化合物通过了安全认证，可以被用于多种商业产品，比如木材防腐剂。这种防腐剂经常被用于保护一般家庭中的横梁和地板。另外 TBT 还被用于防腐蚀油漆，水手们经常在快艇和摩托艇的船壳上刷上这种油漆，这样可以避免船壳被微生物腐蚀。

1998 年，玛格丽特·雷科琳，伦敦一所学校的艺术部的前任部长，产生了严重的健康问题。这是因为她在位于汉普郡的别墅受到了多种有毒化学品侵害，其中包括 TBT 和林丹杀虫剂。这些喷剂被喷到了她别墅附件的树木上并导致她中毒。为了给别墅消毒，她花费了 2.5 万英镑。然而她还发现，这次中毒之后，她对化学品变得非常容易过敏，不仅包括 TBT，还有其他的普通化学品。这意味着以后她在接触化学品时必须要非常小心。另外她还发现，她的症状经常出现反复。

当她向给 TBT 颁发安全认证的 HSE 反映这个问题时，HSE 坚持认为 TBT 对人体是没有任何危险的，还认为她的担忧是毫无根据的。1990 年，在一份新发布的宣传单中，HSE 再次重申，TBT 对人体健康不会产生任何威胁。但是在克罗恩所发表的一个威胁健康物质清单中，事实却并非如此。克罗恩这份清单上的信息来源于 HSE 为医院、警察局和消防局以及其他专业机构所提供的一份信息清单。在这份清单中，HSE 明确的把 TBT 列为有毒物质。TBT 的特征包括免疫性毒性、神经毒性、对皮肤和肺部的刺激作用，以及“非常高的致死率”。

1990 年，在 HSE 总部，支持她的议员为她和 HSE 的官员以及杀虫剂咨询委员会的官员安排了一次会谈。在会上，雷科琳女士要求他们解释这两份清单间的矛盾。HSE 的罗宾·弗罗斯特博士告诉她：“我们对我们所提供的信息具有最终解释权”。[43]

随后她发现，科学上的担忧范围远远不止于此。有人发现，TBT 在船只上的使用，对诸如海豚、鱼类和其他海洋生物也造成了伤害（这将很快导致对 TBT 的限制使用）。

至少，现在雷科琳女士能够确认，涂在她家别墅上的涂料的主要成分就是 TBT。她的结论是从生产商的资料表上得来的。为了贯彻欧共体的规定，HSE 在 1988 年通过了“有害物品控制条例”（COSHH）。所有的生产商都必须根据这个条例进行生产。因此在 1995 年，当她想要重新喷涂别墅外墙时，她咨询了她的供货商，希望知道这些油漆中含有哪些成分。油漆的生产商 ICI 向她提供了一份 22 页的、密密麻麻的数据资料表，但是在这份资料表上，她没有找到任何答案。

当她再次找到 HSE，询问为什么她的要求不能得到满足时，她被告知，她所拿到的是新的电子资料。这种资料是在 1994 年 HSE 通过新的“化学品有害信息和包装规定”（为了贯彻 3 项欧共体的最新规定）后所新近发布的。雷科琳女士惊讶的发现，与以前的 COSHH 资料表不同，根据规定，新的资料表“不再需要列出危险物质”。当她阅读 HSE 发给她的两本光滑的小册子时，她变得更加疑惑了。这两本小册子一本是《每个人的电子资料 –2》，另一本是《电子资料傻瓜指南》。资料 2 的目的是“保护人们和人们周围的环境免受化学物质的影响”。[44]

换句话说，这个新系统的作用实际上和它所宣传的完全相反。公众已经被剥夺了知道真相的权利。现在再没人知道，他们所接触到的有毒物质的具体成分到底是什么了。雷科琳女士还发现，TBT 也被改头换面，利用诸如“超级鲜”这样的无害品牌的掩护，重新上架出售了。TBT 出现在了各种家庭商品中，比如杀虫剂、浴帘、羽绒被、鞋底以及地毯等。也就是说，任何对 TBT 过敏的人都有可能会因为接触这些物品而产生不良反应。而人们对此也一无所知，不知道到底是什么影响到了他们的健康。

这个系统还有另外一个重大的缺点，而官员们也尽力的试图去掩饰这个问题。在几年以后，这个问题被另一个杰出的活动家乔治娜·唐斯揭露了出来。她曾经随父母于 1983 年搬到了苏塞克斯，而他们的新家与一片开阔的农田相毗邻。不久之后，唐斯夫人和她的家人身上就都出现了严重的健康问题。直到几年以后，当她因为严重的肌肉萎缩和其他慢性症状而来到医院就诊时，她才开始思索疾病的诱因。她回想起，每当她家花园旁边的农田开始喷洒除虫和除草的化学农药时，她的许多症状就会变得尤其严重。

为了从管理杀虫剂的部门那里找到更多信息，唐斯女士找到了 HSE 和杀虫剂安全理事会。这个安全理事会负责每年全英国农田上的 3.1 万吨的化学农药的喷洒工作。令她感到惊讶的是，他们驳回她的请求的速度简直快的出奇。随后她更吃惊的发现，对于是否可以在有人居住的花园旁边和房屋的窗户附近喷洒农药这个问题，政府没有任何的法律解释和说明；相对地，一个农民也没有任何法定义务来证明他所使用的农药的成分，同时他也没有义务在喷洒有毒农药前警告他的邻居。

作为一名意志坚定的年轻女性，她在 2002 年开始了她的揭露法律死角的不间断活动。首先在 2002 年，她在约克郡的一次公共集会上发表了一次针对农药咨询委员会主席的著名的演说（一个类似于 VPC 的机构，与化学品生产商也有着紧密的联系）。她拿出了她精心准备过的，关于英国农村地区疾病情况的大量证据，包括各种癌症、白血病、非霍吉金斯淋巴瘤以及类似 ME 和帕金森氏病的神经病症状。随后，她把矛头对准了各个高官，比如麦克·米切尔，当时的环境大臣。她利用对法律和科学证据的掌握以及娴熟的宣传技巧，把政府官员们弄得节节败退，只守不攻。

大臣和官员们一直试图想要用冠冕堂皇的话把她搪塞过去。他们宣称，法律会为公众提供完美和充足的保护。但是每次唐斯女士都能找到官员们空话里的弱点。比如，她说官员们曾经开展了一项活动，来评估玉米农药对人们的危害。然而在实际上，所谓的评估，在农药环境里只持续了不到 5 分钟，而对于应该开展的，关于长时间和反复接触农药所造成的风险评估活动，却根本没有实施。这也直接导致了住得离农田很近的她和她的家庭受到了农药的伤害，更不用提农药在一年当中要喷洒好多次。

唐斯女士收到了媒体的高度关注。她还因为她的活动得到了一系列的奖项。在 2005 年，她甚至还得到了皇家环境污染委员会所开展的一项调查的大力支持。但是像往常一样，这样的胜利似乎来得太容易了。尽管她掌握的证据都非常有力，这些久经沙场的官员们还是能轻易的给她来一个下马威。无论如何，在这一点上，任何官员和政府机构都不会做出一丁点的让步。这一点就是任何经过政府认证的产品都绝不会对人们的健康造成影响。这是一个任何政府都不能容忍的“恐慌”。如果他们承认了真相，后果是无法想象的。

然而，即使到现在，仍然存在着一个扭曲的事实，而这个事实是任何人都无法预料的。

扭曲的事实

1998 年的后半年，英国成为了欧盟的轮值主席国。在这个为期 6 个月的时间段里，每一个轮值政府都必须要做的一件事，就是推动新的立法进程。因此，白厅这条街上的每一个部门都必须提出自己的建议。在建议列表上的前几条里，有一条是来自米歇尔・米切尔的。作为国家的环境大臣，他在两年前竞选时也打出了加强对使用有机磷消毒液的管控的口号。

然而，在就职之后，他却并没有履行之前的承诺。1998 年 12 月，在切斯特，当英国成为欧盟环境部长理事会的轮值主席国时，米切尔提议建立一个覆盖全欧盟的系统，来监管化学品的使用。2003 年，布鲁塞尔的官员们通过了欧盟的化学品注册、评估、许可和限制条例（REACH）。

这个条例开始施行后，欧盟境内的所有 3 万种化学品都必须通过检测和认证。这样做是为了保证人类和环境不会受到有害物的影响。对于 14 万种化合物和包含这些化合物的分子式来说，也是如此。从给塑料上色到处理皮革的化学试剂，这些化合物都必须通过单独的检测，并且被认证为安全产品。整个的操作程序由新成立的欧盟化学品管理局进行全程监督。

由于委员会的建议太过复杂，对这些建议所进行的磋商写满了1.2万张纸，创造了一个新的世界纪录。德国，法国和英国这3个国家都是化工强国，也正是他们，使得欧洲成为引领世界化工产业的地区。然而，从这3个国家收到的反馈却是如此的糟糕。他们预测，至少要花费100年时间，才能将17万种化学产品全部检测完毕。而在这个过程中的花费，则是一个天文数字。据估计，仅在英国一个国家，每年REACH就需要花费60亿英镑，这比英国化学品出口的全世界总产值还要多。另外，由于这些规则并不适用于欧盟进口的产品，反对者抱怨说，这样的规则只会给其他非欧盟国家创造大量的工作岗位，比如中国。他们可以生产大量的化学品，而不需要对新生产的产品进行检测。[45]

经过三年的幕后激烈争论，2006年12月，REACH的最后版本终于被欧洲议会通过了。尽管最后的版本已经被修改过了，但它仍然是欧盟历史上所通过的最昂贵的法案，而且欧洲将为这个法案付出很大的经济代价。而且，如果不是因为看到了那些因为有机磷消毒液中毒的英国农民和他们的家庭的悲剧，这个法案可能永远也不会被人提起。

然而，REACH法案的第一个让人感到讽刺的地方在于，这个法案并不包括各种杀虫剂和生物性农药。而本来的设想是，把这部分化学品规划到其他在将来通过的法案当中。第二点是，这个系统会将成千上万种新的化学品纳入欧盟的管辖范围之内，目的是为了防止这些化学品对人们的健康造成进一步的伤害。但是如果这样的话，那新的系统就和许多年前允许使用有机磷消毒液的系统就没有什么区别了。

新系统的指导理论还是老样子。如果一种化学品通过了政府机构的安全认证，那么它就一定是安全的。然而事实上，就像我们所见的一样，正是这个原因在一开始就导致了有机磷消毒液的悲剧。

在这个系统里，政策的制定者们还是没能记住“道德丧失”所带给我们的真正教训。简单的呼吁制定一个新的认证系统，并不能保证这些化学品安全检测管理机构不会重蹈他们前任的覆辙，从而再次出现有机磷消毒液那样的事故。在辜负民众的信任这个问题上，在英国没有任一个何机构会比卫生安全局（HSE）更加丢脸了。然而在2006年，当一位英国的大臣被问到，哪个机构会负责REACH法案的实施时，他答复到：

被选中的机构，必须能够向人们展示，它具有和 HSE 进行合作的能力。而 HSE 在职业健康立法方面拥有总体政策的支持和监督执行的责任[46]

在我们前面所提到的所有例子中，恐慌对人们所造成的真正伤害在于政府所发出的行政命令。在有毒化学品的案例中，政府竭尽全力来阻止他们眼中的威胁发展成为一场“恐慌”。即使这样，这个“从未存在过的恐慌”还是导致政府做出了荒谬的、毫无道理的行政命令，并对人们造成了比化学品本身更严重的伤害。

鉴于这是一场真实的、政府早已设计好的悲剧，我认为，这场悲剧很有可能会成为一个用大锤砸核桃的真实案例。

注 释

1.《农业生产中的有毒化学品》是一份由索利·祖克曼领导的工作组在 1951 年 1 月递交给农业粮渔业部报告。

2. 例如肯尼斯·莫伦比的《杀虫剂与环境污染》(1967)，这本书积极的讲述了有 OPs 对于环境的益处，OPs 也就是现在人人喊打的有机磷化合物。

3.《有机磷杀虫剂 - 以及在农业上的使用》，来自北爱尔兰政治对话论坛 D 常委会的报告（农业和渔业事务），由北爱尔兰议会递交，1998 年 4 月 3 日。

4. 英国国会议事录，下议院，1992 年 6 月 8 日。

5. 英国农粮渔业部通讯稿，112/93，1993 年 4 月 1 日。

6. 克里斯托夫·布克和理查德·诺斯，《疯狂的官员》(达克沃什出版社，1994 年)。

7. 布克和诺斯，《疯狂的官员》，209 页。

8. R·斯蒂芬斯等，《长期暴露在有机磷消毒液环境中对神经系统的影响》，《柳叶刀》，345，8958（1995 年 5 月 6 日）1135-9。

9.《关于有机磷绵羊消毒液》，兽医产品委员会，1999 年。

10.《周末电讯报》，1997 年 7 月 27 日。

11.《农业新闻》，1995 年 9 月 5 日。

12.《周末电讯报》，1994 年 9 月 11 日。

13. 英国国会议事录，上议院，col.271，1995 年 6 月 21 日。

14.《周末电讯报》，1995 年 8 月 20 日。

15.《周末电讯报》，1995 年 8 月 20 日。

16. 英国国会议事录，下议院，1996 年 10 月 4 日。

17. 英国国会议事录，下议院，col.67，1996 年 10 月 15 日。

18. 英国国会议事录，下议院，及《周末电讯报》，1997 年 3 月 2 日。

19.《周末电讯报》，1997 年 8 月 3 日，12 月 14 日。

20. 来自杰弗里・霍利斯的信，《周末电讯报》，1997 年 8 月 3 日。

21.《周末电讯报》，1997 年 12 月 14 日。

22. 请参阅第八章，毒性研究委员会是督促鲁克的机构。现在这个机构正在要求限制维生素 B6 的销售。

23. CF・玛尔女伯爵，英国国会议事录，上议院，2005 年 3 月 9 日。

24.《杀虫剂，化学品与健康》，英国医学协会 (1991).

25. 个人通信。

26. D・R・戴维斯等，“慢性有机磷中毒引发的精神失调（COPIND）”，营养和环境医学期刊，9，123–34。

27. 凯恩斯委员会对于民用航空事故的调查和许可控制，报告（cmnd.1965）（1962）。

28. 英国国会议事录，上议院，col.1559，1997 年 6 月 24 日。

29.《周末电讯报》，，1995 年 8 月 27 日。

30. 如欲参阅更多背景知识，请查看由一些患病的机组人员建立的网站，www.aerotoxic.org。

31. 马克・R・蒙哥马利等，《人们在吸入飞机引擎润滑油成份后引起中毒》，《临床毒理学》，11，4（1977），423–6 页。

32.《BA146 型客机空气安全和机舱空气质量》，参议院农村事务和运输指导委员会的报告，2000 年 10 月。

33. D・赫施勒，《磷酸甲苯中毒》，《临床周刊》，36，14（1958）。

34. 空中旅行与健康，上议院科学技术协会，第五份报告，2000。

35. 民用航空管理局论文 2004/04，机舱空气质量，www.caa.co.uk。

36. S・J・马更些・罗丝等，《商用客机上因空气污染导致的健康问题：身心机能紊乱或神经系统损伤？》《职业安全卫生杂志》《澳大利亚与新西兰》，22，521–6。其中一位乘客对于中毒事件公开发表了自己的意见。他的名字是加里・库姆。他同时也是一名有机磷消毒液的受害者，在这一章中曾经提及到他。详情请参考保罗·泰勒的网站，www.paultyler.libdems.org。

37. 联邦航空条例，FAR25/831（以及对等的国际条例）。

38. 约翰·霍伊特，递交给上议院科学技术委员会的书面证据，2007 年 6 月。

39. www.paultyler.libdems.org，2005 年 7 月 15 日。

40. 毒性研究委员会和英国航空公司飞行员协会秘书处之间的会议，卫生部，斯基普顿楼，2006 年 2 月 22 日（附录 3 至毒理学 /2006/21）。

41.《化学世界》，2006 年 11 月，2007 年 1 月。

42. 毒性研究委员会研究论文修订版，毒理学 /2007/10。

43. 来自于一次讨论的录音。

44. 克里斯托夫·布克和理查德·诺斯，《谎言的城堡：为何英国必须远离欧洲》（达克沃什出版社，1997 年），15–16 页。

45. 克里斯托夫·布克和理查德·诺斯，《大骗局：欧盟到底能否生存？》（连续出版社，伦敦，2005 年），610 页。

46. 英国国会议事录，上议院，2006 年 5 月 25 日，英国环境、食品和农村事务部大臣伊安·皮尔森的书面答复。

后记

A new age of superstition

迷信的新时代

纷繁的人世背后，隐藏着的，是怎样黑暗的欲望和一触即燃的无知。有些时候是偶然为之，有些时候却是策谋已久！

休伊·特雷弗·罗伯《16—17世纪欧洲疯狂的猎巫运动》

在16—17世纪的200年间，欧洲的基督教文明一直被挥之不去的恐惧所困扰着。当时的许多统治者都相信，他们的王国正面临着巨大的威胁。有数不清的女性被人们认为是黑暗与邪恶的化身，因为她们已经与恶魔定下了契约。这些女性被人们叫做“女巫”。

在来自教皇、牧师、律师、神学家以及各种各样的学者的大量的详细证据的支持下，宗教裁判所终于开始行动了。成千上万的女巫和她们的男性同伴遭到了残酷的迫害。折磨、监禁、火刑、绞刑、溺毙或者是对她们的追杀，一直到死。

直到17世纪末期，人们才明白，原来女巫根本是不存在的。这个巨大的“女巫恐慌”实际上的来源，只不过是一个不着边际的幻想。

在人类的历史上，没有什么事情比这件事更能引起我们的困惑。然而同时，这件事又显得有些好笑，为什么，我们的前人在面对当时社会的威胁时，总是这么容易成为一些狂热思想的盲从者，而这些威胁其实根本就是臆想出来的。历史中总是充斥着各种大大小小的反面教材，比如17世纪70年代，题图斯·奥兹在英格兰所煽动起的“天主教的阴谋”；还比如，麦卡锡议员在20世纪50年代所制造的“美国政界高层的共产主义潜伏者”的阴谋，而这个阴谋伤害了许多爱国人士的心。

而其中最可怕的，要数“犹太复国主义阴谋”。这场阴谋发生在 19 世纪末的欧洲，而纳粹集中营里的悲剧也在随后的时间里达到了顶点。

我们不禁要问，为什么以前的人们会如此的轻信他人，又为什么会如此轻易的被这些假象冲昏了头脑呢？但是在提问之前，我们不能忘记另一个重要的问题，在现在的时代里，人们比以往任何时代都更容易受到所谓的臆造出来的“恐慌”的影响。

我们不得不承认，现在的世界已经发生了变化。总的来说，那些对人类社会如影随形的威胁现在不会再出现在人们内部了。（但是，在人类社会中，显然还是会有一些其他的麻烦，比如恐怖主义的威胁）。

人们今天所面临的威胁，已经变得更加难以捉摸。与古代的那些女巫相对应的，现在人们所面临的，是对于他们健康和生活的威胁。比如食品中新的致命病毒或者细菌，还有漂浮在家中或者工作场所的有毒物质等。这些包括全球变暖在内的种种威胁，经过不断的累积，最终描绘出了一副末日的景象。

在后记中，我们主要会讨论两个问题。首先，根据之前已经分析过的证据，我们将分析几个主要的政府及社会机构，在恐慌的成功扩散这个过程中所起到的重要作用。

随后，我们将就一些问题探索其更深层次的原因。为什么在我们的时代会出现如此典型的不合理事件。目前我们的社会存在什么样的心理问题，为什么这种心理问题会导致人们对书里描述的恐慌如此敏感？

未知恐惧症的力量

人们对任何事物产生恐惧的先决条件，就是不确定性。在本书的开头我们引用了莎士比亚的如下文字：

> 夜间恐惧的念头，
> 容易使灌木丛变成一头熊。

莎士比亚所写的正道出了人们认知世界的基本特点。我们容易把夜间一眼瞥到的东西想象成一头熊（夜贼、鬼魂或其他），原因是我们的大脑没有足够的信息正确处理眼前的画面。看不清事实真相正是我们的想象力作祟的原动力。

在很多情况下，我们都会产生这种认知体验，其核心概念叫做“未知恐惧症”。本书中描述的所有恐慌都起源于这种心理。因为对假定的威胁认识不够，所以人们的恐惧便会放大，逐渐脱离现实。只有具备足够的信息时，人们才能意识到自己以为的大黑熊不过是一团灌木丛。

正如我们之前所见的，一场恐慌得以盛行，需要有“推手”势力的参与。包括科学家、媒体、政客和官员。当然煽动恐慌的力量自然少不了一些非政府组织，如地球之友、绿色和平组织、癌症慈善机构或反石棉组织。

可能在为引爆一场恐慌蓄积力量方面，这些组织会扮演不同的角色。但是，科学家是其中至关紧要的一个环节。“貌似可信”是任何恐慌得以蔓延的必要条件。而在现代社会，只有科学家能提供这样的条件。

科学家的角色

在我们所见的每一次恐慌的中心，都有一批科学家或是技术专家，在做着错误或夸张的猜想。而他们猜想的依据往往都是一些极不可靠的数据。他们通常会莫名其妙地把两个事物联系在一起，然后称两者具有因果联系。

当沙门氏菌中毒事件增加以及家禽沙门氏菌污染上升时，公共卫生实验室（PHLS）的伯纳德·罗威与他的同事立即得出结论，认为两者必然存在联系，而且鸡蛋也一定受到了感染。疯牛病顾问委员会（SEAC）的帕蒂森以及他的同事们在出现他们所谓的新型人类脑病后，立即将之与疯牛病联系起来。

当诸如欧文·施里科夫之类的科学家们发现角闪石石棉与大量死亡有关，他们当即认为，另一种石棉（仅仅因为相同的名字）同样危险。当科学家们发现二氧化碳总量与全球气温都在上升时，他们便相信两者之间的因果联系。他们完全忽视了这样一个事实：过去几十年来，虽然二氧化碳总量在增加，温度却在降低。

一旦第一步走错，事态就发生了改变。被说服的人们开始执着地相信某种观点，同时也选择性地忽视了一些相反的证据。

PHLS已经确认受感染的鸡蛋就是沙门氏菌中毒事件的源头，因此其调查人员没有再考虑其他原因。克利夫兰的那些儿科专家确信他们的“肛门扩张法”可以可靠地检查儿童是否受过虐待，以至于排除了所有其他因素；同样的，社会工作者们也迷信于所谓的“专家证据”，认为大量成年人参与了撒旦式的宗教虐待。专家们致力于寻找“环境性吸烟”对普通人造成伤害的证据，他们坚持认为成人吸烟应该对婴儿猝死负责，却全然不顾这样一个事实：在婴儿猝死发生率急剧上升的那些年里，吸烟率却在迅速下降。

这就是恐慌在科学界内部蓄积力量的方式。研究者们不仅执迷于某一个论点而完全忽视其他可能，而且自以为是在做对社会负责的事业。

于是，恐慌在科学界的演化进入第三阶段。此时，推手们已经为自认为的正义事业忘乎所以，不顾一切地遏制所有对自己不利的证据。正如厄恩哈特与斯卡尔斯所指出的，尼德曼研究铅对儿童脑部的影响时，他一次又一次地缩小研究范围，将不支持自己论点的一切数据排除在外。世界卫生组织与美国癌症协会发现他们对被动吸烟的调查结果和预期不同时，便试图阻止公开这些发现。

最为臭名昭著的数据操纵案例要数IPCC（政府间气候变化专门委员会）将其“V”字型曲棍球棒曲线图作为全球变暖的证据。通过提出不具代表性的数据、断章取义的说辞，排除不利数据，IPCC根据自己的意愿改写了历史。*

恐慌演化到这一阶段时，科学政治化的迹象已经愈加明显。恐慌理论的力量变得更加强大，已经成为学术界、企业界与政府的正统思想。从政府、大学以及大公司巨额资助巩固正统思想的各种科学研究，便能看出这一趋势。

当英国政府认定羊群可能受到BSE感染时，他们就浪费数百万英镑证明这一论点。为证明被动吸烟对普通人的损害，同样耗费了数百万英镑。据估算，因为

* 2007年，NASA长官迈克尔·格里芬在接受美国一家电台采访时的一番话引起了轩然大波。当时他说，自己不确信全球变暖是人类需要“全力对付”的问题。他的这番言论遭到许多人的公开抨击，包括皇家天文协会主席迈克尔·罗恩－罗宾逊。他要求格里芬收回自己的言论，因为他的观点与国际气候专家通过IPCC提出的建议不符（“NAS长官攻击气候变暖理论”，LabnewsOline, 2007年7月6日）。

史上最大的恐慌——全球变暖，截止2007年，已经有1 000亿美元用于各种研究项目。这些研究项目全都出自官方的正统思想——人类活动引起气候变化，而且人类也可以将其停止。

的确，一旦这种正统说法得势并变成所谓占据统治地位的意识形态，想要为挑战正统的研究赢得资金支持就变得非常困难了。这种情况同样在气候变化领域中得到验证。亨里克·史文斯马克与他的丹麦同事因资金短缺几乎难以将他们研究进行下去，好在后来有嘉士伯私人基金会的慷慨捐助。其他拒绝为研究提供资金的例子不胜枚举。例如，对有机磷化学物对人类影响的独立研究就曾遭到各种形式的扼杀。当然，这些事情都没有向公众公开。

拒绝为研究项目提供资金的最恶劣的要数美国癌症协会，他们在最后一刻斩断对恩斯托姆与卡巴特被动吸烟研究的支持，因为两人的研究结果未能使他们满意。唯一愿意资助这些独立研究者的组织就是那些利益受到威胁的企业。而这样做恰恰遂了恐慌推行者们的心意，因为他们可以堂而皇之地解释取消这些研究的原因了。

尽管美国癌症协会还在出资时，恩斯托姆与卡巴特就已经几乎完成了他们的研究。但是，他们凭借烟草企业的资金支持才将研究结果发表出来。结果这一情况却被反烟人士用来抹杀他们过去四十年的努力。因为他们的研究成果令反烟人士非常生气，所以对他们的诋毁持续了好多年时间。美国癌症协会还向恩斯托姆所在的学校加州大学洛杉矶分校举报他“学术不端”，并在1 000个网站上公布了他们对恩斯托姆的指责。2007年春天，他终于恢复了清白名誉。当时，他将四年来遭受的无情诽谤描述为“最为残忍的个人攻击”，并称学术界已被一种“麦卡锡主义气氛”所笼罩。[2]

恩斯托姆的例子已经足够典型。然而，类似的例子还有很多，恐慌理论的拥护者通常会采取对人不对事的策略诽谤那些提出不同见解的专家们。当厄恩哈特与斯卡尔斯对尼德曼的铅研究提出质疑时，他们立即被中伤为“受雇于铅企业的走狗”。当各个独立科学家对妖魔化白石棉的歪曲科学发起挑战时，他们只能得到来自加拿大以及俄罗斯温石棉企业的资助。而反石棉人士则立即利用这一情况诽谤他们的研究。殊不知，反石棉人士也不过是受命于法律公司、工会以及其他商业组织，因为石棉恐慌可以为他们带来巨额的利润。

总体来讲，在这个恐慌时代中，科学界的表现并不值得称赞。自特罗菲姆·李森科因许诺为苏联粮食增加产量而成为斯大林的御用科学家之后，几乎所有的科学家都多少受到政治因素的控制。但是，从全球变暖到有机磷化学物，从铅到石棉，一次又一次地突现出令人振奋的例外：那些坚持原则、有独立精神的科学家没有屈服于官方路线，而是为了真理勇敢地战斗。

许多人的职业都为此受到不同程度的影响，从失去研究经费到忍受无尽的人身攻击。然而，令人敬佩的是，他们坚持了传统的科学精神，没有向官方正统屈服，也没有因前路的未知而陷入恐惧。

媒体的角色

记者是恐慌推手阵营中的另外一股力量。正如我们在本书中介绍到了，迄今为止，媒体只在一次事件中充当“挡手”角色。那次他们全体一致地抗议政府对丁骨牛排的禁令。从某种意义上讲，不得不说这是一种讽刺，因为禁令的起因正是媒体对疯牛病恐慌的宣传。如果不是媒体煽动对疯牛病的恐慌，政府也不会在1996年3月错误地将恐慌进一步扩大。

总体而言，媒体关注的都是饮食方面的恐慌，因为这些问题通常具有轰动效应。从新闻业的角度看，坏消息总是比好消息更能引起读者兴趣。一旦能有机会警告读者某种神秘而可怕的健康威胁，编辑们就变得血脉贲张，跃跃欲试。这种消息的心理感染力几乎与灾难电影相当。如果辅以对“政府隐瞒信息”的控告，效果会更好。所以，记者们会精心挑选一些政府试图隐瞒公众的惊人细节。

从过去每一次对恐慌的报道中我们都可以看到这种可怕的、哗众取宠的故事：2005年秋季，电视节目里日复一日地播放着欧洲禽流感的节目；20世纪80年代末报纸头条天天报道汽油中铅的潜在危害；人们房顶“致命的”石棉水泥的威胁；2000年千年虫将会摧毁世界一半的电脑并造成诸多空难；到2016年，疯牛病会导致数百万人死亡；世界上一半的城市将被海洋淹没，数亿人口将死于气候变化带来的终极地球灾难。

很少有报纸或电视能够抵挡恐慌的诱惑，一些媒体甚至热衷于煽动恐慌情绪。例如，美国的《时代周刊》和《新闻周刊》总是在搜寻值得放在封面的恐慌故事，从二噁英到铅，从全球变冷到全球变暖。

当然，在这方面冲在最前线还是BBC。近年来，BBC已经经历了彻底的文化变革，这个曾经以冷静而公平著称的电视台，如今却不放过每一次煽动恐慌的机会。最典型的例子就是杰瑞米·帕克斯曼在节目上怂恿SEAC长官帕蒂森预计，到2005年将有50万英国人死于克雅病。当然，最厚颜无耻的例子要数2007年7月8日，BBC片面地宣传由阿尔·戈尔组织的“拯救地球”演唱会。演唱会在全球七个城市举行，用于宣传戈尔“气候危机”的理论。*

在20世纪80年代末以及九十年代的食品恐慌中，新出现的“消费者事务”和“环保”记者扮演了重要角色。对于这些人而言，搜寻值得上头条的“恐慌故事”最能为他们争取更多版面。

为使他们的报道具有一定可信度，记者们自然要与一些“专家”合作，尤其是那些能够提供适当偏激的预测或是危言耸听言论的人。正是这些人成为记者们赖以依靠的“科学权威”。当给莱西教授录制电视节目时，为加强效果，他特意穿了一件白大褂，并将拍摄地点选在自己的实验室。然而，显而易见的是，为媒体提供专家观点的科学家们通常不具备相关背景。

正如我们所见，莱西的专业所在是对抗生素的耐药性，所以他没有资格对食物中毒发表言论；同样，专业为“表面化学”的大卫·金却在媒体上大谈全球变暖的话题。但是对大多数媒体而言，只要有个“穿着白大褂的人”能为他们的报道提供可信度，其他因素就一概不值得考量。

最能证明媒体片面地利用恐慌的丑恶行径的，莫过于这些人从来不愿对恐慌赖以成形的科学理论提出质疑。在本书中提到的每一个恐慌案例中，都会有一些著名专家对恐慌依据的理论抱有强烈怀疑。但是，他们的声音通常会被忽视，因为他们的观点与媒体意图推销的“故事”相矛盾。**

---

* BBC花了不下15个小时播出温布利球场举行的演唱会。期间，一众摇滚乐队与流行歌手的音乐中间时不时地播放宣传戈尔气候理论的视频。这场铺张的演出未能吸引其预计的“二十亿观众”。观看演唱会的英国电视观众不到两百万，并且表演者们粗鄙的言语被小报形容为“满嘴脏话的失败演出”。

** 当然也有某些文章表达质疑的例外情况，但是这些文章通常都是以异于正统思想的个人观点形式出现。

2004 年之后，全球变暖被提上恐慌日程首位时这种趋势表现得最为明显。大众普遍地接受了气候变化的正统理论，尤其是传播媒体。只有在 2007 年，第四频道才播出了一个对正统理论提出批评的纪录片。片中出现的“气候怀疑论者”包括林德森、辛格以及塞茨等人。正如我们所见，这是一个不同寻常的节目，媒体头条新闻纷纷对其进行报道。

同样值得注意的是，媒体从来不愿对恐慌的实际后果提出批评，尽管这些后果通常都是经济、社会与道德上的浩劫。例如，对于 20 世纪 80 年代食品恐慌之后各个食品行业遭受到监管厄运，媒体从来都不感兴趣。对于疯牛病恐慌之后政府将 800 万头健康的牛宰杀焚烧的计划，媒体没有兴趣，尽管这项计划没有任何科学依据，还浪费纳税人 30 亿英镑。

如我们所见，美国至少还有一两个坚持原则的记者愿意对石棉恐慌中的腐败丑闻进行调查。而在英国，对于那些利用恐慌进行诈骗的行为，媒体则选择照单全收。对于风能的夸大说辞，以 BBC 为首的媒体同样展示了他们容易上当的特质。*

英国媒体曾经一度乐于自诩为“第四等级”，独立于议会两院与教会之外，成为成熟的民主社会的一个支柱。只有在独立地表达自己的声音时，媒体才配得上这样的称号。这就要求他们在某方面具备足够的专业知识，以正确地看待问题。

只是在对诸多恐慌的报道中，媒体未能通过这样的检验。他们自己也加入散布谣言的行列，宣传甚至夸大恐慌推手们的言论，却对问题从未有过严格的审视，好让观众与读者有一个更为平衡的理解。从这一层面上讲，媒体已经放弃了自己参与严肃讨论的角色。相反，他们倒是更愿意在娱乐业停留。这样一来，在催生当今的“恐慌时代”方面，媒体不假思索的轻信态度可谓贡献最大，继而也给社会带来不可估量的破坏。

---

* 在其不遗余力的宣传风能的过程中，很明显 BBC 未能解释关于风力发电机的两个基本的技术事实：低效率与不可靠性（隐藏的补助系统掩饰了其真实成本）；风力发电量比其他能源生产的电量少得多。BBC 只是一味地附和风力发电企业的说辞，疯狂地夸大风力发电的益处，而将持反对声音的人讽刺为“邻避症候群”。直到 2007 年，第四台才对质疑作出回应，播出一个简短纪录片，承认风能的确存在一些缺陷（“损耗地球”，2007 年 8 月 30 日）。

政客的角色

政客们在恐慌中的角色自然非常关键，因为若非政客认可并决定采取措施，恐慌也不会成形。这也成为每一次恐慌的引爆点，从库里与多瑞尔引爆沙门氏菌与疯牛病恐慌，到 1997 年各国政府签署京都议定书，正式将全球变暖问题提上国际议程。

然而，政客们并非充当“推手”角色，并没有因他人施压而让步。当然，在一个个别案例中，他们的确是作为“推手”角色出现的，最显著的例子要数阿尔·戈尔。随着恐慌的发展，政客们会逐渐跟随大流。但是，在恐慌的初期阶段，他们所扮演的通常是“挡手”角色。本书要提到杀虫剂的故事，部分原因就是想表明，如果政府决心够坚定，绝对可以有效地阻止公众关心的问题公开化。

在其他的例子中，政府开始都是在阻止恐慌的发生，继而作出妥协，给别人指控他们隐瞒真相的机会。最典型的案例就是比利时的二噁英危机。这是本书中提到的唯一一次大选期间爆发的恐慌事件。作为“推手”的反对党领导人可以利用煽动恐慌情绪将前任首相赶下台去。

与记者们一样，政客们对恐慌的认识也存在一个严重的问题。如今，政府要处理的事务变得愈加专业，所以政客们（或记者们）通常很难对其复杂性有正确的认识。他们通常不会提出自己的明智见解。于是，部长们的决策就完全由其官员和顾问掌握了。如果顾问们也中了恐慌的魔咒，一个具备天才智慧和刚强性格的长官才能够鉴别出部下建议中存在的缺陷，从而将其否决。

且看我们提到的那些案例。库里当时仍是个年轻次官，急于成名。当面对专家顾问提出的食物中毒因鸡蛋沙门氏菌而起的观点建议时，她既不具备足够的智慧，也没有公正的判断去提出质疑。她甚至在不了解情况的条件下就接受了这样的建议，以预测灾难的言论登上了报纸头条。

当疯牛病专家顾问突然向多瑞尔报告关于变异克雅病的惊人消息时，他根本没有保持冷静并掌控局面的个人能力。他被媒体歇斯底里的报道吓坏了，进而几乎放弃了自己号令部下、采取行动的职责。

当下级官员们向同为次官的泰莎·乔维尔报告非常微小的大肠杆菌中毒事件时，由于受了苏格兰大肠杆菌灾难的刺激，他们的过度反应甚至有些疯狂。当他们建议采取紧急措施时，她没有足够的魄力和判断去提出质疑。于是，该部门受困于自己过度反应的慌乱情绪，从而造成悲剧的后果。

比利时二噁英危机完全是无中生有的事情，起因是两个部门的官员向各自的长官提出的建议发生了冲突。于是引发一场失去控制的恐慌，对当时首相德黑尼的选举造成破坏性影响。

早在 1998 年，“千年虫”恐慌便开始蓄积力量。当时托尼·布莱尔提出要控制局面。他认为这是一个有现代感的事业，意图借此为自己正名。但是，由于其电脑知识的匮乏，他所提出的问题只能使自己看起来更像个傻瓜。

当下级官员向交通大臣建议，应将以测速相机为辅助的限速措施作为英国道路安全政策的核心时，他们并没有听取其他建议，以鉴别官员们提出的政策是否有漏洞。之后的几年时间里，交通部一直疲于为自己的政策辩护，屡屡拿出官员们臆造的观点和数据作论据。很久以后，证据表明他们的政策彻底地失败了。

美国以及欧洲各国政府已经逐渐禁止汽油与电子产品中铅的使用。所以，当英国政客面临同样的课题时，他们只能照着官员们提出的建议鹦鹉学舌般地采取行动。英国首相将落实欧盟禁令的条例签署为法律时的言论很好地证明了这一点。当时，他称“已经审阅过监管影响的评估”，并对“收益大于投入的结果”表示满意。虽然他的确看过了这份文件，但是他根本不知道其正确与否（实际上文件是错误的）。然而，由于是欧盟的法律，他除了签署面前的条例，别无选择。

英国禁烟令在下议院投票表决时，大臣们以及国会议员们早已因为被动吸烟的歇斯底里情绪而忘乎所以。没有一个人知道或者关心，其实支撑禁烟令的数据都是伪造得来的。

同样，英美两国由石棉恐慌催生的法规都是如此专业，以至于大西洋两岸没有一个政客能够发现法律背后的科学事实。少数一些感兴趣的政客其实都是反石棉游说人士的宣传者。英国反对党发言人屡次提出公然地滥用法规的案例后，大臣们从未表现出进行调查的意愿。他们只是将这些证据交给下级官员处理，而官员们则早已对类似的滥用职权行为采取纵容态度。因此，所有的证据就被忽略掉了。

很明显，对于本书中提到的每一次恐慌，能够提出质疑和挑战的不是官员政客，而是法庭之上的法官。1991 年，美国上诉法院根据一份细致的成本效益评估，否决了 EPA 的石棉禁令。2005 年，得克萨斯州一名法官在一次严厉的裁决中，揭露一些法律公司提出虚假索赔要求的伎俩。

而在英国，有趣的是，对官僚的愚蠢提出挑战的总是苏格兰法律体系下的司法长官。在奥克尼群岛虐待儿童案中，司法长官凯比毅然驳回社会工作人员的起诉。在拉纳克蓝干酪案件中，司法长官阿伦表现出对整个事件的精准理解，果断否决了政府专家顾问的论点。在拉纳克郡大肠杆菌事件调查中，司法长官考克斯全面地揭露了防止食物中毒的官方体系中存在的漏洞。塞尔扣克郡司法长官派特森同样表现出官员们很少具备的专业水准，否决了政府对丁骨牛排的禁令。

而在英国南部，法官们通常不愿挑战官僚体系，因此也不可能出现以上的结果；彭布罗克宗教虐待案，以及乔维尔滥用职权毁掉奶酪生产商詹姆斯·奥尔德里奇就是很好的证明。

政客以官僚主义的方式处理问题的一般模式在全球变暖中同样典型。1988 年的国际气候变化大会标志着这次恐慌的转折点。这次会议给小部分官员主导恐慌走势提供了机会（尽管还有以时任美国副总统的戈尔为首的政治“推手”）。

然而，政客们再一次放弃了自己的职责，对于一批严重偏激的技术专家的观点未能作出自己明智而独立的判断，只是因为他们的“专家”头衔。随着 IPCC 发出一系列报告，政客们越发成为任人玩弄的傀儡。他们所做的只是像拉拉队一样为恐慌呐喊助威。

在我们提到的最后一个故事中，政客们的立场仍是类似的，尽管这一次官员们的意图不是引发公众恐慌，而是缓和事态。一旦有一位大臣对有毒化学物的灾难表示担忧，官员们就会提醒，千万不能承认灾难的发生。面对现代政府的神秘及复杂，政客们无力作出独立的判断。他们认为自己只能听从下级官员的命令，别无选择。

官员的角色

我们已经看到，在以政客们为主角的恐慌事件中官员们所扮演的重要角色。沙门氏菌危机以及疯牛病恐慌表面上与两位部长（库里和多瑞尔）有关，但实际上，这两名部长不过是充当了“挂名负责人”的角色。他们被下级官员顾问在幕后发起的一系列事件所控制，没能提出质疑或作任何抵抗。

而有一些恐慌则完全由官员操控，政客们甚至算不上跑龙套的角色。“撒旦式虐待”恐慌就是一个例子。在这次20世纪80年代末90年代初横扫各个社会服务部门的狂热事件中，并没有政客的身影出现。社会工作者们独自行动，逮捕了大量成人，将许多儿童从他们的父母手中夺走，通过审问编造宗教虐待和屠杀儿童的谎言。奇怪的是，竟然没有一个政客出来控制局面。他们早已将权力交给社会工作者，因而无法作出干涉。

近年来，这已经成为一种普遍的模式。不仅在英国，而且在美国以及欧盟地区呈现出一种现代政府的显著发展趋势：当选的政客们会将监管权力交给各个官方机构，允许他们独立地行使权力。官员们自然要想方设法运用并扩大自己的权力。这就与恐慌模式联系在一起了，因为恐慌背后所谓的公众担忧为官员们提供了延伸权力范围的绝佳机会——制定新的法规条例。

一次次的恐慌以这种方式引爆，而当选政客几乎没有任何作为（除了事后为官员的所作所为辩护）。例如，美国环保署（EPA）就是一个充当关键角色的自治官方机构。

EPA于1971年成立不久后便对环保人士的喧嚷作出回应，禁止了DDT农药的使用，尽管其长达七个月的专家调查并不支持全面禁止的做法。二十世纪七八十年代，EPA设法全面禁止石棉的使用。虽然到1989年EPA终于认为他们有足够的证据证明禁令的合理性，两年后这一禁令还是因证据不足而遭到否决。

90年代，EPA又开始为禁止“环境性吸烟”寻找证据，不过并不成功。70年代，EPA关注含铅汽油，并利用尼德曼的证据提议全面禁令，尽管其专家小组已经发现证据漏洞百出，毫无价值。之后EPA又意图禁止电子产品中铅的使用，尽管其专家给出的长达472页报告表明，铅替代品可能对环境以及人类健康造成更大损害。

另一个完全由官员制造的恐慌是所谓的硝酸盐威胁。他们甚至为满足自己的监管欲望，而更改其科学依据多达三次。

一旦官僚政治中形成一种集体心理习惯，就很难将其消除。官员们的地位以及整个职业生涯都会围绕着某个问题发展。即使起初官员们的提议会遭到否定，他们也会一如既往地追求下去。一旦某个问题像病毒一样侵入政治体系，它就会生存下来。尤其是因为官僚体制内部自保心理的存在。如果某个问题有成为危险的可能，为保险起见，最好实行监管或全面禁止。

于是“预警原则”就逐渐上升为现代政府最主要的心理习惯。因此官僚阶级才变成恐慌推手们的天然盟友。同时，官员们还能得到借服务人民的名义行使监管权力的机会，尽管最后发现，一切危险不过是虚构臆造而来。

但是，由于官僚体制出现漏洞而发生真正的问题时（如有毒化学物），预警原则却消失得无影无踪。面临紧要关头，官僚体系的首要原则是，不惜抛弃真理或损害他人，去保全自己的利益。

游说团体的角色

本书中提到的所有恐慌共有的一个奇怪特点是，它们与普通大众几乎没有直接联系。每一次恐慌都是一场独立的戏剧，由四个群体参演：科学家、媒体、政客以及官员。

公众们只不过是不明所以的旁观者，整日面对着媒体对恐慌的执着报道。在此基础上，他们可能会讨论某一次恐慌事件，并发表自己的观点。有时候，他们会对所谓的危险信以为真。但是，大多数情况下，人们对恐慌事件还是抱有相当程度的怀疑。总的来说，不论媒体将恐慌的严重性和紧迫性夸大到何种程度，真正的威胁似乎离人们的生活很远。正如我们在关于鸡蛋和牛肉的食品恐慌中所见，虽然消费者们起初会心存戒心，没过几个月，食品销量又恢复如初。*

* 尽管有媒体与政客们的不懈努力，2007 年 7 月，一次全英国范围内的伊普索斯 · 莫里民意调查表明，56% 的英国民众并不接受全球变暖的科学论点。59% 的人表示他们没有做出任何改变。大部分作出改变的人们也认为，回收垃圾已经足矣。

然而，这些闹剧中还有一个群体扮演着角色，他们总是认为自己代表着公众的利益。这些人包括各种游说团体和“非政府组织”，在推动恐慌方面表现相当积极。他们的所作所为可能是出于高度的社会责任感。但是，推动恐慌也事关他们的经济利益，因为让公众保持恐惧的心理状态可以为他们争取到捐款和支持，让他们得以存活。

除推动食品恐慌外，还有各种动物权益组织，例如：世界农场动物福利协会。该协会利用沙门氏菌和疯牛病，反对工厂化农场经营与现代农业经济失去人性的生产方式。在反烟草团体的支持下，数亿美元浪费在癌症慈善机构组织的妖魔化被动吸烟的运动中。诸如皇家意外事故预防协会之类的“安全组织”不厌其烦地宣传“限速”政策以及那些虚夸的数据。

恐慌背后的影响力之大莫过于禁止石棉秘书处。他们游说世界各国政府，对石棉的生产和销售实行禁令。法律公司、工会、石棉清理工程承包商以及石棉替代品生产商组成的利益集团是他们开展行动的后盾。这些利益群体都希望尽可能地将公众对于石棉的恐惧和困惑最大化，将温石棉与早已被禁止的角闪石等同对待，这样他们就可以坐享巨额利润。

然而，最具影响力的游说团体要数兴起于二十世纪六七十年代环保运动、以地球之友和绿色和平组织为首的环保组织。三十年过去了，这些组织已经变得资金雄厚，权力巨大。虽然通常叫做“非政府组织”，他们在很多方面已经拥有了比肩政府的地位，一些政府甚至要遵从或支付他们提供的咨询建议。

以雷切尔·卡森为首的环保游说团早在 70 年代初已经获得胜利。当时该组织向 EPA 施压，令 EPA 为其专家禁止 DDT 的建议翻案。然而，他们最大的成就要数 80 年代末将全球变暖问题变为政治关注的焦点。1992 年，来自世界各地的两万“环保人士”齐聚里约，庆祝全球 160 个政府代表签署气候变化框架公约的奇异场景，标志着他们的行动达到顶峰。

这些游说团体有两个共同点。首先，他们都坚信自己做的是重要的、正义的事业。从这一角度看，他们是之前“单一议题压力团体”的继承人，例如核裁军运动或战争期间涌现的各种和平组织。

当然，世界上有各种不同类型的“单一议题压力团体”，而且许多团体在当初废除奴隶制度方面为西方社会做出不可磨灭的贡献。到如今的现代社会，这些压力团体在呼吁人们关注社会不公和政治歧视方面的努力仍然令人敬佩。早期的国际特赦组织，或近期的国际生存组织代表世界受压迫的土著人（例如亚马逊印第安人和卡拉哈里沙漠布希曼人）而不懈斗争。

然而执迷于恐慌的人们最鲜明的特点是，他们极端地确信自己是完全正确的，并且认为反对的人都是错误的。在本书提到的例子中，我们一次又一次地见到这些自以为是的人为自己辩护，无视事实、党同伐异的做法。

在故事的开始，我们见识了年轻环境卫生官员们发动“卫生闪电战”的狂热，没来由地关掉数千家食品企业。他们自以为是在做着神圣的卫生事业，却没有意识到自己根本没有资格做这样的事。

我们看到，疯牛病恐慌的煽动者在报纸头条大肆宣扬垂死的克雅病患者的故事，意在表明，如果有人胆敢怀疑这种疾病与吃牛肉的关联，他就有希望更多的人遭受同样苦难的险恶用心。他们通常也会牵扯到现代农场残忍的经营方式（例如集中饲养），暗指克雅病是不可避免的代价。

我们看到，食品部长杰夫·鲁克尔愤怒地批评任何对禁止保健品商店出售维生素 B6 药片或禁止饭店提供带骨牛肉持反对意见的人是想看到更多的尸体。

我们看到，反吸烟人士对邪恶的“二手烟”发动圣战时的狂热。他们在批评这种“肮脏的”“有害的”“恶心的”“令人厌恶的”习惯时用尽了各种恶毒的词汇。心中燃烧着拯救百万人生命的信念，他们乐于利用任何虚假的数据，以支持自己的立场；同时也会残忍地诽谤与自己观点相异的事实，认为这只不过是潜藏在暗处的真正恶人——烟草企业玩弄的伎俩。

我们看到，反石棉人士呼喊着“一丝纤维也能致命”的狂热。起初是大石棉公司明知角闪石有害仍置数千工人的安危不顾而攫取利润的事实，激发了他们复仇的欲望。但是，几十年过去后，事情逐渐发生了改变，反石棉人士逐渐变成其中的受益者。他们仍然希望通过宣传受害者的故事来推进自己的事业。这些受害者如今需要能够训练有素地表达他们想要的信息：不论是教室的布告牌，还是房顶的石棉水泥，即使有接触一点任何类型的石棉都会引发悲剧。

最后我们看到，一批忠实信徒迷信狂热地迷信于史上最伟大的事业：拯救地球于邪恶的全球变暖。我们再次见到他们肆意操纵科学事实的行为，见到他们对敢于提出质疑的异见人士的恶毒谩骂，诽谤这些人不过是汽油和煤炭企业的马前卒。

此间，我们见到的持双重标准的人比任何一次恐慌都多。他们会像莎士比亚笔下的传道士一样，劝诫别人走上救赎之路，却从未以相同的标准要求自己。

诺亚预言人类将因自己的堕落而遭受世界末日的惩罚时，至少他自己兑现了建造方舟的诺言，拯救了所有的生物。预言家戈尔乘坐喷涌二氧化碳的飞机，去世界各地劝导人们悔罪，完事后，飞回自己在纳什维尔的豪华别墅。他家每月消耗的电量比普通美国人民一年所用都多。不过，他会为自己找到借口，他会解释自己通过购买更多的股票来赎罪，而他创办的这家公司则可以凭借“碳补偿”获取利润。

说起虔诚尽责的骗子时，就不得不提及欧盟的那些领导人了。

新清教主义

现代西方社会的集体心理是怎样的情况，能够让他们在 20 世纪最后十年一次次为“道德恐慌”所控制？

媒体曾对离经叛道、思想古怪、奇装异服的社会群体吹毛求疵地加以批评。1972 年，犯罪学家斯坦利·科恩描述媒体的做法时创造了“道德恐慌”这个词汇。之后，它的所指意义得到延伸，包括了之前提到的所有事例。例如：宗教改革后的女巫大恐慌或 20 世纪初期残暴的反犹太主义。在这些事件中，社会中的少数群体成为恐惧和敌对的中心。[3]

“道德恐慌”这一词汇的意义延伸有理由将现代社会的恐慌包含进来，只不过恐慌与批判的说教并非指向某些社会群体，而是指向对大众安康杯弓蛇影的威胁。

本书已经单个地介绍了每一次恐慌事件。到目前为止，我们还没有注意它们的年代顺序。我们已经知道，现代恐慌现象从 20 世纪 60 年代开始出现，当时正值“环境意识觉醒”的时代，西方世界的人们开始从新的角度意识到现代科技对自然世界造成的破坏，尤其是有毒化学物对野生动物造成的损害。70 年代，人们开始担心对人类健康造成损害的事物：铅和石棉。

然而，直到 80 年代末，恐慌现象才真正爆发。1987 年和 1988 年，恐慌情绪突然四处蔓延。艾滋病、沙门氏菌、疯牛病、撒旦式的虐待、铅、石棉，仅仅在十二个月时间里，报纸上充斥着相关的报道。

到 90 年代末，一些恐慌（如沙门氏菌、疯牛病以及“撒旦式的虐待”）已然消散。其他恐慌（例如铅和石棉）仍旧继续。同时，一些短命的新恐慌事件时有发生，例如：千年虫恐慌与禽流感事件。但是，到 2007 年，全球变暖的恐慌逐渐夺去其他事件的风采，成为主角。

过去的这几十年里，西方社会也发生了其他一些事情，能够解释这些恐慌的突然涌现，尤其是 80 年代末的那些事件。

首要的，也是最明显的变化是，从 20 世纪 50 年代末开始，西方社会进入了前所未有的和平和经济繁荣时期。这是一个被称为“消费者社会”的时代，人们比历史上任何时期都更加殷实。比起以往经受的诸如瘟疫之类的灾难，人们也更加安全。

自第二次世界大战以来，人们心中确实有一个潜藏的恐惧：世界分裂为两个敌对的体系，每一方都拥有足以毁灭地球上百次的军事力量。虽然这样的危险看似离我们很遥远，但是有一天第三次世界大战的核决斗将会终结和平的可能性依然存在。

正是出于这样的忧虑，50 年代末才有了核裁军运动，并在之后的三十年里时起时伏，有成有败。越南战争的创伤就是美国与共产主义对抗的最好证明，也使美国人民开始怀疑自己的政府。紧接着，在 80 年代末，共产主义帝国迅速土崩瓦解。突然间，世界不再是两个强大的军事力量的对抗，人们最大的恐惧也随之消失。

1988 年和 1989 年，各个运动组织对全球变暖突如其来的兴趣并非毫无来由。参与活动的许多组织（如地球之友和绿色和平组织）都曾关注核裁军的进程，并反对核能与核废弃物的危险。

1969 年，地球之友组织创建于美国，目的在于抗议建设核电站。两年后，美国一批反战人士创立绿色和平组织，其首次行动便是阻止美国政府在阿拉斯加附近的一个岛屿上进行核武器试验。他们最为著名的行动是在 1985 年试图阻止法国在太平洋地区进行核试验，结果其“彩虹勇士号”船舰被法国特勤局击沉于奥克兰海港。

既然核战争的威胁突然消失，对于唯心的运动人士而言，气候变化的问题适时地出现了。可能原因不尽相同，但是他们的奋斗目标未变：拯救地球于致命的人类罪恶。地球之友与绿色和平组织早期的运动都是指向核威胁。三十年后，他们的网站上开始充斥着全球变暖的内容。

20 世纪最后十年西方社会发生的第三个变化是，社会上开始形成一种新的、非正式却极其强大的“进步共识”。随着过时的社会主义沉入历史长河，这种无遁形的意识形态有了各种不同的发展延伸。

新价值观和态度开始在60年代末的学生和反越战人士以及70年代兴起的女权运动中形成。其核心原则之一便是“性别平等”，所有的道德谴责都与所谓的“政治正确性”有关。他们最强调“权利”，尤其是可能受到种族或性别歧视的人群、弱势群体或所谓的“受害者”，不论是人类还是动物。

新意识形态的信徒们自豪于自己对“生态问题”的担忧（虽然他们通常并不了解大自然）。他们会普遍地对大企业怀有敌意（例如，他们会用到“跨国公司势力”或“超市势力”这样的词汇）。他们害怕美国的力量（尤其是共和党总统执政的时候）。他们鄙夷农村生活（认为现代农场对动物太过残忍，比如用笼养鸡，用牲畜或狐狸的尸体作饲料喂养奶牛）。总之，他们反对任何可能被看作“保守”的信仰、价值观或制度。

这种人心态最明显的特点是要求所有人遵循他们的价值观。他们用刻板的道德观点看待整个世界。虽然自认为宽容敦厚，却往往会侮辱任何价值观或意见相左的人。虽然声称不信任政府，却坚定地相信建设一个更公平、更安全、污染更少的世界需要政府的监管。从这个层面讲，这种心态在二十世纪八九十年代一本正经的《卫生与安全文化》中起到重要作用，加之大量法规条例的制定，以建设一个绝对安全的世界。

英国一些媒体就是这种新文化蔓延所至的最好证明，例如《卫报》《独立报》《观察家报》，当然还有BBC。本书中提到的恐慌中往往有这些媒体的身影，这绝非偶然。因为，从疯牛病到被动吸烟，从含铅汽油到全球变暖，每一次恐慌都能给他们提供表达自己独特世界观的机会。

尤其是因为，恐慌可以给他们带来热情地支持某个事业的机会，让他们能够代表全体社会大众，与强大的、自私的、一味剥削并加害于人的利益群体斗争。恐慌能够提供他们说教别人的机会，让他们自豪于所谓高尚正义的斗争。恐慌赐予了他们生命的意义。

之前我们有过这样的经历吗？

在这个刚刚开始的世纪里，人类迟早会遇到其他的挑战，一些还可能会与以往的灾难一样严重。有的挑战可能来自人口过剩或过度开发地球资源的压力。有的则可能是一群人与另一群人因为不可协调的种族和宗教差异，而发生的难以调和的冲突。

当然，氢弹震慑下几十年来不易的和平时期之后，巨大的核力量可能会脱离自1945年以来的政治控制。此时，最恐怖的危机也就发生了。

当这些真正的危机降临时，人们会回望20世纪最后十年以及21世纪初期，这段异常的和平繁荣、安定和谐的时期。他们甚至会认为西方社会的成长过程太过舒适，以至于需要制造一系列恐慌来满足寻求刺激的欲望和找到一种存在的意义。

当真正的危机来临时，人们根本无暇顾及那些臆造的恐慌。我们应该回到现实世界中过自己的生活。

注　释

1. H·特雷弗·罗伯，《16至17世纪欧洲疯狂的猎巫运动》（企鹅出版社，1969）。

2. 取自约翰·多德为《观察家》报写的一篇未发表的文章，文章基于对恩斯托姆教授的采访而写，2007年7月。

3. S·科恩，《人民公害与道德恐慌》（MacGibbon and Kee出版社，1972）。

致谢

Acknowledgments

一直以来承蒙各方帮助，我们要感谢：尼古拉斯·布克、约翰·布莱德尔教授、奈杰尔·考尔德、劳拉·康韦-戈登、乔治娜·道恩斯、约翰·埃瑟林顿博士、简·凡·金德莱彻特、约翰·霍斯金博士、约翰·霍伊特、皮特·亨特博士、安吉拉·凯利、马尔伯爵夫人、鲍伯·拉贝、琳达·拉扎里迪、特里斯坦·洛林、苏珊·米凯利斯、阿伦·蒙克顿、迈克·奥康奈、欧文·帕特森、凯斯·普尔曼、玛格丽特·雷克林、莉斯·西格蒙德、保罗·史密斯、罗斯·泰普雷克以及泰勒勋爵。

本书基于大量科学数据，许多情况下，有必要说明数据来源。注释仅指科学著作或其他出版物，用数字标出，在每章结尾列出。附注以 * 号标出，置于页底。

对T·S·艾略特《空心人》的摘录已经得到法勒尔出版社的允许。

虽然对各位专家给出的技术帮助与建议不胜感激，但是我们要对本书的内容负全部责任。